한자 · 한문은 암기하는것이 아니다!

■ 누구나 쉽게 배울 수 있는 ■

정통 학습한자백과

汝海 姜 永 洙 지음

(漢文學者 · 歷史學者)

太乙出版社

이끄는 글

한자·한문 교육의 초기 단계는 『천자문(千字文)』을 이용하였는데, 나중에 유합류(類合類)·자회류(字會類)가 만들어져 한자 교육을 위한 교재로 사용되었다. 잘 알려진 것이 『유합』과 『훈몽자회(訓蒙字會)』다. 그러나 『유합』이나 『천자문』은 일상생활과 관계없는 고사성어 같은 추상적인 내용 위주로 짜여졌으므로 아동들의 학습서로는 부적당할 수밖에 없었다. 그러므로 초보 단계에서 『신증유합(新增類合)』·『아학편(兒學編)』·『동몽선습(童蒙先習)』·『격몽요결(擊蒙要訣)』 등이 새로운 교재로 쓰였으며, 이 과정에서 고급 한문은 사서오경(四書五經)을 이용하였다.

한자 교육의 새로운 전기

1945년 9월 29일. <한자 폐지실행회 발기 취지서>가 발표되었다. 그해 12월 8일, 조선교육심의회의 문자정책에 관한 결정 사항 속에서 한자 폐지에 관한 논의가 있었고, 뒤이어 1951년 9월에는 <상용일천한자표(常用一千漢字表)>가 문교부에 의해 공표되었다. 본문의 1단계에 해당되는 부분이다.

이후 1957년 11월에는 <임시제한한자일람표(臨時制限漢字一覽表)>가 이어졌으며, 명칭은 곧 <상용한자(常用漢字)>로 바뀌었다. 뒤이어 1962년 4월 17일 <한글전용 특별심의회규정>이 나왔으며, 1968년 12월 24일에는 국무총리 훈령 제68호로 <한글 전용에 관한 총리 훈령>이 발표되었다.

1972년 8월 16일에 한문과교육과정심의위원회(漢文科敎育課程審議委員會)를 거쳐 중·고등학교 한문 교육용 제한 한자 1,800 자가 공표되었는데 이 1,800 자가 본서에서 새로 제정되거나 교체된 44자와 함께 1단계와 2단계로 구분되어 풀이되었다.

무제한에서 제한으로

이렇듯 한자 교육은 '무제한'으로부터 '제한'이란 것으로 달라지게 되었다. 이때부터 한자 교육에 관해 상당한 의견 절충이 있었다. 얼마 전까지 운위되어 온 한글전용화는 '제한'이라는 선별 작업을 거치면서 1,800자니 2,200자니 하는 자수 계산이 나오게 된 것이다.

오늘날 대학 입시에서 3급 이상의 한문 실력자에게는 선험적으로 입학이 허용되는 대학이 늘어나고, 기업체 승급 심사에서 한문 급수는 '절대 필요'의 위치를 차지하게 되었다. 급수 시험에 관해 살펴보자.

漢字能力檢定用 級數別 漢字數

◇특급(特級) : 한자수는 대략 6,000자. 장차 시행할 예정
◇준특급(準特級) : 한자수는 4,888자. 쓰기에 적용되는 한자는 중복되어 있으므로 조정중이나 대략 2,350자.
◇1급 : 한자수는 3,500자. 상용한자 2,000자에 준상용한자 1,500자를 사용. 여기에는 성명과 인명·지명 350자가 포함. 쓰기에 적　용되는 한자는 2,000자
◇2급 : 한자수는 2,350자. 상용한자 2,000자에 성명 · 지명용 350자

를 포함. 쓰기 적용은 1,807자

　　◇3급 : 한자수는 1,807자. 교육부 선정 중고 한문용 한자 1,800자에 7자(筋 汽 液 曜 週 卓 砲)를 포함. 쓰기 적용은 1,000자

　　◇3급Ⅱ : 한자수는 1,300자. 기초한자 1,000 자에 교육부선정 중고 등학교 한자 400자. 쓰기 적용은 750자

　　◇4급 : 한자수는 1,000자. 쓰기 적용은 500자

　　◇4급Ⅱ : 한자수는 750자. 쓰기 적용은 400자

　　◇5급 : 한자수는 기초 한자 500자. 쓰기 한자는 300자

　　◇6급 : 한자수는 300자. 쓰기 한자는 300자. 한글은 10문항

　　◇6급Ⅱ : 기초 한자 300자. 쓰기 한자는 50자. 한글은 10문항

　　◇7급 : 한자수는 150자. 기초 한자 가운데 150자. 쓰기 한자는 없음

　　◇8급 : 한자수는 50자. 기초 한자 50자에 한글 20문항

出題基準表

問題 類型	8급	7급	6급Ⅱ	6급	5급	4급Ⅱ	4급	3급Ⅱ	3급	2급	1급
讀音	25	30	30	30	30	30	30	45	45	45	50
訓音	23	30	30	23	23	22	22	27	27	27	32
漢字쓰기	0	0	10	20	20	20	20	30	30	30	40
長短音	2	2	2	3	5	5	5	5	5	5	10
反義(相對)語	0	3	3	4	4	3	3	10	10	10	10
完成型	0	3	3	4	5	5	5	10	10	10	15
部首	0	0	0	0	0	3	3	5	5	5	10
同義(類義)語	0	0	0	2	3	3	3	5	5	5	10
同音異義語	0	0	0	2	3	3	3	5	5	5	10
뜻풀이	0	2	2	2	3	3	3	5	5	5	10
略字	0	0	0	0	3	3	3	3	3	3	3
한글 쓰기	20	10-20	10-20	10-20	0	0	0	0	0	0	0
總問項數	70	80	90	100	100	100	100	150	150	150	200
試驗時間	50	50	50	50	50	50	50	60	60	60	90
合格點	49	56	63	70	70	70	70	105	105	105	160
漢字數	50	150	300	300	500	750	1,000	1,400	1,807	2,350	3,500
쓰기	없음	없음	50	150	300	400	500	750	1,000	1,807	2,000

　■8급은 50자에 한글 20문항(한자 쓰기는 없음)　■7급은 150자에 한글

10문항(한자 쓰기는 없음) ■6급II는 한자 300자에 한글 10문항(한자 쓰기 50자) ■6급은 한자 300자에 한글 10문항(한자 쓰기 150자) ■5급은 500자 (한자 쓰기는 300자) ■4급II는 750자(쓰기는 400자) ■4급은 1,000자(한자 쓰기는 500자) ■3급II는 1,400자(한자 쓰기는 750자) ■3급은 1,807자(한자 쓰기는 1,000자) ■2급은 2,350자(한자 쓰기는 1,807자) ■1급은 3,500자(한자 쓰기는 2,000자)

한자의 변화
-서문을 대신하여-

지난 2000년 11월 23일. 교육부에서는 교육용 기본 한자의 조정 작업에 나섰다. 중학교용 900자와 고등학교용 900자 등의 1800자 가운데 44자를 교체하기로 조정안을 발표한 것이다.

이 조정안은 각계 저명 인사들의 의견 수렴을 거쳐 연말까지 최종적으로 확정지은 것인데, 안이 확정된 후에는 2001년 1학기부터 중학교에서 시행되고, 이에 반하여 고등학교는 2002년부터 학교에서 가르치게 되었다.

그러나 한가지 섭섭한 것은 지난 2000년 6월 공청회에서 제기된 초등학교 정규교과에 한자를 포함시켜야 되는가의 문제는 보류됐으며, 기초 한자의 자수를 2000자로 늘리는 문제도 일단 뒷걸음쳤다. 그러나 28년 동안 자리매김을 한 채 꿈쩍도 않던 기초 한자의 틀이 모서리나마 허물어지며 변화의 조짐을 나타낸 것은 사실상 한자의 새로운 모습이라 할 수 있다. 조정 내용을 살펴보면,

중학교용 900자에서는 연(硯) · 이(貳) · 일(壹) · 풍(楓) 등의 네 자가 제외되었고, 대신 현행 고교용 한자인 이(李) · 박(朴) · 혁(革) · 설(舌)의 네 자가 포함되었다. 따라서 교육용은 중학교용으로 내려보낸 '4자'를 포함하여 모두 '44자'가 교체되었다.

그렇다면 어떤 글자가 새로 포함되었는가? 그것은 걸(乞) · 격(隔)

· 견(牽) · 광(狂) · 궤(軌) 등등이며 제외된 것은 게(憩) · 과(戈) · 구(鷗) · 담(潭) 등등이다.

이번에 마련된 조정안은 문화관광부가 제시한 「빈도에 따른 연구안」과 「한국한문교육학회」의 연구안 등을 종합적으로 조정위원회에서 심의하여 결정한 것이다.

어느 시대 어느 조정안의 경우처럼 이번도 예외없이 '으아스럽다'는 입장을 지우지는 못한다. 그것은 우리가 일상생활에서 자주 쓰는 상당수의 한자가 제외된 반면 자주 쓰이지 않는다는 한자들이 대거 포함되었기 때문이다. 이를테면 은행에서 자주 사용하는 '일(壹)' '이(貳)' 등의 한자가 빠졌으며 '절도' '수렵' '모욕' 등에 사용되는 '절(竊) · 모(侮) · 렵(獵)' 등이 포함된 것이 눈길을 끈다.

이번 「시선을 사로잡는 한자」에서는 새로 입성한 한자를 함께 수록하여 예상되는 한자 급수시험을 비롯하여 각종 한문 시험에 철저한 대비를 기하고자 한다.

한자어의 생성
— 한자어(漢字語)에 대하여 —

한자(漢字)는 중국어를 표기하는 시각적인 기호로 나타낸 글자다. 그러므로 글자는 당연히 소리를 단위로 하여 만든 후, 그것을 모아 뜻의 한 단위를 적을 수 있게 만들어 거기에 맞춰 소리대로 읽을 수 있다. 소리를 단위로 하여 만들어진 글자를 표음문자(表音文字), 뜻을 단위로 하여 만들어진 글자가 표의문자(表意文字)다. 표음문자는 글자가 한 단위의 소리에 해당하는 것이므로 뜻을 나타내지 못하지만, 표의문자는 한 글자가 한 단위의 뜻을 의미하고 그 뜻에 해당하는 것을 나타내므로 한자는 표의문자면서 표어문자(表語文字)라고 불리운다.

한자에 관해서는 구구한 설이 있으나 장구한 역사로 볼 때에 그들은 처음부터 지금 같은 문자를 가졌던 것은 아니다. 다른 민족과 마찬가지로 노끈을 이용한 결승(結繩)이나 서계(書契) · 회화(繪畵) 등으로 이어지는 유사 문자를 소유한 것으로 보여진다.

창힐(倉頡)이라는 이가 새의 발자국을 보고 만들었다는 문자 역시 초기단계에 불과했지만, 은허 시대 발견된 갑골문(甲骨文)에는 '人'자 하나만도 78종의 이체(異體)가 있는 것에 주목할 필요가 있다. 당시의 문자는 조자방법(造字方法)에서 육서(六書)를 갖추고 있어서 문자로서 손색이 조금도 없다는 것이다.

6서라는 조자의 원리. 이것은 한자에서 가장 기본적이면서도 반드시 기억해 두어야할 필수사항이다. 조자 원리는 다음과 같다.

(1) 상형(象形) — 육서 중에서 가장 기본인 상형은 물형(物形)을 그리므로 회화적인 성격을 띠고 있다고 볼 수 있다. 송나라 때에 정초(鄭樵)라는 이가 분류한 자료에 따르면 중국의 문자 총수 2만 4235자 가운데 상형자는 608자에 불과하다는 분석이다. 상형으로 만들어진 글자의 대표적인 예를 들면, 日·月·山·木·人·馬·門 등을 들 수 있다.

(2) 지사(指事) — 상사(象事) 또는 처사(處事)라고도 합니다. 어떻게 불러도 그 뜻은 같다. 어원적으로 '일을 가리킨다'는 뜻은 추상적인 의미를 부여한다. 이를테면 실물이 없다는 것이다. 위에서 설명한 상형은 하나의 모습에서 나오는 것이지만 지사는 일정한 사상(事象)을 그려낸다는 점에서 차이가 있다. 예를 들면, 一·二·五·亅과 같은 글자다.

(3) 회의(會意) — 이미 이루어진 두세 글자의 뜻을 모아 다른 한뜻을 나타내는 방법이다. 허신이 쓴 『설문해자』에서 '비류합의(比類合誼)'라고 한 것은 바로 이런 뜻이다. 따라서 회의 문자에는 상형·지사·회의·형성의 어느 글자라도 좋다. 예를 들면 武는 戈와 止의 합이며 信은 人과 言의 합이라는 점 등이다.

(4) 형성(形聲) — 한자를 구성하는 한쪽이 의미를 지시하고 그 나머지가 음성을 지시한다. 이를 상성(象聲) 또는 해성(諧聲)이라 부른다. 예를 들면 江·河와 같은 것으로 왼쪽은 수부(水部)의 형부인데 여기에 음성을 나타내는 성부(聲部)가 있다는 것이다. 江과 같은 자는 좌형우성(左形右聲)이며, 鳩나 鴨은 우형좌성(右形左聲), 草와 藻는 상형하성(上形下聲)이며 婆와 娑 같은 자는 상성하형(上聲下形)이다. 圃와 國은 외형내성(外形內聲)이며 問과 聞은 외성내형(外聲內形)이다.

(5) 전주(轉注) — 머릿글자 하나를 보고 여러 자를 같은 뜻으로 보는

것이다. 이를테면 考·耄·耆 등은 老자 한수로써 같은 유의 뜻을 더불어 가진다고 보는 것이다.

(6) 가차(假借) ― 앞에서 설명한 전주와는 대조적이라 할만하다. 이미 만들어진 글자 중에서 뜻이 같거나 비슷한 것을 빌려쓰는 것을 말한다. 옛날 한인(漢人)들은 현의 우두머리를 '현령·현장'이라 부르면서도 마땅히 적을 게 없어 영(令)과 장(長)을 빌려 표기한 것이 그 일례다. 또 조(蚤) 자는 벼룩을 뜻하였는데 이르다(早)의 뜻으로 가차 되고, 혁(革)도 본래는 가죽을 나타냈는데 '고쳐 바꾸다'의 뜻으로 가차 된 것이 좋은 예다.

이상의 여섯 가지가 한자의 조자 원리이다.

시선을 사로잡는 한자 / 목차

部首 索引		阝 267	允 385	水 134	言 102	飛 51
		4획	攵 62	罒 441	谷 499	食 328
1획	土 115	心 173	王 393	6획	豆 500	首 527
一 26	士 228	戈 383	礻 50	竹 223	豕 497	香 517
丨 360	夂 62	戶 331	罓 441	米 431	豸 501	10획
丶 302	夊 62	手 305	罒 441	糸 400	貝 291	馬 528
丿 303	夕 230	支 62	耂 480	缶 443	赤 502	骨 518
亅 344	大 232	攴 301	月 192	网 441	走 445	高 531
乙 342	女 167	斗 457	艹 93	羊 477	足 241	髟 519
2획	子 67	斤 453	辶 258	羽 31	身 503	鬥 532
二 361	宀 54	方 451	5획	老 480	車 243	鬼 520
亠 332	寸 236	无 460	玄 415	而 481	辛 493	11획
人 195	小 345	日 246	玉 394	耒 482	辰 509	魚 222
儿 214	尢 385	曰 352	瓜 416	耳 130	辵 258	鳥 31
入 347	尸 126	月 192	瓦 428	聿 444	邑 267	鹵 533
八 349	屮 541	木 36	甘 354	肉 409	酉 270	鹿 521
冂 363	山 52	欠 388	生 123	臣 479	釆 510	麥 534
冖 364	巛 391	止 458	用 433	自 239	里 511	麻 522
冫 377	工 365	歹 124	田 427	至 240	長 504	12획
凵 390	己 91	殳 461	疋 436	臼 483	8획	黃 535
刀 278	巾 334	毋 319	疒 158	舌 326	金 272	黑 523
力 285	干 371	比 463	癶 449	舛 485	門 298	13획
勹 368	幺 381	毛 469	白 473	舟 487	阜 421	鼓 536
匕 380	广 254	氏 470	皮 474	艮 490	隶 540	鼠*
匚 166	廴 387	气 471	皿 435	色 492	佳 484	14획
几 189	廾 387	水 134	目 417	艸 93	雨 219	鼻 524
匸 166	弋 455	火 320	矛 475	虍 491	靑 505	齊 537
十 288	弓 373	爪 468	矢 59	虫 439	非 506	15획
卜 217	彐*	父 467	石 155	血 538	9획	齒 327
卩 378	彡 450	爻*	示 476	行 488	面 507	16획
厂 369	彳 337	爿 464	内 355	衣 163	革 508	龍 526
厶 367	忄 173	片 466	禾 437	襾 495	韋 542	龜 538
又 190	氵 134	牙 465	穴 437	7획	音 133	*는 해당
3획	扌 305	牛 398	立 396	見 447	頁 513	글자가
口 74	氵 134	犬 160	歺 124	角 496	風 218	없음
囗 85	犭 160					

시선을 사로잡는 한자

汝海 姜永洙

천리 길도 한 걸음부터

• 象形 한 일, 첫째 일	一	[一부 0획, 총 1획] one · いち

시작을 나타내는 하나(一)는 '탁구공 한자' 1단계(중학교용)에서는 다음과 같은 쓰임새가 있습니다. '넷째 천간이나 장정(丁)·일곱(七)·셋(三)·아래(下)·아니라는 의미(不)·둘째 지지 또는 소(丑)·셋째와 남녘(丙)·인간 세상(世)·다시 또는 만약(且)' 등입니다.

一
• 한 일, 첫째 일, 모든 일 [一부 0획, 총 1획 · one, いち] 8급
• 하나의 가로줄로 1을 나타낸 지사 글자.

一時(일시) : 한때
一望(일망) : 한번 바라봄
一新(일신) : 아주 새로워짐
一毫(일호) : 한 개의 털
一心(일심) : 한마음

田 •一刻千金(일각천금) : 짧은 시간도 천금의 값어치가 있다는 뜻. 소동파(蘇東坡)의 「춘야행(春夜行)」이 출전(出典).

•一擧兩得(일거양득) : 어떤 일을 했을 때에 뜻하지 않은 이익을 얻음.『북사』,『진서』,『초책』이 출전.

•一犬吠形(일견폐형) : 개 한 마리가 헛그림자를 보고 짖는다는 뜻. 이 말은 '온 마을의 개가 따라 짖는다(百犬吠聲)'와 짝을 이룬다. 왕부의 「잠부론」이 출전.

•一網打盡(일망타진) : 죄 지은 자를 하나도 남김없이 잡음.『송사』와『십팔사략』이 출전.

• 一衣帶水(일의대수) : 육지와 육지 사이에 흐르는 작은 강. 『수서(隨書)』 「수문제 편」이 출전.

• 一以貫之(일이관지) : 하나의 이치로 모든 것을 꿰뚫었다는 공자의 말. 『논어(論語)』의 「이인편(里仁篇)」이 출전.

• 一日三秋(일일삼추) : 하루가 삼 년 같다. '일일여삼추(一日如三秋)'라고도 한다. 『시경』 「왕풍 채갈편」에 있는 말로 '기다림은 지루하다'는 뜻.

• 一字千金(일자천금) : 한 자를 줄이거나 늘이는 사람에게 천금을 준다는 뜻. 『여씨춘추(呂氏春秋)』가 출전. 스스로 완벽한 책을 가리킬 때 사용함.

• 一敗塗地(일패도지) : 싸움에 패하여 간과 뇌가 땅에 흩어진 모습. 사마천(司馬遷)이 쓴 『사기(史記)』의 「고조본기(高祖本記)」가 출전.

丁

• 넷째 천간 정, 소리 정 〔一부 1획, 총 2획 · でい〕 **4급**
• 못 박은 모습을 본뜬 상형 글자.

丁年(정년) : 장정이 된 나이

丁憂(정우) : 부모의 상(喪)을 당함

丁卯(정묘) : 60갑자의 넷째

丁字閣(정자각) : 정(丁) 자 모양으로 된 건물

丁銀(정은) : 품질이 낮은 은

七

• 일곱 칠, 문채 이름 칠 〔一부 1획, 총 2획 · seven, しち〕 **8급**
• 세로줄을 가로줄로 자른 다음 아래의 끝을 자른 지사 글자.

七星(칠성) : 북두칠성

七旬(칠순) : 일흔살

七七齋(칠칠재) : 사람이 죽은 지 49일이 되는 날 지내는 제사. 사십구재

七夕(칠석) : 견우와 직녀가 1년에 한번 만난다는 음력 7월 7일

田 • 七去之惡(칠거지악) : 예전에 아내를 내쫓는 일곱 가지의 구실. 부모에게 불효함, 아들을 낳지 못함, 질투함, 음란함, 나쁜 병이 있는 것, 말이 많은 것, 도둑질하는 것

• 七寶丹粧(칠보단장) : 여러 가지 패물로 몸을 단장하는 것. 또는 그 단장을 가리킴

• 七顚八起(칠전팔기) : 수많은 실패를 무릅쓰고 재기함

• 七顚八倒(칠전팔도) : 수없이 실패를 거듭함

• 석 삼, 자주 삼 〔一부 2획, 총 3획 · *three*, さん〕8급
• 세 개의 가로줄이 3을 나타내는 회의 글자.

三光(삼광) : 해와 달과 별. 또는 방(房) · 미(尾) · 심(心)의
　세 별을 가리킴

三權(삼권) : 국가 통치의 세 가지 권력. 입법권, 사법권, 행
　정권을 가리킴

三春(삼춘) : 봄 석달

三伏(삼복) : 초복, 중복, 말복

田 • 三顧草廬(삼고초려) : 유비가 제갈량을 찾아가 그를 군사(軍師)로 모
신 것. 『삼국지』의 「제갈량전」이 출전.

• 三十六計(삼십육계) : 36계 중에 도망을 치는 것이 최상책이다. 『남제서
(南齊書)』가 출전

• 三人成虎(삼인성호) : 길거리에 호랑이가 나타났다는 말을 세 사람이 하
면 믿게 됨. 뜬소문이 세상을 덮는다는 뜻. 『전국책(戰國策)』의 「위책(魏策)」
이 출전.

• 위 상, 오를 상 〔一부 2획, 총 3획 · *upper*, じょう〕7급
• 깔개 위에 놓인 물건을 나타내는 지사 글자.

上聲(상성) : 사성(四聲)의 하나. 처음이 낮고 나중이 높은
　소리

上食(상식) : 음식을 받들어 올림. 또는 상가(喪家)에서 아침
　저녁으로 올리는 궤연의 음식

丈
- 어른 장, 존칭 장 〔一부 2획, 총 3획 · *elder*, じょう〕 3Ⅱ급
- 손 모양과 十을 합하여 열 자를 나타내는 회의 글자.

丈六(장육) : 일장 육 척의 길이. 또는 그 길이의 불상
丈人(장인) : 아내의 친아버지
丈尺(장척) : 열 자 길이의 장대로 만든 자

下
- 아래 하, 내릴 하 〔一부 2획, 총 3획 · *lower part*, か, げ〕 7급
- 덮개 밑에 물건이 있음을 나타내는 지사 글자.

下劑(하제) : 설사를 하게 하는 약
下嫁(하가) : 신분이 낮은 집안으로 시집을 감
下筆成章(하필성장) : 붓을 쥐기만 하면 글을 이룸. 글재주
 가 뛰어남

不
- 아니 부, 없을 불 〔一부 3획, 총 4획 · *not*, ふ, ぶ〕 7급
- 볼록하게 부풀어 오른 꽃받침을 본뜬 지사 글자.

不斷(부단) : 끊이지 않고 계속됨. 과단성이 없음.
不倒翁(부도옹) : 오뚝이
不調(부조) : 고르지 못함
不可不(불가불) : 어쩔 수 없이

丑
- 소 축, 이름 추 〔一부 3획, 총 4획 · *cattle*, ちゅう〕 3급
- 손가락을 구부려 물건을 집으려는 모양을 본뜬 지사 글자.

丑年(축년) : 태세의 지지가 축(丑)으로 시작되는 해
丑時(축시) : 자시 다음의 시각. 오전 1시부터 3시 사이

丙
- 남녘 병, 셋째 병, 불 병 〔一부 4획, 총 5획 · *south*, へい〕 3Ⅱ급
- 책상이나 사람의 발, 또는 물고기의 꼬리를 본뜬 회의 글자.

丙夜(병야) : 하룻밤을 오경으로 나눈 것 중의 셋째. 하오 11
 시에서 이튿날 상오 1시 사이
丙座(병좌) : 묏자리나 집터 등의 병방(丙方)을 등진 좌향(坐
 向)

丙種(병종) : 갑, 을, 병으로 나눈 등급의 셋째

世
• 인간 세, 평생 세 〔一부 4획, 총 5획 · *world*, せい〕 7급
• 세 개의 十을 쓰고 끄트머리를 연결한 지사 글자.

世道人心(세도인심) : 행하여지는 세상의 도의와 마음씨를
　가리킴.
世傳(세전) : 대대로 전함
世波(세파) : 세상 풍파

田 • 世世不輟(세세불철) : 땅이 척박하여 아무도 가져가지 않으므로 대대
로 제사를 지냄. 『여씨춘추』의 「맹동기(孟冬紀)」가 출전.
　• 歲月不待人(세월부대인) : 시간을 아껴 쓰라는 뜻. 도연명(陶淵明)의 「잡
시(雜詩)」가 출전.

且
• 또 차, 우선 차, 만일 차 〔一부 4획, 총 5획 · しゃ, しょ〕 3급
• 물건을 여러 겹으로 겹쳐놓은 모습을 본뜬 상형 글자

且驚且喜(차경차희) : 한편으로 놀랍고 한편으로 기뻐함
且戰且走(차전차주) : 한편으로는 싸우면서 한편으로는 달
　아남
且置(차치) : 제쳐놓음

하나(一)가 변화하여 '구(丘)'가 됩니다. '시선을 사로잡는 한자' 2단
계(고등학교용)에 해당합니다.

丘
• 언덕 구, 동산 구, 마을 구 〔一부 4획, 총 5획 · *hill*, ぎゅう〕 3급
• 주위가 높고 한가운데가 들어간 분지를 본뜬 회의 글자.

丘陵(구릉) : 언덕과 같은 산
丘木(구목) : 무덤 주위에 둘러서 있는 나무
丘墓(구묘) : 무덤

새의 날갯짓

• 象形 　　　　　　　　　[羽부 0획, 총 6획]
깃 우, 새 우, 도울 우 　　**羽**　wing · う

🖋.

습(習)은 반복 동작의 상형(象形)입니다. 강습(講習) · 견습(見習) · 관습(慣習) · 복습(復習) · 연습(練習) · 예습(豫習) · 전습(傳習) · 풍습(風習) · 학습(學習). 이러한 단어에는 '되풀이하여' 연습한다는 의미가 담겨 있습니다. 1단계 한자는 '깃(羽) · 습관(習)' 등입니다.

羽　• 깃 우, 새 우 〔羽부 0획, 총 6획 wing · う〕 **3급**
　　• 새의 두 날개를 본뜬 상형 글자.

雨鱗(우린) : 깃과 비늘
羽毛(우모) : 깃털
羽扇(우선) : 새의 깃으로 만든 부채
⊞ • 羽化登仙(우화등선) : 신선이 되어 하늘로 올라감을 비유하는 말. 소동파(蘇東坡)의 「적벽부」가 출전.

習　• 익힐 습, 습관 습 〔羽부 5획, 총 11획 practise · しゅう〕 **6급**
　　• 새가 날개를 되풀이하여 움직이는 모습을 본뜬 형성 글자.

習得(습득) : 배워서 터득함
習字(습자) : 글씨 쓰는 법을 배워 익힘
習癖(습벽) : 버릇

🖋.

이번에는 깃 우(羽)가 '노인(翁)과 날개(翼)' 등으로 변화합니다.

翁 • 늙은이 옹, 아버지 옹 〔羽부 4획, 총 10획 *old man* · おう〕 3급
• 벌레가 나는 모습을 본뜬 형성 글자.

翁嫗(옹구) : 늙은 남녀
翁主(옹주) : 서출 태생의 왕녀
翁姑(옹고) : 시부모

翼 • 날개 익, 다음날 익 〔羽부 11획, 총 17획 *wing* · よく〕 3Ⅱ급
• 날개와 다른 한쪽의 날개. 곧 한 쌍의 날개를 본뜬 형성 글자.

翼戴(익대) : 곁에서 도와줌
翼室(익실) : 큰방에 딸린 작은방
翼廊(익랑) : 문의 좌우에 잇대어 지은 작은 행랑

※다음은 새에 관한 어록과 속담입니다.

*아름다운 새는 반드시 아름다운 털 때문만은 아니다(이솝/우화)

*신은 모든 새에게 먹이를 준다. 그러나 그걸 둥우리에 던져 주지는 않는다(G.홀랜드)

*같은 날개를 가진 새는 함께 떼를 짓는다(R.버언즈/도온의 뚝).

*새는 인간 본연의 모습을 뜻한다. 그들을 숲속에 깃들게 하거나 강이나 호수 위에 띄우거나 그들 스스로에게 맡기는 것이 떳떳한 도다. 그들에게 이론을 가르치고 지도(至道)를 가르침은 마치 새에게 가둬놓고 음악을 들리는 것만 같아 오히려 놀라고 한숨을 쉰다(장자(莊子).

*새는 흔히 도를 닦는 사람에게 비유되는데 새가 마치 날개 하나 만으로 공중을 나는 것 같이 그들도 그렇게 검소하여야 한다(팔만대장경(八萬大藏經).

*꽁지 빠진 새 같다(한국)

*그물에서 벗어난 새(한국)

*같은 날개 털의 새는 군서(群棲)한다(영국).

긴 꼬리의 새

• 象形
새 조, 땅이름 작, 섬 도

[鳥부 0획, 총 11획]
bird · ちょう

.

새를 아름답다고 하는 것은 부드럽고 현란한 색깔의 털 때문이 아닙니다. 새의 아름다움은 '날기를 잊지 않고 있으며 스스로 날 수 있는 그 이상의 높이는 날지 않은 현명함' 때문입니다. 공부가 그렇습니다. 무리를 하는 것은 과욕이지 현명함이 아닙니다. 본문의 1단계는 '울거나 부르는 것(鳴) · 닭(鷄) · 학(鶴)' 등입니다.

鳥
• 새 조 〔鳥부 0획, 총 11획 bird · ちょう〕 4Ⅱ급
• 긴 꼬리를 늘어뜨린 새를 본뜬 상형 글자.

鳥籠(조롱) : 새장
鳥媒(조매) : 새를 사냥할 때에 미끼로 쓰는 새
鳥瞰(조감) : 높은 곳에서 아래를 내려다 봄
鳥銃(조총) : 엣날의 소총
鳥雀(조작) : 새와 참새. 또는 작은 새

鳴
• 울 명, 부를 명 〔鳥부 3획, 총 14획 chirp · めい〕 4급
• 口와 鳥의 합자. 새가 지저귐을 나타내는 회의 글자.

鳴金(명금) : 징 치는 것
鳴禽類(명금류) : 고운 소리로 우는 새
鳴箭(명전) : 살 대에 작은 구멍을 뚫어 바람을 받으면 소리
 가 나는 화살

鷄 • 닭 계 〔鳥부 10획, 총 21획 *chicken* · けい〕 **4급**
• 奚와 鳥로 만들어진 글자. 奚가 울음을 나타내는 형성 글자.

鷄口(계구) : 닭의 볏. 아주 작은 단체의 장(長)
鷄卵(계란) : 달걀
鷄林(계림) : 경주에 있는 숲이름
鷄疫(계역) : 닭의 전염병

⊞• 鷄口牛後(계구우후) : 큰 집단 뒤에 있는 작은 것보다는 작은 것의 앞부분에 서라는 뜻.『사기』「소진열전」이 출전.

• 鷄頭肉(계두육) : 미인의 아름다운 피부와 젖가슴을 이르는 말.『양비외전(楊妃外傳)』이 출전.

• 鷄肋(계륵) : 버리기에는 아깝고 먹자니 별거 없다는 뜻.『후한서(後漢書)』의 「양수전(楊修傳)」이 출전.

• 鷄鳴狗盜(계명구도) : 닭처럼 울음소리를 내고 개처럼 들어가 도둑질을 한다. 이것은 식객(食客)에 대한 것으로『사기』의 「맹상군전」이 출전.

• 鷄皮鶴髮(계피학발) : 늙어서 주름살이 잡히고 백발이 성성하게 되었음을 가리킴. 당현종의 「괴뢰음(傀儡吟)」이 출전.

鶴 • 학 학, 흰색 학 〔鳥부 10획, 총 21획 *crane* · かく〕 **3Ⅱ급**
• 새의 몸이 하얗다는 것을 뜻하는 형성 글자.

鶴髮(학발) : 흰머리
鶴禁(학금) : 왕세자가 거처하는 궁전
鶴首(학수) : 백발. 또는 목을 길게 빼고 기다림
鶴氅衣(학창의) : 예전에 선비들이 입었던 겉옷의 하나로 흰
　　창의에 검은 헝겊으로 가선을 대어 만든 옷
鶴壽(학수) : 학이 천년을 산다하여 사람의 장수를 뜻함

▪️✏️.

똑같이 소리를 내어 우는 '새'지만 닭은 나는 연습을 게을리 하여 학

처럼 훨훨 날아가지 못합니다. 그런 점에 착안하여 군계일학(群鷄一鶴)이라는 말이 탄생했습니다. '여럿 중에 빼어난 한 사람'을 의미하며 '백미(白眉)'라는 단어와 통합니다. 뒤바꾸어 계군일학(鷄群一鶴)이라고도 합니다. 본문의 2단계 한자를 보겠습니다. '봉새(鳳)·기러기(鴈)·큰기러기(鴻)·갈매기(鷗)' 등입니다.

• 봉새 봉 〔鳥부 3획, 총 14획 *phoenix* · ほう〕**3급**
• 큰 새의 모습과 바람에 펄럭이는 돛을 합친 회의·형성 글자.

鳳凰(봉황) : 성인이나 성군이 세상에 등장할 때에 나타난다
　　는 상서로운 새. 암컷을 황(凰), 수컷을 봉(鳳)이라 함
鳳輦(봉련) : 군왕이 타는 수레
鳳飛亂舞(봉비난무) : 어지럽게 춤을 춤
鳳雛(봉추) : 새끼 봉황.

• 기러기 안 〔鳥부 46획, 총 15획 *wild goose* · がん〕**3급**
• 형태가 정돈된 모습을 나타낸 회의 형성 글자.

鴈毛(안모) : 기러기털
鴈行(안행) : 줄을지은 기러기처럼 날아감
鴈片(안편) : 편지

• 큰기러기 홍 〔鳥부 6획, 총 17획 *wild goose* · こう〕**3급**
• 鳥와 江의 합자. 큰 물새라는 뜻을 함축한 형성 글자.

鴻毛(홍모) : 기러기 털. 아주 가벼이 여기는 사물
鴻鵠之志(홍곡지지) : 큰 뜻
鴻儒(홍유) : 대학자
鴻恩(홍은) : 넓고 큰 은혜

• 갈매기 구 〔鳥부 11획, 총 22획 *sea gull* · く, おう〕**3급**
• 鳥와 區의 합자. 갈매기 울음소리를 본뜬 형성 글자.

鷗鷺(구로) : 갈매기와 해오라기
鷗汀(구정) : 갈매기가 있는 물가

인간은 본래 굽은 나무

• 象形

木

[木부 0획, 총 4획]
나무 목, 오행 목   *tree* · ほく, もく

.

나무(木)와 관계 있는 1단계에는 '끝 또는 가루나 지엽적인 것(末) · 미래(未) · 근본(本) · 붉음(朱) · 재목(材) · 마을(村) · 실과(果) · 동녘(東) · 수풀(林) · 잔(杯) · 소나무(松) · 가지(枝) · 버들(柳) · 조사 또는 사돈(査) · 부드러움(柔) · 학교(校) · 뿌리(根) · 생각함(案) · 묘목(栽) · 심음(植) · 다함(極) · 생계(業) · 단풍나무(楓) · 즐거움(樂) · 다리(橋) · 나무(樹) · 저울추(權)' 등입니다.

木
• 나무 목, 저릴 목 〔木부 0획, 총 4획 *tree* · ほく, もく〕 **8급**
• 나무를 본뜬 상형 글자.

木末(목말) : 나무의 끝

木佛(목불) : 나무로 만든 부처

木石(목석) : 나무와 돌

田 • 木人石心(목인석심) : 나무로 몸을 만들고 돌로 마음을 만든다는 뜻. 『진서(晉書)』가 출전

• 木鐸(목탁) : 나무 방울을 나타냄. 『논어(論語)』의 팔일편이 출전

末
• 끝 말, 가루 말 〔木부 1획, 총 5획 *end* · ぼつ, まつ〕 **5급**
• 나뭇가지 끝을 여기다 라고 '一'로 나타낸 지사 글자.

末技(말기) : 하찮은 재주

末尾(말미) : 맨 끝

末運(말운) : 막다른 운수

- 아닐 미, 미래 미 〔木부 1획, 총 5획 *not* · び, み〕**4Ⅱ급**
- 아직 자라지 않은 나무의 끝 부분을 본뜬 상형 글자.

未刊(미간) : 아직 간행되지 않음

未然(미연) : 아직 그렇게 되지 않음

未明(미명) : 아직 날이 밝지 않음

⊞ • 未亡人(미망인) : 남편을 따라 죽어야 하는 데도 아직 살아있음을 겸손히 이르는 말.『춘추좌씨전(春秋左氏傳)』이 출전.

 • **未然防**(미연방) : 일이 잘못 되기 전에 미리 막음.『문선(文選)』과 『시경(詩經)』이 출전.

- 밑 본, 근본 본, 문서 본 〔木부 1획, 총 5획 *origin* · ほん〕**6급**
- 나무의 굵은 곳에 ‘一’을 표시하여 밑둥을 나타낸 지사 글자.

本能(본능) : 타고날 때부터의 성능

本分(본분) : 자기에게 알맞은 분수

本鄕(본향) : 본 고향

- 붉을 주, 연지 주 〔木부 2획, 총 6획 *red* · しゅ〕**4급**
- 나무 줄기에 횡목을 대어 나무를 자르는 모습을 본뜬 지사 글자.

朱書(주서) : 주목으로 글씨를 씀

朱紅(주홍) : 연한 붉은 색

朱印(주인) : 붉은 인주로 찍은 도장

- 재목 재, 원료 재 〔木부 3획, 총 7획 *timber* · ざい〕**5급**
- 자른 나무를 뜻하는 형성 글자.

才幹(재간) : 솜씨

才料(재료) : 물건을 만드는 감

材木(재목) : 집을 짓거나 건축 하는데 소용되는 나무

村

- 마을 촌 〔木부 3획, 총 7획 *village* · そん〕**7급**
- 숲 그늘에 사람들이 살고 있는 모습을 본뜬 형성 글자.

村家(촌가) : 시골 마을에 있는 집

村落(촌락) : 시골 부락

村夫子(촌부자) : 시골의 유지

果
- 실과 과, 해낼 과, 결과 과 〔木부 4획, 총 8획 *fruit* · か〕**6급**
- 나무 위에 둥근 열매가 있는 것을 본뜬 상형 글자.

果報(과보) : 인과와 응보

果然(과연) : 참으로 그러함

果汁(과즙) : 과일의 즙

東
- 동녘 동 〔木부 4획, 총 8획 *east* · とう〕**8급**
- 양쪽을 묶고 한가운데를 뚫고 나온 막대기를 본뜬 상형 글자.

東史(동사) : 우리 나라의 역사

東君(동군) : 태양의 신

東窓(동창) : 동쪽으로 난 창

田 • 東西效嚬(동서효빈) : 함부로 남들을 흉내를 내는 것을 비유하는
말.『오월춘추(吳越春秋)』가 출전.

　• 東食西宿(동식서숙) : 부평초와 같은 떠돌이 신세.『태평어람(太平御覽)』
이 출전

林
- 수풀 림, 많을 림 〔木부 4획, 총 8획 *forest* · りん〕**7급**
- 나무가 많이 늘어서 있는 숲을 본뜬 상형 글자.

林立(임립) : 숲의 나무들처럼 죽 늘어섬

林産(임산) : 임산물

林木(임목) : 숲을 이룬 나무

杯
- 잔 배 〔木부 4획, 총 8획 *cup* · はい〕**3급**
- 볼록하고 둥글게 부풀어 오른 술잔 모습을 본뜬 형성 글자.

杯觴(배상) : 나무 술잔

田 • 杯中蛇影(배중사영) : 술잔 속에 비친 뱀 그림자라는 뜻. 의심이 많
고 고민함을 뜻함.『진서』의 「약광전」이 출전

　• 杯盤狼藉(배반낭자) : 술잔과 그릇이 어지럽게 흩어진 난잡한 술자리.

『사기』의 「순우곤전」이 출전

松
- 소나무 송 〔木부 4획, 총 8획 *pine tree* · しょう〕 **4급**
- 잎이 바늘처럼 가늘고 잎새로 공기가 통하는 모습의 상형 글자.

松竹梅(송죽매) : 소나무, 대나무, 매화. 추위를 잘 견디는 이
    세 가지를 세한삼우(歲寒三友)라 함
松林(송림) : 소나무 숲
松花(송화) : 소나무의 꽃

枝
- 가지 지, 버틸 지 〔木부 4획, 총 8획 *branch* · し〕 **3급**
- 줄기가 나뉘어진 가는 가지를 본뜬 형성 글자.

枝指(지지) : 손가락이 여섯 개인 육손이
枝葉(지엽) : 가지와 잎
枝梧(지오) : 버팀

柳
- 버들 류, 수레 이름 류 〔木부 5획, 총 9획 *willow* · りゅう〕 **4급**
- 갈라진 가지가 나부끼는 모양을 본뜬 형성 글자.

柳眉(유미) : 버들잎처럼 가늘고 아름다운 눈썹
柳車(유거) : 사람이 죽어 장사(葬事)를 지낼 때에 시체를
    싣고 가던 수레

査
- 조사할 사, 사돈 사 〔木부 5획, 총 9획 *seek out* · さ〕 **5급**
- 통행을 방해하는 목책. 조사한다는 뜻으로 바뀐 형성 글자.

査問(사문) : 조사하여 따져 물음
査夫人(사부인) : 안사돈
査丈(사장) : 사돈어른

柔
- 부드러울 유, 사랑할 유 〔木부 5획, 총 9획 *soft* · じゅう〕 **3Ⅱ급**
- 창 자루에 사용하는 탄력성 있는 나무를 본뜬 형성 글자.

柔和(유화) : 부드럽고 온화함
柔訓(유훈) : 부녀자에 대한 교훈

柔弱(유약) : 마음이나 몸이 부드럽고 약함

田 • 柔能制剛(유능제강) : 부드러운 것이 강한 것을 제압을 한다는 뜻.
『황석공소서(黃石公素書)』, 『노자(老子)』 36장이 출전

校
• 학교 교, 짐작할 교 〔木부 6획, 총 10획 *school* · こう〕8급
• X자 형태로 교차된 나무틀을 본뜬 형성 글자.

校獵(교렵) : 짐승이 도망을 가지 못하도록 나무 울타리로
　　길을 막아놓음
校了(교료) : 인쇄물의 교정이 끝남

根
• 뿌리 근, 생식기 근 〔木부 6획, 총 10획 *root* · こん〕6급
• 한곳에 계속적으로 머물러 뿌리 내린 모습을 본뜬 형성 글자.

根據(근거) : 사물의 토대
根底(근저) : 사물의 밑바탕
根絶(근절) : 뿌리째 없애 버림

案
• 책상 안, 안 안 〔木부 6획, 총 10획 *table* · あん〕5급
• 팔꿈치를 올려놓고 누르는 모습을 나타낸 상형 글자.

案檢(안검) : 증거를 들어 조사함
案机(안궤) : 책상
案出(안출) : 연구해 내는 일

栽
• 심을 재, 묘목 재 〔木부 5획, 총 10획 *plant* · さい〕3Ⅱ급
• 불필요한 가지나 잎을 베어버린다는 뜻의 형성 글자.

栽培(재배) : 심어서 가꿈
栽植(재식) : 농작물 따위를 심음

植
• 심을 식 〔木부 8획, 총 12획 *plant* · しょく〕7급
• 나무의 모종을 똑바로 세우는 것을 뜻하는 형성 글자.

植樹(식수) : 나무를 심음
植毛(식모) : 털이 없는 부분에 옮겨 심음
植栽(식재) : 초목을 가꾸어 심음

極 • 다할 극 〔木부 9획, 총 13획 *utmost* · きょく, ごく〕4Ⅱ급
• 천장에서 바닥까지 떠받치고 있는 기둥을 본뜬 형성 글자.

極上(극상) : 아주 좋음

極甚(극심) : 매우 지독함

極致(극치) : 극도에 이른 경지

業 • 업 업, 생계 업 〔木부 9획, 총 13획 *business* · ぎょう〕6급
• 종이나 북을 매달아 놓은 모습을 본뜬 상형 글자.

業務(업무) : 직업으로 하는 일

業主(업주) : 사업의 경영주

業體(업체) : 사업이나 기업의 주체

楓 • 단풍나무 풍 〔木부 9획, 총 13획 *maple tree* · ふう〕3Ⅱ급
• 열매에 얄따란 날개가 달려 바람 부는 대로 날림. 형성 글자.

楓林(풍림) : 단풍나무 숲

楓葉(풍엽) : 단풍나무 잎

樂 • 풍류 악, 즐길 락, 좋아할 요 〔木부 11획, 총 15획 · がく〕6급
• 나무 위에 고치를 매단 모습을 본뜬 상형 글자.

樂觀(낙관) : 장차를 희망적으로 생각함

樂譜(악보) : 악곡에 대한 기록

樂想(악상) : 악곡에 대한 구상

• 樂山樂水(요산요수) : 어진 자는 산을 좋아하고 지혜로운 자는 물을
좋아한다(仁者樂山 智者樂水)의 줄임말. 『논어』가 출전.

橋 • 다리 교 〔木부 12획, 총 16획 *bridge* · きょう〕5급
• 높이 걸려 휘어져 있는 다리의 모습을 본뜬 형성 글자.

橋梁(교량) : 다리

橋頭堡(교두보) : 아군의 상륙을 돕기 위해 거점으로 마련해
   놓은 진지. 또는 다리를 엄호하기 위하여 조그맣게 쌓은
   보루

樹 • 나무 수, 심을 수 ［木부 12획, 총 16획 *tree* · じゅう］**6급**
• 받침대 위에 세운 나무. 꼼짝하지 않은 나무를 본뜬 형성 글자.

樹人(수인) : 인재를 양성함

樹種(수종) : 나무의 종류

樹海(수해) : 삼림이 울창함을 바다에 이르는 말

權 • 저울추 권, 권세 권 ［木부 18획, 총 22획 · けん, ごん］**4Ⅱ급**
• 저울의 추로써 균형을 나타내는 것을 본뜬 형성 글자.

權衡(권형) : 저울의 추와 대

權能(권능) : 권리를 주장하고 행사할 수 있는 권리

權凶(권흉) : 권세를 함부로 휘두르는 자

田 • 勸善懲惡(권선징악) : 선한 사람을 권면 하고 악한 행위를 징계함.
『춘추좌씨전』이 출전

2단계에는 무거운 의미를 함축한 단어들이 많습니다. '순박함(朴) ·
오얏나무(李) · 묶음(束) · 나눔(析) · 베개(枕) · 널빤지(板) · 시렁이나
건너지름(架) · 말라죽음(枯) · 아무나 누구(某) · 측백나무(柏) · 물들
임(染) · 기둥(柱) · 바로잡음(格) · 계수나무(桂) · 복숭아나무(桃) ·
오동나무(桐) · 밤나무(栗) · 뽕나무(桑) · 주식(株) · 세포나 뿌리(核)
· 형틀이나 병장기(械) · 들보 또는 징검다리(梁) · 배나무(梨) · 매화
나무(梅) · 벽오동나무(梧) · 가지나 조목(條) · 버림(棄) · 나무가 빽빽
한 모습(森) · 버드나무(楊) · 맺음(構) · 명예나 성함(榮) · 대개(槪) ·
다락(樓) · 본보기(模) · 모양(樣) · 목표(標) · 베틀(機) · 가로놓임(橫)
· 조사함(檢) · 박달나무(檀) · 난간(欄)' 등입니다.

朴 • 순박할 박, 후박나무 박 ［木부 2획, 총 6획 *simple* · ぼく］**6급**
• 부러진 채로 손을 대지 않은 재목을 본뜬 형성 글자.

朴鈍(박둔) : 무기 등이 예리하지 못함

素朴(소박) : 꾸밈이 없음

李 ・오얏나무 리, 심부름꾼 리 〔木부 3획, 총 7획 *bind* · そく〕 **6급**
・과실이 많이 열리는 나무를 본뜬 회의 글자.

李花(이화) : 오얏꽃

李成桂(이성계) : 조선 왕조의 창업자

田 ・李下不整冠(이하부정관) : 오얏 나무 밑에서는 갓을 고쳐 쓰지 말라는 뜻. 즉 남에게 의심받을 일을 아예 하지 않는다는 의미. 『열녀전』과 『문선』이 출전

束 ・묶을 속, 약속할 속 〔木부 3획, 총 7획 *bind* · そく〕 **5급**
・장작을 모아 그 중앙을 끈으로 묶은 모습을 본뜬 회의 글자.

束縛(속박) : 자유를 빼앗음. 또는 몸을 얽어맴

束裝(속장) : 행자을 차림

束手無策(속수무책) : 어찌할 방도를 찾지 못하고 꼼짝을 못하는 것

析 ・가를 석, 나누어질 석 〔木부 4획, 총 8획 *devide* · び〕 **3급**
・나무를 도끼로 잘게 자르는 것을 본뜬 회의 글자.

析出(석출) : 용액에서 고체를 분리해 내거나 화합물을 분석하여 구성하고 있는 물질을 분석해 냄

析別(석별) : 완전히 쪼개짐

枕 ・베개 침 〔木부 4획, 총 8획 *pillow* · ちん〕 **3급**
・나무로 된 베개의 모습을 본뜬 회의 · 형성 글자.

枕上(침상) : 베갯머리

枕席(침석) : 베개의 자리

枕木(침목) : 기차가 지나가는 철도의 선로 밑에 깐 나무토막. 또는 큰 물건을 괴어놓는 나무토막

板
- 널빤지 판, 판목 판 〔木부 4획, 총 8획 *board* · はん, ばん〕 **5급**
- 휘어서 팽팽하게 당긴 나무 판자를 본뜬 형성 글자.

板刻(판각) : 글씨나 그림 같은 것을 나무에 새기는 것
板橋(판교) : 널 다리
板木(판목) : 인쇄를 하기 위하여 글자나 그림을 새김
板本(판본) : 판목으로 인쇄한 책
板書(판서) : 칠판에 글씨를 쓰는 것

架
- 시렁 가, 건너지를 가 〔木부 5획, 총 9획 *shelf* · か〕 **3급**
- 지주 위에 가로대 없는 것을 본뜬 형성 글자.

架空(가공) : 근거가 없음. 또는 공중을 가로지름
架槽(가조) : 나무로 만든 홈통
架設(가설) : 건너질러 설치를 함
架子(가자) : 선반
架橋(가교) : 다리를 놓음

枯
- 마를 고, 죽을 고 〔木부 5획, 총 9획 *wither* · こ〕 **3급**
- 메말라서 단단해진 나무를 본뜬 형성 글자.

枯葉(고엽) : 시든 잎. 마른 잎
枯骨(고골) : 죽은 이의 썩은 뼈
枯渴(고갈) : 물이 바짝 마름
枯榮(고영) : 영함과 쇠함
枯卉(고훼) : 말라죽은 풀과 나무

某
- 아무 모, 어느 모 〔木부 5획, 총 9획 *certain person* · ぼう〕 **3급**
- 입속에 매실을 머금은 모습을 본뜬 회의 글자.

某年(모년) : 어느 해
某某(모모) : 누구누구
某處(모처) : 어느 곳

柏 ·측백나무 백, 잣나무 백 〔木부 5획, 총 9획 *cypress* · はく〕**3급**
·둥글고 작은 열매가 달리는 나무를 본뜬 회의 · 형성 글자.

柏子(백자) : 잣

柏葉酒(백엽주) : 측백나무나 편백나무의 잎을 추려 담가서
 우려낸 술

染 ·물들일 염, 바를 염 〔木부 5획, 총 9획 *dye* · せん〕**3Ⅱ급**
·나무로 만든 그릇에 색깔 있는 물을 넣고 염색함. 회의 글자.

染色(염색) : 천 등에 물을 들임

染料(염료) : 염색 원료

染病(염병) : 장티푸스

柱 ·기둥 주, 기러기발 주 〔木부 5획, 총 9획 *pillar* · ちゅう〕**3Ⅱ급**
·한 곳에 서 있는 나무를 뜻하는 형성 글자.

柱石(주석) : 기둥과 주춧돌

柱礎(주초) : 주춧돌

柱聯(주련) : 기둥이나 바람벽 등에 글을 쓰거나 새기어 드
 리우는 장식

格 ·바로잡을 격, 가지 각 〔木부 6획, 총 10획 · かく, こう〕**5급**
·수레를 멈추게 하는 막대기를 본뜬 형성 글자.

格式(격식) : 격에 어울리는 법식

田 · 格物致知(격물치지) : 사물의 이치를 연구해 그 지식이 온전해짐을
이름. 『대학』의 「팔조목(八條目)」이 출전.

桂 ·계수나무 계 〔木부 6획, 총 10획 *cinnamon tree* · けい〕**3급**
·향기가 좋은 나무를 나타내는 형성 글자.

桂冠詩人(계관시인) : 영국 왕실에 머물며 경축시 등을 만들
 어 읊으며 특별한 대우를 받는 명예 시인

桂皮(계피) : 계수나무 껍질. 한약재로 씀

桂月(계월) : 달을 달리 부르는 이름

桃 • 복숭아나무 도 〔木부 6획, 총 10획 · とう〕 **3급**
• 열매가 딱 둘로 쪼개지는 복숭아를 본뜬 형성 글자.

桃仁(도인) : 복숭아씨

桃花粉(도화분) : 연지

田 • 桃李(도리) : 훌륭한 인재나 제자를 가리키는 말. 『사기』가 출전

• 桃園結義(도원결의) : 유비와 관우, 장비가 복숭아 정원에서 의형제를 맺음. 『삼국지연의』가 출전

• 桃源境(도원경) : 속세를 떠난 이상향의 세계. 도연명의 「도화원시」가 출전.

桐 • 오동나무 동 〔木부 6획, 총 10획 · どう〕 **3급**
• 속이 텅빈 나무. 오동나무를 본뜬 형성 글자.

桐梓(동재) : 오동나무와 가래나무. 곧 좋은 나무

桐油(동유) : 유동(油桐)의 씨에서 짜낸 기름

栗 • 밤나무 률 〔木부 6획, 총 10획 chestnut · りつ〕 **3Ⅱ급**
• 여물어 터진 밤송이의 모양을 본뜬 회의 글자.

栗然(율연) : 몹시 두려워 하는 모양

栗殼(율각) : 밤 껍질

栗烈(율렬) : 추위가 몹시 매서움

桑 • 뽕나무 상 〔木부 6획, 총 10획 mulberry tree · そう〕 **3급**
• 세 가닥의 가지에 달린 잎 모양을 본뜬 회의 글자.

桑葉(상엽) : 뽕나무 잎

桑梓(상재) : 뽕나무와 가래나무

桑飛(상비) : 뱁새의 다른 말

田 • 桑田碧海(상전벽해) : 뽕나무밭이 변하여 바다가 됨. 세상이 몰라 볼 정도로 변함. 『신선전』과 '유정지의 시'가 출전

株
- 그루 주, 주식 주 〔木부 6획, 총 10획 stump · しゅ〕 **3급**
- 나무 줄기를 벤 그루터기를 본뜬 형성 글자.

株券(주권) : 회사의 주식을 소유하고 있음을 증명하는 유가
　　증권
株價(주가) : 주권의 가격
株主(주주) : 주권을 소유한 사람

核
- 씨 핵, 세포 핵, 뿌리 핵 〔木부 6획, 총 10획 kernel · かく〕 **4급**
- 나무 열매의 뼈대에 해당하는 심을 본뜬 형성 글자.

核心的(핵심적) : 사물의 중심이 되는 부분
核分裂(핵분열) : 핵에너지가 폭발하기 위해 나뉘어 짐
核果(핵과) : 씨가 단단한 핵으로 싸여 있는 열매

械
- 형틀 계, 기구 계, 병장기 계 〔木부 7획, 총 11획 · かい〕 **3Ⅱ급**
- 장치가 있는 도구를 본뜬 형성 글자.

械繫(계계) : 죄인에게 형구를 채워 감옥에 집어넣음
器械(기계) : 기기를 나타냄

梁
- 들보 량, 징검다리 량 〔木부 7획, 총 11획 beam · りょう〕 **3급**
- 양쪽 강가에 지주를 세워 만든 나무다리를 본뜬 회의 글자.

田・**梁上君子**(양상군자) : 대들보 위에 올라가 있는 도둑놈. 다른 의미
로는 대들보 위를 달음질치는 생쥐.『후한서』의 「진식전」이 출전

梨
- 배나무 리, 연극계 리 〔木부 7획, 총 11획 pear tree · り〕 **3급**
- 사각사각 잘 씹히는 배를 본뜬 회의 글자.

梨園(이원) : 배나무 밭
梨花(이화) : 배꽃

梅
- 매화나무 매 〔木부 7획, 총 11획 plum tree · ばい〕 **3Ⅱ급**
- 계속하여 아이를 낳는 어머니(每)에 木을 더한 형성 글자.

梅實(매실) : 매화나무의 열매
梅畵(매화) : 매화 그림

梅天(매천) : 매실이 익을 때의 하늘

梧
- 벽오동나무 오 〔木부 7획, 총 11획 · ご〕 **3급**
- 막대기를 서로 맞물리게 받친 모양을 본뜬 회의 · 형성 글자.

梧桐(오동) : 벽오동나무

梧月(오월) : 음력 7월을 달리 부르는 말

條
- 가지 조, 조목 조 〔木부 7획, 총 11획 branch · じょう〕 **4급**
- 가늘고 긴 나뭇가지를 본뜬 형성 글자.

條目(조목) : 하나하나 따지어서 벌인 일의 가닥

條析(조석) : 조리를 따져 구분하는 것

條件(조건) : 정해 놓은 약속 사항

棄
- 버릴 기, 되돌릴 기 〔木부 8획, 총 12획 abandon · き〕 **3급**
- 아이를 쓰레받기에 담아 버리는 것을 본뜬 회의 글자.

棄權(기권) : 자신의 권리를 포기함

棄世(기세) : 세상을 떠남

棄兒(기아) : 아이를 버림

森
- 나무 빽빽할 삼 〔木부 8획, 총 12획 forest · しん〕 **3Ⅱ급**
- 많은 나무가 뒤얽혀 있는 모습을 본뜬 회의 글자.

森羅萬象(삼라만상) : 우주 안에 있는 모든 것

森列(삼렬) : 엄숙하게 늘어서 있는 모습. 나무가 빽빽이 들
  어 차 있는 모습

森林(삼림) : 많은 나무가 있는 숲

楊
- 버드나무 양 〔木부 9획, 총 13획 willow · よう〕 **3급**
- 길게 위로 뻗은 버드나무를 본뜬 회의 · 형성 글자.

楊枝(양지) : 버들가지. 또는 이쑤시개

楊梅瘡(양매창) : 창병. 이른바 매독

構
- 얽을 구, 맺을 구 〔木부 10획, 총 14획 implicate · こう〕 **4급**
- 나무를 잘 짜 맞추어 균형을 맞춘다는 형성 글자.

構成(구성) : 얽어서 만듦

構內(구내) : 관공서나 기업체의 안

榮
- 영화 영, 명예 영 〔木부 10획, 총 14획 *glory* · えい〕**4Ⅱ급**
- 나무 주위를 에워싼 채 피어있는 꽃을 본뜬 형성 글자.

榮轉(영전) : 예전보다 더 높은 자리에 오름

榮進(영진) : 전보다 높은 지위에 오름

槪
- 대개 개, 평미레 개 〔木부 11획, 총 15획 · かい〕**3Ⅱ급**
- 쌀이나 콩을 담은 후 고르는 나무 막대를 본뜬 형성 글자.

槪觀(개관) : 대충 살펴 봄

槪要(개요) : 대체적인 요지

樓
- 다락 루, 기생집 루 〔木부 11획, 총 15획 *garret* · ろう〕**3Ⅱ급**
- 나무 기둥을 붙여 계속해 높이 쌓는 모습의 형성 글자.

樓閣(누각) : 사방을 두루 바라볼 수 있도록 지은 집

樓上(누상) : 누각 위

模
- 법 모, 본받을 모 〔木부 11획, 총 15획 *form* · も〕**4급**
- 점토를 씌워 손으로 토기를 만들어내는 틀을 뜻하는 형성 글자.

模糊(모호) : 분명하지 않고 흐릿함

模寫(모사) : 본을 떠 그대로 그림

模擬(모의) : 흉내를 냄

樣
- 모양 양 〔木부 11획, 총 15획 *shape* · よう〕**4급**
- 풍체가 좋은 나무의 모습을 나타낸 형성 글자.

樣式(양식) : 일정한 방식

樣態(양태) : 모양과 태도

標
- 우듬지 표, 과녁 표, 표 표 〔木부 11획, 총 15획 · ひょう〕**4급**
- 높이 내건 나무의 표지를 나타낸 형성 글자.

標語(표어) : 슬로건

標注(표주) : 책의 난(欄) 밖에 적은 주해

標的(표적) : 목표가 되는 물건

機
- 베틀 기, 기미 기, 틀 기 〔木부 12획, 총 16획 *loom* · き〕**4급**
- 직기 사이에 끼운 아주 작은 막대기를 본뜬 형성 글자.

機根(기근) : 중생의 마음속에 있는 부처의 가르침에 응하는
　힘을 뜻함
機密(기밀) : 매우 중요하고 내밀한 일
機務(기무) : 기밀을 요하는 중요한 정무

橫
- 가로 횡, 방자할 횡 〔木부 12획, 총 16획 *width* · おう〕**3Ⅱ급**
- 옆으로 펼쳐진 틀을 조립하는 나무를 본뜬 형성 글자.

橫木(횡목) : 가름대 나무
橫死(횡사) : 뜻밖의 재난으로 죽음
橫暴(횡포) : 제멋대로 굴며 몹시 거칠고 사나움

檢
- 조사할 검, 봉할 검 〔木부 13획, 총 17획 *seal* · けん〕**4Ⅱ급**
- 많은 나무 표찰을 한군데 모아 조사하는 것을 본뜬 형성 글자.

檢印(검인) : 검사하고 찍는 도장
檢索(검색) : 검사하려고 찾음
檢診(검진) : 검사하려고 진찰함

檀
- 박달나무 단, 베풀 단 〔木부 13획, 총 17획 · だん〕**4Ⅱ급**
- 굵고 묵직한 나무를 뜻하는 회의 · 형성 글자.

檀君王儉(단군왕검) : 한국 민족의 시조
檀木(단목) : 박달나무
檀弓(단궁) : 나무로 메운 활

欄
- 난간 란, 울 란, 난 란 〔木부 17획, 총 21획 *rail* · らん〕**3Ⅱ급**
- 문 입구를 가로막는 나무 막대기를 본뜬 형성 글자.

欄干(난간) : 누각이나 층계 등의 가장 자리를 일정한 높낮
　이로 막은 물건
欄外(난외) : 난간의 바깥

날개를 좌우로 편 새

• 象形
날 비, 소문이 떠돌 비 〔飛부 0획, 총 9획〕
fly · ひ

▪️.

비(飛) 부의 1단계에는 '날다(飛)'입니다.

• 날 비 〔飛부 0획, 총 9획 *fly* · び〕 4Ⅱ급
• 새의 날아오르는 모습을 본뜬 상형 글자.

飛閣(비각) : 높은 누각

飛沫(비말) : 물보라

飛躍(비약) : 높이 뛰어 오름. 급속히 진보하거나 힘차게 할
　동하는 것을 가리킴

飛語(비어) : 뜬소문

▪️.

다음은 2단계 한자인 '뒤치다(飜)'입니다.

• 뒤칠 번, 날 번, 넘칠 번 〔飛부 12획, 총 21획 *turn* · はん〕 4급
• 날개를 파드득거리며 나는 모양을 본뜬 회의 · 형성 글자.

飜譯(번역) : 어떤 나라의 말을 다른 나라의 말로 바꾸어 옮
　기는 것

飜覆(번복) : 뒤집음. 이리저리 뒤집어 고침

飜譯本(번역본) : 번역을 했던 원본

세 개의 봉우리가 있는 산

• 象形
메 산, 산신 산, 절 산

[山부 0획, 총 3획]
mountain · さん

🖊.

산(山) 부의 1단계는 '산(山) · 큰산(岳) · 언덕(岸) · 높음과 존중함(崇) · 바위(巖)' 등입니다. 한결같이 산의 형상과 위용을 나타냅니다.

岳
• 큰 산 악 〔山부 5획, 총 8획 *great mountain* · がく〕**3급**
• 바위가 단단한 산을 나타내는 지사 글자.

岳母(악모) : 장모
岳父(악부) : 장인
岳陽(악양) : 태악산 남쪽 지방

岸
• 언덕 안, 층계 안 〔山부 5획, 총 8획 *hill, clift* · がん〕**3Ⅱ급**
• 절벽과 같이 깎아지른 듯한 물가를 뜻하는 형성 글자.

海岸(해안) : 바닷가
沿岸(연안) : 바다나 강 · 해안 가의 수역(水域)
對岸(대안) : 강이나 호수의 건너편 기슭

崇
• 높을 숭, 존중할 숭 〔山부 8획, 총 11획 *high* · すう〕**4급**
• 산의 중심 선이 세로로 통과하는 모습을 본뜬 형성 글자.

崇雅黜浮(숭아출부) : 옳은 것은 숭상하고 허황된 것을 물리
  친다는 뜻
崇德(숭덕) : 덕을 숭상함
崇仰(숭앙) : 높이어 우러름

巖 • 바위 암, 가파를 암 〔山부 20획, 총 23획 *rock* · がん〕3Ⅱ급
• 단단한 바위를 나타내는 회의 · 형성 글자.

巖穴(암혈) : 바위굴

巖盤(암반) : 암석으로 된 지반

비교적 연관되는 단어들입니다. 2단계에서는 산(山)의 모양에서 의미를 포괄적으로 넓혀갑니다. '섬(島)·봉우리(峯)·무너짐(崩)·재(嶺)' 등입니다.

島 • 섬 도 〔山부 7획, 총 10획 *island* · とう〕5급
• 철새가 쉬었다 가는 바다 가운데의 작은 산을 본뜬 형성 글자.

島嶼(도서) : 섬

島國根性(도국근성) : 섬나라 사람들의 옹졸한 성격

峯 • 봉우리 봉 〔山부 7획, 총 10획 *peak* · ほう〕3Ⅱ급
• ∧ 형상으로 솟아오른 산을 나타내는 형성 글자.

高峯(고봉) : 높은 봉우리

峯巒(봉만) : 높은 산. 많은 산. 또는 연 이은 산

崩 • 무너질 붕, 죽을 붕 〔山부 8획, 총 11획 *collapse* · ほう〕3급
• 산이 양쪽으로 무너져 내림을 나타내는 형성 글자.

崩御(붕어) : 군왕의 죽음은 산이 무너진 것과 같다는 데에
　　　서 나온 말

崩壞(붕괴) : 무너짐

嶺 • 재 령, 산봉우리 령 〔山부 14획, 총 17획 *ridge* · れい〕5급
• 사람의 목에 해당되는 산의 고개를 나타내는 형성 글자.

峻嶺(준령) : 험준한 고개

嶺東(영동) : 강원도 태백산맥의 동쪽

사방이 지붕으로 덮인 집

·漢字 部數	**宀**	[宀부 0획, 총 3획]
집 면		*house*·べん

■.

면(宀) 부의 1단계 단어는 '지킴(守)·편안함(安)·집이나 처마(宇) ·집(宅)·완전함(完)·벼슬(官)·정함(定)·사당이나 마루(宗)·집 이나 하늘(宙)·손님(客)·집이나 아내(室)·집(家)·얼굴(容)·손해 (害)·빽빽함(密)·묵을 곳 또는 별자리(宿)·호랑이 또는 공경함(寅) ·부함(富)·차가움(寒)·열매(實)·살피거나 드러남(察)' 등입니다.

 ·지킬 수, 벼슬이름 수 [宀부 3획, 총 6획 *keep*·しゅ] 4Ⅱ급
·손으로 지붕 밑을 에워싸고 지킴을 본뜬 회의 글자.

守備(수비) : 적을 막고 지킴

守身(수신) : 처신을 바르게 하여 불의에 빠지지 않음

守節(수절) : 절개를 지킴

[田]· 守株待兎(수주대토) : 밭일을 하던 농부가 그루터기에서 죽은 토끼 를 발견하고, 농사를 짓지 않고 토끼가 그루터기에서 죽기를 기다렸다는 『한비자』의 「오두편(五蠹篇)」에 있는 얘기. 융통성이 없는 판단력이 부족 한 사람을 비유하는 말

 ·편안할 안, 즐길 안 [宀부 3획, 총 6획 *peaceful*·あん] 7급
·여자가 집안에 있으니 안정됨을 뜻하는 회의 글자.

安康(안강) : 편안하고 튼튼함

安眠(안면) : 편안히 잠을 잠

安否(안부) : 편안한 지 여부

田·安堵(안도) : 아무 걱정이 없이 살 수 있다는 뜻. 『사기』의 「전단열전」이 출전

- 집 우, 처마 우, 하늘 우 [宀부 3획, 총 6획 house · う] 3Ⅱ급
- 크고 둥근 지붕을 본뜬 형성 글자.

宇宙(우주) : 온 세계를 둘러싸고 있는 공간

宇宙論(우주론) : 우주의 기원과 진화 등에 관하여 자연철학적인 가설과 수리학적인 이론을 이르는 말

- 집 택, 댁 댁 [宀부 3획, 총 6획 house · たく] 5급
- 조용히 사는 집을 본뜬 형성 글자.

宅地(택지) : 가옥의 대지

宅內(댁내) : 남의 집안을 이르는 말

宅兆(택조) : 묘지. 산소 작은 집

- 완전할 완, 끝낼 완 [宀부 4획, 총 7획 perfect · かん] 5급
- 둥글게 담으로 삥 둘러싸인 집을 본뜬 형성 글자.

完了(완료) : 끝을 냄

完遂(완수) : 완전히 이루어냄

完快(완쾌) : 병이 완전히 나음

田·完璧(완벽) : 어떤 곳에도 흠이 없는 모자라거나 부족함이 없는 구슬. 『사기』의 「인상여열전」이 출전.

- 벼슬 관, 마을 관 [宀부 5획, 총 8획 official rank · かん] 4급
- 많은 사람이 모여있는 곳이 담으로 둘러싸인 모습. 회의 글자.

官家(관가) : 왕실. 또는 시골 사람들이 그 고을의 원을 이르는 말

官給(관급) : 정부에서 줌

官弊(관폐) : 관리의 잘못으로 생겨난 폐단

사방이 지붕으로 덮인 집(宀) 55

- 정할 정, 평정할 정 ［宀부 5획, 총 8획 *deside stop* · てい］ 6급
- 한 집에 정착하여 움직이지 않음을 본뜬 형성 글자.

定價(정가) : 정해진 값

定期(정기) : 정해진 기간

定然(정연) : 반드시, 꼭

- 마루 종, 사당 종 ［宀부 5획, 총 8획 *floor root* · そう］ 4Ⅱ급
- 조상에게 제사 지내는 본가의 건물을 본뜬 회의 글자.

宗家(종가) : 맏이의 집안. 같은 문중

宗廟(종묘) : 조상을 모시는 사당

宗山(종산) : 문중의 조상을 모신 산

- 집 주, 하늘 주 ［宀부 5획, 총 8획 *house* · ちゅう］ 3Ⅱ급
- 대지가 지붕처럼 하늘을 받치는 모습을 본뜬 형성 글자.

宇宙食(우주식) : 우주를 여행할 때 먹는 특별한 음식

宇宙游泳(우주유영) : 우주 비행사가 우주선 밖에서 행동하
  는 일

- 손 객, 사람 객, 대상 객 ［宀부 6획, 총 9획 *guest* · きゃく］ 5급
- 남의 집에 잠시 머무르는 사람을 본뜬 형성 글자.

客鬼(객귀) : 객지에서 죽은 귀신

客談(객담) : 객쩍은 말

客星(객성) : 평소엔 보이지 않다가 어느 한때 나타나는 별

- 집 실, 아내 실, 가족 실 ［宀부 6획, 총 9획 *house* · しつ］ 8급
- 가장 깊숙한 곳의 막다른 집을 본뜬 형성 글자.

室內(실내) : 방안

室家(실가) : 가정

室宿(실수) : 28수 가운데 하나

- 집 가, 전문가 가 ［宀부 7획, 총 10획 *house, home* · か］ 7급
- 중요한 가축에게 지붕을 씌운 모양을 본뜬 형성 글자.

家家戶戶(가가호호) : 집집마다

家奴(가노) : 집안에서 부리는 종

家勢(가세) : 집안 형편

 •家無儋石(가무담석) : 곡식 한 섬이 없는 가난한 집안을 뜻함. 한 때 어려움에 처한 한신(韓信)의 처지를 이르는 말. 『사기』의 「회음후열전」이 출전.

容
• 얼굴 용, 꾸밀 용 〔宀부 7획, 총 10획 face · よう〕3Ⅱ급
• 집 가운데 움푹 패인 곳에 물이 들어가는 것을 본뜬 회의 글자.

容共(용공) : 공산주의. 공산세력의 정책을 받아들이는 일

容色(용색) : 용모와 자태

容態(용태) : 얼굴 모양과 몸맵시

害
• 해칠 해, 손해 해 〔宀부 7획, 총 10획 injure · がい〕5급
• 씌우개와 윤기 없는 머리를 합친 회의 글자.

害毒(해독) : 해와 독

害惡(해악) : 다른 사람을 해치는 악한 행위

害蟲(해충) : 농작물 등에 해를 끼치는 곤충

密
• 빽빽할 밀 〔宀부 8획, 총 11획 thick, secret · みつ〕4Ⅱ급
• 너무 깊어 사람이 근접하지 못함을 본뜬 형성 글자.

密使(밀사) : 은밀하게 보내는 밀사

密室(밀실) : 사방을 막은 방

密着(밀착) : 빈틈없이 단단히 붙음

宿
• 묵을 숙, 별자리 수 〔宀부 8획, 총 11획 · しゅく〕5급
• 좁은 장소에 사람이 웅크리고 있음을 본뜬 형성 글자.

宿老(숙노) : 경험이 풍부한 노인

宿願(숙원) : 전부터의 소원

宿將(숙장) : 전쟁에 경험이 많은 장군

宿患(숙환) : 오래된 병

• 셋째지지 인, 동료 인 〔宀부 8획, 총 11획 · いん〕 3급
• 양손으로 화살이 휜 것을 곧게 펴는 모양을 본뜬 회의 글자.

寅時(인시) : 새벽 3시부터 5시 사이

寅念(인념) : 삼가 생각함

寅方(인방) : 동북동쪽. 24방위의 하나

富 • 가멸 부, 부할 부 〔宀부 9획, 총 12획 rich · ふう〕 4Ⅱ급
• 술을 가득 채운 항아리를 본뜬 형성 글자.

富農(부농) : 부유한 농민

富民(부민) : 부유한 백성

富裕(부유) : 재산이 많아 살림이 넉넉함

富益富(부익부) : 부자일수록 더욱 부자가 됨

寒 • 찰 한, 오싹할 한 〔宀부 9획, 총 12획 cold · かん〕 5급
• 손으로 구멍을 막아 얼음의 차가움을 막는다는 형성 글자.

寒露(한로) : 찬이슬

寒暑(한서) : 추위와 더위

寒天(한천) : 겨울 하늘

寒雨(한우) : 쓸쓸하게 내리는 비. 또는 찬비

實 • 열매 실, 결실 할 실 〔宀부 11획, 총 14획 fruit · じつ〕 5급
• 알맹이가 가득 찬 것을 본뜬 회의 글자.

實名(실명) : 진짜 이름

實習(실습) : 실제로 해보아 익힘

實物(실물) : 물품

實事求是(실사구시) : 사실을 기초로 진리와 실상을 탐구 하
는 일

 • 살필 찰, 드러날 찰 〔宀부 11획, 총 14획 watch · さつ〕 4Ⅱ급
• 집의 구석구석을 깨끗이 함을 본뜬 형성 글자.

察色(찰색) : 혈색을 살펴서 병을 진찰함. 안색으로 상대의

기분을 알아차림
察知(찰지) : 미루어서 알게 됨

．．🖋．

다음은 2단계 한자입니다. '마땅함(宜) · 베풀거나 말하는 것(宣) · 궁궐(宮) · 잔치를 즐김(宴) · 벼슬아치(宰) · 기댐(寄) · 고요함(寂) · 약하거나 적음(寡) · 편안함(寧) · 잠자는 것(寢) · 너그러움(寬) · 그리거나 베낌(寫) · 살핌(審) · 보배(寶)' 등입니다.

宜
• 마땅할 의, 마땅히 의 〔宀부 5획, 총 8획 *right* · ぎ〕 3급
• 지상에 집을 짓고 정착 한다는 뜻을 나타내는 회의 글자.

宜當(의당) : 마땅히
宜當事(의당사) : 의당한 일

宣
• 베풀 선, 임금이 말할 선 〔宀부 6획, 총 9획 *give* · せん〕 4급
• 주위가 담으로 둘러싸인 궁전을 본뜬 형성 글자.

宣誓(선서) : 맹세의 말을 함
宣揚(선양) : 널리 드날림
宣旨(선지) : 임금의 명령

宮
• 집 궁, 궁궐 궁 〔宀부 7획, 총 10획 *palace* · きゆう〕 4Ⅱ급
• 건물이 안쪽까지 여러 개 있는 것을 본뜬 형성 글자.

宮闕(궁궐) : 임금이 거취 하는 집
宮女(궁녀) : 궁중의 내명부에서 시종을 들던 여인
宮中(궁중) : 대궐 안

宴
• 잔치 연, 즐길 연 〔宀부 7획, 총 10획 *banquet* · えん〕 3Ⅱ급
• 집안에 자리를 잡고 편히 쉼을 나타내는 형성 글자.

宴席(연석) : 연회를 베푼 자리
宴息(연식) : 편히 쉼

宴會(연회) : 여러 사람이 베푸는 자리

宰
• 벼슬아치 〔宀부 7획, 총 10획 *official* · さい〕3Ⅱ급
• 관청이나 집안에서 엄히 다스리는 모습을 나타냄.

宰夫(재부) : 재상
宰殺(재살) : 가축을 잡음
宰人(재인) : 백정

寄
• 부칠 기, 기댈 기 〔宀부 8획, 총 11획 *send* · き〕4급
• 집의 차양에 몸을 기대고 있는 모습을 본뜬 형성 글자.

寄稿(기고) : 글이나 원고 등을 신문사나 잡지사에 보내 실
   리는 것
寄與(기여) : 보내어 줌
寄贈(기증) : 물품을 거저 제공함

寂
• 고요할 적, 편안할 적 〔宀부 8획, 총 11획 *quiet* · せき〕3Ⅱ급
• 집안 사람의 목소리가 가늘고 작음을 본뜬 형성 글자.

寂寞(적막) : 고요하고 쓸쓸한 모습
寂靜(적정) : 속세를 떠난 조용함
寂寂(적적) : 고요하고 쓸쓸함

寡
• 적을 과, 약할 과 〔宀부 11획, 총 14획 *few* · か〕3Ⅱ급
• 지붕 아래 홀로 남겨진 아이를 나타낸 회의 글자.

寡宅(과택) : 홀어미
寡少(과소) : 적음
寡慾(과욕) : 욕망이 적음

寧
• 편안할 녕 〔宀부 11획, 총 14획 *peaceful* · ねい〕3Ⅱ급
• 어떤 곳에 머물러 마음을 안정시키는 모습을 본뜬 형성 글자.

寧日(영일) : 나날이 편안함
寧察(영찰) : 조선 말엽에 평안북도 관찰사의 다른 이름
寧親(영친) : 부모님을 안심시킴

寢
- 잠잘 침, 앓을 침 〔宀부 11획, 총 14획 *sleep* · しん〕 **4급**
- 안방 깊숙이 들어와 잠자는 것을 본뜬 형성 글자.

寢具(침구) : 이부자리나 베개
寢臺(침대) : 서양식 침상
寢廟(침묘) : 영묘. 종묘에서 앞의 건물은 침, 뒤의 건물은 묘
　　라함
寢食(침식) : 잠과 식사

寬
- 너그러울 관 〔宀부 12획, 총 15획 *generous* · かん〕 **3Ⅱ급**
- 큰 염소가 집안을 돌아다니는 모습을 본뜬 형성 글자.

寬大(관대) : 너그럽고 도량이 큼
寬容(관용) : 너그럽게 받아들임
寬厚(관후) : 너그럽고 인자함

寫
- 베낄 사, 그릴 사 〔宀부 12획, 총 15획 *copy, use* · しゃ〕 **5급**
- 장소를 옮기는 것을 나타내는 형성 글자.

寫本(사본) : 책이나 문서를 베낌
寫生(사생) : 자연이나 풍물을 있는 그대로 그림
寫實(사실) : 있는 그대로의 사실

審
- 살필 심 〔宀부 12획, 총 15획 *deliberate* · しん〕 **3Ⅱ급**
- 집안에 흩어진 쌀알을 조심스럽게 찾음을 본뜬 회의 글자.

審美(심미) : 미와 추를 살펴 미의 본질을 규명함
審査(심사) : 자세히 조사함
審議(심의) : 심사하고 의논함

寶
- 보배 보, 돈 보 〔宀부 17획, 총 20획 *treasure* · ほう〕 **4Ⅱ급**
- 구슬과 그릇과 돈을 지붕 밑에 넣은 것을 본뜬 형성 글자.

寶鑑(보감) : 훌륭한 거울
寶輦(보련) : 천자의 수레
寶貨(보화) : 보물

회초리가 필요할 때

• 漢字 部數 　　　　　　[攴부 0획, 총 4획]
칠 복　　　　　　　支　　ぼく

▪️.

회초리에 대해 우리들이 모르는 어떤 방법이 있는지를 1단계에서 살펴봅니다. '잡거나 쉼(收)·고치거나 바꿈(改)·놓거나 내침(放)· 정사나 바름(政)·연고나 까닭(故)·본받음(效)·가르침(教)·도움이나 구함(救)·패함(敗)·굳셈(敢)·흩어짐(散)·공경함(敬)·자주나 촘촘함(數)·원수나 상대방(敵)'이 해당합니다.

收
• 거둘 수, 쉴 수　[攴부 2획, 총 6획 obtain · しゅう] 4Ⅱ급
• 흐트러진 것을 하나로 끌어 모아 거둔다는 뜻의 형성 문자.

收買(수매) : 물건을 거두어들임

收支(수지) : 수입과 지출

收領(수령) : 받음

收拾(수습) : 주어 모음

收賄(수회) : 뇌물을 받음

改
• 고칠 개, 바꾸어질 개　[攴부 3획, 총 7획 improve · かい] 5급
• 힘을 들여 느슨한 것을 일으켜 세우는 형성 글자.

改刊(개간) : 고쳐서 간행함

改年(개년) : 새해

改過(개과) : 잘못을 고침

개심(개심) : 나쁜 마음을 고쳐 먹음

改善(개선) : 나쁜 것을 고침

田•改過不吝(개과불린) : 과실이 있으면 그것을 고치는 데에 주저하지 말라. 『서경』의 「중훼지고편(仲虺之誥篇)」이 출전.

．•改過遷善(개과천선) : 악한 자가 선한 자로 탈바꿈을 함. 『진서(晉書)』의 「본전(本傳)」이 출전.

放
•놓을 방, 내칠 방 〔攴부 4획, 총 8획 *release*ㆍほう〕 6급
•단단히 조여진 것을 양쪽으로 풀어놓은 모습의 형성 글자.

放歌(방가) : 큰 소리로 노래 부름

放光(방광) : 빛을 발함

放浪(방랑) : 정처 없이 떠돌아다님

放置(방치) : 내버려 둠

政
•정사 정, 바를 정 〔攴부 4획, 총 8획 *government*ㆍせい〕 4Ⅱ급
•체계를 바로 잡아 가다듬는 것을 나타내는 형성 글자.

政局(정국) : 정치적 국면

政務(정무) : 정치상의 사무

政變(정변) : 정치상의 큰 변동

政體(정체) : 정치하는 방도

故
•연고 고, 예 고, 까닭 고 〔攴부 5획, 총 9획ㆍこ〕 4Ⅱ급
•오래 되고 굳어져 버린 일을 나타내는 형성 글자.

故友(고우) : 옛친구

故居(고거) : 예전에 살던 곳

故都(고도) : 옛 도읍

故事(고사) : 옛날에 있었던 일

效
•본받을 효, 줄 효, 밝힐 효 〔攴부 6획, 총 10획ㆍこう〕 5급
•어느 한쪽이 남을 따름을 나타내는 형성 글자.

效用(효용) : 보람

效能(효능) : 보람

效率(효율) : 능률

效則(효칙) : 본받아서 법을 삼음

教 •가르칠 교, 스승 교 〔攴부 7획, 총 11획 · きょう〕**8급**
•어른과 어린이 사이에 행해지는 모양을 나타내는 형성 글자.

教科(교과) : 학교에서 가르치는 과목

教本(교본) : 교과서

教師(교사) : 가르치는 사람

救 •건질 구, 고칠 구, 도움 구 〔攴부 7획, 총 11획 · きゅう〕**5급**
•힘껏 말려 위험에 빠짐을 막는다는 형성 글자.

救世主(구세주) : 인류를 구제하는 사람

救助(구조) : 어려운 지경에 있는 사람을 도와 건져줌

救恤(구휼) : 물품을 풀어 곤궁한 사람을 도와 줌

敗 •패할 패, 〔攴부 7획, 총 11획 · はい〕**5급**
•조개가 둘로 갈라져 못 쓰게 됨을 나타낸 형성 글자.

敗滅(패멸) : 멸망함

敗訴(패소) : 재판에 짐

敗因(패인) : 실패한 원인

田 • 敗軍之將(패군지장) : 싸움에 진 장수는 병법을 논하지 않음. 『사기』의 「회음후열전」이 출전

敢 •감히 감, 감당할 감, 굳셀 감 〔攴부 8획, 총 12획 · かん〕**4급**
•억압을 당해 억지로 입을 다물고 있는 모습의 회의 글자.

敢當(감당) : 과감히 떠맡음

敢死(감사) : 죽음을 두려워하지 않음

敢行(감행) : 단호히 결행함

散 •흩을 산, 따로따로 떨어질 산 〔攴부 8획, 총 12획 · さん〕**4급**
•가지런히 풀어놓는다는 뜻의 형성 글자.

散見(산견) : 여기 저기 눈에 띔

散漫(산만) : 흩어져 어수선함

散儒(산유) : 쓸모 없는 학자

敬
- 공경 경, 삼갈 경 〔攴부 9획, 총 13획 recpect · けい〕 **5급**
- 몹시 황공하여 몸을 긴장시키는 모습의 회의 글자.

敬拜(경배) : 숭상함

敬老(경로) : 노인을 공경함

敬身(경신) : 몸가짐을 조심함

⊞・敬遠(경원) : 영혼과 신은 공경하면서 멀리 하라. 『논어』의 「옹야편(雍也篇)」이 출전.

數
- 셀 수, 자주 삭, 촘촘할 촉 〔攴부 11획, 총 15획 · すう〕 **7급**
- 줄줄이 이어 셈을 하는 모습의 형성 글자.

數尿症(수뇨증) : 오줌이 자꾸 마려운 병

數數(삭삭) : 자주. 바쁜 모양

數罟(촉고) : 코가 몹시 촘촘한 그물

敵
- 원수 적, 상대 적 〔攴부 11획, 총 15획 enemy · てき〕 **4Ⅱ급**
- 정면으로 얼굴을 마주 대하는 일을 본뜬 형성 글자.

敵愾心(적개심) : 적을 미워하여 싸우려는 마음

敵魁(적괴) : 적의 괴수

敵産(적산) : 자기 나라 안에 있는 적의 재산

攴(복)은 攵과 같이 쓰입니다. 흔히 '둥글 월 문(攵)'이라 하는 것은, 그 모습이 글월 문(文)과 비슷하고 등(글자의 오른쪽)에 붙는 방(旁)이기 때문입니다. 2단계에는 '치다(攻)・재빠름(敏)・차례(敍)・도타움(敦)・가지런함(整)' 등입니다.

攻
- 칠 공, 다스릴 공 〔攴부 3획, 총 7획 attack · こう〕 **4Ⅱ급**
- 위아래 구멍을 꿰뚫음을 나타내는 형성 글자.

攻究(공구) : 연구함

攻玉(공옥) : 옥을 갊

攻守(공수) : 치는 일과 지키는 일

攻取(공취) : 공격하여 빼앗음

敏
- 재빠를 민, 힘쓸 민, 총명할 민 〔攴부 7획, 총 11획 · びん〕**3급**
- 느슨해지는 일이 없이 척척 일함을 본뜬 형성 글자.

敏活(민활) : 재능이 날카롭고 매우 잘 돌아감

敏感(민감) : 사물에 대한 느낌이 몹시 예민함

敏速(민속) : 재빠름. 몹시 날쌤

敏捷(민첩) : 재빠름.

敍
- 차례 서, 펼 서 〔攴부 7획, 총 11획 · じょ〕**3급**
- 조금씩 순서를 정하여 말한 것을 본뜬 형성 글자.

敍事(서사) : 사실을 있는 그대로 서술함

敍任(서임) : 벼슬을 내림

敍事詩(서사시) : 있는 그대로의 사실을 읊은 시

敍勳(서훈) : 훈등(勳等)과 훈장을 내림

敦
- 도타울 돈, 힘 쓸 돈, 성낼 돈 〔攴부 8획, 총 12획 · とん〕**3급**
- 망치로 치는 모습을 뜻하는 형성 글자.

敦篤(돈독) : 인정이 두터움

敦諭(돈유) : 친절하게 타이름

敦厚(돈후) : 인정이 도타움

敦睦(돈목) : 정이 도탑고 화목함

整
- 가지런할 정 〔攴부 12획, 총 16획 *order* · せい〕**4급**
- 가지런히 모아 바로잡는다는 뜻의 형성 글자.

整理(정리) : 가지런히 바로잡음

整然(정연) : 사물의 정돈된 모양

整裝(정장) : 옷차림을 바로잡음

整地(정지) : 땅을 평평하게 고름

사랑하는 아이

• 象形
아들 자, 사랑할 자

子

[子부 0획, 총 3획]
son, love

 십이지(十二支)로 보면 쥐는 자(子)에 해당하고, 자는 '아들'을 뜻합니다. 어린 아들은 지각력이 부족하므로 무엇이건 입에 넣어 삼키려 들고 어느 곳이든 생각 없이 기어갑니다. 당연히 보살펴 주어야 합니다. 그러므로 자(子)엔 '사랑한다'는 뜻이 있습니다. 1단계 단어에는 부수인 '자(子)를 비롯하여 글자 또는 양육함(字) · 보존함(存) · 효도(孝) · 어리거나 끝(季) · 손자(孫) · 배움(學)' 등입니다.

子
• 아들 자, 사랑할 자 〔子부 0획, 총 3획 *son, love*〕 **7급**
• 갓난아이가 두 손을 움직이는 것을 본뜬 상형 글자.

子規(자규) : 소쩍새
子時(자시) : 밤 12시
子弟(자제) : 아들과 아우

字
• 글자 자, 양육할 자 〔子부 3획, 총 6획 *letter* · じ〕 **7급**
• 지붕 밑에서 아이가 계속 태어남을 본뜬 형성 글자.

字音(자음) : 글자의 음
字體(자체) : 글자의 형체
字牧(자목) : 지방 수령이 백성을 사랑으로 다스림

存
• 있을 존, 보존할 존 〔子부 3획, 총 6획 *exist* · そん〕 **4Ⅱ급**
• 남겨진 아이를 소중히 돌보고 있는 모습을 본뜬 회의 글자.

存亡(존망) : 생존과 멸망

存否(존부) : 있는 지 없는 지의 여부

存廢(존폐) : 보존과 폐기

孝
• 효도 효 〔子부 4획, 총 7획 *filial piety* · こう〕**7급**
• 나이든 부모에게 자식이 정성을 다하는 모습의 회의 글자.

孝者(효자) : 효도하는 사람

孝心(효심) : 효도하는 마음

孝親(효친) : 어버이에게 효도함

季
• 끝 계, 어릴 계, 철 계 〔子부 5획, 총 8획 *end* · き〕**4급**
• 벼를 결실 하여 거두어들이는 시기를 뜻하는 형성 글자.

季氏(계씨) : 남을 높여 그 아우를 이르는 말

季嫂(계수) : 아우의 아내

季夏(계하) : 여름의 끝

田 • 季布一諾(계포일락) : 한번 약속한 것은 반드시 지킨다는 뜻. 『사기』의 「계포전(季布傳)」이 출전.

孫
• 손자 손, 달아날 손 〔子부 7획, 총 10획 *grandson* · そん〕**6급**
• 혈연 관계가 계속되는 작은아이를 뜻하는 회의 글자.

孫子(손자) : 아들의 자식

孫吳兵法(손오병법) : 손자와 오자의 병법

學
• 배울 학, 학문 학 〔子부 13획, 총 16획 *learn* · がく〕**8급**
• 선생과 제자가 학문을 교환하는 집을 본뜬 형성 글자.

學力(학력) : 학문의 역량

學文(학문) : 책을 배움

學舍(학사) : 학교

✎.

2단계의 단어에는 '매우 큰 구멍(孔) · 외로움(孤) · 맏이(孟) · 누구

(孰) '등입니다.

孔
- 구멍 공, 매우 공, 클 공 〔子부 1획, 총 4획 *hole* · こう〕 **4급**
- 작은 구멍이 난 모양을 나타내는 회의 글자.

孔孟(공맹) : 공자와 맹자
孔夫子(공부자) : 공자
孔方兄(공방형) : 네모진 구멍이 있는 동전

孤
- 외로울 고 〔子부 5획, 총 8획 *lonely* · こ〕 **4급**
- 단 하나 남은 오이 열매 같은 외톨이라는 뜻의 형성 글자.

孤獨(고독) : 외톨박이
孤立(고립) : 의지할 곳이 없음
孤寺(고사) : 외따로 떨어져 있는 절

田 • 孤城落日(고성낙일) : 세력이 쇠하여 고립이 된 것을 나타냄. '왕유의 시'가 출전.

孟
- 맏 맹, 맹랑할 맹 〔子부 5획, 총 8획 *first born* · もう〕 **3Ⅱ급**
- 기세 좋게 자라는 첫째를 뜻하는 형성 글자.

孟冬(맹동) : 음력 10월의 별칭
孟夏(맹하) : 음력 4월의 이칭
孟秋(맹추) : 음력 7월의 이칭

田 • 孟母三遷(맹모삼천) : 맹자의 어머니가 자식 교육을 위하여 세 번 이사를 함. 『후한서(後漢書)』의 「열녀전(烈女傳)」이 출전.

孰
- 누구 숙 〔子부 8획, 총 11획 *who* · じゅく〕 **3급**
- 무언가 선택을 구하는 의문사의 회의 글자.

孰若(숙약) : 어느 쪽이 좋은가를 비교하여 묻는 말
孰能禦之(숙능어지) : 누가 감히 막겠는가. 감히 막을 사람
　　　이 없음을 뜻하는 말

신을 모신 계단

• 指事　　　　　　　　　〔示부 0획, 총 5획〕

보일 시, 알릴 시, 볼 시　　　　　　　*be seen* · し, じ

✏.

공자가 『예기(禮記)』에서 다루었던 제사는 봄 · 가을로 두 번 지냈을 뿐입니다. 묘제(墓祭)나 기제(忌祭)가 생긴 것은 훨씬 나중인 송(宋)나라 때의 일입니다. 1단계 단어에는 '귀신(神) · 조상(祖) · 축원(祝) · 제사(祭) · 복(福) · 예법(禮)' 등입니다.

| 示 | • 보일 시, 알릴 시 〔示부 0획, 총 5획 *be seen* · し, じ〕**5급** |

• 신을 모신 계단을 본뜬 지사 글자.

示達(시달) : 상부에서 명령 등을 하부에 내려보냄

示唆(시사) : 미리 암시하여 알려줌

示範(시범) : 모범을 보임

| 神 | • 귀신 신, 혼 신, 마음 신 〔示부 5획, 총 10획 *ghost* · しん〕**6급** |

• 이상한 자연의 힘이 두려워 올리는 제사를 본뜬 형성 글자.

神奇(신기) : 신묘하고 기이함

神靈(신령) : 죽은 사람의 혼

神品(신품) : 고상한 품격

⊞ • 神出鬼沒(신출귀몰) : 귀신처럼 출입이 자유자재여서 예측할 수 없음. 『회남자』의 「병략훈」이 출전.

| 祖 | • 할아비 조, 조상 조 〔示부 5획, 총 10획 *ancestor* · そ〕**7급** |

• 몇대나 계속되는 조상을 모셔놓은 감실을 본뜬 형성 글자.

祖道(조도) : 먼 여행길이 무사하기를 도신에게 비는 것

祖先(조선) : 조상

祖國(조국) : 조상 때부터 살아온 나라

祝 •빌 축, 원할 축, 기쁠 축 〔示부 5획, 총 10획 *pray*・しゅく〕**5급**
•제단에서 축문을 읽고 있는 신관의 모습을 본뜬 형성 글자.

祝文(축문) : 축하하는 글

祝儀(축의) : 축하하는 의식

祝辭(축사) : 축하하는 말이나 글

祭 •제사 제, 제사 지낼 제 〔示부 6획, 총 11획・さい〕**4Ⅱ급**
•제단이나 제물을 깨끗이 하여 제사지냄을 본뜬 회의 글자.

祭物(제물) : 제수(祭需)

祭文(제문) : 제사 때에 제물을 올리고 영전에서 읽는 조상
(弔喪)을 하는 글

祭需(제수) : 제사 때의 음식

福 •복 복, 복을 받을 복 〔示부 9획, 총 14획・さいわい〕**5급**
•술병에 가득든 술처럼 신의 풍만한 은총을 뜻하는 형성 글자.

福券(복권) : 경품권

福音(복음) : 복된 소식

福利(복리) : 행복과 이익

禮 •예도 례, 예법 례 〔示부 13획, 총 18획・れい, らい〕**6급**
•신에게 제물을 받치고 행하는 제례를 뜻하는 형성 글자.

禮拜(예배) : 신이나 부처 앞에 경배함

禮遇(예우) : 예를 갖추어 대우함

禮砲(예포) : 예식 등에서 환영할 때에 쓰는 공포

✏.

2단계 한자는 '제사 또는 그것을 지냄(祀)・토지신(社)・빌거나 구

함(祈) · 숨기거나 고함(祕) · 상서로움(祥) · 쪽지(票) · 꺼림(禁) · 복
록(祿) · 재난(禍) · 봉선이나 고요함(禪)' 등입니다.

祀
• 제사 사, 제사 지낼 사 〔示부 3획, 총 8획 *sacrifical* · し〕3Ⅱ급
• 경작에 사용하는 구부러진 가래를 본뜬 회의 · 형성 글자.

祀孫(사손) : 조상의 제사를 받드는 자손
祀天(사천) : 하늘에 제사를 지냄

社
• 토지신 사, 단체 사 〔示부 3획, 총 8획 · しゃ〕6급
• 토지의 신을 공경하여 제사 지낸다는 뜻의 형성 글자.

社交(사교) : 사교 생활의 교제
社日(사일) : 토지의 신에게 제사 지내는 날
社債(사채) : 회사가 채권을 발행하여 모집한 금액에 대한
　　　　　 채무

祈
• 빌 기, 구할 기, 고할 기 〔示부 4획, 총 9획 · き〕3Ⅱ급
• 목표하는 곳에 가게 해달라고 신에게 기도하는 모습의 형성 글자.

祈求(기구) : 기도하여 구함
祈願(기원) : 원하는 바가 이루어지도록 원함
祈禱(기도) : 바라는 바가 이루어지기를 바람

祕
• 숨길 비, 구할 기, 고할 기 〔示부 5획, 총 10획 *hide* · ひ〕4급
• 신전의 문을 닫아 밖에서 보이지 않음을 본뜬 형성 글자

祕訣(비결) : 다른 사람에게 알리지 않고 쓰는 방법
祕方(비방) : 비밀스러운 방법
祕傳(비전) : 비밀스럽게 전함

祥
• 상서로울 상, 좋을 상 〔示부 6획, 총 11획 *lucky* · しょう〕3급
• 신의 마음씨가 좋은 모양으로 나타남을 뜻하는 형성 글자.

祥草(상초) : 상서로운 풀
祥兆(상조) : 상서로운 조짐

祥雲(상운) : 상서로운 구름

票
- 불똥 떨 표, 쪽지 표 〔示부 6획, 총 11획 · ひょう〕**4Ⅱ급**
- 펄럭이는 표찰 모습을 본뜬 형성 글자.

票決(표결) : 투표로 결정함

票禽(표금) : 가벼우며 빨리 나는 새

票輕(표경) : 빠르고 가벼움

禁
- 금할 금, 꺼릴 금, 대궐 금 〔示부 8획, 총 13획 · とめる〕**4Ⅱ급**
- 신을 모신 곳의 주위에 숲을 만들어 출입을 막는 형성 글자.

禁食(금식) : 종교상의 문제나 건강을 위해 일정기간 굶음

禁中(금중) : 대궐 안

禁止(금지) : 금지하여 못하게 함

祿
- 복 록, 녹을 줄 록 〔示부 8획, 총 13획 · ろく〕**3급**
- 신이나 조정에서 부여받는 음식물을 본뜬 형성 글자.

祿米(녹미) : 녹봉으로 받은 쌀

祿俸(녹봉) : 봉급

祿爵(녹작) : 봉록과 작위

禍
- 재난 화, 화근이 될 화 〔示부 9획, 총 14획 · わぎわい〕**3Ⅱ급**
- 신의 재앙을 받아 함정에 빠짐을 나타내는 형성 글자.

禍源(화원) : 재앙의 근원

禍福(화복) : 재앙과 복

殃禍(앙화) : 재앙

禍害(화해) : 재앙

禪
- 봉선 선, 고요할 선 〔示부 12획, 총 17획 · ゆずる〕**3급**
- 편편하게 흙으로 만든 제단 위에서 하늘을 가리는 형성 글자.

禪家(선가) : 참선하는 사람

禪僧(선승) : 선종의 중

禪位(선위) : 임금이 그 자리를 물러주는 것

무엇을 말하랴

• 象形
입 구, 구멍 구, 말할 구

[口부 0획, 총 3획]
mouth · こう

‘작은 입’ 구(口) 변의 1단계 단어에는 ‘옳음이나 가능함(可) · 낡음(古) · 글귀(句) · 사기나 사관(史) · 오른쪽(右) · 다만(只) · 각각(各) · 길하고 좋음(吉) · 같음(同) · 이름(名) · 합함(合) · 향하는 것(向) · 알리거나 청함(告) · 아내나 임금(君) · 아니거나 막힘(否) · 우리(吾) · 읊음(吟) · 불어냄(吹) · 머금음(含) · 목숨(命) · 맛(味) · 숨을 내쉬거나 부름(呼) · 답함(和) · 슬픔(哀) · 비로소(哉) · 물건이나 등급(品) · 물음(問) · 장사(商) · 오직(唯) · 노래를 부름(唱) · 하나(單) · 잃음(喪) · 착함(善) · 기쁨(喜) · 경계함(嚴)’ 등입니다.

口 • 입 구, 구멍 구, 말할 구 [口부 0획, 총 3획 mouth · こう] 7급
• 사람의 입이나 구멍을 본뜬 상형 문자

口辯(구변) : 말솜씨

口臭(구취) : 입 냄새

口文(구문) : 흥정을 붙여주고 받는 돈

⊞ • 口蜜腹劍(구밀복검) : 겉으로는 부드럽게 말하나 속으로는 몰아칠 생각을 함. 『십팔사략』이 출전.

• 口尙乳臭(구상유취) : 아직 말과 행동이 어림. 『사기』의 「고조기」가 출전

• 口舌數(구설수) : 말 때문에 곤욕을 치를 운수. 『논어』의 「입언편(立言篇)」이 출전.

• 口若懸河(구약현하) : 논리가 정연하여 말재주가 뛰어남. 『진서(晉書)』의 「곽상전(郭象傳)」이 출전.
• 口禍之門(구화지문) : 입은 재앙을 불러들이는 문이라는 뜻. 「설시(舌詩)」가 출전

• 옳을 가, 가능 가, 정도 가 〔口부 2획, 총 5획 *right* · か〕 **5급**
• 목을 구부려 가까스로 쉰듯한 목소리를 내는 모습의 형성 문자

可能(가능) : 될 수 있거나 할 수 있음

可望(가망) : 이루어질 희망

可燃(가연) : 불에 탈 수 있음

田• 可與樂成(가여낙성) : 일의 성공을 함께 즐김. 『사기』의 「상군열전(商君列傳)」이 출전.

• 예 고, 예스러울 고 〔口부 2획, 총 5획 *old day* · こ〕 **6급**
• 제사 지내는 조상의 두개골을 본뜬 회의 글자.

古記(고기) : 옛날의 기록

古今(고금) : 옛날과 지금

古風(고풍) : 예스러움

田• 古稀(고희) : 예로부터 70까지 사는 것은 드물다는 뜻. 두보(杜甫)의 시 「곡강 2수」가 출전

• 古人糟粕(고인조박) : 옛 사람의 언어와 저서로서 지금까지 전해오는 것. 『장자(莊子)』의 「천도편(天道篇)」이 출전

• 글귀 구 〔口부 2획, 총 5획 *phrase* · く〕 **4Ⅱ급**
• 낫표로 작게 에워싼 말을 뜻하는 형성 글자.

句句節節(구구절절) : 모든 구절

句讀(구두) : 글의 뜻을 분명히 나타내려고 쉼표나 마침표를 찍는 일

史
- 사기 사, 사관 사 [口부 2획, 총 5획 *history* · し] 5급
- 기록하던 일을 맡은 사람을 가리키는 회의 글자.

史書(사서) : 역사책
史記(사기) : 역사적 사실을 기록한 책
史家(사가) : 역사에 정통한 사람

右
- 오른쪽 우 [口부 2획, 총 5획 *the right* · ゆう, う] 7급
- 오른손으로 입을 감싸는 것을 뜻하는 형성 글자.

右傾(우경) : 오른쪽으로 기울음
右袒(우단) : 소매를 걷어 오른쪽 어깨를 내놓음
右台(우태) : 우의정

只
- 다만 지 [口부 2획, 총 5획 *simply* · し] 3급
- 그것만은 다르다는 단서를 뜻하는 상형 글자.

只今(지금) : 이제. 시방
但只(단지) : 다만

各
- 각각 각 [口부 3획, 총 6획 *each* · かく] 6급
- 걸어가던 사람의 발이 돌부리에 걸린 모습의 형성 글자.

各樣(각양) : 여러 가지의 모양
各項(각항) : 각항목
各層(각층) : 각각의 층

吉
- 길할 길, 좋을 길 [口부 3획, 총 6획 *lucky* · きす, きち] 5급
- 단지 속에 물건을 가득 넣고 뚜껑을 덮은 모습의 회의 글자.

吉期(길기) : 혼인날
吉兆(길조) : 좋은 징조
吉報(길보) : 좋은 소식

同
- 한가지 동, 같이할 동 [口부 3획, 총 6획 *alike* · どう] 7급
- 두꺼운 판자에 뚫린 구멍의 지름이 같음을 뜻하는 회의 글자.

同級(동급) : 같은 학년

同名(동명) : 같은 이름

同族(동족) : 같은 겨레

名
- 이름 명, 부를 명, 평판 명 〔口부 3획, 총 6획 *name* · めい〕 **7급**
- 어두운 곳에서 소리를 내어 자신의 존재를 알리는 회의 글자.

名曲(명곡) : 이름난 악곡

名士(명사) : 명성이 있거나 재덕이 뛰어난 사람

名手(명수) : 어떤 일에 수완이 있는 사람

合
- 합할 합, 홉 합 〔口부 3획, 총 6획 *join* · ごう, がつ〕 **6급**
- 구멍에 뚜껑을 덮어 맞춤을 나타낸 형성 글자.

合理(합리) : 이치에 합당함

合算(합산) : 합하여 계산함

合致(합치) : 서로 일치함

向
- 향할 향, 이전에 향 〔口부 3획, 총 6획 *face* · こう, きょう〕 **6급**
- 벽에 뚫린 구멍으로 공기가 나가는 것을 본뜬 회의 글자.

向方(향방) : 향하는 곳

向日(향일) : 지난 날

向學(향학) : 학문에 뜻을 둠

告
- 알릴 고, 청할 곡 〔口부 4획, 총 7획 *tell* · こく〕 **5급**
- 쇠뿔에 가로 세로의 막대기를 대어 사람을 못 받게 한 형성 글자.

告祀(고사) : 몸이나 집안에 탈이 없기를 비는 제사

告白(고백) : 있는 사실을 솔직하게 말함

告知(고지) : 알림

君
- 임금 군, 아내 군 〔口부 4획, 총 7획 *sovereign* · くん〕 **4급**
- 모든 이들에게 하늘의 뜻을 말하고 다스리는 모습의 회의 글자.

君國(군국) : 임금과 나라

君主(군주) : 임금

君臨(군림) : 남을 누르고 세력을 떨침

• 아닐 부, 막힐 비 〔口부 4획, 총 7획 *not, deny* · ひ〕**4급**
• 무언가가 그렇지 않다는 뜻의 형성 글자.

否認(부인) : 그렇다고 인정하지 아니함

否決(부결) : 의안을 가결시키지 않음

• 나 오, 우리 오 〔口부 4획, 총 7획 *I, estranged* · ご〕**3급**
• 口와 교차하다(五)의 형성 글자.

吾等(오등) : 우리들

吾不關焉(오불관언) : 나는 그 일에 상관하지 않겠다는 뜻

• 읊을 음, 신음할 음 〔口부 4획, 총 7획 *recite* · ぎん〕**3급**
• 입을 다물고 우물우물 작은 소리를 내는 모습의 형성 글자.

吟味(음미) : 시가 등을 읊조리며 그 정취를 맛봄

吟風弄月(음풍농월) : 맑은 바람을 쐬거나 달빛을 아우르며
　　시가를 읊음

• 불 취, 부추길 취 〔口부 4획, 총 7획 *blow* · すい〕**3Ⅱ급**
• 몸을 굽히어 입김을 내보내는 모습의 회의 글자.

吹毛求疵(취모구자) : 흠터를 찾으려고 털을 불어 해친다는
　　의미. 억지로 남의 단점을 들춰냄

吹笛(취적) : 피리를 붊

• 머금을 함 〔口부 4획, 총 7획 *contain* · がん〕**3Ⅱ급**
• 입안에 넣어 감추는 모습의 형성 글자.

含笑(함소) : 웃음을 머금음

含怨(함원) : 원한을 품음

命
• 목숨 명, 명할 명 〔口부 5획, 총 8획 *life* · めい, みょう〕**7급**
• 신이나 군왕이 백성들에게 뜻을 알린다는 형성 글자.

命巾(명건) : 신이나 부처에게 소원하는 걸 빌며 자신의 생
　　년월일을 적어 걸쳐놓은 무명 수건

命令(명령) : 윗사람이 아랫사람에게 내리는 분부

味
- 맛 미 〔口부 5획, 총 8획 taste · み〕 **4Ⅱ급**
- 분명하지 않은 미세한 감각을 맛본다는 뜻의 형성 글자.

味覺(미각) : 맛을 아는 감각

味盲(미맹) : 맛을 잘 못 느끼는 사람

呼
- 부를 호, 숨을 내쉴 호 〔口부 5획, 총 8획 call · こ〕 **4Ⅱ급**
- 상대방을 부르는 모습을 나타낸 형성 글자.

呼戚(호척) : 인척간의 척의(戚誼)를 대어 항렬을 찾아 부름

呼應(호응) : 부르면 답을 함

呼吸(호흡) : 숨을 쉼

和
- 고를 화, 답할 화 〔口부 5획, 총 8획 even · わ〕 **6급**
- 온화한 말씨를 나타낸 형성 글자.

和睦(화목) : 서로 뜻이 맞고 정다움

和顏(화안) : 안색을 부드럽게 함

和合(화합) : 화목하게 합함

哀
- 슬플 애 〔口부 6획, 총 9획 sorrow · あい〕 **3Ⅱ급**
- 슬픔을 가슴 속에 감추고 한숨을 내쉬는 것을 본뜬 형성 글자.

哀憐(애련) : 가엾고 애처롭게 여김

哀惜(애석) : 슬프고 애처롭게 여김

哀痛(애통) : 몹시 슬퍼함

哉
- 어조사 재, 비로소 재 〔口부 6획, 총 9획 · さい〕 **3급**
- 문장의 단락을 나타내는 형성 글자.

哉生明(재생명) : 음력 초사흘. 달이 처음 빛을 발할 때

哉生魄(재생백) : 음력 16일. 달 주위에 어두운 그늘이 생기
   는 때

品
- 물건 품, 가지 품, 등급 품 〔口부 6획, 총 9획 goods · ひん〕 **5급**
- 네모난 여러 개의 물건을 늘어놓은 모습의 지사 글자.

品質(품질) : 물건의 성질과 바탕

品評(품명) : 물건의 좋고 나쁨을 평가함

品行(품행) : 몸가짐

問
- 물을 문, 사람을 찾을 문 〔口부 8획, 총 11획 *ask* · もん〕 7급
- 숨겨있는 일을 캐물어 알아낸다는 뜻의 형성 글자.

問病(문병) : 앓는 사람을 찾아보고 위로함

問罪(문죄) : 죄를 캐내어 밝힘

問學(문학) : 모르는 것을 물어서 배움

商
- 헤아릴 상, 장사 상 〔口부 8획, 총 11획 *consider* · しょう〕 5급
- 물건을 팔기 위해 돌아다니는 모습을 본뜬 형성 글자.

商歌(상가) : 비통한 가락의 노래

商術(상술) : 장사를 하는 솜씨

商才(상재) : 장사를 하는 재능

唯
- 오직 유, 대답할 유 〔口부 8획, 총 11획 · ゆい, い〕 3급
- 隹와 口가 합해진 형성 글자.

唯物(유물) : 물질만이 존재한다고 보는 일

唯唯(유유) : 승낙할 때의 공손한 모습

唯一(유일) : 오직 하나뿐

唱
- 부를 창, 노래 창 〔口부 8획, 총 11획 *song* · しょう〕 5급
- 밝고 분명함을 나타낸 형성 글자.

唱導(창도) : 앞장을 서서 주장함. 교의를 제창하여 중생을
교화하고 인도함

唱劇(창극) : 판소리나 그의 형식을 빌어 만든 가극

單
- 홑 단, 오랑캐 임금 선 〔口부 9획, 총 12획 · たん〕 4Ⅱ급
- 납작한 부채를 본뜬 회의 글자.

單純(단순) : 복잡하지 아니함

單身(단신) : 홑몸

單一(단일) : 단 하나

喪
- 복 입을 상, 잃을 상 〔口부 9획, 총 12획 · そう〕 **3Ⅱ급**
- 각자가 떨어진 채 어디로 가는 것을 뜻하는 형성 글자.

喪禮(상례) : 상중에 행하는 모든 예절

喪失(상실) : 잃어버림

喪心(상심) : 본래의 평정심을 잃음

善
- 착할 선, 좋게 여길 선 〔口부 9획, 총 12획 · ぜん〕 **5급**
- 맛있고 훌륭한 것을 나타내는 회의 글자.

善良(선량) : 착하고 어짊

善人(선인) : 착한 사람

善政(선정) : 좋은 정치

喜
- 기쁠 희, 즐거울 희 〔口부 9획, 총 12획 *delightful* · き〕 **4급**
- 맛있는 음식을 받고 기뻐하는 모습의 형성 글자.

喜劇(희극) : 익살과 풍자가 섞인 연극

喜報(희보) : 기쁜 소식

喜悅(희열) : 기뻐함

嚴
- 엄할 엄, 경계할 엄 〔口부 17획, 총 20획 · げん〕 **4급**
- 잔소리를 심하게 하여 단속함을 뜻하는 형성 글자.

嚴禁(엄금) : 엄중하게 금지함

嚴冬(엄동) : 추위가 혹심한 겨울

嚴肅(엄숙) : 장엄하고 숙연함

2단계에는 '부르짖음(叫) · 엿봄(司) · 부름(召) · 벼슬아치(吏) · 숨을 들이쉼(吸) · 둘레(周) · 같음(咸) · 울음(哭) · 황당함(唐) · 수효나 동그라미(員) · 밝음(哲) · 아룀(啓) · 목구멍(喉) · 탄식소리(嗚) · 맛을 봄(嘗) · 그릇(器) · 트림을 하거나 탄식함(噫)' 등입니다.

叫 ·부르짖을 규, 울 규 [口부 2획, 총 5획 *cry* · きょう] **3급**
·목을 비틀어 짜내듯 하여 부르는 것을 나타내는 형성 글자.

叫呼(규호) : 높고 날카로운 목소리로 부름

叫喚(규환) : 높고 날카로운 목소리로 부르짖음

司 ·맡을 사 [口부 2획, 총 5획 *manage control* · し] **3Ⅱ급**
·좁은 부분만을 취급하는 관리를 뜻하는 형성 글자.

司徒(사도) : 주(周)나라 때에 6경의 하나로 교육을 맡음

司直(사직) : 재판관

司書(사서) : 도서관에서 도서를 열람, 보존 등을 맡아보는 사람

召 ·부를 소, 대추 조 [口부 2획, 총 5획 *call* · しょう] **3급**
·상대를 입으로 부를 때 모습을 본뜬 형성 글자.

召命(소명) : 어떤 일을 처리하도록 특별한 부름을 받음

召集(소집) : 불러모음

吏 ·벼슬아치 리, 구실아치 리 [口부 3획, 총 6획 *official* · り] **3Ⅱ급**
·일을 잘 정리하는 관리를 뜻하는 회의 글자.

吏道(이도) : 관리로서 지켜야할 도리

吏房(이방) : 지방 관아의 육방의 하나

吏判(이판) : 이조판서의 준말

吐 ·토할 토 [口부 3획, 총 6획 *vomit* · と] **3급**
·안이 가득 차서 구멍 밖으로 토해내는 것을 뜻하는 형성 글자.

吐氣(토기) : 억눌린 기분을 토해냄

吐露(토로) : 마음에 있는 것을 모두 말함

吐心(토심) : 불쾌하고 아니꼬운 마음

吸 ·숨을 들이쉴 흡, 끌 흡 [口부 4획, 총 7획 *inhale* · きゅう] **4Ⅱ**
·공기를 가득히 빨아들이는 모습의 상형 글자.

吸着(흡착) : 달라붙음

吸血鬼(흡혈귀) : 사람의 피를 빨아먹는 사람.

周
• 두루 주, 둘레 주 〔口부 5획, 총 8획 *all around* · しゅう〕**4급**
• 울타리 둘레를 나타내는 형성 글자.

周郭(주곽) : 주위의 윤곽

周年(주년) : 만1년

咸
• 다 함, 같을 함 〔口부 6획, 총 9획 *all* · かん〕**3급**
• 날붙이로 입을 봉함을 뜻하는 회의 글자.

咸服(함복) : 모두 복종함

咸營(함영) : 함경도의 감영

哭
• 울 곡, 곡 곡 〔口부 7획, 총 10획 *wail* · こく〕**3Ⅱ급**
• 큰소리로 우는 것을 나타내는 회의 글자.

哭聲(곡성) : 크게 우는소리

哭班(곡반) : 국상이 났을 때 호곡하는 문무백관들의 반열

唐
• 당나라 당, 황당할 당 〔口부 7획, 총 10획 〕**3Ⅱ급**
• 크게 입을 벌려 억지스럽게 말하는 것을 뜻하는 형성 글자.

唐麪(당면) : 감자 가루로 만든 국수

唐材(당재) : 중국에서 나는 약재

田 • 唐突西施(당돌서시) : 자신을 낮춘 겸손한 말. 『진서(晉書)』가 출전.

員
• 수효 원, 동구라미 원 〔口부 7획, 총 10획 *number* · いん〕**4Ⅱ급**
• 세발 솥이 합쳐진 모습의 회의 글자.

員役(원역) : 지방 관아의 이속

員數(원수) : 사람의 수효

哲
• 밝을 철 〔口부 7획, 총 10획 *wise* · てつ〕**3Ⅱ급**
• 행동이 납득되고 훌륭함을 뜻하는 형성 글자.

哲理(철리) : 현묘한 이치

哲人(철인) : 사물의 이치에 밝고 뛰어난 사람

啓 • 열 계, 여쭐 계, 아뢸 계 〔口부 8획, 총 11획 *open* · けい〕3Ⅱ급
• 문을 열 듯이 입을 열고 말하는 것을 본뜬 형성 글자.

啓告(계고) : 아룀

啓奏(계주) : 임금에게 아룀

田 • 啓發(계발) : 지식을 넓히고 사물의 이치를 밝혀둠. 『논어』「술이편」이 출전.

喉 • 목구멍 후 〔口부 9획, 총 12획 *throat* · こう〕3급
• 목구멍을 나타내는 형성 글자.

喉頭(후두) : 목의 위 끝 부분

喉舌(후설) : 목과 혀

嗚 • 탄식소리 오, 새 소리 오 〔口부 10획, 총 13획 *sigh* · おお〕3급
• 깍깍대는 까마귀 울음을 나타낸 형성 글자.

嗚咽(오열) : 흐느껴 욺

嗚呼(오호) : 슬플 때에 탄식하는 소리

嘗 • 맛볼 상, 일찍 상, 시험할 상 〔口부 11획, 총 14획 · しょう〕3급
• 음식을 혀 위에 올려놓고 맛을 보는 모습의 회의 · 형성 글자.

嘗味(상미) : 맛을 봄

嘗試之說(상시지설) : 시험 삼아 하는 말

器 • 그릇 기, 도구 기 〔口부 13획, 총 16획 · き〕4Ⅱ급
• 여러 가지 그릇을 강조하기 위한 회의 글자.

器量(기량) : 재능

器物(기물) : 그릇이나 또는 세간 따위

噫 • 탄식할 희, 트림할 애 〔口부 13획, 총 16획 · い, あい〕3급
• 가슴이 매어 터져 나오는 탄성을 뜻하는 회의 · 형성 글자.

噫噫(희희) : 원망하는 소리

噫嗚(희오) : 슬퍼 탄식하는 소리

네모진 틀의 울타리

• 漢字 部首
큰 입 구

□

〔口부 0획, 총 3획〕
mouth · こう

■.

'큰 입 구' 부는 네모진 틀로서 '울타리'를 가리킵니다. 1단계에서는 네 번(四) · 말미암다(因) · 돌리다(回) · 곤궁하다(困) · 굳다(固) · 나라(國) · 동그라미(圓) · 동산(園) · 그림(圖) 등입니다.

四

• 넉 사, 네 번 사 〔口부 2획, 총 5획 *four* · し〕 **8급**
• 여러 개를 뿔뿔이 나뉘는 수를 뜻하는 지사 글자.

四街(사가) : 네 거리

四達(사달) : 도로가 사방으로 통함

四季(사계) : 봄 · 여름 · 가을 · 겨울

四苦(사고) : 사람이 반드시 겪어야 하는 네 가지 고통. 즉
　　　　　태어나고, 늙고, 병들고, 죽는 것 등

田 • 四面楚歌(사면초가) : 적에게 완전히 포로가 되어 있는 상태. 『사기』의 「항우본기(項羽本紀)」가 출전.

• 四分五裂(사분오열) : 힘이나 세력이 여러 가닥으로 나뉘어지는 것. 『전국책』의 「위책(魏策)」이 출전.

• 四知(사지) : 하늘과 땅과 상대와 나를 가리킴. 이 세상에는 영원한 비밀이 없다는 뜻. 『십팔사략』의 「양진전(楊震傳)」이 출전.

• 四海兄弟(사해형제) : 천하의 만민이 모두 형제라는뜻. 『논어』의 「안연편(顏淵篇)」이 출전.

因
- 인할 인, 말미암을 인 〔口부 3획, 총 6획 *depend on* · いん〕**5급**
- 한가지 일이 다음에 일어날 일의 원인이 된다는 상형 글자.

因果應報(인과응보) : 좋은 인연에는 좋은 과보를 받고 나쁜 인연에는 나쁜 과보를 받음

因緣(인연) : 연줄

因果(인과) : 원인과 결과

因人成事(인인성사) : 다른 사람 힘으로 일을 성사시킴

回
- 돌 회, 돌릴 회 〔口부 3획, 총 6획 *turn* · かい, え〕**4Ⅱ급**
- 이중으로 된 빙빙 도는 문을 본뜬 상형 글자.

回路(회로) : 돌아오는 길

回顧錄(회고록) : 지나온 일을 돌이켜 보며 기록으로 남겨놓은 것

回文(회문) : 회답하는 글

回報(회보) : 답장

困
- 곤할 곤, 곤궁할 곤 〔口부 4획, 총 7획 *distress* · こん〕**4급**
- 나무를 울타리 안에 심은 모습을 본뜬 회의 글자.

困境(곤경) : 곤란한 처지

困窮(곤궁) : 아주 가난함

困難(곤란) : 난처하거나 어려움

困乏(곤핍) : 가난하고 고달픈 모습

固
- 굳을 고, 굳힐 고, 단단할 고 〔口부 5획, 총 8획 *hard* · こ〕**5급**
- 주위를 빈틈없이 에워싸 움직일 수 없게 만드는 형성 글자.

固守(고수) : 굳게 지킴

固執(고집) : 굳게 지키고 버리지 아니함

固所願(고소원) : 진정으로 바라는 바

固辭(고사) : 굳게 사양함

• 나라 국 〔口부 8획, 총 11획 country · こ〕 8급
• 위 아래로 구분한 영토를 창으로 지킨다는 테두리의 형성 글자.

國境(국경) : 국토의 경계
國手(국수) : 바둑을 가장 잘 두는 사람
國文(국문) : 그 나라 고유의 문자
國史(국사) : 나라의 역사

⊞ • 國士無雙(국사무쌍) : 나라 안에 둘이 없다할 정도로 뛰어난 인물. 한신(韓信)을 가리킴.『사기』의 「회음후열전(淮陰侯列傳)」이 출전.

• 國破山河在(국파산하재) : 나라가 망하여 백성은 흩어지고 산과 흐르는 물만 남았다는 뜻. 두보의「춘망시(春望詩)」가 출전.

• 둥글 원, 동그라미 원 〔口부 10획, 총 13획 round · えん〕 4Ⅱ급
• 둥글게 둘러싼 것을 나타내는 형성 글자.

圓覺(원각) : 부처님의 원만한 깨달음
圓光(원광) : 부처의 머리 위에 나타나는 원형의 빛. 해나 달
　의 둥근 빛을 가리키기도 함
圓盤(원반) : 둥근 소반
圓卓(원탁) : 원형의 탁자

• 동산 원, 밭 원 〔口부 10획, 총 13획 garden · えん〕 6급
• 둥글게 둘러싸인 정원을 나타내는 형성 글자.

園頭幕(원두막) : 원두(園頭)는 밭에서 수확하는 참외, 수박,
　호박 등을 가리킴
園所(원소) : 왕세자를 비롯하여 왕세자빈과 왕의 사친 등의
　산소
園陵(원릉) : 군왕이나 왕후의 묘
園藝(원예) : 화훼를 비롯하여 과일이나 나무 등을 가꿈

• 그림 도, 꾀할 도 〔口부 11획, 총 14획 draw · と, ず〕 6급
• 영토나 구획 등을 종이 틀 안에 그려 넣은 지도의 회의 글자.

圖示(도시) : 그림으로 된 양식

圖解(도해) : 그림으로 풀이함

圖式(도식) : 그림으로 된 양식

圖說(도설) : 그림을 그려 설명함

2단계 단어 역시 울타리(담장) 안에 들어 있는 사람이나 물건을 나타내는 것이 대부분 입니다. '죄인(囚) · 둘레(圍) · 모임(團)' 등이 그것입니다.

- 가둘 수, 죄인 수 〔口부 2획, 총 5획 *imprison* · しゅう〕 **3급**
- 사람을 울타리 속에 가두는 것을 나타내는 회의 글자.

囚徒(수도) : 징역에 처한 죄인

囚虜(수로) : 갇힌 포로

囚人(수인) : 감옥에 갇히게 된 사람

囚衣(수의) : 죄수복

- 둘레 위, 에워쌀 위 〔口부 9획, 총 12획 *circumference* · い〕 **4급**
- 주위를 빙 둘러 에워싸는 모습의 형성 글자.

圍繞(위요) : 빙 둘러쌈

圍攻(위공) : 포위하여 공격함

圍碁歌(위기가) : 바둑에 관한 시가. 옛 시인 · 묵객들이 바둑을 두고 노래한 시

- 둥글 단, 모일 단 〔口부 11획, 총 14획 *round* · だん〕 **5급**
- 둥글게 둘러싸는 것을 나타내는 형성 글자.

團結(단결) : 모여서 한 덩어리를 이룸

團欒(단란) : 모여서 즐김

團束(단속) : 잡도리를 단단히 함

團子(단자) : 떡의 하나

화살 끝은 삼각형

• 象形
화살 시, 맹세할 시

矢

〔矢부 0획, 총 5획〕
し

'시(矢) 부의 1단계에는 '어조사 의(矣) · 슬기(知) · 모자람(短)' 등입니다.

矢
• 화살 시, 맹세할 시 〔矢부 0획, 총 5획 · し〕 **3급**
• 화살처럼 날아가 알아 맞친다는 뜻의 형성 글자.

矢言(시언) : 맹세하는 말
矢心(시심) : 마음속으로 맹세함
矢石(시석) : 화살과 쇠뇌로 쏘는 돌

矣
• 어조사 의 〔矢부 2획, 총 7획 · い〕 **3급**
• 사람이 뒤를 향해 멈춘 형태의 상형 글자.

萬事休矣(만사휴의) : 모든 것이 끝이 남

知
• 알 지, 슬기 지 〔矢부 3획, 총 8획 know · ち〕 **5급**
• 화살처럼 날아가 알아 맞친다는 뜻의 형성 글자.

知能(지능) : 두뇌의 작용. 슬기의 능력
知己(지기) : 자기를 알아주는 사람. 절친한 친구를 말할 때
　 에 쓰는 말
知新(지신) : 새로운 것을 앎
知慧(지혜) : 슬기

短
- 짧을 단, 모자랄 단 〔矢부 7획, 총 12획 *short* · たん〕 6급
- 칫수가 작은 물건을 합친 형태의 형성 글자.

短歌(단가) : 짧은 노래

短髮(단발) : 짧은 머리

短劍(단검) : 짧은 칼

短刀(단도) : 짧은 칼

2단계에는 '바로잡는다(矯)' 뿐입니다.

矯
- 바로잡을 교 〔矢부 12획, 총 17획 *straighten* · わい〕 3급
- 화살을 비틀어 상자에 넣는 것을 나타내는 형성 글자.

矯正(교정) : 바로잡음

矯角殺牛(교각살우) : 뿔을 바로 잡으려다 오히려 소를 죽
　　　인다는 뜻. 작은 손해를 피하려다 큰 손해를 입음

矯矯(교교) : 힘이 센 모양. 또는 높이 오르는 모양

　다음에서는 활에 관한 어록을 살펴보겠습니다.

　*독수리를 쏘는 화살의 손잡이는 독수리 자신의 깃털로
장식되었다. 우리는 종종 스스로를 파괴시킬 수단을 적에게
제공한다(이솝/독수리와 화살)

　*지나치게 죄어진 활은 쉽게 부러진다(P.시루스/격언)

　*활은 항상 구부러진 상태로 있을 수 없으며 인간의 약함
은 어떤 합리적인 레크레이션이 없이는 존속할 수 없다(M.
세르반테스/돈키호테)

　*어둠과 무명을 향해 나는 화살은 괴로움을 벗어나려는
정진의 살이다(팔만대장경)

구부러진 몸

• 象形

몸 기, 다스릴 기

[己부 0획, 총 3획]
body, self · き

기(己) 부의 1단계에는 '몸(己) · 뱀(巳) · 그침(已) 등의 단어가 해당합니다.

• 몸 기, 다스릴 기 〔己부 0획, 총 3획 *body* · き〕 **5급**
• 구부러진 것이 머리를 쳐들고 뻗은 모습의 상형 글자.

己見(기견) : 자기 자신의 생각

己巳(기사) : 60갑자의 여섯 번째

己未(기미) : 60갑자의 쉰 여섯째

• 뱀 사, 여섯 번째지지 사 〔己부 0획, 총 3획 *snake* · し〕 **3Ⅱ급**
• 웅크리고 있는 태아 모양을 본뜬 상형 글자.

巳年(사년) : 태세(太歲)의 지지가 사(巳)인 해. 이른바 뱀해
　　를 뜻함

巳座(사좌) : 묏자리나 집터가 사방(巳方)을등지고 앉은 방
　　향

巳時佛供(사시불공) : 오전 9시부터 11시 사이에 올리는 불
　　공을 뜻함

• 그칠 이, 이미 이, 매우 이 〔己부 0획, 총 3획 *stop* · い〕 **3급**
• 고대인이 쓰던 구부러진 가래 농기구를 본뜬 상형 글자.

已甚(이심) : 아주 심함

已往(이왕) : 그전

己往之事(이왕지사) : 이미 지나간 일

■❚.

2단계는 '거리(巷)' 입니다.

巷
- 거리 항, 마을 항 [己부 6획, 총 9획 *street* · こう] **3급**
- 사람 사는 마을의 공공 통로를 본뜬 형성 글자.

巷謠(항요) : 거리에서 유행하는 노래
巷談(항담) : 그저 그런 얘기
巷間(항간) : 민중들 사이
巷戰(항전) : 시가지에서 하는 전투

※다음은 몸에 관한 어휘에 대해 살펴봅니다.
*일을 생각하면 결코 시계를 보지 말라(T.A.에디슨)
*그대가 만일 술을 만드는 양조업자거든 그대의 양조장을 굳게 지키라. 그대가 만약 옷감을 짜는 방직업자이거든 그대의 방직 공장을 굳게 지키라. 사람은 한가지 길로 굳게 나간다면 대성할 수 있다. 그러나 그대가 혹시 양조업과 방직업과 제빵을 겸한다면 모두 실패하리라 (로스차일드)
*나는 일에 몰두하여 나 자신을 잊어야 한다. 그렇지 않으면 절망속에 위축되고 말 것이다. 우리들 대부분은 매일 쉴새없이 일을 하고 있기 때문에 일에 몰두하기란 어렵지 않으나 그 일이 끝난 후의 시간이 위험한 것이다. 지유롭게 자기의 시간을 즐기게 되고 가장 행복해야만 할 때에 고민이라는 이름의 마귀가 우리를 공격해 오는 것이다 (테니슨).
*자기 자신에 대하여 전하지 못하는 사람과 무슨 일에나 골몰하지 못하는 사람은 보아도 보지 못하는 사람이며 들어도 듣지 못하는 사람이며 먹어도 맛을 모르는 사람이다(공자).

바람에 흔들리는 풀잎

• 漢字 部數

풀 초

艸 [艸부 0획, 총 6획]

grass · そう

초(艸) 부의 1단계에는 '꽃(花) · 괴로움(苦) · 왕성함(茂) · 같음(若) · 꽃뿌리 또는 뛰어남(英) · 풀(草) · 저물고 없음(莫) · 씩씩함(莊) · 나물(菜) · 아름답게 빛남(華) · 떨어짐(落) · 갖가지(萬) · 잎(葉) · 붙임과 드러남(著) · 약(藥) · 재주(藝)' 등입니다.

花
• 꽃 화, 꽃다울 화, 흐려질 화 [艸부 4획, 총 8획 *flower* · か] **7급**
• 꽃 봉우리가 피고 지는 것처럼 변해 가는 꽃 모양의 형성 글자.

花信(화신) : 꽃소식

花草(화초) : 꽃과 풀

花園(화원) : 화초를 심어놓은 동산

花燭(화촉) : 아름다운 초. 결혼식. 또는 신방

苦
• 쓸 고, 괴로워할 고 [艸부 5획, 총 9획 · く] **6급**
• 입이 굳어지는 쓴맛이 나는 풀을 본뜬 형성 글자.

苦難(고난) : 괴로움과 어려움

苦樂(고락) : 괴로움과 즐거움

苦悶(고민) : 괴로워하고 속을 썩힘

苦學(고학) : 자기 힘으로 벌며 고생하며 배움

茂
• 우거질 무, 왕성할 무 [艸부 5획, 총 9획 *grow thick* · も] **3Ⅱ급**
• 나무 잎이 뒤덮여 있는 모습을 나타내는 형성 글자.

茂盛(무성) : 초목이 아주 잘 자라나 잎이 무성한 것을 나타

냄

茂勳(무훈) : 훌륭한 무공

若
- 같을 약, 땅이름 야 〔艸부 5획, 총 9획 · じゃく〕3Ⅱ급
- 부드러운 머리털을 빗고 있는 여인의 모습을 본뜬 회의 글자.

若干(약간) : 얼마 되지 아니함

般若(반야) : 모든 사물의 본질을 이해하고 불법의 참다운
    이치를 깨닫는 지혜

英
- 꽃부리 영, 뛰어날 영, 싹 영 〔艸부 5획, 총 9획 · えい〕6급
- 꽃잎으로 둘러싸여 가운데가 움푹 들어간 꽃 모습의 형성 글자.

英雄(영웅) : 재능과 지능이 뛰어난 사람

英傑(영걸) : 뛰어난 인물

英勇(영용) : 뛰어나게 용기가 있음. 또는 그런 사람

英才(영재) : 뛰어난 재능

草
- 풀 초, 거칠 초 〔艸부 6획, 총 10획 grass · そう〕7급
- 가치 없고 쓸모 없는 잡초를 본뜬 형성 글자.

草家(초가) : 이엉으로 지붕을 덮은 집

草色(초색) : 초록빛

草稿(초고) : 시문의 초벌 원고

草食(초식) : 풀을 먹음

莫
- 없을 막, 저물 모 〔艸부 7획, 총 11획 not · ばく〕3Ⅱ급
- 초원의 풀숲에 해가 가리운 모습을 뜻하는 회의 글자.

莫强(막강) : 아주 강함

莫莫(막막) : 아주 큼

莫大(막대) : 아주 큼

田· 莫逆之友(막역지우) : 마음에 조금도 거슬림이 없는 친구. 친하고 허
물이 없는 벗을 말할 때 사용함. 출전은 『장자』의 「大宗師篇(대종사편)」

莊
- 엄숙할 장, 씩씩할 장 〔艸부 7획, 총 11획 *serious* · そう〕 3Ⅱ급
- 풀이 높게 우거짐을 뜻하는 형성 글자.

莊園(장원) : 별장과 거기에 딸린 동산
莊嚴(장엄) : 고상하고 엄중함
莊重(장중) : 장엄하고 정중함

菜
- 나물 채, 반찬 채 〔艸부 8획, 총 12획 *vegetable* · さい〕 3Ⅱ급
- 손으로 꺾어낸 풀의 모습을 본뜬 형성 글자.

菜根(채근) : 채소의 뿌리
菜單(채단) : 차림표
菜毒(채독) : 채소 등에 섞인 독기
菜麻田(채마전) : 남새밭

華
- 빛날 화, 아름다울 화 〔艸부 8획, 총 12획 *brilliant* · か〕 4급
- 한가운데가 움푹 들어간 국화꽃 모양을 본뜬 형성 글자.

華甲(화갑) : 61세
華僑(화교) : 외국에서 사는 중국인
華蓋(화개) : 꽃 우산
華商(화상) : 중국 상인

 • 華胥之夢(화서지몽) : 황제(黃帝)가 문득 화서 나라의 꿈을 꾸었다. 그 꿈에서 인생의 진리를 깨달았다. 이른바 길몽이다. 출전은 『열자』의 황제편.

落
- 떨어질 락, 마을 락 〔艸부 9획, 총 13획 *fall* · らく〕 5급
- 초목의 잎이 소리없이 떨어지는 것을 본뜬 형성 글자.

落款(낙관) : 서화 등에 필자가 서명하거나 아호가 새긴 도
  장을 찍는 일
落着(낙착) : 일의 결말이 남
落成(낙성) : 공사를 이룸
落水(낙수) : 물에 빠짐

萬 • 일만 만 〔艸부 9획, 총 13획 *ten thousand* · まん〕**8급**
• 무서운 독을 지닌 전갈을 뜻하는 형성 글자.

萬福(만복) : 많은 복
萬歲(만세) : 영원한 세월
萬代(만대) : 영구히
萬全(만전) : 아주 온전함

 • 萬綠叢中紅一點(만록총중홍일점) : 이른바 홍일점으로 쓰인다. 새파란 덤불속에 빨간꽃 한송이. 많은 남자 속의 여인 하나를 가리킨다. 출전은 왕안석의 「석류시」
• 萬事休矣(만사휴의) : 어떤 상태에 직면하여 다른 길을 도저히 강구할 수 없을 때에 이르는 말. 출전은 『송사』의 「형남고씨세가」
• 萬全之策(만전지책) : 어떤 상태에 대한 가장 합당한 계책. 조금도 허술함이 없는 완전한 계책을 가리킴. 출전은 『후한서』의 「유표전」

葉 • 잎 엽, 땅이름 섭 〔艸부 9획, 총 13획 *leaf* · よう〕**5급**
• 얇은 잎에 풀을 붙여 나뭇잎을 나타낸 형성 글자.

葉綠素(엽록소) : 엽록소 안에 있는 물질
葉菜(엽채 : 주로 잎을 먹는 채소류
葉茶(엽차) : 찻잎을 달인 물
葉草(엽초) : 잎담배

著 • 드러날 저, 붙일 착 〔艸부 9획, 총 13획 · ちょ, ちゃく〕**3Ⅱ급**
• 기록해 두는 것을 뜻하는 형성 글자.

著名(저명) : 이름이 남
著書(저서) : 저술한 책
著作(저작) : 책을 씀
著述(저술) : 논문이나 책 등을 씀

藥 • 약 약, 독 약 〔艸부 15획, 총 19획 *drug* · やく〕**6급**
• 병의 원인을 없애는 약초를 뜻하는 형성 글자.

藥局(약국) : 약을 파는 가게

藥石(약석) : 약재

藥食(약식) : 약밥

藥水(약수) : 약효가 있는 물

藝
• 재주 예, 심을 예 〔艸부 15획, 총 19획 *skill* · ばい〕 **4Ⅱ급**
• 풀을 손에 잡고 땅이 심는 것을 뜻하는 형성 글자.

藝人(예인) : 배우처럼 기예를 업으로 하는 사람

藝能(예능) : 예술과 기능

藝妓(예기) : 기녀

2단계에는 '향기(芳) · 싹(芽) · 구차함(苟) · 싹(苗) · 차(茶) · 아득함(茫) · 거침(荒) · 연꽃(荷) · 국화(菊) · 버섯 균(菌) · 덮음(蓋) · 덮개(蒙) · 찌다(蒸) · 우거짐(蒼) · 쌓음(蓄) · 연밥(蓮) · 나물(蔬) · 가림(蔽) · 엷음(薄) · 천거함(薦) · 누더기 또는 쪽(藍) · 감춤(藏) · 차조기 또는 깨어남(蘇) · 난초(蘭)' 등입니다. .

芳
• 꽃다울 방, 향기 방 〔艸부 4획, 총 8획 *fragrant* · ほう〕 **3급**
• 초목의 좋은 향기가 주위에 퍼지는 것을 나타낸 형성 글자.

芳名錄(방명록) : 특별한 날을 기념하기 위하여 여러 사람의
  이름을 적은 책

芳樹(방수) : 꽃이 피는 나무

芳春(방춘) : 꽃이 한창인 봄

芽
• 싹 아, 처음 아 〔艸부 4획, 총 8획 *sprout* · が〕 **3급**
• 서로 맞물린 채 꼬여서 얽힌 모습의 풀을 본뜬 형성 글자.

發芽(발아) : 싹이 남

萌芽(맹아) : 싹이 틈

苟 • 구차할 구, 진실로 구, 혹은 구 〔艸부 5획, 총 9획·こう〕 **3급**
• 풀로 묶어 둥글게 함을 나타내는 것을 본뜬 회의·형성 글자.

苟且(구차) : 일시적으로 미봉 하는 것. 가난하고 구차함을
　나타냄
苟全性命(구전성명) : 부질없이 몸을 온전히 함
苟且偸安(구차투안) : 눈앞의 이익을 안일하게 추구함

苗 • 모´묘, 싹 묘, 후손 묘 〔艸부 5획, 총 9획·びょう〕 **3급**
• 밭 가운데 풀이 돋은 것을 뜻하는 회의 글자.

苗木(묘목) : 나무 모종
苗裔(묘예) : 먼 후손
苗圃(묘포) : 묘목을 기르는 밭

茶 • 차 다, 차 차 〔艸부 6획, 총 10획 tea·さ, ちゃ〕 **3Ⅱ급**
• 마음의 긴장을 푸는 음료에 쓰이는 풀을 뜻하는 형성 글자.

茶道(다도) : 차를 마시는 예법. 또는 예절
綠茶(녹차) : 어린 차 잎을 정제하여 만든 차
茶菓(다과) : 차와 과자

茫 • 아득할 망 〔艸부 6획, 총 10획 remote·ぼう〕 **3급Ⅱ**
• 아무 것도 보이지 않는다는 뜻의 회의·형성 글자.

茫茫大海(망망대해) : 끝없이 펼쳐진 바다
茫漠(망막) : 넓고 멀어 아득한 모양
茫然(망연) : 아무 생각 없이 멍해져 있는 모양

荒 • 거칠 황, 황무지 황 〔艸부 6획, 총 10획 rough·こう〕 **3급**
• 아무 것도 없는 것을 나타내는 형성 글자.

荒年(황년) : 흉년
荒廢(황폐) : 거칠고 못쓰게 됨
荒蕪地(황무지) : 개발하지 않은 거친 땅

荷 • 연 하, 멜 하 [艸부 7획, 총 11획 · か] **3급**
• 연꽃과 풀을 합한 형성 글자.

荷役(하역) : 짐을 싣고 내림
荷電(하전) : 물체가 전기를 띠는 일
荷重(하중) : 짐의 무게

菊 • 국화 국, 대국 국 [艸부 8획, 총 12획 · きく] **3Ⅱ급**
• 꽃잎이 둥글게 모여있는 국화를 뜻하는 형성 글자.

菊月(국월) : 음력 9월의 다른 칭호
白菊(백국) : 흰국화
菊判(국판) : 양지(洋紙)를 열 여섯 등분한 넓이

菌 • 버섯 균, 균 균 [艸부 8획, 총 12획 mushroom · きん] **3급**
• 꽉 닫힌 창고 속에서 생긴 풀. 곰팡이를 뜻하는 형성 글자.

病菌(병균) : 병의 원인이 되는 균
菌絲(균사) : 균류의 본체를 이루는 실 모양의 부분
滅菌(멸균) : 균을 죽임

蓋 • 덮을 개 [艸부 10획, 총 14획 cover · かい] **3급**
• 꽉 닫힌 창고 속에서 생긴 풀. 곰팡이를 뜻하는 형성 글자.

蓋世(개세) : 일대를 압도하여 세상을 안중에 두지 않음
蓋瓦(개와) : 기와
蓋然性(개연성) : 그러하리라고 생각되는 성질
田 • 蓋棺事定(개관사정) : 사람은 죽어서 관 뚜껑을 덮고 나야만 정당한 평가를 받을 수 있다는 말. 출전은 두보(杜甫)의 「군불견간소혜」

蒙 • 입을 몽, 덮개 몽 [艸부 10획, 총 14획 · もう] **3Ⅱ급**
• 돼지 위에 덮개 씌움을 뜻하는 회의 · 형성 글자.

蒙古(몽고) : 중국의 북쪽과 시베리아 사이에 있는 국가
蒙死(몽사) : 죽음을 무릅씀
蒙塵(몽진) : 먼지를 덮어씀. 임금이 궁궐 밖으로 피신함

바람에 흔들리는 풀잎(艸) 99

蒸
- 찔 증 〔艸부 10획, 총 14획 steam · じょう〕 3Ⅱ급
- 화기가 높은 곳으로 올라가는 것을 나타낸 형성 글자.

蒸氣(증기) : 수증기

蒸發(증발) : 액체 상태에서 기체로 변하는 일

蒼
- 푸를 창, 우거질 창 〔艸부 10획, 총 14획 blue · そう〕 3Ⅱ급
- 곳간에 거두어들인 목초의 빛깔을 뜻하는 회의 · 형성 글자.

蒼民(창민) : 백성

蒼白(창백) : 푸른 기가 돌만큼 해쓱함

蓄
- 쌓을 축, 기를 축 〔艸부 10획, 총 14획 · ちく〕 4Ⅱ급
- 창고 속에 저장해 둔 채소를 뜻하는 형성 글자.

蓄膿症(축농증) : 콧속에 고름이 괴는 병

蓄財(축재) : 재물을 모음

蓮
- 연밥 련, 연 연 〔艸부 11획, 총 15획 lotus · れん〕 3급
- 포기가 이어져 자라는 것을 뜻하는 회의 · 형성 글자.

蓮實(연실) : 연밥

蓮座(연좌) : 연꽃 모양으로 만든 불좌

蓮華(연화) : 연꽃

蔬
- 나물 소, 거칠 소 〔艸부 11획, 총 15획 vegetable · そ〕 3급
- 틈새가 벌어지는 것과 ++가 합해진 회의 · 형성 글자.

蔬飯(소반) : 보잘것없는 밥

蔬食(소식) : 고기 반찬이 없는 검소한 음식

蔽
- 가릴 폐, 가림 폐 〔艸부 12획, 총 16획 conceal · へい〕 3급
- 풀이 옆으로 퍼져 물건을 가린다는 뜻의 형성 글자.

蔽塞(폐색) : 다른 사람의 눈을 가림

隱蔽(은폐) : 가림

薄
- 엷을 박, 적을 박 〔艸부 13획, 총 17획 thin · はく〕 3Ⅱ급
- 초목이 착 달라붙어 나 있는 모습을 본뜬 형성 글자.

薄俸(박봉) : 적은 봉급

薄酒(박주) : 멀건 술

薄利(박리) : 적은 이익

• 천거할 천 〔艸부 13획, 총 17획 *recommend* · せん〕3급
• 사슴과 비슷한 동물이 뜯어먹는 풀을 본뜬 형성 글자.

薦擧(천거) : 사람을 추천함

自薦(자천) : 스스로 추천함

薦新(천신) : 새로운 곡식을 신에게 처음 올리는 일

• 쪽 람, 누더기 람 〔艸부 14획, 총 18획 *indigo* · らん〕3급
• 염료에 쓰이는 쪽을 나타내는 형성 글자.

藍縷(남루) : 누더기

藍靑(남청) : 짙푸른 색깔

藍實(남실) : 쪽의 열매

• 감출 장, 곳집 장 〔艸부 14획, 총 18획 *conceal* · ぞう〕3Ⅱ급
• 말린 풀을 넣어두는 곳간을 뜻하는 형성 글자.

藏書(장서) : 책을 간직해 둠

藏府(장부) : 창고

蘇
• 차조기 소, 깨어날 소 〔艸부 16획, 총 20획 · そ〕3Ⅱ급
• 잎과 잎 사이의 틈새가 있는 식물을 뜻하는 회의 · 형성 글자.

蘇復(소복) : 오랜 병상에서 일어나 예전처럼 원기가 회복됨

蘇子(소자) : 차조기의 씨

蘇生(소생) : 다시 살아남

蘭
• 난초 란 〔艸부 17획, 총 21획 · らん〕3Ⅱ급
• 나쁜 기운을 막는 향초 하나를 본뜬 형성 글자.

蘭草(난초) : 난초 과의 여러해살이 풀

蘭秋(난추) : 음력 7월의 다른 명칭

蘭秀菊芳(난수국방) : 난과 국화의 향기

칼로 다듬듯이 말하라

• 形聲

말씀 언, 말할 언

 言

[言부 0획, 총 7획]

talk · げん

언(言) 부의 1단계 단어는 말(言)과 관계 있는 것이 무엇인지를 생각하면서 뜻풀이를 하는 것이 좋습니다. '일을 꾀함(計) · 기록(記) · 뜻이나 가르침(訓) · 묻거나 찾음(訪) · 베풂(設) · 허락함(許) · 시(詩) · 시험(試) · 대화(話) · 말씀(說) · 정성(誠) · 말씀(語) · 그릇됨(誤) · 허가함(認) · 과정(課) · 말씀(談) · 의론(論) · 옛날 또는 누구(誰) · 음률(調) · 청하거나 맡음(請) · 모두(諸) · 의논 또는 강론(講) · 사과 또는 사례(謝) · 지식(識) · 증서(證) · 경계함과 깨우침(警) · 의논(議) · 읽음(讀) · 변화(變) · 사양(讓)' 등입니다.

言
• 말씀 언 [言부 0획, 총 7획 *talk* · げん] 6급
• 칼로 다듬듯 하나하나 확실하게 발음되는 뜻의 형성 글자.

言權(언권) : 말할 권리
言動(언동) : 언어와 행동
言及(언급) : 하는 말이 그 일에 미침
言約(언약) : 말로 약속함

計
• 셀 계, 꾀할 계 [言부 2획, 총 9획 *calculate* · けい] 6급
• 많은 것을 하나로 모아 연결하여 생각함을 본뜬 회의 글자.

計劃(계획) : 미리 꾀하여 작정함
計算(계산) : 수량을 헤아림
計上(계상) : 계산에 넣음

計測(계측) : 미리 꾀하여 측정함

記
- 적을 기, 외울 기, 문서 기 〔言부 3획, 총 10획 *record* · き〕7급
- 어떤 일의 단서를 떠올리기 위해 적어둔 것을 뜻하는 형성 글자.

記念(기념) : 뜻깊은 일에 대하여 잊지 아니 하고 회상함
記名(기명) : 이름을 적음
記誦(기송) : 기억하여 암송함
記述(기술) : 기록하여 진술함

訓
- 가르칠 훈, 뜻 훈 〔言부 3획, 총 10획 *instruct* · くん〕6급
- 어려운 문제를 쉬운 말로 관통하여 푼다는 뜻의 형성 글자.

訓戒(훈계) : 타일러 경계함
訓詁(훈고) : 경서 따위의 고문의 자구를 해석하는 일
訓讀(훈독) : 한자의 뜻을 우리말로 새겨 읽음
訓蒙(훈몽) : 어린아이나 초학자를 가르침

訪
- 찾을 방, 물을 방 〔言부 4획, 총 11획 · ほう〕4Ⅱ급
- 좌우로 다니면서 말로 찾아다니는 것을 나타내는 형성 글자.

訪問(방문) : 찾아봄
探訪(탐방) : 찾아감
訪議(방의) : 어떤 일의 방도를 물음

設
- 베풀 설, 설령 설 〔言부 4획, 총 11획 *display* · せつ〕4Ⅱ급
- 끌을 사용하여 대강의 형태를 만드는 것을 나타내는 회의 글자.

設定(설정) : 베풀어 정함
設置(설치) : 베풀어 둠
設問(설문) : 문제를 내어 물음
設或(설혹) : 설령

- 허락할 허, 얼마 허 〔言부 4획, 총 11획 *permit* · きょ〕5급
- 위아래로 움직여도 좋을 만큼 눈감아준다는 뜻의 형성 글자.

許諾(허락) : 청원을 들어줌

許多(허다) : 썩 많음

許久(허구) : 아주 오래됨

許心(허심) : 마음을 허락함

詩
- 시 시 〔言부 6획, 총 13획 *poetry* · し〕**4Ⅱ급**
- 마음에 담은 것을 말로 나타냄을 뜻하는 형성 글자.

詩歌(시가) : 시와 노래

詩伯(시백) : 뛰어난 시인

詩賦(시부) : 시와 부

詩抄(시초) : 여러 시 가운데 뽑아 적은 책

試
- 시험할 시, 시험 시 〔言부 6획, 총 13획 *examine* · し〕**4Ⅱ급**
- 사람이나 물건을 사용하여 일을 시킨다는 뜻의 형성 글자.

試圖(시도) : 시험 삼아 일을 도모함

試掘(시굴) : 시험 삼아 팜

試金石(시금석) : 금은의 품질을 시험하는 데 쓰는 돌

試合(시합) : 재주를 다투어 승부를 겨룸

話
- 말할 화, 이야기 화 〔言부 6획, 총 13획 *talk* · わ〕**7급**
- 여유를 가지고 기세 좋게 말하는 것을 뜻하는 형성 글자.

話術(화술) : 말하는 기술

話法(화법) : 말하는 방법

話頭(화두) : 이야기의 첫머리

話題(화제) : 얘깃거리

說
- 말씀 설, 기쁠 열 〔言부 7획, 총 14획 *word* · せつ〕**5급**
- 마음속의 응어리를 말로 풀어 알게 한다는 뜻의 형성 글자

說破(설파) : 상대방의 이론을 뒤집어 깨뜨림

說樂(열락) : 기쁘고 즐거움

說客(세객) : 말을 잘 하는 사람

誠 • 정성 성 〔言부 7획, 총 14획 *sincerity* · せい〕 **4Ⅱ급**
• 모자람이 없는 말이나 행동을 나타내는 형성 글자.

誠金(성금) : 정성으로 내는 돈

誠心(성심) : 참된 마음

誠意(성의) : 정성을 다하여

誠實(성실) : 성의가 있고 진실함

語 • 말씀 어, 말할 어 〔言부 7획, 총 14획 · ご〕 **7급**
• 서로 말을 주고 받는다는 뜻의 형성 글자.

語感(어감) : 말이 주는 느낌

語源(어원) : 말이 성립된 근원

語勢(어세) : 말의 가락

語不成說(어불성설) : 말하는 것이 전혀 이치에 맞지않음

誤 • 그릇할 오 〔言부 7획, 총 14획 *be mistaken* · ご〕 **4Ⅱ급**
• 고개를 갸웃대며 구부러진 모습을 나타낸 형성 글자.

誤信(오신) : 잘못 믿음

誤謬(오류) : 그릇됨

誤報(오보) : 잘못 알림

誤算(오산) : 잘못 계산함

認 • 알 인, 허가할 인 〔言부 7획, 총 14획 *recognize* · にん〕 **4Ⅱ급**
• 사람의 마음이나 말을 지워지지 않게 새긴다는 뜻의 형성 글자.

認可(인가) : 인정하여 허가함

認容(인용) : 인정하여 허락함

認定(인정) : 옳다고 확실히 여김

認知(인지) : 인식하여 앎

課 • 매길 과, 과정 과 〔言부 8획, 총 15획 *impose* · か〕 **5급**
• 일을 분담하여 결과가 어떻게 되는가를 본다는 뜻의 형성 글자.

課目(과목) : 과정을 세분한 항목

課程(과정) : 어떤 기간에 할당된 일이나 학과의 정도

課題(과제) : 부과된 제목이나 문제

談 • 말씀 담, 말할 담 〔言부 8획, 총 15획 *speak* · だん〕 5급
• 혀를 열심히 움직여 말하는 것을 나타내는 형성 글자.

談論(담론) : 얘기를 함

談笑(담소) : 웃으며 얘기함

談話(담화) : 이야기. 또는 이야기하는 것

論 • 의논할 론, 정할 론 〔言부 8획, 총 15획 *consult* · ろん〕 4Ⅱ급
• 말을 줄거리를 세워 조리 있게 하는 것을 본뜬 형성 글자.

論據(논거) : 논의 또는 논설의 근거

論難(논란) : 비난함

論爭(논쟁) : 서로의 의견을 굽히지 않고 다툼

誰 • 누구 수, 옛날 수 〔言부 8획, 총 15획 *who* · すい〕 3급
• 누구라는 뜻의 의문사로 쓰이는 형성 글자.

誰昔(수석) : 옛날

誰曰不可(수왈불가) : 누가 불가하다 하겠는가

誰何(수하) : 아무개

調 • 고를 조, 음률 조 〔言부 8획, 총 15획 *even* · ちょう〕 5급
• 말이나 행동을 고루 전체에 미치게 한다는 뜻의 형성 글자.

調査(조사) : 실정을 알기 위하여 자세히 살펴봄

調節(조절) : 사물을 알맞게 고름

調書(조서) : 조사한 사항을 기록한 문서

請 • 청할 청, 맡을 청 〔言부 8획, 총 15획 *request* · せい〕 4Ⅱ급
• 새까만 눈으로 정면을 응시한다는 뜻의 형성 글자.

請暇(청가) : 휴가를 청함

請負(청부) : 어떤 일이나 사업을 도거리로 맡는 것

請求(청구) : 청하여 구함

諸
- 모든 제, 모든 저 〔言부 9획, 총 16획 *every* · しょ〕3Ⅱ급
- 장작을 모아 불을 지핀다는 의미의 형성 글자.

諸具(제구) : 여러 도구

諸君(제군) : 여러분

諸般(제반) : 여러 가지

講
- 강론할 강 〔言부 10획, 총 17획 *preach* · こう〕4Ⅱ급
- 상대방이 자신과 평형을 맞추는 모습을 나타내는 형성 글자.

講讀(강독) : 글을 설명하여 가며 읽음

講師(강의) : 강의하는 사람

講學(강학) : 학문을 닦고 연구함

謝
- 사례할 사, 사과할 사 〔言부 10획, 총 17획 *thank* · しゃ〕4Ⅱ급
- 말로 긴장된 마음을 느슨하게 만든다는 형성 글자.

謝恩(사은) : 은혜에 사례함

謝禮(사례) : 고마움을 나타내는 답례나 금품

謝罪(사죄) : 행하여진 일에 대해 용서를 비는 것

識
- 알 식, 적을 지 〔言부 12획, 총 19획 *recognize* · しき〕5급
- 어떤 사물에 표지나 이름을 붙여 알게 한다는 형성 글자.

識別(식별) : 분별함

識字(식자) : 글씨를 앎

識見(식견) : 사물에 대한 분별력이 있는 사람

卄 • 識字憂患(식자우환) : 글자를 아는 것이 오히려 근심을 가져옴. 섣부른 지식 때문에 큰일을 망치는 것을 이르는 말. 출전은 나관중의 『삼국지연의』

證
- 증거 증, 증서 증 〔言부 12획, 총 19획 *evidence* · しょう〕4급
- 어떤 사실을 말해 뒷받침이 되게 함을 뜻하는 형성 글자.

證券(증권) : 어음

證書(증서) : 증거가 될만한 문서

證憑(증빙) : 증거

- 경계할 경, 깨우칠 경 〔言부 13획, 총 20획 *warn* · けい〕**4Ⅱ급**
- 말로써 주의하여 경계시킨다는 뜻의 형성 글자.

警覺(경각) : 경계하여 깨닫게 하는 것

警世(경세) : 세상을 깨우침

警告(경고) : 경계하여 알림

- 의논할 의, 토론할 의 〔言부 13획, 총 20획 *discuss* · ぎ〕**4Ⅱ급**
- 매끄럽고 예의 바르게 말한다는 뜻의 형성 글자.

議事(의사) : 일을 의논함

議案(의안) : 토의할 안건

議題(의제) : 논의할 문제

- 읽을 독, 구두점 두 〔言부 15획, 총 22획 *read* · どく〕**6급**
- 단락을 지으며 읽는다는 뜻의 형성 글자.

讀者(독자) : 책이나 신문 등을 읽는 사람

讀解(독해) : 글을 읽어 이해함

讀破(독파) : 단숨에 끝까지 읽음

田• 讀書亡羊(독서망양) : 책을 읽다가 지키던 양을 잃어버림. 이것은 다른 일에 정신을 빼앗겨 본래의 일을 소홀히 하는 것을 가리키는 말. 출전은 『장자』의 「병무편(駢拇篇)」

• 讀書百遍義自見(독서백편의자현) : 글을 백번 읽으면 뜻은 자연히 알게 된다. 어떤 일이든 끈기있게 반복하여 익히면 그 뜻을 안다는 것. 출전은 『삼국지연의』 「위지 13권」

⬛
- 변할 변, 고칠 변 〔言부 16획, 총 23획 *change* · へん〕**5급**
- 이것저것 뒤엉켜 이상한 상태가 됨을 뜻하는 형성 글자.

變貌(변모) : 모양이 달라짐

變色(변색) : 색깔이 달라짐

變德(변덕) : 이랬다 저랬다 함

讓 • 사양할 양 〔言부 17획, 총 24획 *kand over* · じょう〕**3Ⅱ급**
• 다른 사람 사이에 끼어 드는 것을 뜻하는 형성 글자.

讓渡(양도) : 권리 등을 다른 사람에게 넘겨 줌

讓與(양여) : 남에게 넘겨줌

讓步(양보) : 주장을 굽혀 다른 사람의 의견을 따름

∎∎.

2단계 단어는 '바로잡음(訂) · 탐구(討) · 송사(訟) · 속임(詐) · 글
(詞) · 송사(訴) · 시가를 읊음(詠) · 의논(評) · 자랑(誇) · 자세함(詳)
· 갖춤(該) · 맹세함(誓) · 외움(誦) · 유혹(誘) · 잡지(誌) · 태어남(誕)
· 믿음(諒) · 허락(諾) · 모략(謀) · 뵘(謁) · 생각함(謂) · 겸손(謙) · 노
래(謠) · 삼감(謹) · 악보(譜) · 통변(譯) · 명예(譽) · 보호(護) · 기림
(讚)' 등입니다.

訂 • 바로잡을 정 〔言부 2획, 총 9획 *straighten* · てい〕**3급**
• 정하다는 뜻으로 쓰이는 형성 글자.

訂正(정정) : 바로 잡음

校訂(교정) : 틀린 글자를 바로잡음

訂定(정정) : 결정함

討 • 칠 토, 탐구할 토 〔言부 3획, 총 10획 *attack* · とう〕**4급**
• 구석구석까지 긁어모아 말로 추구함을 뜻하는 회의 글자.

討索(토색) : 벼슬아치 등이 재물을 강제로 청함

討賊(토적) : 도적을 침

討罪(토죄) : 지은 죄를 나무람

訟 • 송사할 송 〔言부 4획, 총 11획 · しょう〕**3급**
• 솔직하게 말하거나 통한다는 의미의 형성 글자.

訟辭(송사) : 소송하는 것

獄訟(옥송) : 감옥에서 소송을 제기함

爭訟(쟁송) : 소송을 하여 다툼

詐
- 속일 사 〔言부 5획, 총 12획 *deceive* · さ〕3급
- 거짓말을 고의로 하는 것을 뜻하는 형성 글자.

詐僞(사위) : 거짓

詐術(사술) : 남을 속이는 꾀

詐取(사취) : 거짓으로 남의 재물을 취하는 것

詞
- 말 사, 글 사 〔言부 5획, 총 12획 *language* · し〕3Ⅱ급
- 차례를 만드는 아주 작은 단위를 뜻하는 형성 글자.

詞章(사장) : 시가와 문장

詞伯(사백) : 시문에 뛰어난 사람

詞藻(사조) : 시문을 짓는 재주

訴
- 하소연할 소, 송사할 소 〔言부 5획, 총 12획 · そ〕3Ⅱ급
- 일을 형편에 맡기지 않고 말로써 거역하여 막는다는 형성 글자.

訴訟(소송) : 송사

訴狀(소장) : 소송할 내용을 기록한 문서

訴追(소추) : 검사가 어떤 사건에 대해 소송을 제기함

詠
- 읊을 영, 시가를 지을 영 〔言부 5획, 총 12획 *recite* · えい〕3급
- 소리를 길게 끌며 읊는 모습의 형성 글자.

詠嘆(영탄) : 소리를 길게 끌며 탄식함

詠歎(영탄) : 소리를 길게 끌어 노래함

詠歌(영가) : 시가(詩歌)를 읊음

評
- 평할 평, 의논할 평 〔言부 5획, 총 12획 *evaluate* · ひょう〕4급
- 평등하게 말을 주고받는 것을 나타내는 형성 글자.

評論(평론) : 사물의 가치나 시비를 논함

評傳(평전) : 평론을 붙인 전기

評判(평판) : 평하여 판정함

誇 • 자랑할 과 〔言부 6획, 총 13획 *pride* · か〕 3Ⅱ급
• 멀리 돌아가며 말하는 것을 나타내는 형성 글자.

誇矜(과긍) : 자랑함
誇示(과시) : 뽐냄
誇張(과장) : 허풍으로 불려 떠벌림

詳 • 자세할 상 〔言부 6획, 총 13획 *detail* · しょう〕 3Ⅱ급
• 구석구석까지 말하는 것을 뜻하는 형성 글자.

詳報(상보) : 상세하게 알림
詳述(상술) : 자세하게 진술하거나 서술함
詳細(상세) : 상세하고 세밀함

該 • 그 해, 갖출 해 〔言부 6획, 총 13획 *that* · がい〕 3급
• 돼지의 몸에 있는 뼈대를 본뜬 형성 글자.

該敏(해민) : 영리함
該博(해박) : 사물을 두루 아는 것
該悉(해실) : 널리 앎

誓 • 맹세할 서 〔言부 7획, 총 14획 *swear* · せい〕 2급
• 서로 약속함을 뜻하는 글자.

誓約(서약) : 맹세하여 약속함
誓言(서언) : 맹세하는 말
誓願(서원) : 맹세하고 기원함

誦 • 욀 송 〔言부 7획, 총 14획 *recite* · しょう〕 3급
• 막대기를 판자에 관통시키는 것을 본뜬 회의 · 형성 글자.

誦經(송경) : 불교의 경전을 욈. 또는 성인이 남긴 경서를 읽
  는 것
誦讀(송독) : 암송함

誘 • 꾈 유 〔言부 7획, 총 14획 *tempt* · ゆう〕 3Ⅱ급
• 그럴듯한 말로 상대를 꾀어내는 모양의 형성 글자.

誘拐(유괴) : 꾀어냄

誘導(유도) : 달래어서 이끎

誘惑(유혹) : 나쁜 길로 꾐

誌
- 기록할 지, 잡지 지 〔言부 7획, 총 14획 *record* · し〕**4급**
- 긴요한 말을 마음에 담거나 기록해 두는 것을 본뜬 형성 글자.

誌面(지면) : 잡지에 글이나 그림 등을 실리는 것

誌文(지문) : 죽은 사람의 인적 사항이나 행적, 묘지의 소재
  등을 적은 글

誌石(지석) : 죽은 자의 신상 명세를 적어 무덤 안에 넣어 둔
  돌

誕
- 태어날 탄 〔言부 7획, 총 14획 *be born* · たん〕**2급**
- 말을 교묘하게 하 것을 나타낸 글자.

誕生(탄생) : 태어남

誕辰(탄신) : 출생한 날

誕降(탄강) : 성인의 탄생

諒
- 믿을 량, 진실 량, 양찰할 량 〔言부 8획, 총 15획 · りょう〕**3급**
- 상대의 마음을 헤아린다는 뜻의 형성 글자.

諒知(양지) : 살펴 앎

諒察(양찰) : 여러 사정을 자세히 살펴 아는 것

海諒(해량) : 그렇게 앎

諾
- 허락할 낙 〔言부 9획, 총 16획 *respond* · だく〕**3Ⅱ급**
- 말로써 상대의 청에 허락함을 뜻하는 형성 글자.

諾諾(낙낙) : 자기 의견을 내세우지 않고 상대의 말에 고분
  고분 하는 것

快諾(수락) : 즐겁게 받아들임

謀
- 꾀할 모, 모략 모 〔言부 9획, 총 16획 *that* · がい〕**3Ⅱ급**
- 돼지의 몸에 있는 뼈대를 본뜬 형성 글자.

謀免(모면) : 꾀를 써서 면함

謀事(모사) : 어떤 일을 꾀함

謀陷(모함) : 지략을 써서 상대를 함정에 빠뜨림

謁
- 뵐 알 〔言부 9획, 총 16획 *have an, audience* · えつ〕 **3급**
- 윗사람을 가로막고 말하는 것을 본뜬 형성 글자.

謁見(알현) : 귀인이나 군왕을 찾아 뵙는 일

謁廟(알묘) : 사당에 참배함

謁聖及第(알성급제) : 알성과에 급제함

謂
- 이를 위, 생각할 위 〔言부 9획, 총 16획 *speak of* · い〕 **3Ⅱ급**
- 무언가를 둘러싸고 있는 모습을 나타내는 회의 · 형성 글자.

所謂(소위) : 그래서. 그런 까닭으로

可謂(가위) : 이른바

謙
- 겸손할 겸, 공손할 겸 〔言부 10획, 총 17획 · けん〕 **3Ⅱ급**
- 뒤로 물러나 사양하는 모습의 형성 글자.

謙遜(겸손) : 남 앞에서 자신을 낮춤

謙讓(겸양) : 겸손하여 양보함

謙稱(겸칭) : 겸손하여 일컬음

謠
- 노래 요, 소문 요 〔言부 10획, 총 17획 *sing* · よう〕 **4Ⅱ급**
- 가늘고 길게 읊는 모습을 본뜬 형성 글자.

童謠(동요) : 어린이들이 즐겨 부르는 노래

謠言(요언) : 유행가

風謠(풍요) : 민간에 떠도는 노래

謹
- 삼갈 근 〔言부 11획, 총 18획 *cautious* · きん〕 **3급**
- 말을 삼가고 조신한 행동을 나타내는 형성 글자.

謹嚴(근엄) : 삼가고 엄숙함

謹愼(근신) : 말이나 행동을 삼감

謹賀(근하) : 삼가 하례함

譜
- 족보 보, 악보 보 〔言부 13획, 총 20획 *genealogy* · ふ〕3급
- 언어를 평평한 곳에 일정하게 적은 모습을 본뜬 형성 글자.

年譜(연보) : 해마다 일어난 일들을 적어놓은 책
系譜(계보) : 어떤 계통에 대한 내력을 적은 책
族譜(족보) : 집안 혈통의 내력을 적어놓은 책

譯
- 통변할 역, 뜻 역 〔言부 13획, 총 10획 *interpret* · や〕3Ⅱ급
- 말을 하나씩 나열하여 연결함을 뜻하는 형성 글자.

譯者(역자) : 필자
譯註(역주) : 원문을 번역하고 주해를 붙임
譯解(역해) : 번역하여 풀이함

譽
- 기릴 예, 영예 예 〔言부 14획, 총 21획 *praise* · よ〕3Ⅱ급
- 모두가 손을 들고 말로 칭찬하는 것을 나타낸 형성 글자.

榮譽(영예) : 자랑스러움
名譽(명예) : 자랑스럽게 이름을 남김
功譽(공예) : 영광스럽게 공을 세움

護
- 보호할 호, 지킬 호 〔言부 14획, 총 21획 *protect* · ご〕4Ⅱ급
- 다른 사람에게 당하지 않게 지키는 것을 본뜬 형성 글자.

護國(호국) : 나라를 다른 나라의 침략으로부터 지킴
護身術(호신술) : 몸을 지키는 기술
護衛(호위) : 보호하기 위하여 지킴
護送(호송) : 죄인 등을 압송하는 것

讚
- 기릴 찬 〔言부 19획, 총 26획 *praise* · さん〕4Ⅱ급
- 말을 맞추어 옆에서 칭찬하는 것을 뜻하는 형성 글자.

讚頌歌(찬송가) : 찬송하는 노래
讚美(찬미) : 아름다움을 기림
讚辭(찬사) : 칭찬하는 말이나 글
讚佛歌(찬불가) : 부처의 공덕을 기림

흙은 모든 사물의 원료

· 會意
흙 토, 땅 토, 나라 토

土

[土부 0획, 총 3획]
soil, root · と, ど

▪️.

토(土) 부의 1단계에는 '있음(在) · 땅(地) · 고름(均) · 앉을 자리(坐) · 땅(坤) · 성(城) · 굳음(堅) · 터(基) · 집(堂) · 처리함(執) · 갚음(報) · 장소(場) · 먹(墨) · 증가(增)' 등입니다.

土
· 흙 토, 나라 토 〔土부 0획, 총 3획 *soil, root* · と, ど〕**8급**
· 흙을 쌓아올린 모습을 본뜬 회의 글자.

土窟(토굴) : 땅속으로 판 굴

土砂(토사) : 흙과 모래

土産(토산) : 그 지방의 산물

土豪(토호) : 그 지방에서 세력이 있는 사람

在
· 있을 재 〔土부 3획, 총 6획 *exist* · ざい〕**6급**
· 흙으로 강물을 막아 머무르게 한다는 뜻의 형성 글자.

在室(재실) : 방안에 있음

在京(재경) : 서울에 머물음

在朝(재조) : 조정에서 벼슬하고 있음

在學(재학) : 학교에 다니고 있음

地
· 땅 지, 국토 지, 바탕 지 〔土부 3획, 총 6획 *earth* · ち, じ〕**7급**
· 몸을 평평하게 편 전갈과 土를 붙인 형성 글자.

地殼(지각) : 지구의 껍데기 층

地面(지면) : 땅의 표면

地位(지위) : 위치

均
• 고를 균, 양을 고를 균 〔土부 4획, 총 7획 *even* · きん〕**4급**
• 흙을 골라 전체에 고루 미치게 함을 뜻하는 형성 글자.

均田(균전) : 백성에게 고루 농토를 나누어 줌
均質(균질) : 성질이나 품질 따위가 같음
均衡(균형) : 한쪽으로 치우침이 없이 고름
均一(균일) : 같음

坐
• 앉을 좌, 자리 좌 〔土부 4획, 총 7획 *sit* · ざ〕**3Ⅱ급**
• 사람이 지상에 눌러앉은 것을 나타내는 회의 글자.

坐像(좌상) : 앉아있는 형상
坐禪(좌선) : 앉아서 참선함
坐杖(좌장) : 노인이 사용하는 정(丁) 자 모양의 지팡이
坐談(좌담) : 앉아서 얘기하는 것

坤
• 곤괘 곤, 황후 곤, 땅 곤 〔土부 5획, 총 8획 *earth* · こん〕**3급**
• 위로 뻗지 않고 땅밑으로 들어가는 것을 뜻하는 형성 글자.

坤位(곤위) : 왕후의 지위
坤育(곤육) : 대지가 만물을 고이 기른다는 뜻. 황후의 은혜
　　를 가리키기도 함
坤坐(곤좌) : 묏자리나 집터가 곤방향을 등진 좌향
坤卦(곤괘) : 팔괘의 하나

城
• 성 성 〔土부 7획, 총 10획 *castle* · じょう〕**4Ⅱ급**
• 주민을 모아 주위에 흙을 쌓아올리는 모습의 형성 글자.

城砦(성채) : 성과 진지
城祉(성지) : 성터
城隍堂(성황당) : 서낭신을 모신 당
城柵(성책) : 목책을 두른 진지

田 • 城下之盟(성하지맹) : 적군이 성밑에 이르러 항복을 하고 체결하는 굴
욕적인 맹약. 출전은 『춘추좌씨전 환공 12년』

堅
- 굳을 견, 굳어질 견 〔土부 8획, 총 11획 *hard* · けん〕**4급**
- 딱딱하게 굳어 있는 흙을 나타내는 모습의 형성 글자.

堅靭(견인) : 단단하고 질김
堅果(견과) : 껍질이 단단한 나무
堅固(견고) : 굳고 단단함
堅持(견지) : 자신의 주장 등을 굳게 지킴

基
- 터 기, 비롯할 기 〔土부 8획, 총 11획 *base* · き〕**5급**
- 네모진 토대를 뜻하는 형성 글자.

基幹(기간) : 중심, 기초가 되는 부분
基因(기인) : 기본이 되는 요인
基部(기부) : 기초가 되는 부분
基地(기지) : 터전

堂
- 집 당, 당당할 당 〔土부 8획, 총 11획 *hall* · どう〕**6급**
- 높은 곳에 세운 집을 나타내는 형성 글자.

堂兄弟(당형제) : 사촌 형제
堂堂(당당) : 몸가짐이 헌칠한 모양
堂姑母(당고모) : 아버지의 사촌 자매
堂號(당호) : 별호. 당우(堂宇)의 호

執
- 잡을 집 〔土부 8획, 총 11획 *catch* · しゅう, しつ〕**3Ⅱ급**
- 수갑을 차고 무릎을 꿇은 사람의 모습을 본뜬 형성 글자.

執政(집정) : 국정을 집행함
執拗(집요) : 고집스럽고 끈덕짐
執念(집념) : 집착하여 떠나지 않는 마음
執行(집행) : 실제로 행함

報
- 갚을 보, 알릴 보 〔土부 9획, 총 12획 *repay* · ほう〕**4Ⅱ급**
- 죄인을 수갑 채워 무릎 꿇게 한 후 보복한다는 형성 글자.

報國(보국) : 나라를 위해 충성함

報恩(보은) : 은혜를 갚음

報知(보지) : 알림

報償(보상) : 보복함. 또는 손해를 배상함

場 ・마당 장, 때 장 〔土부 9획, 총 12획 *ground* ・ じょう〕7급
・흙을 높이 쌓아 올린 곳을 뜻하는 형성 글자.

場稅(장세) : 시장 세

場所(장소) : 곳

場面(장면) : 광경

場外(장외) : 어떠한 장소의 바깥

墨 ・먹 묵, 검을 묵 〔土부 12획, 총 15획 *ink-stick* ・ ぼく〕3급
・흙과 같이 덩어리가 진 검뎅이를 뜻하는 형성 글자.

墨家(묵가) : 묵적의 학파

墨池(묵지) : 먹통

墨客(묵객) : 서예가, 화가, 문인의 총칭

墨畵(묵화) : 묵으로 그린 그림

⊞・墨守(묵수) : 묵자가 성을 지킨다. 이것은 어떤 일에 대하여 자신의 주장을 굽히지 않고 소신껏 밀고 나가는 것을 의미한다. 출전은『묵자』의「공수편」

增 ・불어날 증, 더할 증 〔土부 12획, 총 15획 *increase* ・ ぞう〕4Ⅱ급
・흙이 겹겹으로 쌓여있는 모습을 나타낸 형성 글자.

增强(증강) : 늘리어 강하게 함

增員(증원) : 인원을 늘림

增殖(증식) : 더하여 늘거나 늘림

增築(증축) : 건축물을 더 늘려 지음

2단계에는 '드리움(垂) ・ 묻힘(埋) ・ 북돋음(培) ・ 경계(域) ・ 제방

(堤) · 흙덩이(塊) · 진흙(塗) · 변방(塞) · 탑(塔) · 형편(境) · 묘(墓) · 무덤(墳) · 깨뜨림(墮) · 단(壇) · 벽(壁) · 누름(壓) · 무너짐(壞) · 토지(壤)' 등입니다.

垂
• 드리울 수 〔土부 5획, 총 8획 *hang down* · すい〕 **2**급
• 흙의 가장 자리를 나타낸 글자.

垂成(수성) : 일이 거의 이루어짐
垂楊(수양) : 버드나무
垂訓(수훈) : 가르침을 줌

埋
• ane을 매, 묻힐 매 〔土부 7획, 총 10획 *bury* · まい〕 **3**급
• 土와 里가 합쳐진 회의 글자.

埋沒(매몰) : 파묻음. 파묻힘
埋立(매립) : 묻음
埋伏(매복) : 숨어 기다림. 잠복함
埋葬量(매장량) : 매장되어 있는 양

培
• 북돋을 배, 손질할 배 〔土부 8획, 총 11획 *hill up* · ばい〕 **3Ⅱ**급
• 흙을 한 군데로 모아 뿌리를 덮어준다는 뜻의 형성 글자.

培養(배양) : 생물의 발육 · 증진을 위해 북돋아 줌
培養土(배양토) : 기름을 섞어 걸게 한 흙
培土(배토) : 흙을 줌

域
• 지경 역, 경계 역 〔土부 8획, 총 11획 *boundary* · いき〕 **4**급
• 구역진 땅을 나타내는 형성 글자.

域內(역내) : 일정한 장소의 안
區域(구역) : 일정한 장소
域外(역외) : 일정한 장소의 밖

堤
• 방죽 제, 제방 제 〔土부 9획, 총 12획 *dike* · てい〕 **3**급
• 강을 따라 길게 쌓아올려진 방죽이라는 뜻의 형성 글자.

防波堤(방파제) : 파도가 범람하는 것을 막기 위해 쌓아놓은
   제방
堤防(제방) : 방죽

塗 • 진흙 도 〔土부 10획, 총 13획 *mud* · と〕**2급**
• 진흙에 물을 섞어 칠하는 모습을 나타낸 글자.

塗料(도료) : 물감
塗褙(도배) : 벽이나 천장 등을 종이로 바름
塗布(도포) : 칠을 함

田 • 塗炭之苦(도탄지고) : 진흙 수렁이나 숯불에 떨어진 고통스러움을 이
르는 말. 이것은 가혹한 정치로 인한 폐해를 가리킬 때 사용함『서경』의 「중
훼지고편」

塊 • 흙덩이 괴 〔土부 10획, 총 13획 *clod* · かい〕**3급**
• 둥근 흙덩이를 뜻하는 형성 글자.

塊狀(괴상) : 덩이 모양
塊莖(괴경) : 덩이줄기
塊石(괴석) : 돌덩이

塞 • 변방 새,막을 색 〔土부 10획, 총 13획 *frontier* · さい〕**3급**
• 빈틈이 없도록 기와나 흙을 붙인 것을 뜻하는 회의 · 형성 글자.

塞外(새외) : 성채의 바깥
邊塞(변색) : 변두리 요새
塞源(색원) : 뿌리를 뽑음

田 • 塞翁之馬(새옹지마) : 변방에 사는 늙은이의 말. 인간의 길흉화복은
변화가 무쌍하여 도무지 예측할 수 없다는 말. 출전은『회남자』의 「인간훈」

塔 • 탑 탑, 절 탑 〔土부 10획, 총 13획 *pagoda tower* · とう〕**3Ⅱ급**
• 높다란 탑의 형상을 나타낸 형성 글자.

塔頭(탑두) : 탑 머리. 또는 탑 언저리

寺塔(사탑) : 절에 있는 탑

石塔(석탑) : 돌로 만든 탑

境
- 지경 경, 형편 경 〔土부 11획, 총 14획 *boundry* · けい〕 **4Ⅱ급**
- 사람이 한 소절의 노래를 부르고 단락짓는다는 형성 글자.

境內(경내) : 지경의 안

境外(경외) : 경계의 밖

境上斬(경상참) : 옛 사형 방법의 한가지. 서로 인접한 나라
들이 죄인을 국경에서 처단하는 일

墓
- 무덤 묘, 묘지 묘 〔土부 11획, 총 14획 *grave* · ぼ〕 **4급**
- 죽은 사람을 보이지 않게 흙을 덮는 것을 나타낸 형성 글자.

墓碣(묘갈) : 묘 앞에 세우는 위가 둥그스름한 형태의 묘비
를 뜻함

墓域(묘역) : 묘소로 정한 구역

墓界(묘계) : 묘역

墳
- 무덤 분 〔土부 12획, 총 15획 *grave* · ふん〕 **3급**
- 싹이 돋은 볼록한 성토를 뜻하는 형성 글자.

古墳(고분) : 옛 무덤

墳址(분지) : 무덤을 썼던 터

墳墓(분묘) : 무덤

墮
- 떨어질 타, 깨뜨릴 타 〔土부 12획, 총 15획 *fall* · つい〕 **3급**
- 쌓아올린 흙이 무너져 내리는 것을 뜻하는 형성 글자.

墮落(타락) : 생활을 망침. 떨어짐

解墮(해타) : 게으름

墮怠(타태) : 게으름을 몹시 피움

壇
- 단 단, 곳 단 〔土부 13획, 총 16획 *platform* · だん〕 **5급**
- 곳간 밑에 있는 토대를 높게 쌓아올려 평평하게 한 형성 글자.

祭壇(제단) : 제사를 지내는 단

壇上(단상) : 단위

講壇(강단) : 강의를 하는 곳

壁 ·벽 벽 〔土부 13획, 총 16획 wall · へき〕4Ⅱ급
·평평한 흙벽을 뜻하는 형성 글자.

壁壘(벽루) : 성채

壁欌(벽장) : 벽을 뚫어 만든 장

壁書(벽서) : 벽에 써 붙이는 글

壁畵(벽화) : 벽에 그린 그림

壓 ·누를 압 〔土부 14획, 총 17획 press · あつ〕4Ⅱ급
·흙을 가득 채운 후 위에서 누르는 모습을 본뜬 형성 글자.

壓卷(압권) : 여럿 가운데 으뜸이 감

壓力(압력) : 누르는 힘

壓搾(압착) : 눌러서 짜냄

壓死(압사) : 눌러 죽임

壞 ·무너질 괴, 무너뜨릴 괴 〔土부 16획, 총 19획 ruin · かい〕3급
·흙벽에 둥근 구멍을 뚫는다는 뜻의 형성 글자.

壞滅(괴멸) : 무너짐

崩壞(붕괴) : 무너짐

倒壞(도괴) : 무너짐

破壞(파괴) : 부서짐

田 ·壞汝萬里長城(괴여만리장성) : 자신들의 만리장성과 같은 존재를 허물어 버린다. 남의 말에 현혹되어 어리석은 행동을 하는 것을 비유하는 말. 출전은 『송서』의 「단도제전(檀道濟傳)」

壤 ·흙 양, 땅 양, 토지 양 〔土부 17획, 총 20획 soil · じょう〕3Ⅱ급
·몇 번이고 뒤섞이어 부드럽게 흙을 만든다는 형성 글자.

土壤(토양) : 땅

壤土(양토) : 농작물 재배에 알맞은 흙

새싹이 돋아나고

• 象形
날 생, 살 생, 싱싱할 생

[生부 0획, 총 5획]
born · せい, しょう

■.

생(生) 부에 있어서는 1단계에 해당하는 단어가 '삶(生)과 낳음(産)' 등입니다.

• 날 생, 살 생 [生부 0획, 총 5획 *born* · しょう] **8급**
• 땅 위에 초목의 싹이 나오는 모습의 상형 글자.

生家(생가) : 자기가 난 집
生計(생계) : 살아가는 방도
生光(생광) : 빛을 냄
生活(생활) : 살아나감
生民(생민) : 백성

⊞ • **生寄死歸**(생기사귀) : 삶은 붙여 살고 죽음은 돌아간다. 인간의 육신은 나그네와 같아 죽음에 이르면 돌아간다는 뜻. 출전은 『십팔사략(十八史略)』의 「권一」

産
• 낳을 산, 재산 산, 출신 산 [生부 6획, 총 11획 *bear* · さん] **5급**
• 어머니 몸의 일부가 갈라져 태아가 태어나는 모습의 형성 글자.

産出(산출) : 만들어 냄
産室(산실) : 아이를 낳는 방
産地(산지) : 아이를 낳는 곳
産痛(산통) : 아이를 낳을 때의 고통

부서진 뼈

• 漢字 部首
부서진 뼈 알, 나쁠 태

〔歹부 0획, 총 4획〕
がつ, たい

■〕.

　죽음(死)이라는 글자는 하나(一)라는 의미가 전해주는 메시지가 강합니다. 생(生)의 마지막 획이며 죽음이 시작되는 획, 하나가 결코 하나일 수 없다는 뉘앙스는 많은 것을 생각하게 합니다. 알(歹) 부의 1단계 단어는 '죽음(死)'입니다.

• 죽을 사, 죽음 사, 목숨 사 〔歹부 2획, 총 6획 *kill* · し〕 **6급**
• 사람이 죽어 뼈가 되는 것을 나타내는 회의 글자.

　死亡(사망) : 죽음
　死文(사문) : 조문뿐이고 실제로는 사용되지 않은 조문
　死神(사신) : 죽음의 신
　死後(사후) : 죽은 뒤

　⊞• 死孔明走生仲達(사공명주생중달) : 죽은 공명이 살아있는 사마중달을 달아나게 했다는 말. 상대를 두려워하면 헛소문에도 겁을 집어먹게 된다는 뜻. 출전은 『삼국지』의 「촉지」
　• 死馬骨五百金(사마골오백금) : 죽은 천리마의 뼈를 오백금에 사다. 이것은 작은 것을 지불하여 큰 것을 얻으려고 할 때 쓰는 책략이다. 『전국책』의 「연책(燕策)」

■〕.

　2단계 단어는 '재앙(殃) · 위태로움(殆) · 죽임과 뛰어남(殊) · 따라

죽음(殉) · 잔인함(殘)' 등입니다.

殃
- 재앙 앙 〔歹부 5획, 총 9획 *misfortune* · おう〕 **4급**
- 사람을 억압하고 죽게 하는 것을 뜻하는 회의 · 형성 글자.

殃咎(앙구) : 재앙
殃禍(앙화) : 재난

殆
- 위태할 태, 거의 태 〔歹부 5획, 총 9획 *danger* · たい〕 **3Ⅱ급**
- 움직이면 위험에 빠지는 상태를 뜻하는 회의 · 형성 글자.

危殆(위태) : 위험에 처함
殆無(태무) : 거의 없음
殆半(태반) : 거의 절반

殊
- 죽일 수, 뛰어날 수 〔歹부 6획, 총 10획 *kill* · しゅ〕 **3Ⅱ급**
- 사람을 두동강 내어 죽이는 특별한 형벌을 뜻하는 형성 글자.

殊常(수상) : 보통과 다름
殊勝(수승) : 아주 뛰어남
殊異(수이) : 특별히 다름

殉
- 따라 죽을 순 〔歹부 6획, 총 10획 · じゅん〕 **3급**
- 신하가 주군을 위해 따라 죽음을 뜻하는 형성 글자.

殉敎(순교) : 자신이 믿는 종교를 위하여 목숨을 바침
殉死(순사) : 죽은 이를 따라 죽음
殉國(순국) : 나라를 위해 목숨을 바침

殘
- 해칠 잔, 잔인할 잔 〔歹부 8획, 총 12획 *injure* · きん〕 **4급**
- 잘라내어 작아진 남은 뼈를 뜻하는 형성 글자.

殘務(잔무) : 남은 근무
殘滓(잔재) : 남은 찌꺼기
殘影(잔영) : 남은 그림자. 어떤 일이나 형상에 대한 자취
殘惡(잔악) : 잔인하고 악랄함

죽은 자는 움직이지 않는다

• 漢字 部首

주검 시

尸

[尸부 0획, 총 3획]

corpse · し

■.

시(尸) 부의 1단계는 '주검(尸) · 자(尺) · 꼬리(尾) · 머물음(居) ·
집(屋) · 펼침(展)' 등입니다. 주검(尸)이 변이지만 뜻을 헤아리면 몸을
구부리거나 엉덩이 · 덮거나 드리워진 옷감 등을 나타내는 경우가 많
습니다.

• 주검 시 〔尸부 0획, 총 3획 corpse · し〕 漢字部首 2급
• 시체를 의자에 앉혀 놓은 모습. 한자 부수의 하나

尸童(시동) : 옛날에 제사를 지낼 때 신위를 대신하여 그 자
리에 앉힌 아이

尸蟲(시충) : 주검에 생긴 벌레

田 • 尸位素餐(시위소찬) : 제사를 지낼 때에 신주를 대신하여 앉아있는 시
동과 공짜밥. 높은 자리에서 하는 일이 없이 봉록만을 축내는 사람을 이르는
말. 출전은 『한서』의 「주운전(朱雲傳)」

• 자 척, 편지 척 〔尸부 1획, 총 4획 measure · しゃく〕 3Ⅱ급
• 사람이 손으로 길이를 재는 모습을 본뜬 지사 글자.

尺牘(척독) : 편지. 옛날에 짧은 것은 간(簡)이라 하였으며
긴 것을 독(牘)이라 함

尺數(척수) : 자로 잰 수치

尺土(척토) : 아주 보잘것없는 땅

尾 • 꼬리 미, 별이름 미 〔尸부 4획, 총 7획 *tail* · び〕 **3급**
• 엉덩이에 난 털을 뜻하는 회의 글자.

尾骨(미골) : 꽁지 뼈
尾行(미행) : 몰래 뒤따라 감
尾蔘(미삼) : 인삼의 잔뿌리
尾翼(미익) : 항공기의 동체 꼬리 부분

⊞ • **尾生之信(미생지신)** : 미생의 믿음. 이른바 미련하게 우직하게 지키는 약속을 이르는 말. 출전은 『장자』의 도척편(盜跖篇)

居 • 있을 거, 어조사 기 〔尸부 5획, 총 8획 *be, live* · きょ〕 **4급**
• 단단한 대에 엉덩이를 얹고 있음을 뜻하는 형성 글자.

居留(거류) : 남의 나라 영토에 머물러 삶
居敬(거경) : 몸가짐을 조심하는 일
居所(거소) : 그곳에 있음
居山(거산) : 산 속에서 삶

⊞ • **居移氣養移體(거이기양이체)** : 처하여 있는 위치에 따라 기상은 달라지고, 먹고 입는 것에 의하여 몸이 달라진다는 뜻. 출전은 『맹자』의 「진심편상(盡心篇上)」

屋 • 집 옥, 지붕 옥 〔尸부 6획, 총 9획 *house, roof* · おく〕 **5급**
• 위에서 덮어 씌우는 지붕을 뜻하는 회의 글자.

屋漏(옥루) : 집이 샘
屋內(옥내) : 집안
屋上(옥상) : 지붕 위
屋舍(옥사) : 건물

⊞ • **屋上屋(옥상옥)** : 지붕 위에 지붕을 얹는다는 말. 공연히 헛수고를 하거나 쓸데없는 손질을 가하는 것을 이르는 말. 출전은 『세설신어』의 「문학편(文學篇)」

- 펼 전, 늘일 전 〔尸부 7획, 총 10획 *spread* · てん〕 5급
- 엉덩이 아래 물건을 깔아 평평하게 만든 모습의 회의 글자.

展開(전개) : 펴서 벌림

展覽(전람) : 펴서 봄

展翅(전시) : 표본을 만들기 위하여 곤충의 머리나 촉각 등
  등 따위를 펴

2단계는 '몸을 굽힘(局) · 굳셈(屈) · 병풍(屏) · 번거로움(屢) · 밟음
(履) · 층이나 계급(層) · 무리(屬)' 등입니다.

- 판 국, 몸을 굽힐 국 〔尸부 4획, 총 7획 *part* · きょく〕 5급
- 입에 자를 대어 함부로 말을 못하게 하는 모습의 회의 글자.

局量(국량) : 도량이나 재간

局地(국지) : 한정된 구역

局限(국한) : 어떤 부분에 한정함

局面(국면) : 바둑이나 장기 등에서 형세가 변하여 가는 정
  세. 또는 일의 되어 가는 정세

- 굽을 굴, 굳셀 굴 〔尸부 5획, 총 8획 *stooped* · くつ〕 4급
- 엉덩이를 쑥 내밀 때 들어간 모습을 본뜬 형성 글자

屈强(굴강) : 의지가 강함

屈曲(굴곡) : 이리저리 굽고 꺾임

屈伸(굴신) : 몸을 굽히고 폄

屈從(굴종) : 자신의 뜻을 굽혀 남에게 복종함

- 병풍 병, 물리칠 병 〔尸부 6획, 총 9획 *screen* · へい〕 3급
- 빽빽이 세워놓고 출입을 막는다는 뜻의 회의 · 형성 글자.

屏去(병거) : 물러남

屛居(병거) : 세상의 번거로움을 떠나 숨어 사는 것

屛氣(병기) : 숨을 죽임

屛黜(병출) : 쫓아냄

屢
- 여러 루, 번거로울 루 〔尸부 11획, 총 14획 *often* · る〕3급
- 잇달아 일어나는 모습을 뜻하는 회의 · 형성 글자.

屢空(누공) : 언제나 가난함

屢年(누년) : 여러 해

屢世(누세) : 여러 세대

屢代(누대) : 여러 대

履
- 밟을 리, 행위 리, 신 리 〔尸부 12획, 총 15획 *tread* · り〕3Ⅱ급
- 사람이 배를 타고 또 발로 밟으며 걷는 모습의 회의 글자.

履歷(이력) : 지금까지의 학업이나 경력

履修(이수) : 어떤 계통이나 순서를 밟아 감

履霜曲(이상곡) : 작자 연대 미상의 고려 가요. 음녀의 음탕
　한 노래라 하여 조선 성종 때에 남녀상열지사라 하였음

履行(이행) : 실제로 행하는 것

層
- 층 층, 계급 층 〔尸부 12획, 총 15획 *stroy* · そう〕4급
- 지붕이 여러 단 겹쳐 있는 모습의 형성 글자.

層階(층계) : 층 사이를 오르내리는 계단

層層(층층) : 여러 겹친 모양

層層臺(층층대) : 층층으로 만든 대

層巖(층암) : 층을 이룬 바위

屬
- 붙을 촉 〔尸부 18획, 총 21획 *belong to* · しょく〕4급
- 꼬리가 착 달라 붙어 떨어지지 않음을 나타낸 형성 글자.

屬文(속문) : 글을 지음

屬領(속령) : 어떤 나라에 딸린 영토

屬島(속도) : 그 나라에 딸린 섬

屬性(속성) : 어떤 사물이 갖고 있는 특성이나 본성

듣는 귀

• 象形　　　　　　　　　[耳부 0획, 총 6획]
귀 이, 들을 이　　　　　　ear · じ

▮.

이(耳) 부의 1단계에는 '귀(耳)·성스러움이나 성인(聖)·들음(聞)·
소리(聲)·듣거나 허락함(聽)' 등입니다.

> **耳**　• 귀 이, 들을 이　[耳부 0획, 총 6획　ear · じ] 5급
> • 귀의 모습을 본뜬 상형글자.
>
> 耳順(이순) : 귀가 부드러워짐
> 耳明酒(이명주) : 귀밝이술
> 耳目(이목) : 귀와 눈

> **聖**　• 성스러울 성, 성인 성　[耳부 7획, 총 13획 saint · せい] 4Ⅱ급
> • 귀가 밝아 신의 마음을 바로 안다는 뜻의 형성 글자.
>
> 聖君(성군) : 거룩한 임금
> 聖上(성상) : 당대의 임금
> 聖恩(성은) : 임금의 은혜

> **聞**　• 들을 문, 들릴 문 [耳부 8획, 총 14획 hear · ぶん] 6급
> • 상대방은 보이지 않고 목소리만 들림을 뜻하는 형성 글자.
>
> 聞達(문달) : 학문이 높고 현달함
> 聞望(문망) : 명예와 선망

⊞ • 聞一知十(문일지십) : 하나를 들으면 열을 안다. 한 부분을 통하여 전
체를 미루어 아는 것. 출전은 『논어』의 「공야장편(公冶長篇)」

聲 • 소리 성, 명예 성 〔耳부 11획, 총 17획 *voice* · せい〕**4Ⅱ급**
• 귀에 울려 퍼지는 소리나 음성을 뜻하는 형성 글자.

聲價(성가) : 명성과 평가
聲量(성량) : 목소리 크기의 량
聲調(성조) : 목소리의 가락

聽 • 들을 청, 허락할 청 〔耳부 16획, 총 22획 *hear* · ちょう〕**4급**
• 귀를 똑바로 세워 알아듣는 것을 뜻하는 형성 글자.

聽訟(청송) : 재판하기 위하여 송사를 들음
聽力(청력) : 소리를 듣는 능력
聽許(청허) : 듣고 허락함

2단계에는 '어조사(耶) · 부르거나 장가듦(聘) · 잇닿아서 나란히 함(聯) · 총명함(聰) · 벼슬 또는 맡음(職)' 등입니다.

耶 • 어조사 야, 아버지를 부르는 말 야 〔耳부 3획, 총 9획 · や〕**3급**
• 阝(邑)과 牙를 합친 형성 글자.

耶蘇(야소) : 라틴어로 예수를 음역
耶孃(야양) : 어버이

聘 • 부를 빙, 장가들 빙, 찾을 빙 〔耳부 7획, 총 13획 · へい〕**3급**
• 물건을 내밀어 상대의 의향을 묻는 회의 · 형성 글자.

聘母(빙모) : 장모
聘丈(빙장) : 남을 높여 장인을 이름
聘召(빙소) : 예로써 극진히 다함

聯 • 잇닿을 련, 나란히 할 련 〔耳부 11획, 총 17획 · れん〕**3Ⅱ급**
• 적의 귀를 잘라 끈으로 연결한 것을 나타내는 회의 글자.

聯句(연구) : 한시에서 짝을 이룬 구

聯立(연립) : 잇대어 섬

聯關(연관) : 관련을 뜻함

聰
• 귀 밝을 총, 총명할 총 ［耳부 11획, 총 17획 · そう］ **3급**
• 귀가 잘 들리는 것을 뜻하는 형성 글자.

聰明(총명) : 귀가 잘 들리고 눈이 잘 보임. 지혜롭고 영리함
　을 나타내는 말

聰敏(총민) : 총명하고 민첩함

職
• 벼슬 직, 일 직, 맡을 직 ［耳부 12획, 총 18획 · しょく］ **4Ⅱ급**
• 귀로 듣고 잘 분별함을 뜻하는 형성 글자.

職分(직분) : 직무상의 본분

職位(직위) : 직책상의 직위

職場(직장) : 일정한 장소에서 직책을 가지고 일을 하는 곳
　을 가리킴

※다음은 귀에 관한 격언과 속담에 대해 살펴보겠습니다.

*감투가 커도 귀가 짐작이라(어떤 사물의 내용을 어느 정도는 자신
있게 짐작할 수 있다는 말/한국)

*귀 소문 말고 눈 소문하라(귀로 듣고 소문 하지 말고 눈으로 보고
소문을 하라는 뜻/한국)

*나그네 귀는 간짓대 귀(나그네는 얻어 듣는 것이 많다는 말/한국)

*목탁 귀가 밝아야 한다(먹으러 오라는 소리를 잘 들어야 한다는 뜻
/한국)

*귓구멍에 마늘쪽 박았나(말을 못 알아듣는 이에게 하는 말)

*귀가 보배다(배운 것은 없어도 들어서 알고 있다는 말/한국)

*귀 막고 방울 도둑질 한다(옳지 못한 일을 하고
　그것이 탄로가 날까 봐 제가 그 귀를 막더라도 아무 효과가 없다는
뜻/한국)

*귓문이 넓다/남의 말을 잘 듣는다는 뜻/한국)

입안에 엿을 머금고

• 指事
소리 음, 가락 음

音

〔音부 0획, 총 9획〕
sound · いん

▣.

음(音) 부의 1단계 단어는 '소리(音)' 입니다.

音
• 소리 음, 가락 음 〔音부 0획, 총 9획 sound · いん〕 6급
• 입안에 엿을 머금은 모습의 지사 글자.

音曲(음곡) : 음악
音律(음률) : 음악의 가락
音聲(음성) : 목소리

▣.

2단계는 '울림(韻)과 소식(響)' 등입니다.

韻
• 운 운, 울림 운 〔音부 10획, 총 19획 rhyme · うん〕 3Ⅱ급
• 둥글둥글하고 매끈한 소리를 나타내는 형성 글자.

韻律(운률) : 시문의 음성적 형식
韻致(운치) : 고상하고 우아한 풍취

響
• 울림 향, 소식 향 〔音부 13획, 총 22획 echo · きょう〕 3Ⅱ급
• 공기를 타고 흐르는 소리를 뜻하는 형성 글자.

響箭(향전) : 우는 화살
響應(향응) : 다른 사람의 주장에 따라 행동하는 사람

흐르는 물이 다투랴

• 象形

물 수, 고를 수

水

[水부 0획, 총 4획]

water · すい

오행으로 보면 물(水)은 북방에 위치하며 항상 낮은 곳으로 흐르며 스며드는 기질이 있습니다. 원(圓)이나 방(方)·각(角) 등 어느 형태로도 조화될 수도 있습니다. 비록 형태는 없지만 물은 각양각색의 소리도 나타냅니다. 이른바 자연과의 융화·단결입니다. 이러한 맥락에서 1단계에 해당하는 단어들은 '얼음(氷)·길게 함(永)·빌거나 구함(求)·강(江)·너(汝)·정하거나 끊음(決)·법(法)·기름(油)·눈물이나 울음(泣)·물을 댐(注)·샘(泉)·다스림(治)·편안하고 넉넉함(泰)·물결(波)·강 이름(河)·동네(洞)·씻음(洗)·바다 또는 큰 파도(洋)·물이 괄괄 흐름(活)·물결이 일어남(浪)·흐름(流)·뜨거나 불안정(浮)·사라짐(消)·목욕함(浴)·바다(海)·서늘함(涼)·착함(淑)·깊음(深)·맑거나깨끗함(淨)·얕음(淺)·맑거나 깨끗함(淸)·섞음(混)·뺌(減)·목마름(渴)·호수(湖)·따뜻함(溫)·가득함(滿)·어부(漁)·흐름(演)·은하수(漢)·깨끗함(潔)' 등입니다.

水 • 물 수, 고를 수 [水부 0획, 총 4획 water · すい] 8급
• 흐르는 물을 본뜬 상형 글자.

水難(수난) : 물로 말미암은 재난

水魔(수마) : 극심한 수해

水葬(수장) : 물 속에 장사를 지냄

- 얼음 빙, 얼 빙 〔水부 1획, 총 5획 *ice* · ひょう〕5급
- 물이 얼어서 둘로 갈라지는 것을 뜻하는 회의 글자.

氷菓(빙과) : 얼음 과자

氷山(빙산) : 얼음산

氷肌玉骨(빙기옥골) : 매화를 달리 부르는 말. 아름다운 미
　　인의 피부를 가리킴

田 · 氷炭不相容(빙탄불상용) : 얼음과 불은 서로 용납을 못함. 성질이 상
반되어 도저히 서로가 융합할 수 없음을 이르는 말. 출전은 『사기』의 「골계전
(滑稽傳)」

- 길 영, 길게 할 영 〔水부 1획, 총 5획 *long* · えい〕6급
- 강의 흐름이 가늘고 길게 이어진 모습을 본뜬 상형 글자.

永訣(영결) : 영원한 이별

永眠(영면) : 영원히 잠을 잢. 곧 죽음

永永(영영) : 영원히

- 구할 구, 빌 구 〔水부 2획, 총 7획 *wish for* · きゅう〕4Ⅱ급
- 몸에 두른 모피가 떨어지지 않도록 단단히 쥔 모습의 상형 글자.

求乞(구걸) : 남에게 곡식이나 물건을 얻기 위해 청을 하는
　　것. 또는 그 일

求賢(구현) : 현인을 구함

求職(구직) : 직업을 구함

- 강 강, 물 이름 강 〔水부 3획, 총 6획 *river* · こう〕7급
- 육지를 관통하여 흐르는 큰 강을 나타내는 형성 글자.

江口(강구) : 강 어귀

江南(강남) : 강의 남쪽

江湖(강호) : 강과 호수

- 너 여 〔水부 3획, 총 6획 *you* · じょ〕3급
- 氵와 女를 합친 형성 글자.

汝等(여등) : 너희

汝曹(여조) : 너희들

決
- 틀 결, 정할 결 〔水부 4획, 총 7획 break · けつ〕**5급**
- 제방이 홍수에 의하여 匸자 모양으로 된 모습의 형성 글자.

決勝(결승) : 최후의 승부를 결정하는 일

決算(결산) : 계산을 마감함

決行(결행) : 결단하여 실행함

法
- 법 법, 본받을 법 〔水부 5획, 총 8획 law · ほう〕**5급**
- 사슴과 해태를 닮은 짐승을 연못에 가둔 테두리의 형성 글자.

法人(법인) : 법률상으로 인격을 인정받아 권리와 의무를 행
　　사하는 자격을 부여받은 주체.

法益(법익) : 법률상 보호받을 수 있는 이익

田 • 法三章(법삼장) : 세 조목의 법. 진(秦)나라의 가혹하고 종류가 많은
법을 대신한 가장 간단하고 명료한 법. 출전은 『사기』의 「고조본기」

油
- 기름 유 〔水부 5획, 총 8획 oil · ゆ, ゆう〕**6급**
- 물과 같은 액체가 가는 주둥이에서 흘러나오는 모습의 형성 글자.

油然(유연) : 구름이 피어오르는 모양

油印物(유인물) : 인쇄물

油脂(유지) : 액체 기름과 고체 기름의 총칭

泣
- 울 읍, 눈물 읍 〔水부 5획, 총 8획 weep · きゅう〕**3급**
- 가쁜 숨을 몰아쉬며 흐느껴 우는 모습을 본뜬 형성 글자.

泣諫(읍간) : 울면서 간함

泣訴(읍소) : 눈물을 흘리며 간절히 하소연함

泣血(읍혈) : 간절히 욺

田 • 泣斬馬謖(읍참마속) : 눈물을 흘리며 제갈량이 마속(馬謖)의 목을 베
다. 사사로운 인정보다는 공정한 법집행을 이르는 말. 출전은 『삼국지연의』의
「촉지」

注
- 물댈 주, 적을 주 〔水부 5획, 총 8획 *pour into* · ちゅう〕**6급**
- 물을 위에서 기둥처럼 붓는 모습의 형성 글자.

注射(주사) : 약액을 주사기에 넣어 생물체의 피하 근육이나
　정액 등에 주사하는 일
注書(주서) : 책에 해석을 함
注意(주의) : 경계함

泉
- 샘 천, 돈 천 〔水부 5획, 총 9획 *spring* · せん〕**4급**
- 물이 솟아나는 모양을 본뜬 상형 글자.

泉路(천로) : 저승으로 가는 길
泉石膏肓(천석고황) : 산수를 사랑하는 것이 너무 지나친 것
　을 가리킴
泉布(천포) : 화폐

治
- 다스릴 치, 평정할 치 〔水부 5획, 총 8획 *rule* · ち〕**4Ⅱ급**
- 강의 물을 조절하여 홍수를 막는 것을 나타내는 형성 글자.

治世(치세) : 세상을 다스림
治亂(치란) : 난을 다스림
治下(치하) : 지배하

泰
- 클 태, 편안할 태 〔水부 5획, 총 10획 · たい〕**3Ⅱ급**
- 양손으로 듬뿍 물을 받아 흘려 보내는 모습을 뜻하는 형성 글자.

泰斗(태두) : 태산북두의 준말. 어떤 분야에 뛰어난 사람
泰山峻嶺(태산준령) : 큰산과 험한 고개
泰平(태평) : 세상이 평화스러움
田 • 泰山北斗(태산북두) : 태산과 북두칠성처럼 모든 사람들이 우러러 보
는 존재. 어떤 분야의 권위자를 태두라 한다. 출전은 『당서』의 한유전(韓愈
傳)」

波
- 물결 파, 눈빛 파 〔水부 5획, 총 8획 · は〕**4Ⅱ급**
- 수면을 비스듬히 덮어 오는 물결을 뜻하는 회의 · 형성 글자.

波及(파급) : 물결이 점차 주위에 미치 듯 사건의 영향이 점
  차로 여러 곳에 미치는 일

波動(파동) : 물결의 움직임

波心(파심) : 물결의 중심

河
- 강 이름 하, 내 하, 〔水부 5획, 총 8획 · か〕**5급**
- 물굽이가 기역자 형으로 꺾어지는 황하를 본뜬 형성 글자.

河畔(하반) : 물가

河床(하상) : 하천의 밑바닥

河川(하천) : 강과 내

洞
- 골 동, 빌 동, 동네 동 〔水부 6획, 총 9획 · どう〕**7급**
- 물이 빠져 나오듯 기세 좋게 흐르는 것을 본뜬 형성 글자.

洞窟(동굴) : 깊고 넓은 큰 굴

洞天(동천) : 하늘에 통함. 시선이 사는 세계

洞察(통찰) : 훤히 꿰뚫어 봄

洗
- 씻을 세, 깨끗할 선 〔水부 6획, 총 9획 · せん, せい〕**5급**
- 발가락 사이로 물이 흐르듯 틈새의 더러움을 씻음. 형성 글자.

洗盞(세잔) : 잔을 씻음

洗手(세수) : 얼굴을 씻음

洗腆(선전) : 온힘을 다해 접대함

洋
- 바다 양, 넘칠 양 〔水부 6획, 총 9획 *sea* · よう〕**6급**
- 아주 넓게 펼쳐진 바다를 뜻하는 형성 글자.

洋弓(양궁) : 서양식 활

洋女(양녀) : 서양 여자

洋洋(양양) : 넓고 광대한 모양

活
- 살 활 〔水부 6획, 총 9획 *live* · かつ〕**7급**
- 물이 바위 사이를 뚫고 돌아 흐르는 모습을 본뜬 형성 글자.

活氣(활기) : 활동의 원천이 되는 싱싱한 생기

活力(활력) : 생활하는 활동력

活活(괄괄) : 물이 힘차게 흐르는 모양

浪
- 물결 랑 〔水부 7획, 총 10획 *wave* · ろう〕3Ⅱ급
- 맑은 물을 뜻하는 형성 글자.

浪子(낭자) : 도락에 빠지거나 방탕한 자

浪人(낭인) : 떠돌이. 또는 실업자

浪費(낭비) : 재물을 함부로 씀

流
- 흐를 류 〔水부 7획, 총 10획 *stream, flow* · りゅう〕5급
- 물이 흘러가는 것을 본뜬 회의 글자.

流民(유민) : 고향을 떠나 유랑하는 백성

流水(유수) : 흐르는 물

流出(유출) : 흘러나감

浮
- 뜰 부, 불안정할 부 〔水부 7획, 총 10획 *float* · ふ〕3Ⅱ급
- 엎드려 헤엄칠 때 물을 싸안는 모습을 본뜬 형성 글자.

浮袋(부대) : 물고기의 장 부근에 있는 공기 주머니

浮說(부설) : 근거 없는 소문

浮彫(부조) : 돋을 새김

消
- 사라질 소 〔水부 7획, 총 10획 *extinguish* · しょう〕6급
- 몸이 가늘어 지는 것을 뜻하는 형성 글자.

消滅(소멸) : 모두 사라져 없어져 버림

消失(소실) : 사라져 버림

消日(소일) : 날을 보냄

- 목욕할 욕, 미역 욕 〔水부 7획, 총 10획 *bathe* · よく〕3Ⅱ급
- 움푹 패인 곳에 물이 스며듦을 뜻하는 형성 글자.

浴室(욕실) : 목욕을 하는 시설이 되어 있는 방

浴湯(욕탕) : 목욕탕의 준말

日光浴(일광욕) : 햇볕을 쐬는 목욕

- 바다 해, 클 해 〔水부 7획, 총 10획 sea · かい〕7급
- 어두운 색을 한 바다를 가리키는 형성 글자.

海陸(해륙) : 바다와 육지
海洋(해양) : 큰바다
海物(해물) : 바다에서 나는 것

- 서늘할 량, 엷을 량 〔水부 8획, 총 11획 cool · りょう〕3Ⅱ급
- 물이 차가운 것을 나타내는 형성 글자.

涼德(양덕) : 엷은 인덕
涼秋(양추) : 상쾌하고 서늘한 가을. 음력 9월의 다른 이름
涼風(양풍) : 서늘한 바람

- 깊을 심, 깊게 할 심 〔水부 8획, 총 11획 deep · しん〕4Ⅱ급
- 물이 불어 깊숙이 있는 것을 뜻하는 형성 글자.

深刻(심각) : 아주 깊고 절실함
深思熟考(심사숙고) : 깊이 생각함
深淺(심천) : 깊고 얕음

- 착할 숙 〔水부 8획, 총 11획 good natured · しゅく〕3Ⅱ급
- 아담하고 조심스러우며 물처럼 맑은 모습을 뜻하는 형성 글자.

淑女(숙녀) : 선량하고 부덕 있는 여인
淑淸(숙청) : 성품이 맑고 깨끗함
淑德(숙덕) : 얌전한 덕행

- 깨끗할 정, 맑을 정 〔水부 8획, 총 11획 clean · じょう〕3Ⅱ급
- 氵와 爭을 합한 자. 깨끗한 물을 뜻하는 형성 글자.

淨潔(정결) : 깨끗함
淨財(정재) : 깨끗한 재물이라는 뜻으로 절이나 사회에 희사
　　를 하는 돈

- 얕을 천 〔水부 8획, 총 11획 shallow · せん〕3Ⅱ급
- 물이 아주 작은 것을 나타내는 형성 글자.

淺紅(천홍) : 엷은 분홍

淺薄(천박) : 생각하는 것이나 지식 정도가 깊지 못함

淺識(천식) : 천박한 식견. 천박한 생각

淸
- 맑을 청 〔水부 8획, 총 11획 *clear* · せい, しん〕 **6급**
- 맑은 물을 뜻하는 형성 글자.

淸歌(청가) : 맑고 청아한 목소리로 노래함

淸潔(청결) : 맑고 깨끗함

淸水(청수) : 맑고 깨끗한 물

田 • 淸談(청담) : 번거로운 세상 일을 멀리하고 노장철학을 논하던 선비들의 청아한 얘기를 뜻함. 출전은 『후한서』와 「십팔사략」

混
- 섞을 혼, 흐릴 혼 〔水부 8획, 총 11획 *mix* · こん〕 **4Ⅱ급**
- 여러 가지 사물이 모여 뒤섞이는 것을 나타내는 형성 글자.

混用(혼용) : 섞여서 씀

混合(혼합) : 뒤섞음

混雜(혼잡) : 뒤섞이어 난잡함

渴
- 목마를 갈, 갈증 갈 〔水부 9획, 총 12획 · かつ〕 **3급**
- 물의 흐름이 메말라 없어져 버림을 뜻하는 형성 글자.

渴求(갈구) : 애써 구함

渴症(갈증) : 목이 말라 물을 마시고 싶은 충동을 느낌

渴筆(갈필) : 먹이 덜 묻은 붓으로 그림이나 글씨를 쓰는 것

減
- 덜 감, 빼기 감 〔水부 9획, 총 12획 *subtract* · げん〕 **4Ⅱ급**
- 물이 나오는 것을 막아 물의 양을 줄이는 것을 나타낸 형성 글자.

減速(감속) : 속도를 줄임

減壽(감수) : 목숨이 줄어듦

減刑(감형) : 형이 줄어듦

湖
- 호수 호 〔水부 9획, 총 12획 *lake* · こ〕 **5급**
- 물이 불어 대지를 덮은 것을 본뜸. 형성 글자.

湖岸(호안) : 호숫가

湖沼(호소) : 호수와 늪

湖水(호수) : 큰못을 뜻함

溪 ・시내 계 〔水部 10획, 총 13획 *stream* · けい〕**3Ⅱ급**
・가늘고 기다랗게 흐르는 강을 나타낸 형성 글자.

溪谷(계곡) : 물이 흐르는 골짜기

深溪(심계) : 깊은 계곡

溪流(계류) : 산골짜기에서 흐르는 시냇물

溫 ・따뜻할 온, 온화할 온 〔水部 10획, 총 13획 *warm* · おん〕**6급**
・물 속에 온기가 있어 따뜻함을 나타내는 형성 글자.

溫帶(온대) : 열대와 한대 사이의 지대

溫情(온정) : 따뜻한 인정

溫泉(온천) : 더운물이 솟는 샘

田・**溫故知新**(온고지신) : 옛것을 익혀 새것을 안다. 옛것을 온전히 앎으로써 새로운 것을 발견하게 된다는 뜻. 출전은 『논어』의 「위정편」

滿 ・찰 만, 만주 만 〔水部 11획, 총 14획 · まん〕**4Ⅱ급**
・그릇 속에 물을 가득 채운 모양을 본뜬 형성 글자.

滿朔(만삭) : 아이 낳을 달이 참

滿山(만산) : 온 산. 산 전체.

滿醉(만취) : 술에 취함

漁 ・고기 잡을 어, 어부 어 〔水部 11획, 총 14획 · ぎょ, りょう〕**5급**
・물고기를 잡는다는 뜻의 회의 · 형성 글자.

漁場(어장) : 고기잡이 터

漁撈(어로) : 고기잡이

漁港(어항) : 고기잡이배가 드나드는 항구

田・**漁父之利**(어부지리) : 도요새와 조개가 서로 다투다가 어부에게 둘다 잡히게 됨. 둘이 다투는 사이에 엉뚱한 사람이 이익을 보게 된다는 뜻. 출전은『전국책』

 • 흐를 연, 펼 연, 통할 연 〔水부 11획, 총 14획 · えん〕4Ⅱ급
• 물이 길게 뻗어내리는 모습을 본뜬 형성 글자.

演技(연기) : 배우가 무대에서 연출하여 보이는 말이나 행동
演說(연설) : 여러 사람의 청중 앞에서 자기의 의견이나 주
  장을 말하는 것

 • 한수 한, 은하수 한 〔水부 11획, 총 14획 · かん〕7급
• 물이 없는 메마른 강, 즉 은하수를 뜻하는 형성 글자.

漢文(한문) : 중국의 문장. 한자로 쓴 글
漢陽(한양) : 서울의 다른 이름
漢字(한자) : 중국 고유의 글자

 • 깨끗할 결, 깨끗이 할 결 〔水부 12획, 총 15획 · けつ〕4Ⅱ급
• 더러움을 물로 씻어낸다는 뜻의 형성 글자.

潔白(결백) : 마음이 깨끗함
潔素(결소) : 희게 함
潔癖症(결벽증) : 유난스럽게 깨끗함을 좋아하는 성질

2단계에는 '뜨다 또는 넓다(汎)·더러움(汚)·못(池)·땀(汗)·머리
감음(沐)·빠지거나   다함(沒)·모래(沙)·잠김(沈)·진흙(泥)·배를
대거나 잔물결(泊)·따름(沿)·헤엄침(泳)·모양(況)·낙수(洛)·섬과
대륙(洲)·물이 갈라짐(派)·큼(洪)·건넘(涉)·스며듦(浸)·개(浦)·
넓고 풍부함(浩)·싱거움(淡)·눈물(淚)·물가(涯)·음란함(淫)·첨가
함(添)·건넘(渡)·재다(測)·끓임(湯)·멸망함(滅)·근원(源)·수준
기(準)·물빛(滄)·구멍이나 물이 샘(漏)·사막(漠)·질펀함(漫)·물
방울이 방울이져 떨어짐(滴)·적심(漸)·막힘(滯)·옻칠함(漆)·물가

(潭)・빨래를 함(漂)・젖음(潤)・잠김(潛)・흘러들다(潮)・부딪쳐 흐름(激)・짙음(濃)・더러워짐(濁)・못(澤)・퍼지다(濫)・축축하다(濕)・건너다(濟)・씻음(濯)' 등입니다.

汎
• 뜰 범, 널리 범, 넓을 범 〔水부 3획, 총 6획 *float*・はん〕 **3급**
• 널따란 수면이 쫙 퍼지는 것을 본뜬 형성 글자.

汎愛(범애) : 어떤 격식이나 차별을 두지 않고 널리 사랑하는 것
泛濫(범람) : 멋대로 지껄이는 말. 불확실한 말
汎論(범론) : 사물의 전반적인 개론

汚
• 더러울 오, 씻을 오 〔水부 3획, 총 6획 *dirty*・お〕 **3급**
• 웅덩이의 물이 더러워진 것을 나타내는 형성 글자.

汚物(오물) : 더럽고 지저분한 물건
汚穢(오예) : 똥이나 오줌 같은 더러움
汚點(오점) : 흠이나 때
汚染(오염) : 더러움에 물이 듦

池
• 못 지, 해자(垓字) 지 〔水부 3획, 총 6획 *pond*・ち〕 **3Ⅱ급**
• 옆으로 길게 벌리어 뻗은 연못을 뜻하는 형성 글자.

池魚之殃(지어지앙) : 연못에 사는 물고기의 수난. 아무런 잘못이 없는 데 공연히 해를 입음
池塘(지당) : 못의 둑

汗
• 땀 한, 현 이름 한 〔水부 3획, 총 6획 *sweat*・かん〕 **3급**
• 몸에서 흐르는 땀을 나타내는 형성 글자.

汗衫(한삼) : 땀받이 옷
汗蒸(한증) : 한증막 속에서 땀을 흘려 병을 고치는 일
汗腺(한선) : 땀을 분비하는 기관

田• 汗牛充棟(한우충동) : 수레에 실으면 소가 땀을 흘릴 정도로 무겁고, 집에 쌓으면 대들보까지 닿게 된다는 뜻. 출전은 당나라 때의 시인 유종원의

「육문통선생묘표(陸文通先生墓表)」

沐 • 머리감을 목 〔水부 4획, 총 7획 *wash one's hair* · ほく〕3급
• 물을 머리에서부터 뒤집어쓰는 것을 뜻하는 회의 · 형성 글자.

沐浴(목욕) : 머리를 감고 몸을 씻음

沐澡(목조) : 몸을 깨끗이 함

沐浴湯(목욕탕) : 목욕하는 곳

沒 • 빠질 몰, 다할 몰 〔水부 4획, 총 7획 *sink* · ぼつ〕3Ⅱ급
• 소용돌이치는 물 속에 몸을 잠기게 한다는 형성 글자.

沒却(몰각) : 무시해 버림

沒年(몰년) : 죽은 해

沒入(몰입) : 어떤 데 빠짐

沙 • 모래 사, 사막 사, 물가 사 〔水부 4획, 총 7획 · さ, しゃ〕3Ⅱ급
• 물에 씻기어 조각이 난 작은 모래라는 뜻의 형성 글자.

沙器(사기) : 사기 그릇

沙鉢(사발) : 사기로 만든 밥그릇

沙場(사장) : 모래톱

沈 • 잠길 침, 성 심 〔水부 4획, 총 7획 *sink* · ちん〕3Ⅱ급
• 무게를 더하여 가라앉히는 것을 뜻하는 형성 글자.

沈默(침묵) : 말을 하지 아니함

沈淪(침륜) : 깊이 잠김

沈潛(침잠) : 깊이 가라앉아 잠김

田 • 沈魚落雁(침어낙안) : 물고기는 잠기고 기러기는 떨어진다. 아름다운 미인을 나타내는 말로 뜻이 전이되었음. 출전은 『장자』의 「제물론편(齊物論篇)」

• 沈潤之讒(침윤지참) : 물이 표가 나지 않게 스며들 듯이 중상모략을 교묘하게 하는 것을 가리킴. 출전은 『논어』의 「안연편」

泥 • 진흙 니, 약할 니 〔水부 5획, 총 8획 *clay* · でい〕 **3급**
• 물 기운을 머금어 끈적거리는 진흙을 본뜬 형성 글자.

泥工(이공) : 흙을 바르는 사람. 미장이

泥金(이금) : 금가루를 아교에 녹인 것. 일반적으로 서화에
사용됨

田 • 泥醉(니취) : 술에 몹시 취하여 진흙과 같이 흐느적거림. 출전은 이백
의 시 「양양가(襄陽歌)」

泊 • 배댈 박, 잔물결 박 〔水부 5획, 총 8획 · はく〕 **3급**
• 배가 수면이 얕은 곳에 정박하는 것을 본뜬 형성 글자.

宿泊(숙박) : 머물러 쉼

碇泊(정박) : 배가 항구에 머물음

沿 • 따를 연, 내 이름 연 〔水부 5획, 총 8획 *follow* · えん〕 **3Ⅱ급**
• 물이 낮은 홈을 따라 흘러내림을 본뜬 형성 글자.

沿線(연선) : 철도 선로에 준한 곳

沿海(연해) : 육지가 가까운 수심이 낮은 바다

沿革(연혁) : 변천해 온 내력

泳 • 헤엄칠 영 〔水부 5획, 총 8획 · えい〕 **3급**
• 오랫동안 계속적으로 물위에 떠 있음을 본뜬 형성 글자.

遊泳(유영) : 헤엄 치고 돌아다님

水泳(수영) : 헤엄

況 • 하물며 황, 모양 황 〔水부 5획, 총 8획 · ぎょう〕 **4급**
• 수량이 예전보다 많아 보이는 상태를 나타내는 형성 글자.

實況(실황) : 실제의 상황

況且(황차) : 하물며

洛 • 낙수 락, 땅 이름 락 〔水부 6획, 총 9획 · らく〕 **4급**
• 氵와 各을 합친 형성 글자.

洛水(낙수) : 강 이름

洛陽(낙양) : 땅 이름

⊞ • 洛陽紙價貴(낙양지가귀) : 낙양의 종이값이 오른다. 저서가 좋은 평을 받아 서로 종이를 사서 베끼므로 종이값이 오른다는 뜻. 출전은 『진서(晉書)』의 「문원전(文苑傳)」

洲
• 섬 주, 대륙 주, 물가 주 〔水부 6획, 총 9획 · しゅう〕 3Ⅱ급
• 물로 둘러싸인 모래톱을 나타내는 회의 · 형성 글자.

亞洲(아주) : 아시아 주

三角洲(삼각주) : 모래톱이 삼각을 이룬 곳

派
• 물갈래 파, 갈라질 파 〔水부 6획, 총 9획 branch off · は〕 4급
• 물줄기가 갈라져 흐르는 모습을 본뜬 형성 글자.

派遣(파견) : 일을 할 수 있는 사람에게 임무를 주어 멀리 보내는 것

派爭(파쟁) : 파벌을 지어 싸움

洪
• 큰물 홍, 클 홍 〔水부 6획, 총 9획 · こう〕 3Ⅱ급
• 共과 氵를 합쳐 크다는 뜻을 나타낸 형성 글자.

洪福(홍복) : 큰 복

洪水(홍수) : 큰 물

洪量(홍량) : 마음이 아주 넓음

涉
• 건널 섭, 겪을 섭 〔水부 7획, 총 10획 cross · しょう〕 3급
• 건너편 기슭을 향하여 강을 건너는 모습을 본뜬 회의 글자.

渡涉(도섭) : 일을 보기 위해 건넘

涉獵(섭렵) : 여러 가지 것을 널리 찾음

浸
• 담글 침, 배어들 침 〔水부 7획, 총 10획 · しん〕 3급
• 물이 구석구석까지 스며드는 것을 나타낸 형성 글자.

浸水(침수) : 홍수로 인하여 논이나 밭 등이 물에 잠김

浸透(침투) : 물과 같은 것이 스며 듦

浸染(침염) : 점점 감염됨

浸蝕(침식) : 물과 같은 것이 자주 범람하여 단단한 돌 같은
것이 삭거나 깎인 상태

浦
• 개 포 〔水部 7획, 총 10획 *seacoast* · ほ〕3Ⅱ급
• 육지에 닿을 듯 말듯한 물가를 뜻하는 형성 글자.

浦口(포구) : 갯가

浦田(포전) : 갯가에 있는 밭

浦村(포촌) : 갯가의 마을

浩
• 넓을 호, 풍부할 호 〔水部 7획, 총 10획 *wide* · こう〕3Ⅱ급
• 큰 물을 뜻하는 형성 글자.

浩浩湯湯(호호탕탕) : 넓고 큰 모양

浩瀚(호한) : 물이 크고 넓은 모양

浩漾(호양) : 물이 넓고 큰 모양

田 • 浩然之氣(호연지기) : 하늘과 땅 사이에 가득찬 바른 원기(元氣). 공명
정대하여 한점 부끄러움이 없는 도덕적 용기를 말함. 출전은『맹자』의「공손
축편」

淡
• 묽을 담, 싱거울 담 〔水部 8획, 총 11획 *incipid* · たん〕3Ⅱ급
• 맛 없는 농축액을 나타내는 형성 글자.

淡淡(담담) : 욕심이 없고 깨끗함

淡水魚(담수어) : 민물고기의 총칭

淡水(담수) : 염분이 없는 깨끗한 물

淚
• 눈물 루, 눈물 질 루 〔水部 8획, 총 11획 *tear* · るい〕3급
• 눈에서 뒤틀리듯 나오는 눈물을 본뜬 형성 글자.

落淚(낙루) : 눈물이 방울방울 떨어짐

淚痕(누흔) : 눈물 흔적

血淚(혈루) : 피눈물

涯 • 물가 애, 끝 애 〔水部 8획, 총 11획 *shore* · がい〕**3급**
• 물가를 나타내는 형성 글자.

生涯(생애) : 일평생
際涯(제애) : 끝닿는 곳
水涯(수애) : 물가

淫 • 음란할 음 〔水部 8획, 총 11획 *obscene* · いん〕**3급**
• 임신한 여인을 건드려 사련에 **빠졌음**을 뜻하는 회의 · 형성 글자.

淫樂(음락) : 음란한 쾌락
淫慾(음욕) : 음란한 욕심
淫行(음행) : 음란한 행위
淫婦(음부) : 음탕한 여인

添 • 더할 첨, 맛 더할 첨 〔水部 8획, 총 11획 *add* · てん〕**3급**
• 어떤 사물의 표면에 물을 더함을 나타내는 형성 글자.

添加(첨가) : 덧붙임
添削(첨삭) : 말이나 글을 덧붙이거나 삭제함
添附(첨부) : 덧붙임

渡 • 건널 도, 나루터 도 〔水部 9획, 총 12획 *cross* · と〕**3급**
• 강을 한 걸음 두 걸음 건너는 모습을 본뜬 형성 글자.

渡日(도일) : 일본으로 감
渡船(도선) : 나룻배
渡航(도항) : 바다를 건넘

測 • 잴 측, 알 측 〔水部 9획, 총 12획 *measure* · そく〕**4Ⅱ급**
• 물의 깊이를 재는 모습을 본뜬 형성 글자.

測量(측량) : 다른 사람의 마음을 헤아림
測雨器(측우기) : 강우량을 측정하는 기구
測定(측정) : 헤아려 정함

湯
- 끓일 탕, 목욕할 탕　[水부 9획, 총 12획 boil · とう] **3급**
- 더운물에서 모락모락 김이 나는 모습을 본뜬 형성 글자.

冷湯(냉탕) : 찬물이 있는 곳
藥湯器(약탕기) : 한약재와 물을 넣고 끓이는 기구
湯藥(탕약) : 끓여 먹는 약

港
- 항구 항, 뱃길 항　[水부 9획, 총 12획 port · こう] **4Ⅱ급**
- 마을길에 물을 더하여 항구를 뜻하게 된 형성 글자.

港口(항구) : 배가 드나드는 곳
港都(항도) : 항구 도시
港灣(항만) : 항구와 만(灣)

滅
- 멸망할 멸, 끌 멸, 잠길 멸　[水부 10획, 총 13획 · めつ] **3Ⅱ급**
- 물을 끼얹어 불 끄는 것을 나타낸 형성 글자.

滅種(멸종) : 종자가 모두 없어짐
滅亡(멸망) : 망하여 없어짐
不滅(불멸) : 영원히 없어지지 않음

源
- 근원 원　[水부 10획, 총 13획 · げん] **4급**
- 동그란 구멍에서 물이 흘러나오는 것은 나타내는 형성 글자.

源流(원류) : 물이 흐르는 근원
水源(수원) : 물의 근원
源泉(원천) : 사물의 근원. 물이 흐르는 근원

準
- 수준기 준, 콧마루 준　[水부 10획, 총 13획 · じゅん] **4Ⅱ급**
- 평평한 수면으로 사물의 기울음을 측정하는 모습의 형성 글자.

準據(준거) : 표준으로 삼음
準備(준비) : 필요한 것을 미리 마련함
準用(준용) : 표준으로 삼아 적용함

滄
- 찰 창, 물빛 창, 바다 창　[水부 10획, 총 13획 · そう] **3급**
- 깊은 바다의 맑은 물 빛깔이 차다는 것을 본뜬 형성 글자.

滄浪(창랑) : 새파란 물결

滄波(창파) : 바다의 푸른 물결

滄海(창해) : 푸른 바다

田 • 滄海一粟(창해일속) : 망망한 바닷 속의 좁쌀 한 알. 지극히 미약하여
보잘 것이 없다는 뜻. 출전은 소식(蘇軾)의 「적벽부(赤壁賦)」

漏 • 샐 루, 구멍 루, 물시계 루 〔水부 11획, 총 14획 · ろく〕**3급**
• 지붕에서 비가 새는 모습을 본뜬 형성 글자.

漏刻(누각) : 물시계

漏電(누전) : 전기가 새어 흐름

漏落(누락) : 빠짐

漠 • 사막 막, 쓸쓸할 막 〔水부 11획, 총 14획 · ばく〕**3Ⅱ급**
• 숨어서 보이지 않는다는 뜻의 형성 글자.

漠漠(막막) : 너무 멀어 아무 것도 보이지 않음

沙漠(사막) : 모래 분지

漠然(막연) : 너무 오래 되어 아득함

漫 • 질펀할 만, 멋대로 만 〔水부 11획, 총 14획 · まん〕**3급**
• 물이 붇어나 줄줄 흐르는 모습을 나타낸 형성 글자.

漫漫(만만) : 물이 넓고 끝없이 흐르는 모양

漫筆(만필) : 붓 가는 대로 자유 분방하게 쓰는 글

漫畵(만화) : 붓 가는 대로 그리는 그림

滴 • 물방울 적 〔水부 11획, 총 14획 · しょう〕**3급**
• 물방울이 한 방울씩 뚝뚝 떨어지는 것을 본뜬 형성 글자.

滴水(적수) : 물방울

滴瀝(적력) : 물방울이 뚝뚝 떨어짐

餘滴(여적) : 남은 물방울

漸 • 점점 점, 적실 점 〔水부 11획, 총 14획 · ぜん〕**3Ⅱ급**
• 깊숙히 베인 자국에 물이 스며드는 것을 나타낸 형성 글자.

漸移(점이) : 서서히 옮아감

漸次(점차) : 점점

漸入佳境(점입가경) : 점점 흥미를 느낌

滯
- 막힐 체 〔水부 11획, 총 14획 · たい〕 **2급**
- 물에 엉기어 굳어진 모습을 뜻하는 글자.

滯納(체납) : 세금이나 요금 드을 기일 안에 못냄

滯留(체류) : 머무름

滯症(체증) : 체하여 소화가 잘 되지를 않음

漆
- 옻 칠, 옻칠할 칠 〔水부 11획, 총 14획 · しつ〕 **3급**
- 풀줄기에서 물방울이 떨어지는 모습을 본뜬 형성 글자.

漆夜(칠야) : 아주 캄캄한 밤

漆板(칠판) : 분필을 이용하여 글씨를 쓰는 판

漂
- 떠돌 표, 빨래할 표 〔水부 11획, 총 14획 · ひょう〕 **3급**
- 물의 표면에 가볍게 떠오르는 것을 나타낸 형성 글자.

漂流(표류) : 마냥 물에 떠내려감

漂母(표모) : 빨래하는 여자

漂風(표풍) : 바람결에 떠서 흘러감

漂迫(표박) : 물에 떠돌아다님

潭
- 깊을 담, 소 담, 물가 담 〔水부 12획, 총 15획 · たん〕 **3급**
- 물이 깊이 괴어 있는 늪을 뜻하는 회의 · 형성 글자.

潭府(담부) : 깊은 못

潭水(담수) : 깊은 못의 물

潭淵(담연) : 깊은 못

潤
- 젖을 윤, 윤택할 윤 〔水부 12획, 총 15획 · じゅん〕 **3Ⅱ급**
- 왕이 문 안으로 들어가 쉬고 있는 모습을 본뜬 형성 글자.

潤色(윤색) : 이미 다된 물건에 광택을 냄

潤文(윤문) : 소설을 시나리오 등으로 고칠 때에 글을 손질

하는 것

潤筆(윤필) : 서화나 글씨를 쓰기 위해 붓끝을 먹물에 적심

潛
• 잠길 잠, 몰래 잠 〔水부 12획, 총 15획・せん〕 3Ⅱ급
• 물 속에 들어가 잠수하는 것을 뜻하는 형성 글자.

潛伏(잠복) : 드러나지 않게 숨어 있음

潛水(잠수) : 물 속으로 들어감

潛行(잠행) : 은밀히 돌아다님

潮
• 조수 조, 흘러들 조 〔水부 12획, 총 15획 tide・ちょう〕 4급
• 태양이 떠오름에 따라 조수가 차 오르는 것을 뜻함. 형성 글자.

潮流(조류) : 조수의 흐름

滿潮(만조) : 바닷물이 차 오름

干潮(간조) : 바닷물이 빠져나감

激
• 부딪쳐 흐를 격, 빠를 격 〔水부 13획, 총 16획・げき〕 4급
• 물보라를 일으키며 물이 사방으로 흩어짐을 본뜬 형성 글자.

激突(격돌) : 심하게 부딪침

激烈(격렬) : 매우 맹렬함

濃
• 짙을 농, 두터울 농 〔水부 13획, 총 16획 deep・のう〕 3급
• 물기로 인하여 끈적이는 모습을 나타낸 형성 글자.

濃霧(농무) : 짙은 안개

濃湯(농탕) : 짙게 끓인 국물

濃厚(농후) : 빛깔이 몹시 짙음

濁
• 흐릴 탁, 더러워질 탁 〔水부 13획, 총 16획 cloudy・だく〕 3급
• 진흙이 들러붙은 탓에 물이 흐려짐을 나타낸 형성 글자.

濁音(탁음) : 흐린 소리

濁酒(탁주) : 막걸리

濁世(탁세) : 어지러운 세상

- 못 택, 윤택할 택 〔水부 13획, 총 16획 pond · たく〕3Ⅱ급
- 물과 초지가 잇달아 이어지는 늪을 뜻하는 형성 글자.

澤畔(택반) : 늪 가
澤雨(택우) : 절실할 때 내리는 은혜로운 비

- 퍼질 람, 어지럽힐 람 〔水부 14획, 총 17획 spread · らん〕3급
- 어떤 테두리를 넘어 물이 넘쳐 나오는 것을 나타내는 형성 글자.

濫用(남용) : 함부로 마구 씀
濫作(남작) : 함부로 시문 등을 지음

田 • 濫觴(남상) : 양자강과 같은 큰 강물도 첫 줄기는 겨우 술잔에 넘칠
정도의 작은 물이라는 뜻. 사물의 시초나 근원을 이르는 말. 출전은『순자(荀
子)』의 「자도편(子道篇)」

• 濫吹(남취) : 엉터리로 부는 것. 무능한 사람이 유능한 사람 속에 끼어
유능한 체를 하는 것. 출전은『한비자』의 「내저설상칠술편(內儲說上七術篇)」

濕
- 축축할 습, 우로 습 〔水부 14획, 총 17획 · しゅう〕3급
- 젖은 실의 축축한 모습을 본뜬 형성 글자.

濕氣(습기) : 축축한 기운
濕疹(습진) : 피부에 물집이 생기는 병

濟
- 건널 제, 많고 성할 제 〔水부 14획, 총 17획 cross · せい〕4Ⅱ급
- 강의 수량을 고르게 함을 나타낸 형성 글자.

濟度(제도) : 물을 건넘
濟衆(제중) : 세상 사람을 구함

濯
- 씻을 탁, 클 탁 〔水부 14획, 총 17획 wash · たく〕3급
- 물에 담군 것을 끌어 올려 헹구는 모습의 형성 글자.

洗濯(세탁) : 옷가지 등속을 빠는 것
洗濯所(세탁소) : 옷가지 등을 맡아 세척해 주는 곳
濯足(탁족) : 다리를 씻음

구르는 돌

• 象形
돌 석, 비석 석, 운석 석 [石부 0획, 총 5획]
stone · せき

■〔.

석(石) 부의 1단계는 '돌(石)·깨뜨리다(破)·벼루와 같은 것을 갈다(硏)·벼루(硯)' 등입니다.

石
• 돌 석, 비석 석 〔石부 0획, 총 5획 *stone* · せき〕6급
• 돌이 구르는 모습을 본뜬 상형 글자.

石間水(석간수) : 바위틈에서 솟는 샘물

石工(석공) : 석수

石手(석수) : 돌을 다듬어서 물건을 만드는 사람

石火(석화) : 부싯돌을 써서 나는 불

石路(석로) : 돌길

破
• 깨뜨릴 파, 다할 파 〔石부 5획, 총 10획 *break* · は〕4Ⅱ급
• 얇은 돌 판을 억지로 잡아당겨 쪼는 것을 뜻하는 형성 글자.

破鏡(파경) : 깨어진 거울. 부부 사이가 금이 간 상태

破産(파산) : 재산이 거덜남

破損(파손) : 깨어져 못 쓰게 됨

破壞(파괴) : 깨뜨림

破婚(파혼) : 약혼을 파기함

• 破瓜之年(파과지년) : 여자의 나이 16세. 첫경도가 있게 되는 시점을 의미한다. 출전은 손탁의 「정인벽옥가(情人碧玉歌)」

• 破竹之勢(파죽지세) : 대나무를 단숨에 쪼개는 듯한 기세. 한달음에 밀어

붙이는 강한 기세를 늦추지 않고 계속하여 거침없이 밀고 올라가는 것. 출전은 『진서』의 「두예전(杜豫傳)」

• **破天荒**(파천황) : 과거에 급제하는 사람이 없다는 전례를 깨뜨렸다는 뜻. 과거급제의 불모지인 형주 사람으로 급제하였다하여 파천황이라 하였음. 출전은 『북몽쇄언(北夢瑣言)』

研
• 갈 연, 벼루 연 〔石부 6획, 총 11획 *whet* · けん〕 **4Ⅱ급**
• 울퉁불퉁한 돌을 갈아 매끈하게 다듬은 모습의 형성 글자.

研修(연수) : 연구하고 수련함
研磨(연마) : 갈고 닦음
研修(연수) : 연구하고 수련함
研鑽(연찬) : 깊이 연구함
研子磨(연자마) : 연자방아

硯
• 벼루 연 〔石부 7획, 총 12획 · けん〕 **3급**
• 石과 見을 합한 형성 글자.

硯滴(연적) : 벼룻물을 담는 조그만 용기
筆硯(필연) : 붓과 벼루
硯池(연지) : 벼루의 한쪽 가. 우묵한 곳

2단계에는, '딱딱하게 굳는다(硬) · 비석(碑) · 푸른 옥돌(碧) · 확실하게 굳는다(確) · 숫돌에 갈다(磨) · 주춧돌(礎)' 등입니다.

硬
• 굳을 경, 강할 경 〔石부 7획, 총 12획 *hard* · こう〕 **3급**
• 돌처럼 딱딱하게 긴장되어 있는 모습을 나타낸 형성 글자.

硬度(경도) : 물체의 단단함 정도
硬性(경성) : 단단한 성질
硬水(경수) : 센물

硬直(경직) : 굳어 뻣뻣하게 됨. 또는 그런 상태

碑
• 비석 비, 돌기둥 비 〔石부 8획, 총 13획 *tomb stone* · ひ〕**4급**
• 얇고 편편한 돌판을 나타내는 형성 글자.

碑石(비석) : 돌로 만든 비
紀念碑(기념비) : 기념으로 세운 비
碑銘(비명) : 묘비에 새긴 명(銘)

碧
• 푸를 벽, 푸른 옥돌 벽 〔石부 9획, 총 14획 *blue* · へき〕**3Ⅱ급**
• 푸른빛이 도는 모습을 뜻하는 회의 · 형성 글자.

碧空(벽공) : 푸른 하늘
碧眼(벽안) : 푸른 눈
碧海(벽해) : 푸른 바다
碧溪水(벽계수) : 맑고 푸른 시냇물

確
• 굳을 확, 강할 확 〔石부 10획, 총 15획 *hard* · かく〕**4Ⅱ급**
• 단단한 돌을 나타내는 형성 글자.

確答(확답) : 확실한 대답
確實(확실) : 틀림없음
確信(확신) : 확실히 믿음

磨
• 갈 마, 숫돌에 갈 마 〔石부 11획, 총 16획 *whet* · ま〕**3급**
• 돌을 문지르는 것을 뜻하는 형성 글자.

磨滅(마멸) : 닳아 없어짐
磨石(마석) : 맷돌
磨崖(마애) : 석벽에 글자나 그림을 새김

礎
• 주춧돌 초 〔石부 13획, 총 18획 · そ〕**3Ⅱ급**
• 뿔뿔이 떨어져 있는 돌에 기둥 세우는 것을 본뜬 형성 글자.

礎石(초석) : 주춧돌
基礎(기초) : 사물이 이루어지는 바탕
礎盤(초반) : 주춧돌

병이 들어 기대다

• 漢字 部首

병들어 기댈 녁

疒

〔疒부 0획, 총 5획〕

だく, そう

⬛.

녁(疒) 부의 1단계에는 '병(病)' 자입니다.

病

• 병 병, 괴로워할 병 〔疒부 5획, 총 10획 *illness* · びょう〕 **6급**
• 병으로 인하여 몸이 자유스럽게 움직이지 못한다는 형성 글자.

病苦(병고) : 병으로 인한 고통

病床(병상) : 병든 환자가 누워있는 침상

病原(병원) : 병의 원인

⊞• 病入膏肓(병입고황) : 병이 고황에 들다. 병이 깊어져 고치기가 어려
워졌음을 이르는 말. 출전은 『춘추좌씨전 경공 10년』

⬛⬛.

2단계에는 병에 관한 모든 것들이 있습니다. '염병(疫) · 증세(症)와
병을 앓음(疾) · 피곤함(疲) · 고통스러움(痛)' 등입니다.

疫

• 염병 역 〔疒부 4획, 총 9획 *ttyphoid fever* · えき〕 **3급**
• 몸에 영향을 미치는 병을 뜻하는 형성 글자.

疫鬼(역귀) : 전여병을 퍼뜨리는 귀신

疫病(역병) : 전염병

症

• 증세 증 〔疒부 5획, 총 10획 · しょう〕 **3Ⅱ급**
• 겉으로 드러난 병의 상태를 뜻하는 형성 글자.

시선을 사로잡는 한자

症狀(증상) : 병을 앓는 모양
痛症(통증) : 아픈 증세
症候(증후) : 증상

疾
- 병 질, 앓을 질 〔疒부 5획, 총 10획 ailment · しつ〕3Ⅱ급
- 병이 화살처럼 빨리 진행되어 감을 나타낸 형성 글자.

疾苦(질고) : 고통스러워함
疾視(질시) : 밉게 봄
疾走(질주) : 달림
疾風(질풍) : 빠른 바람

疲
- 피곤할 피, 지칠 피 〔疒부 5획, 총 10획 tired · ひ〕4급
- 병으로 인하여 몸이 녹초가 됨을 뜻하는 형성 글자.

疲困(피곤) : 몸과 정신이 지쳐서 고달픔
疲勞(피로) : 피곤함이 몰려듦
疲弊(피폐) : 지치고 쇠약함
疲癃(피륭) : 기력이 쇠하여 생기는 노인의 병

痛
- 아플 통, 괴롭힐 통 〔疒부 7획, 총 12획 painful · つう〕4급
- 몸이 관통할 듯이 통증이 몰아치는 것을 뜻하는 형성 글자.

痛感(통감) : 마음에 사무친 느낌
痛悔(통회) : 고통을 느끼며 후회함
痛症(통증) : 아픈 증세

※다음은 병에 대한 격언과 속담입니다.

*무병이 장자(병을 앓으면 비용이 많이 드니 앓지 않고 사는 것이 부자로 산다는 말/한국)

*병 자랑은 하여라(남몰래 병 들어 몸을 상하게 하지 말고 병이 들면 남에게 이야기를 하면 치료할 방법이 생긴다는 말/한국)

*긴 병에 효자 없다(시일이 너무 길어지면 정성이 소홀해 진다는 말/한국).

개의 꼬리

象形 [犬부 0획, 총 4획]
개 견

犬

dog · けん

◾️.

견(犬) 부의 1단계 단어에는 '개 견(犬) · 오히려 유(猶)' 자 입니다.
유(猶) 자는 술병에서 술 냄새가 가늘게 흘러나오는 모양인데 거기에
개(犭) 자가 합쳐진 형태입니다.

犬
- 개 견 〔犬부 0획, 총 4획 *dog* · けん〕 **4급**
- 개의 모습을 본뜬 상형 글자.

犬戎(견융) : 옛날 협서성에 있던 나라 이름
鬪犬(투견) : 싸움 개
狂犬(광견) : 미친 개

猶
- 오히려 유, 같을 유 〔犬부 9획, 총 12획 · ゆう〕 **3Ⅱ급**
- 몸을 길게 늘어뜨리고 있는 개 모습을 본뜬 형성 글자.

猶與(유여) : 의심하고 망설임. 주저하여 일을 결하지 못함
猶爲不足(유위부족) : 오히려 부족함. 싫증이 나지 않는다는
   것을 뜻함

◾️.

2단계 단어에는 '범하는 것(犯) · 미침(狂) · 형상이나 문서를 뜻하
는 것(狀) · 개(狗) · 사납다는 것(猛) · 감옥(獄) · 혼자라는 것(獨) ·
얻음(獲) · 사냥(獵) · 짐승(獸) · 바치는 것(獻)' 등입니다.

犯
- 범할 범, 죄 범, 범인 범 〔犬부 2획, 총 5획 *commir* · はん〕**4급**
- 개가 울타리를 부수고 나오는 것을 본뜬 형성 글자.

犯法(범법) : 법을 범함
犯人(범인) : 죄를 범한 사람

狂
- 미칠 광 〔犬부 4획, 총 획 *mad* · きょう〕**2급**
- 犬과 王의 합자. 미친 듯 날뛰는 군왕을 뜻하는 글자.

狂氣(광기) : 미친 증세
狂信(광신) : 도를 넘어 맹신함
狂風(광풍) : 미친 듯 사납게 부는 바람

狀
- 형상 상 〔犬부 4획, 총 8획 *shape* · じょう〕**4Ⅱ급**
- 형편을 나타내는 형성 글자.

狀貌(상모) : 얼굴의 생김새
狀態(상태) : 모양

狗
- 개 구, 역(易)의 간(艮) 구 〔犬부 5획, 총 8획 *dog* · く〕**3급**
- 작게 구부러진 개의 모습을 나타내는 회의 · 형성 글자.

狗盜(구도) : 작은 도둑. 좀도둑
狗肉(구육) : 개고기

猛
- 사나울 맹, 맹렬할 맹 〔犬부 8획, 총 11획 *fierce* · もう〕**3Ⅱ급**
- 잡아매 두어도 밖으로 뒤쳐 나가는 개를 본뜬 형성 글자.

猛犬(맹견) : 사나운 개
猛虎(맹호) : 사나운 호랑이
猛獸(맹수) : 사나운 짐승

獄
- 옥 옥, 소송할 옥 〔犬부 10획, 총 14획 *prison* · ごく〕**3Ⅱ급**
- 두 마리의 개가 싸우듯 논쟁을 벌인다는 회의 글자.

獄中書信(옥중서신) : 감옥에서 쓴 편지
獄鎖匠(옥쇄장) : 옥문지기
獄卒(옥졸) : 감옥에서 죄수를 감시하는 사람

獨 • 홀로 독, 홀몸 독 〔犬부 13획, 총 16획 *lonery* · どく〕**3급**
• 한 곳에 들러붙어 있는 뽕잎의 큰누에나 개를 본뜬 형성 글자.

獨立(독립) : 혼자 섬
獨房(독방) : 혼자 거처하는 방

⊞ • 獨眼龍(독안용) : 눈이 하나 뿐인 사람으로 용기있는 사람을 이르는
말. 용감한 장수를 가리킴. 출전은 『오대사(五代史)』의 「당기」

獲 • 얻을 획, 계집종 획 〔犬부 14획, 총 17획 *get* · かく〕**4Ⅱ급**
• 짐승을 이용하여 동물을 잡는 것을 나타내는 형성 글자.

獲得(획득) : 잡아들임
護國(호국) : 나라를 위함
獲利(획리) : 이익을 취함

獵 • 사냥 렵 〔犬부 15획, 총 18획 *hunting* · りょう〕**2급**
• 개를 풀어 사냥함을 나타낸 글자.

獵犬(엽견) : 사냥개
獵奇(엽기) : 괴이하고 이상한 것에 관심을가지고 쫓아다님
獵期(엽기) : 사냥하기 좋은 시기

獸 • 짐승 수, 포 수 〔犬부 15획, 총 19획 *animal* · じゅう〕**3Ⅱ급**
• 우리에 넣은 동물. 나중엔 짐승을 나타내게 된 형성 글자.

獸心(수심) : 짐승의 마음
獸醫(수의) : 가축의 병을 고치는 의사
獸肉(수육) : 짐승의 고기

獻 • 바칠 헌, 현인 헌 〔犬부 16획, 총 20획 · けん〕**3Ⅱ급**
• 동물의 고기를 그릇에 담아 바치는 것을 나타내는 형성 글자.

獻物(헌물) : 물건을 바침
獻金(헌금) : 돈을 바침
獻詩(헌시) : 시를 지어 바침

옷의 깃

• **會意**   〔衣부 0획, 총 6획〕
옷 의, 쌀 의, 입을 의   clothing · い

▉.

옷(衣=衤)과 연관 짓는 1단계 단어는 '겉을 나타내는 것(表) · 물건을 잘라 무엇을 짓는다는 것(製)'이 해당됩니다.

• 옷 의, 쌀 의 〔衣부 0획, 총 6획 clothing · い〕**6급**
• 모피를 입고 겉은 천으로 겉옷을 입은 모습의 형성 글자.

衣冠(의관) : 의복과 갓

衣服(의복) : 옷

衣食住(의식주) : 입는 것, 먹는 것, 거처를 뜻함

⊞• **衣食足而知禮節**(의식족이지예절) : 입을 것과 먹을 것이 풍족해야 예절을 알게 된다는 뜻. 출전은 『관자(管子)』의 「목민편」

• 겉 표, 나타낼 표 〔衣부 3획, 총 8획 outside · ひよう〕**6급**
• 모피를 입고 겉은 천으로 겉옷을 입은 모습의 형성 글자.

表裏(표리) : 겉과 속

表面(표면) : 겉으로 드러난 쪽

製 • 지을 제, 만들 제 〔衣부 8획, 총 14획 make · せい〕**4Ⅱ급**
• 옷감을 잘라 옷을 만드는 것을 뜻하는 형성 글자.

製糖(제당) : 설탕을 만듦

製本(제본) : 인쇄물을 책으로 만듦

製品(제품) : 물품을 만듦

■◗

2단계에는 '쇠함(衰)·이불(被)·찢음(裂)·마름(裁)·속(裏)·기울음(補)·넉넉함(裕)·꾸밈(裝)·치마(裳)·겹옷(複)·엄습함(襲)' 등입니다.

衰
- 쇠할 쇠, 상복 최 〔衣부 4획, 총 10획 *decline*·すい〕 3Ⅱ급
- 도롱이처럼 축 늘어졌음을 뜻하는 상형 글자.

衰亡(쇠망) : 쇠하여 망함
衰弱(쇠약) : 쇠하여 약해짐

被
- 이불 피, 입을 피 〔衣부 5획, 총 10획 *quilt*·ひ〕 3Ⅱ급
- 옷을 끌어당겨 몸에 입는 것을 뜻하는 형성 글자.

被擊(피격) : 습격을 받음
被衾(피금) : 요와 이불
被害(피해) : 해를 입음

裂
- 찢을 렬, 깨질 렬 〔衣부 6획, 총 12획 *split*·れつ〕 3급
- 옷감을 갈기갈기 찢는 것을 나타낸 형성 글자.

裂傷(열상) : 찢기어 난 상처
分裂(분열) : 각기 나뉘어 짐
滅裂(멸렬) : 소멸되어 없어짐

裁
- 마를 재, 결단할 재 〔衣부 6획, 총 12획 *cut out*·さい〕 3Ⅱ급
- 옷을 자르는 천을 나타낸 형성 글자.

裁可(재가) : 안건을 재량하여 승인함
裁量(재량) : 헤아려서 처리함

裏
- 속 리, 안 리 〔衣부 7획, 총 13획 *inside*·り〕 3Ⅱ급
- 옷의 안감을 뜻하는 형성 글자.

裏面(이면) : 속이나 안
裏書(이서) : 종이 뒤에 적어 넣음. 어음이나 증권을 양도할

때에 뒷면에 배서를 하는 일

補
- 기울 보, 임명할 보　〔衣부 7획, 총 12획 *patch*・ほ〕 3Ⅱ급
- 천을 평평하게 하여 찢어진 곳에 알맞게 붙인다는 형성 글자.

補强(보강) : 보충하여 더 강하게 함

補缺(보결) : 결점을 보충함

裕
- 넉넉할 유　〔衣부 7획, 총 12획 *enought*・ゆう〕 3Ⅱ급
- 옷이 낙낙하여 몸과 옷 사이에 틈이 있음을 뜻하는 형성 글자.

裕寬(유관) : 너그러움

裕福(유복) : 살림이 넉넉함

裝
- 꾸밀 장, 차릴 장　〔衣부 7획, 총 13획 *decorate*・そう〕 4급
- 말쑥하게 몸 치장을 하는 것을 나타낸 형성 글자.

裝備(장비) : 필요한 장비와 설치

裝飾(장식) : 치장하여 꾸밈

裝幀(장정) : 책의 모양을 아름답게 꾸밈

裳
- 치마 상　〔衣부 8획, 총 14획 *skirt*・しょう〕 3Ⅱ급
- 긴 천으로 만든 긴 치마를 뜻하는 형성 글자.

衣裳(의상) : 옷

紅裳(홍상) : 붉은 치마

複
- 겹옷 복, 겹칠 복　〔衣부 9획, 총 14획 ふく〕 4급
- 포갠 모습을 나타낸 형성 글자.

複利(복리) : 이자에 이자가 붙음

複數(복수) : 둘 이상인 수

複雜(복잡) : 여러 갈래로 얽히어 어수선함

襲
- 엄습할 습　〔衣부 16획, 총 22획 *surprise attack*・しゅう〕 4급
- 옷을 몇 벌씩 껴입는 모습을 뜻하는 형성 글자.

襲擊(습격) : 갑자기 적을 덮쳐 공격함

襲來(습래) : 갑자기 쳐들어옴

무엇을 감추는가

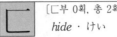

• 漢字 部首 　　　　　[匚부 0획, 총 2획]
감출 혜 　　　　　　　*hide* · けい

■/.

혜(匚) 부의 1단계 단어는 '한 쌍을 이루거나 상대에 대한 적수를 나타내는 필(匹)'입니다.

匹
• 필 필, 짝 필, 상대 필 　[匚부 0획, 총 2획 *roll, mate* · ひつ] **3급**
• 두 개의 물건이 한 쌍을 이룬 회의 글자.

匹馬(필마) : 한 필의 말

匹敵(필적) : 어깨를 견줌

匹夫(필부) : 평범한 사내

[田] • 匹夫之勇(필부지용) : 앞 뒤 경황을 살피지 않고 마구 날뛰는 것. 좁은 소견을 갖고 함부로 날뛰는 행동을 함. 출전은 『맹자』의 「양혜왕 하」

■/.

2단계는 '따로 따로를 나타내는 구(區)' 자입니다.

區
• 갈피 구, 따로따로 구 　[匚부 9획, 총 11획 *district* · く] **6급**
• 여러 개로 작게 구분 짓는 것을 나타낸 회의 글자.

區間(구간) : 일정한 지역

區別(구별) : 종류를 따라 갈라놓음

區劃(구획) : 경계를 갈라 정함

무릎을 구부린 여인

• 象形

계집 녀, 처녀 녀

[女부 0획, 총 3획]

woman · じょ, にょ

여(女) 부의 1단계는 '처녀를 뜻하는 여인(女) · 여전하다, 같다는 뜻(如) · 아름답다, 또는 좋다는 의미(好) · 기묘함과 아름다움(妙) · 방해하는 것(妨) · 손아래 누이(妹) · 씨족을 뜻하는 성(姓) · 처음, 시작함(始)과 손아래 누이(姉) · 아내(妻) · 위엄, 또는 두려움을 뜻함(威) · 아가씨(娘) · 며느리(婦) · 혼인(婚)' 등입니다.

女
- 계집 녀, 처녀 녀 〔女부 0획, 총 3획 woman · じょ, にょ〕 **8급**
- 무릎을 구부린 여인을 뜻하는 상형 글자.

女傑(여걸) : 걸출한 여자

女唱(여창) : 여자가 부르는 노래

女兄(여형) : 누나. 누님

如
- 같을 여, 조사 여 〔女부 3획, 총 6획 same · じょ〕 **4급**
- 여자처럼 부드럽게 말하는 것을 뜻하는 회의 글자.

如反掌(여반장) : 손바닥 뒤집듯 쉬움

如實(여실) : 있는 그대로

如何(여하) : 어떻게

好
- 좋을 호 〔女부 3획, 총 6획 good, like · こう〕 **4급**
- 여자가 아이를 소중히 안고 있는 모습의 회의 글자.

好感(호감) : 좋은 느낌

好機(호기) : 좋은 기회

好意(호의) : 친절한 느낌

好景(호경) : 경치

妙
- 젊을 묘, 묘할 묘 〔女부 4획, 총 7획 *strange* · みょう〕 **4급**
- 여자의 미묘한 아름다움을 뜻하는 형성 글자.

妙計(묘계) : 묘한 꾀

妙技(묘기) : 교묘한 기술

妙手(묘수) : 교묘한 수법

妨
- 방해할 방, 거리낄 방 〔女부 4획, 총 7획 *obstruct* · ぼう〕 **4급**
- 양손을 펼쳐 여자가 가려는 것을 막는 모습의 형성 글자.

無妨(무방) : 방해될 것이 없음

妨碍(방애) : 막아 거리끼게 함

妨害(방해) : 헤살을 놓아 해롭게 함

妹
- 누이 매 〔女부 5획, 총 8획 *younger sister* · まい〕 **4급**
- 여자 형제 가운데 다 자라지 않은 막내를 나타낸 형성 글자.

妹夫(매부) : 누이의 남편

妹弟(매제) : 손아래 누이의 남편

妹兄(매형) : 누나의 남편

姓
- 성 성, 씨족 성 〔女부 5획, 총 8획 *family name* · せい〕 **7급**
- 딸이 어머니로부터 물려 받은 이름을 뜻하는 형성 글자.

姓名(성명) : 성과 이름

姓氏(성씨) : 남의 성을 일컫는 말

改姓(개성) : 성을 고침

始
- 처음 시, 시작할 시 〔女부 5획, 총 8획 *beginning* · し〕 **6급**
- 여자에게 간난 아이가 생기기 시작했다는 형성 글자.

始終(시종) : 시작과 끝

始發(시발) : 처음으로 시작함

始動(시동) : 처음으로 움직임

姊
- 손위누이 자 〔女부 5획, 총 8획 *elder, sister* · し〕 **4급**
- 여자 형제 가운데 연상인 사람을 뜻하는 형성 글자.

姊妹(자매) : 여자 형제

姊氏(자씨) : 남의 손위 누나의 경칭

姊兄(자형) : 손위 누이의 남편

妻
- 아내 처, 시집보낼 처 〔女부 5획, 총 8획 *wife* · さい〕 **3Ⅱ급**
- 남편과 어깨를 나란히 하는 아내를 나타낸 형성 글자.

妻男(처남) : 아내의 남자 형제

妻山(처산) : 아내의 무덤이 있는 산

妻家宅(처가댁) : 아내의 본가

威
- 위엄 위, 두려워할 위 〔女부 6획, 총 9획 *dignity* · い〕 **4급**
- 여자를 무기로 위협하는 모습을 나타내는 형성 글자.

威力(위력) : 다른 사람을 위압하는 세력

威嚴(위엄) : 위세 있고 엄숙함

威風(위풍) : 왕성한 기세

娘
- 아가씨 낭 〔女부 7획, 총 10획 *young lady* · じょう〕 **3급**
- 나긋나긋한 젊은 여자를 뜻하는 형성 글자.

娘子(낭자) : 처녀. 궁녀. 처녀. 어머니. 여자를 일반적으로
  부르는 말

娘子軍(낭자군) : 여자들, 특히 처녀로서 조직된 군대. 또는
  여자가 인솔하는 군대

婦
- 며느리 부, 아내 부 〔女부 8획, 총 11획 *woman* · ふ〕 **4Ⅱ급**
- 비를 들고 집안 일을 하는 여자의 모습을 본뜬 회의 글자.

婦女(부녀) : 부인과 여자. 부녀자라고도 함

婦德(부덕) : 여자로서의 덕행

婦道(부도) : 여자가 지켜야할 도리

婚 • 혼인할 혼 〔女부 8획, 총 11획 *marry* · こん〕 **4급**
• 옛날에는 날이 어두워져야 결혼식을 올린 모습의 형성 글자.

婚期(혼기) : 혼인하기에 적당한 나이
婚配(혼배) : 혼인하여 부부가 되는 것
婚書(혼서) : 혼인 계약서

2단계에는 '자신을 낮추거나 남을 천시하는 종(奴) · 망령되고 허망함(妄) · 배우자나 왕비(妃) · 평온한 모습(妥) · 시어머니를 뜻하는 고(姑) · 맡기거나 쌓음(委) · 남자에게 시종을 드는 첩(妾) · 간사함(姦) · 혼인(姻) · 맵시(姿) · 조카(姪) · 즐김(娛) · 여종(婢) · 싫어함(嫌) · 중매함(媒)' 등입니다.

奴 • 종 노 〔女부 2획, 총 5획 *servant* · ど, ぬ〕 **3Ⅱ급**
• 손으로 일을 하는 여자 노예를 뜻하는 회의 글자.

奴婢(노비) : 사내종과 계집 종
奴僕(노복) : 사내종

妄 • 망령될 망 〔女부 3획, 총 6획 *be in dotage* · もう〕 **3Ⅱ급**
• 여자에게 마음을 빼앗겨 자신을 잃은 모습을 뜻하는 회의 글자.

妄動(망동) : 함부로 행동함
妄發(망발) : 함부로 말을 함
妄言(망언) : 사리에 맞지않은 말

妃 • 왕비 비 〔女부 3획, 총 6획 *princess* · ひ〕 **3Ⅱ급**
• 남자와 혼인을 한 아내라는 뜻의 형성 글자.

王妃(왕비) : 왕의 부인
妃嬪(비빈) : 비와 빈

妥
- 평온할 타 〔女부 4획, 총 7획 *serene* · だ〕 3Ⅱ급
- 화가 잔뜩 난 여인을 달래는 모습의 회의 글자.

妥結(타결) : 서로가 좋도록 일을 마무리 지음
妥當(타당) : 적절함

姑
- 시어미 고 〔女부 5획, 총 8획 *mother in law* · こ〕 3Ⅱ급
- 나이 먹은 늙은 여자를 가리키는 회의 · 형성 글자.

姑母(고모) : 아버지의 누이
姑息(고식) : 잠시 피함

委
- 맡길 위, 응용할 위 〔女부 5획, 총 8획 *entrust* · い〕 4급
- 여자나 벼이삭처럼 남들이 하는 대로 맡기는 모습의 형성 글자.

委棄(위기) : 버려둠
委付(위부) : 맡김

妾
- 첩 첩 〔女부 5획, 총 8획 *concubine* · しょう〕 3급
- 남자의 시중을 드는 여자 노예를 뜻하는 회의 글자.

臣妾(신첩) : 여인이 스스로를 낮추어 말함
妾室(첩실) : 남의 첩을 비교적 점잖게 이르는 말

姻
- 혼인 인 〔女부 6획, 총 9획 *marriage* · いん〕 3급
- 하나의 서에 다른 성이 겹치는 것을 나타낸 형성 글자.

姻婭(인아) : 일가
姻戚(인척) : 외가와 처가에 딸린 겨레붙이

姦
- 간사할 간, 간음할 간 〔女부 6획, 총 9획 *crafty* · かん〕 3급
- 여자 셋이 음란한 행위를 하는 것을 뜻하는 회의 글자.

姦夫(간부) : 간통한 사내
姦通(간통) : 배우자 외의 다른 사내와 정을 나누는 것
姦智(간지) : 간교한 지혜

姿
- 맵시 자 〔女부 6획, 총 9획 *figure* · し〕 4급
- 여자가 가볍게 얼굴이며 몸맵시를 손질함을 뜻하는 형성 글자.

姿態(자태) : 몸가짐과 맵시
姿體(자체) : 몸가짐
姿質(자질) : 자세

姪
• 조카 질 〔女부 6획, 총 9획 *nephew, niece* · てつ, ちつ〕 3급
• 혈연의 말단에 해당하는 이를 뜻하는 회의 · 형성 글자.

姪女(질녀) : 조카딸
姪婦(질부) : 조카며느리
姪行(질항) : 조카뻘

娛
• 즐길 오 〔女부 7획, 총 10획 *enjoy* · ご〕 3급
• 여자와 같이 떠들고 즐기는 것을 뜻하는 형성 글자.

娛樂(오락) : 놀이를 즐김
娛遊(오유) : 오락과 유희

婢
• 여종 비, 첩 비 〔女부 8획, 총 11획 *maid servant* · ひ〕 3Ⅱ급
• 신분이 낮은 여자 하인을 가리키는 회의 · 형성 글자.

婢僕(비복) : 여자와 남종
婢夫(비부) : 여종의 남편
婢妾(비첩) : 하녀와 첩실

嫌
• 싫어할 혐 〔女부 10획, 총 13획 *dislike* · けん〕 2급
• 女와 두 개의 물건을 쥔 모습(兼). 첩실을 뜻하는 글자.

嫌忌(혐기) : 꺼리며 싫어함
嫌惡(혐오) : 싫어하고 미워함
嫌疑(혐의) : 의심함

媒
• 중매 매 〔女부 9획, 총 12획 *matchmaking* · ばい〕 3급
• 모르는 남녀를 소개하여 서로 친하게 하는 뜻의 형성 글자.

媒子(매자) : 중매인
媒婆(매파) : 중매하는 여자
媒介體(매개체) : 중개 역할을 해 주는 물건

심장의 모양

• 象形

마음 심, 염통 심

心

[心부 0획, 총 4획]

heart · しん

심(心) 부의 1단계 단어에는 마음이 갖는 여러 형태의 모습들을 엿볼 수 있습니다. '오로지 또는 반드시(必) · 분주하고 조급함(忙) · 잊음(忘) · 질기게 견디어 냄(忍) · 뜻을 세우고 지키는 것(志) · 생각함(念) · 충성스러움(忠) · 기뻐함과 빠름의 쾌(快) · 갑작스러움과 급함(急) · 거칠게 화를 냄(怒) · 생각함(思) · 타고날 때의 본성(性)과 원망함(怨) · 은혜로이 여김(恩)과 원한(恨) · 변하지 않음(恒)과 기쁨(悅) · 깨달음(悟)과 근심(患) · 슬픔(悲)과 가엽게 여김(惜) · 악함과 재난, 그리고 미워함(惡)과 인정(情) · 은혜스러움(惠)과 고맙게 느낌(感) · 생각함(想) · 시름(愁) · 사랑함(愛) · 뜻을 세우고 생각하는 것(意) · 어머니의 사랑을 뜻함(慈)과 경사스러움(慶) · 그리워함(慕)과 근심(憂) · 지난 일을 생각함(憶)과 화답함(應)' 등입니다.

心 • 마음 심, 염통 심 [心부 0획, 총 4획 heart · しん] **7급**
• 심장의 모양을 나타낸 상형 글자.

心筋(심근) : 심장의 벽을 이루는 근육

心亂(심란) : 마음이 어수선함

心思(심사) : 마음. 생각

 • 반드시 필 [心부 1획, 총 5획 necessarily · ひつ] **5급**
• 양쪽에서 바짝 졸라 움직일 수 없게 한다는 뜻의 형성 글자.

必死(필사) : 죽을 각오로 일함

必勝(필승) : 반드시 이김

必要(필요) : 꼭 소용이 됨

㊜ • 必先苦其心志(필선고기심지) : 큰일을 할 사람은 하늘이 먼저 굳센 의지를 갖도록 심신단련에 필요한 고생을 한다는 뜻. 출전은 『맹자』의 「고자(告子) 하」

• 必也使無訟(필야사무송) : 송사를 잘 처결하는 것보다는 미리 송사를 생기지 않도록 하겠다는 뜻. 출전은 『논어』의 안연편」

• 바쁠 망, 조급할 망 〔心부 3획, 총 6획 *busy* · ぼう〕 **3급**
• 뭐가 어찌 되는 지 모를 정도로 바쁜 모습의 형성 글자.

忙殺(망쇄) : 아주 바쁨

忙月(망월) : 농사일에 아주 바쁜 달

忙中閑(망중한) : 아주 바쁜 중에도 한가한 여유

• 잊을 망, 건망증 망 〔心부 3획, 총 7획 *forget* · ぼう〕 **3급**
• 마음 속에서 지워짐을 뜻하는 형성 글자.

忘却(망각) : 잊음

健忘症(건망증) : 잊기를 잘 하는 병

忘我(망아) : 날로 잊음

• 참을 인, 질길 인 〔心부 3획, 총 7획 *bear* · じん, にん〕 **3Ⅱ급**
• 강하게 벼린 칼날같은 마음을 뜻하는 형성 글자.

忍苦(인고) : 고통을 참음

不忍(불인) : 참지 않음

忍耐(인내) : 참고 견딤

忍從(인종) : 참고 따름

• 뜻 지, 의를 지킬 지 〔心부 3획, 총 7획 *intention* · し〕 **4Ⅱ급**
• 마음이 목표를 향해 나아가는 모습의 형성 글자.

志略(지략) : 뜻

志願(지원) : 바라고 원함

志向(지향) : 뜻이 향하는 대로

念
- 생각 념, 외울 념 〔心부 4획, 총 8획 *thinking* · ねん〕**5급**
- 마음 속에 생각을 품고 입으로 중얼거림을 뜻하는 형성 글자.

念力(염력) : 온 힘을 모아 수행하려는 마음

念佛(염불) : 부처를 마음속으로 생각하며 부름

念日(염일) : 20일

忠
- 충성 충 〔心부 4획, 총 8획 *loyalty* · ちゅう〕**4Ⅱ급**
- 속이 가득차 모자람이 없는 마음을 나타낸 형성 글자.

忠良(충량) : 충성스럽고 선량함

忠臣(충신) : 충성스러운 신하

忠節(충절) : 충의를 지키는 절개

忠言(충언) : 충직한 말

快
- 쾌할 쾌, 빠를 쾌 〔心부 4획, 총 7획 *delightful* · かい〕**4Ⅱ급**
- 마음속의 응어리를 풀어버린 상쾌한 마음의 형성 글자.

快感(쾌감) : 상쾌한 느낌

快刀(쾌도) : 잘 드는 칼

快樂(쾌락) : 유쾌하고 즐거움

急
- 급할 급, 갑자기 급 〔心부 5획, 총 9획 *urgent* · きゅう〕**6Ⅱ급**
- 도망 가는 사람을 뒤에서 붙잡는 모양의 형성 글자.

急速(급속) : 갑자기

急告(급고) : 급하게 알림

急募(급모) : 급하게 모집함

急流(급류) : 물살이 센 흐름

怒
- 성낼 노, 화 노 〔心부 5획, 총 9획 *grow angry* · ど〕**4Ⅱ급**
- 마음이 격하게 차올라 화를 내는 모습의 형성 글자.

怒濤(노도) : 노한 파도

怒髮(노발) : 몹시 화가 나서 머리카락이 곤두섬

怒聲(노성) : 화가 난 목소리

• 생각할 사, 생각 사 〔心부 5획, 총 9획 *think* · し〕**5급**
• 머리나 마음으로 생각한다는 의미의 형성 글자.

思考(사고) : 생각하고 이것저것 궁리함

思想(사상) : 생각함

思婦(사부) : 걱정이 있는 부인

思春期(사춘기) : 이성에 눈뜰 시기

• 성품 성, 성질 성 〔心부 5획, 총 8획 *nature* · せい〕**5급**
• 본래부터 타고난 마음을 뜻하는 형성 글자.

性格(성격) : 각 사람이 가진 성질

性急(성급) : 성질이 급함

性能(성능) : 성질과 능력

• 원망할 원 〔心부 5획, 총 9획 *resent, enemy* · えん〕**4급**
• 마음이 꼬인 상태를 뜻하는 회의 · 형성 글자.

怨仇(원구) : 원수

怨念(원념) : 원한을 품은 생각

怨望(원망) : 남을 못마땅하게 여김

怨恨(원한) : 원통한 생각

• 은혜 은, 인정 은 〔心부 6획, 총 10획 *favors* · おん〕**4Ⅱ급**
• 마음으로 고마워하는 느낌을 나타내는 형성 글자.

恩功(은공) : 은혜와 공

恩師(은사) : 스승

恩遇(은우) : 은혜롭게 대우함

恩情(은정) : 인자스러운 마음

• 한할 한, 한 한 〔心부 6획, 총 9획 *deploring* · こん〕**4급**
• 마음 속에 원한을 품은 모습의 형성 글자.

恨死(한사) : 한을 품고 죽음

痛恨(통한) : 고통스러운 마음 속 생각

悔恨(회한) : 후회함

恒
• 항상 항, 뻗칠 긍 〔心부 6획, 총 9획 *always* · こう〕3Ⅱ급
• 항상 적당하여 마음이 느슨하거나 변하지 않은 모습의 형성 글자.

恒久(항구) : 변함없이 오램

恒常(항상) : 언제나

恒心(항심) : 늘 지니고 있는 마음

悦
• 기쁠 열, 따를 열 〔心부 7획, 총 10획 · えつ〕3Ⅱ급
• 마음속의 응어리가 풀리는 모습의 형성 글자.

喜悦(희열) : 기쁨

悦樂(열락) : 기뻐하고 즐거워 함

悦服(열복) : 기쁜 마음으로 복종하고 따름

悟
• 깨달을 오, 깨우칠 오 〔心부 7획, 총 10획 *sees* · ご〕3Ⅱ급
• 마음이 흐트러지지 않고 어떤 점에 일치감을 나타낸 형성 글자.

大悟(대오) : 크게 깨달음

悟道(오도) : 도를 깨우침

覺悟(각오) : 생각을 정리하여 다짐함

患
• 근심 환, 앓을 환 〔心부 7획, 총 11획 *anxiety* · かん〕5급
• 상대방의 마음을 꿰뚫고 마음에 걸림을 나타내는 형성 글자.

患亂(환란) : 재난

患者(환자) : 병을 앓는 사람

患部(환부) : 아픈 부위

患憂(환우) : 근심

悲
• 슬플 비, 자비 비 〔心부 8획, 총 12획 *sad* · ひ〕4Ⅱ급
• 마음이 둘로 갈라지는 것 같음을 나타내는 형성 글자.

悲歌(비가) : 슬픈 노래

悲感(비감) : 슬픈 감정

悲報(비보) : 슬픈 소식

悲風(비풍) : 슬퍼하듯이 부는 바람. 또는 적막함을 재촉하
 듯이 부는 바람. 가을 바람으로도 통함

|惜| • 아낄 석 〔心부 8획, 총 11획 *spare* · せき〕3Ⅱ급
 • 마음속에 오래 남아 생각이 더해짐을 나타낸 형성 글자.

惜命(석명) : 목숨을 아낌

惜別(석별) : 이별을 몹시 아쉬워 함

惜敗(석패) : 아깝게 짐

|惡| • 악할 악, 미워할 오 〔心부 8획, 총 12획 *wicked* · あく〕5급
 • 남에게 억눌려 화가 나 있는 모습을 본뜬 형성 글자.

惡感(악감) : 악한 감정. 또는 나쁜 느낌

惡鬼(악귀) : 악한 귀신

惡德(악덕) : 악한 덕

|情| • 뜻 정, 본성 정 〔心부 8획, 총 11획 *intention* · じょう〕5급
 • 마음 작용의 원인이 되는 기초 성분을 뜻하는 형성 글자.

情談(정담) : 다정한 이야기

情勢(정세) : 일이 되어 가는 형편

情恨(정한) : 가슴속의 원한

|惠| • 은혜 혜 착할 혜 〔心부 8획, 총 12획 *favor* · けい〕4Ⅱ급
 • 상대의 부드러운 마음을 뜻하는 회의 글자.

惠聲(혜성) : 인자하다는 소문

惠示(혜시) : 친절하게 일러둠

惠政(혜정) : 인자한 정치

田 • 惠而不知爲政(혜이부지위정) : 은혜롭기는 하나 정치할 줄은 모른다.
정치는 인기 위주보다는 원칙적으로 해야 한다는 뜻. 출전은 『맹자』의 「이루
하(離婁下)」

• 느낄 감, 고맙게 여길 감 〔心부 9획, 총 13획 *feel* · かん〕 **6급**
• 마음이 강한 느낌을 나타내는 형성 글자.

感覺(감각) : 느끼어 깨달음
感動(감동) : 깊이 마음이 움직임
感知(감지) : 느끼어 앎

• 생각 상 〔心부 9획, 총 13획 *thinking* · そう〕 **4Ⅱ급**
• 어떤 것에 대해 마음으로 생각함을 뜻하는 형성 글자.

想起(상기) : 지난 일을 생각해냄
想思(상사) : 생각함
想像(상상) : 미루어 생각함

• 시름 수, 슬퍼할 수 〔心부 9획, 총 13획 *grieve* · しゅう〕 **3Ⅱ급**
• 마음이 바짝 긴장함을 뜻하는 형성 글자.

愁心(수심) : 근심스러운 마음
愁色(수색) : 시름겨운 안색
愁聲(수성) : 슬픈 소리
愁眉(수미) : 근심스러운 눈썹. 이것은 근심이 가득한 얼굴
　　을 뜻함

• 사랑 애, 사모할 애 〔心부 9획, 총 13획 *love* · あい〕 **6급**
• 마음이 애달파 생각대로 발이 나아가지 않는다는 뜻의 형성 글자.

愛犬(애견) : 개를 사랑함
愛讀(애독) : 즐겨 읽음
愛酒(애주) : 술을 사랑함

• 뜻 의, 감탄사 희 〔心부 9획, 총 13획 *mean* · い〕 **6급**
• 입밖에 내지 않고 마음 속으로 생각함을 뜻하는 형성 글자.

意見(의견) : 마음 속에 느낀 생각
意味(의미) : 사물의 뜻
意志(의지) : 마음

• 사랑 자, 어머니 자 〔心부 9획, 총 13획 *mercy* · じ〕 3Ⅱ급
• 축하하는 선물을 보내는마음으로 기뻐함을 나타낸 회의 글자.

慈堂(자당) : 남의 어머니에 대한 높임말
慈愛(자애) : 너그럽게 사랑함

• 경사 경 〔心부 11획, 총 15획 *happy event* · けい〕 4Ⅱ급
• 곁에 없는 것을 무리하게 바라는 마음의 형성 글자.

慶事(경사) : 기쁜 일
慶祝(경축) : 경사를 축하함

• 그리워할 모, 높일 모 〔心부 11획, 총 15획 *miss* · ぼ〕 3Ⅱ급
• 곁에 없는 것을 무리하게 바라는 마음의 형성 글자.

慕化(모화) : 덕을 그리워 함
慕華(모화) : 중국의 문물이나 사상을 숭상함

• 근심 우, 병 우 〔心부 11획, 총 15획 *anxiety* · ゆう〕 3Ⅱ급
• 마음이 괴로워 발이 마음대로 나아가지 않음의 형성 글자.

憂國(우국) : 나라를 걱정함
憂慮(우려) : 염려함
憂患(우환) : 근심함

• 생각할 억 〔心부 13획, 총 16획 *recall* · おく〕 3Ⅱ급
• 마음이 메일 정도로 이 일 저 일을 생각한다는 뜻의 형성 글자.

追憶(추억) : 지난 일을 생각함
憶昔(억석) : 옛날을 생각함
記憶(기억) : 생각함

• 응할 응, 화답할 응 〔心부 13획, 총 17획 *reply* · おう〕 4Ⅱ급
• 마음으로 확실하게 받아냄을 뜻하는 형성 글자.

應急(응급) : 급한 일에 응함
感應(감응) : 느낌
應當(응당) : 해당함

⊞•應接不暇(응접불가) : 아름+다운 경치가 계속 나타나서 서로 인사할 틈도 없다. 여유가 없이 몹시 바쁜 것을 나타냄. 출전은 『세설신어(世說新語)』

2단계에는 '마음의 형태, 마음이 움직이는 데에 따라 변화해 가는 꺼림(忌)·문득(忽)·기이함(奇)·게으름(怠)·공손함(恭)·용서함(恕)·숨쉼(息)·부끄러움(恥)·멀다(悠)·뉘우침(悔)·생각함(惟)·슬퍼함(悽)·미혹함(惑)괴로워함(惱)·어리석음(愚)·나음(愈)·부끄러워함(愧)·삼감(愼)·모양(態)·분개함(慨)·버릇(慣)·생각함(慮)·게으름(慢)·욕심(慾)·위로함(慰)·참혹함(慘)·부끄러움(慚)·슬기로움(慧)·휴식(憩)·불쌍히여김(憐)·근심함(憫)·겁냄(愴)·미워함(憎)·법(憲)·정성(懇)·혼이 남(懲)·달아맴(懸)·마음에 품음(懷)·두려워함(懼)·생각함(戀)' 등입니다..

忌	•꺼릴 기, 질투할 기 [心부 3획, 총 7획 shun·き] 3급
	•무언가를 보고 깜짝 놀라 피하려는 모습의 형성 글자.

忌日(기일) : 어버이가 죽은 날

忌故(기고) : 제사를 지내는 일

忌祭祀(기제사) : 죽은 날에 지내는 제사

忽	•문득 홀, 다할 홀 [心부 4획, 총 8획·こつ] 3Ⅱ급
	•마음이 그대로 지나쳐 버린다는 뜻의 회의·형성 글자.

忽待(홀대) : 소홀히 하는 대접

忽視(홀시) : 깔봄

忽然(홀연) : 문득. 갑자기

怪	•기이할 괴, 도깨비 괴 [心부 5획, 총 8획 strange·かい] 3Ⅱ급
	•둥근 머리를 쑥 내민 느낌을 본뜬 형성 글자.

怪奇(괴기) : 괴상하고 기이함

심장의 모양(心) 181

怪物(괴물) : 괴이한 물건

怪狀(괴상) : 괴이한 모양

怠
- 게으를 태, 그만 둘 태 〔心부 5획, 총 9획 *lasy* · たい〕3급
- 사람이 긴장을 풀고 마음이 해이해 짐을 뜻하는 형성 글자.

怠慢(태만) : 일을 게을리 함

懈怠(해태) : 게으름

怠學(태학) : 학문을 게을리 함

恐
- 두려울 공, 아마 공 〔心부 6획, 총 10획 *afraid* · きょう〕3Ⅱ급
- 마음 속이 관통하여 구멍이 뚫린 듯한 모습의 형성 글자.

恐怖(공포) : 두렵고 무서워함

恐喝(공갈) : 무섭게 어우르고 위협함

恐妻家(공처가) : 아내를 두려워함

恭
- 공손할 공 〔心부 6획, 총 10획 *respectful* · きょう〕3Ⅱ급
- 윗사람에게 물건을 바칠 때의 황송한 기분을 뜻하는 형성 글자.

恭儉(공검) : 공손하고 검소함

恭敬(공경) : 삼가서 예를 차림

恭待(공대) : 상대를 높이어 대접함

恕
- 용서할 서, 어질 서 〔心부 6획, 총 10획 *pardon* · じょ〕3Ⅱ급
- 상대방과 자신을 동등하게 본다는 뜻의 회의 · 형성 글자.

容恕(용서) : 허물을 이해하고 헤아려 줌

恕宥(서유) : 잘못을 용서해 줌

恕思(서사) : 생각해 주는 마음. 배려한 마음

息
- 숨쉴 식, 번식할 식 〔心부 6획, 총 10획 *breathes* · そく〕4Ⅱ급
- 심장의 움직임에 따라 숨 쉬는 모습을 나타낸 회의 · 형성 글자.

息影(식영) : 그림자를 쉬게 함. 모든 활동을 멈춤

休息(휴식) : 쉼

子息(자식) : 자녀

恣
- 방자할 자 〔心부 6획, 총 10획 *arrogant* · し〕3급
- 방자하기 이를데 없는 마음을 뜻하는 회의 · 형성 글자.

恣意(자의) : 멋대로 함. 또는 그런 의도
恣行(자행) : 제 멋대로 하는 행동

恥
- 부끄러워할 치, 욕 치 〔心부 6획, 총 10획 *shame* · ち〕3Ⅱ급
- 마음이 슬그머니 위축되는 모습을 뜻하는 형성 글자.

恥部(치부) : 부끄러운 부분
國恥(국치) : 나라의 치욕

悠
- 멀 유, 한가로울 유 〔心부 7획, 총 11획 *far* · ゆう〕3Ⅱ급
- 사물이 유연하게 길게 이어져 있는 모습을 나타낸 형성 글자.

悠久(유구) : 아득하고 오램
悠長(유장) : 길고 오래 감

悔
- 뉘우칠 회 〔心부 7획, 총 10획 *repent* · かい〕3Ⅱ급
- 마음이 몹시 어두운 기분을 뜻하는 형성 글자.

悔改(회개) : 예전의 잘못을 뉘우침
悔心(회심) : 뉘우치는 마음

惟
- 생각할 유, 오직 유 〔心부 8획, 총 11획 *think* · い〕3급
- 한 가지 일을 골똘히 생각하는 모습의 형성 글자.

思惟(사유) : 생각함
惟獨(유독) : 홀로

悽
- 슬퍼할 처 〔心부 8획, 총 11획 *sad* · せい〕3급
- 마음과 아내를 합친 형성 글자.

悽然(처연) : 슬퍼하는 모습
悽慘(처참) : 아주 참혹함

惑
- 미혹할 혹 〔心부 8획, 총 12획 *confusion* · わく〕3Ⅱ급
- 마음이 좁은 테두리에 갇혀 어찌할 방도를 모르는 형성 글자.

惑世誣民(혹세무민) : 세상을 어지럽게 함

惑星(혹성) : 태양을 중심으로하여 둘레를 도는 별

惱
• 괴로워할 뇌, 괴로움 뇌 〔心부 9획, 총 12획 · のう〕**3급**
• 머리를 어지럽게 하는 것을 나타내는 형성 글자.

惱神(뇌신) : 머리를 어지럽게 함
惱苦(뇌고) : 몸과 마음이 몹시 괴로움
惱殺的(뇌쇄적) : 미모가 몹시 뛰어나 상대의 마음을 쏙 빼
앗는 것

愚
• 어리석을 우, 바보 우 〔心부 9획, 총 13획 *foolish* · ぐ〕**3Ⅱ급**
• 바보스럽고 어리석음을 나타내는 형성 글자.

愚見(우견) : 자신의 생각을 겸손하게 나타내는 말. 어리석
은 견해라는 뜻
愚問(우문) : 어리석은 질문
⊞ • 愚公移山(우공이산) : 우공이 산을 옮긴다. 남이 보기에는 어리석은
일 같지만 끝까지 밀고 나가면 목적을 달성할 수 있다는 말. 출전은『열자』의
「탕문편」

愈
• 나을 유, 즐거울 유 〔心부 9획, 총 12획 *preferable* · ゆ〕**3급**
• 기분이 후련해지고 마음이 좋아짐을 나타내는 회의 글자.

愈愈(유유) : 자꾸 더해 가는 모습
愈出愈怪(유출유괴) : 갈수록 일이 괴이해져 감

愧
• 부끄러워할 괴, 창피줄 괴 〔心부 10획, 총 13획 *shame* · き〕**3급**
• 부끄럽고 창피스러운 상태를 나타내는 회의 · 형성 글자.

愧死(괴사) : 부끄러움
愧色(괴색) : 부끄러워 하는 얼굴빛

愼
• 삼갈 신, 훈계할 신 〔心부 10획, 총 13획 *careful* · しん〕**3Ⅱ급**
• 마음이 한구석 빠짐없이 모두 미침을 나타낸 형성 글자.

愼重(신중) : 경솔하지 않음
愼攝(신섭) : 조심하여 몸조리를 함

態
- 모양 태 〔心부 10획, 총 14획 *attitude* · たい〕 **4Ⅱ급**
- 마음의 상태를 가리키는 형성 글자.

態度(태도) : 몸가짐
樣態(양태) : 모양

慨
- 분개할 개, 슬퍼할 개 〔心부 9획, 총 11획 *district* · 〈 〕 **3급**
- 마음속이 꽉 차서 가슴이 메어짐을 뜻하는 회의 글자.

慨嘆(개탄) : 의분이 복받쳐 오름
慨然(개연) : 뜻을 떨쳐 일어나는 모양. 또는 슬픔을 이기지
　　　못하고 탄식하는 모양

慣
- 버릇 관 〔心부 11획, 총 14획 *accustomed* · かん〕 **3Ⅱ급**
- 친숙하고 익숙함을 나타냄 형성 글자.

慣用(관용) : 관습적으로 익음
慣行(관행) : 늘 행함

慮
- 생각할 려 〔心부 11획, 총 15획 *consider* · りょ〕 **4급**
- 다음에서 다음으로 생각함을 뜻하는 형성 글자.

考慮(고려) : 생각해 둠
念慮(염려) : 걱정하고 있음

慢
- 게으를 만 〔心부 11획, 총 14획 *lazy* · まん〕 **3급**
- 흐리멍텅하고 전신이 해이해 짐을 나타낸 형성 글자.

慢性病(만성병) : 급하지 않고 천천히 진행되는 병
慢遊(만유) : 한가롭게 이곳 저곳 놀러 다님
怠慢(태만) : 일을 게을리 함

慾
- 욕심 욕 〔心부 11획, 총 1획 *greed* · よく〕 **3Ⅱ급**
- 마음이 빈듯하고 아쉬워 채우고 싶음을 뜻하는 회의 · 형성 글자.

慾念(욕념) : 욕심이 가득한 생각
慾望(욕망) : 어떤 일을 하고 싶거나 소유하고 싶은 생각이
　　　간절함

• 위로할 위, 성낼 위 〔心부 11획, 총 15획 comfort · い〕 4급
• 화가 차오른 마음을 억누르는 것을 나타낸 형성 글자.

慰勞(위로) : 육체적이나 정신적인 피로를 풀도록 따뜻하게
대해줌
慰問便紙(위문편지) : 군에 갔거나 불의의 재앙을 만난 이들
에게 희망적인 마음의 인사를 편지로써 위로함

• 참혹할 참 〔心부 11획, 총 14획 misery · さん〕 3급
• 마음에 사무치는 괴로움을 나타낸 형성 글자.

慘劇(참극) : 참혹하게 벌어진 일
慘憺(참담) : 서글프고 괴로운 모양
慘變(참변) : 참혹한 변괴

• 부끄러울 참 〔心부 11획, 총 14획 shame · ざん〕 3급
• 마음에 상처가 난 것 같은 느낌이라는 뜻의 회의 · 형성 글자.

無慚(무참) : 형편없이 일그러진 모습
慚愧(참괴) : 부끄러워 견디기 어려움

• 슬기로울 혜 〔心부 11획, 총 15획 sagasious · けい〕 4급
• 마음이 세심하고 섬세함을 나타내는 뜻의 형성 글자.

慧劍(혜검) : 지혜의 검
慧力(혜력) : 번뇌를 제거하는 일
慧門(혜문) : 지혜에 들어가는 문

• 쉴 게 〔心부 12획, 총 16획 rest · けい〕 3급
• 가슴이 두근거림을 진정시키고 숨을 편히 쉰다는 뜻의 회의 글자.

休憩室(휴게실) : 휴식을 취하는 곳
休憩(휴게) : 한숨을 돌림

憐
• 불쌍히 여길 련 〔心부 12획, 총 15획 pity · ねん〕 3급
• 마음이 무엇에 이끌려 생각이 끝없음을 뜻하는 회의 · 형성 글자.

可憐(가련) : 불쌍함

憐憫(연민) : 가엽고 불쌍히 여김

同病相憐(동병상련) : 같은 병을 앓는 처지에서 서로 동정하
는 것

憫
- 근심할 민, 불쌍히 여길 민 〔心부 12획, 총 15획 · びん〕**3급**
- 마음에 담아둔 것까지 생각함을 뜻하는 회의 · 형성 글자.

憫忙(민망) : 답답하고 딱하게 여김

憐憫(연민) : 불쌍히 생각함

憤
- 성낼 분, 번민할 분 〔心부 12획, 총 15획 *indignant* · ふん〕**4급**
- 감정이 솟구쳐 벌컥 화를 내는 것을 뜻하는 형성 글자.

憤慨(분개) : 무척 분하게 여김

憤激(분격) : 분하여 감정이 복받혀 오름

憤死(분사) : 분기가 차올라 죽음

憎
- 미워할 증 〔心부 12획, 총 15획 *hate* · ぞう〕**3Ⅱ급**
- 마음에 사소한 것이 쌓여 싫어짐이 나타난다는 뜻의 형성 글자.

憎惡(증오) : 미워함

愛憎(애증) : 사랑하고 미워함

憲
- 법 헌 〔心부 12획, 총 16획 *law, constitution* · けん〕**4급**
- 마음대로 행동하는 것을 억제하는 틀을 나타낸 형성 글자.

憲法(헌법) : 나라의 법률

憲度(헌도) : 법칙

憲臣(헌신) : 법을 취급하는 신하

懇
- 정성 간 〔心부 13획, 총 17획 *sincerity* · こん〕**3Ⅱ급**
- 마음 속에 뿌리를 내린 것처럼 정성스러움을 뜻하는 형성 글자.

懇切(간절) : 절실함

懇求(간구) : 간절히 구함. 또는 절실함

懇請(간청) : 간절히 청을 함

懲 • 혼날 징, 징계 징 〔心部 15획, 총 19획 *punish* · ちょう〕**3급**
• 나쁜 마음가짐을 탓하는 의미의 형성 글자.

懲罰(징벌) : 징계하고 벌함
懲惡(징악) : 나쁜 일을 징계함
懲役(징역) : 죄지은 자를 가둠

懸 • 매달 현, 걸 현 〔心部 16획, 총 20획 *hang* · けん〕**3Ⅱ급**
• 어느쪽으로도 정해지지 않고 동떨어짐을 나타내는 형성 글자.

懸隔(현격) : 동떨어짐
懸燈(현등) : 등불을 높이 걺
懸賞(현상) : 상금을 내걸어 모음
懸河之辯(현하지변) : 흐르는 물처럼 거침없이 말을 함

懷 • 품을 회, 마음 회 〔心部 16획, 총 19획 *cherish* · かい〕**3Ⅱ급**
• 마음에 담아 소중하게 간직함을 뜻하는 형성 글자.

懷古談(회고담) : 옛일을 돌이켜 말을 함
懷疑(회의) : 의심을 품음
懷胎(회태) : 임신함

懼 • 두려워할 구 〔心部 18획, 총 21획 *fear* · く〕**3급**
• 눈을 두리번 거리며 주저함을 나타내는 회의 글자.

疑懼心(의구심) : 의아스럽게 생각함
懼然(구연) : 두려워하는 모양

戀 • 생각할 련 〔心部 19획, 총 23획 *think, love* · ねん〕**3Ⅱ급**
• 마음이 산란하여 분간할 수 없음을 뜻하는 형성 글자.

戀慕(연모) : 사랑하고 그리워함
戀情(연정) : 상대를 그리워하는 정
戀人(연인) : 서로 그리워하고 사랑하는 상대
戀文(연문) : 연애 편지

제사에 쓰는 기구

• 漢字 部首

안석 궤, 책상 궤

几 [几부 0획, 총 2획]

back rest · き

'안석'은 방석의 일종입니다. 사람이 앉아 등을 기대는 데에 사용하는 방석입니다. 요즘은 그런 의자들을 많이 볼 수 있습니다만 예전에 방석을 벽에 대고 세운 다음 기댄 것 같습니다. '안석궤(几)' 부에 있어서는 1단계와 2단계를 통틀어 '대강 또는 무릇이라는 의미의 범(凡)' 자 뿐입니다.

凡 • 무릇 범, 대강 범 [几부 1획, 총 3획 *in general* · はん] 3Ⅱ급
• 커다란 판자나 천을 본떠 덮음을 나타내는 상형 글자.

凡例(범례) : 일러두기
凡夫(범부) : 평범한 사람
凡事(범사) : 모든 일

※다음은 제사에 관한 격언과 속담을 살펴보겠습니다.

*벼르던 제사에 물도 못 떠놓는다(무슨 일에나 잘 하려고 벼르면 오히려 더 못하게 되는 수가 있다/한국)

*먹지도 못하는 제사에 절만 죽도록 한다(아무 소용도 없는 일에 수고만 한다는 뜻/한국)

*나갔던 상주 제청(祭廳)에 달려들 듯(볼일로 나갔던 상주가 제삿날을 잊어버리고 있다가 허둥지둥 제청으로 달려들 듯이 마음의 준비없이 일을 당하여 몹시 급하게 서두른다는 뜻/한국)

*까마귀 모르는 제사(자손이 없는 제사/한국

두 팔로 에워싸듯

• 象形

거듭 우, 또 우

又

〔又부 0획, 총 2획〕

again · ゆう

우(又) 부의 1단계 단어를 보겠습니다. '거듭·또(又)·어떤 사물이나 일에 미치는 것(及)·돌이킴(反)·벗(友)·받음(受)·아재비(叔)·장가를 들거나 취함(取)' 등입니다.

又
• 거듭 우, 또 우 〔又부 0획, 총 2획 *again* · ゆう〕 3급
• 바깥에서 두 팔로 감싸는 것을 뜻하는 상형 글자.

又重之(우중지) : 더욱이

又況(우황) : 또한

及
• 미칠 급, 미치게할 급 〔又부 2획, 총 4획 *reach* · きゅう〕 3Ⅱ급
• 도망 치는 사람의 등에 손이 닿은 모습의 회의 글자.

及其也(급기야) : 필경

及落(급락) : 급제와 낙제

言及(언급) : 말을 해둠

反
• 돌이킬 반, 뒤칠 번 〔又부 2획, 총 4획 *return* · はん〕 6급
• 천 같은 것을 손으로 밀어 본래대로 돌아오게 한다는 형성 글자.

反感(반감) : 다른 사람의 의견에 반대함

反目(반목) : 서로 눈을 흘기고 봄

友
• 벗 우, 우애 우 〔又부 2획, 총 4획 *friend* · ゆう〕 5급
• 감싸듯이 두 손을 구부린 모습의 형성 글자.

友愛(우애) : 친구간의 애정

友人(우인) : 친구. 벗

友好(우호) : 친구 사이에 우애가 있음

受
• 받을 수, 당할 수 〔又부 6획, 총 8획 *receive* · じゅう〕**4Ⅱ급**
• 손에서 손으로 받는 모양을 나타내는 형성 글자.

受難(수난) : 어려움을 당함

受納(수납) : 받아들임

受賞(수상) : 상을 받음

叔
• 아재비 숙 〔又부 6획, 총 8획 *uncle* · しゅく〕**4급**
• 콩의 가는 덩굴이 작다는 뜻의 형성 글자.

叔父(숙부) : 아버지의 아우

叔姪(숙질) : 아저씨와 조카

叔行(숙항) : 아저씨 항렬

取
• 취할 취, 장가들 취 〔又부 6획, 총 8획 *take* · しゅ〕**4Ⅱ급**
• 중국에서 싸움에 이긴 표시로 귀를 자른데서 유래한 형성 글자.

取得(취득) : 손에 넣음

取妻(취처) : 아내를 맞음

取捨選擇(취사선택) : 쓸 것은 취하고 못 쓸 것은 버림

2단계에는 '배반한다는 뜻의 반(叛)' 자입니다.

叛
• 배반할 반 〔又부 7획, 총 9획 *go against* · はん〕**3급**
• 한 패거리가 둘로 갈라지는 것을 뜻하는 회의 · 형성 글자.

叛軍(반군) : 반란군

叛奴(반노) : 상전을 배반한 종

叛心(반심) : 배반하는 마음

초승달의 모양

• 象形 　　　　　　[月부 0획, 총 4획]
달 월, 세월 월 　　　　moon · げつ

📖.

월(月) 부의 1단계는 '달(月) · 어떤 것이 존재한다(有) · 옷을 입음
(服) · 친구(朋) · 우러러봄(望) · 언약에 따라 만남의 기대(期) · 아침
(朝)' 등입니다.

　• 달 월, 세월 월 〔月부 0획, 총 4획 moon · げつ〕8급
月 • 초승달을 본뜬 상형 글자.

　　月刊(월간) : 매월 한 차례 간행함
　　月光(월광) : 달빛
　　月出(월출) : 달이 나옴
⊞ • 月旦評(월단평) : 매월 초하룻날의 인물평. 관상을 잘 보기로 이름난
허소가 매월 초하룻날에 한 인물평을 가리킴. 출전은 『후한서』의 「허소전(許
劭傳)」
　• 月下氷人(월하빙인) : 월하노인(月下老人)과 빙상인(氷上人)을 합친 말.
곧 중매인을 이르는 말. 출전은 『진서(晉書)』

　• 있을 유, 또 유 〔月부 2획, 총 6획 exist · ゆう〕7급
有 • 아무 것도 없는 곳에 형체를 드러낸 모습의 형성 글자.

　　有功(유공) : 공로가 있음
　　有無(유무) : 있음과 없음
　　有産(유산) : 재산이 많음

⊞ • **有敎無類**(유교무류) : 가르치는 데에 종류나 분류는 없다. 교육에는 차별을 두지 않는다는 말. 출전은 『논어』의 「위영공편」

• **有文事者必有武備**(유문사자필유무비) : 국가를 유지하거나 평화를 유지하려면 반드시 전쟁에 대한 대비가 있어야 한다는 뜻. 출전은 『십팔사략』

• **有備無患**(유비무환) : 사전에 준비를 철저히 해 두어야만 장차 다가올 화를 막을 수 있다는 것. 출전은 『서경』의 「열명(說命)」

• **有陰德者必有陽報**(유음덕자필유양보) : 다른 사람이 모르게 착한 일을 하면 세상이 다 알게 되어 복을 받는다는 뜻. 출전은 『회남자』의 「인간훈편」

• **有酒亡國**(유주망국) : 술 때문에 망하는 나라가 있을 것이다. 술은 정신을 혼미하게하는 중독성이 있으므로 정사를 그르칠 수 있다는 것. 출전은 『십팔사략』

服
• 옷 복, 옷 입을 복 〔月부 4획, 총 8획 *clothes* · ふく〕 **6급**
• 뱃전에 붙은 판자. 사람의 몸에 꼭 붙은 옷을 뜻하는 형성 글자.

服務(복무) : 직무에 힘씀
服色(복색) : 옷의 색깔

朋
• 벗 붕, 무리 붕 〔月부 4획, 총 8획 *friend* · ほう〕 **3급**
• 두 개의 것이 나란한 것을 본뜬 데서 친구를 뜻하는 상형 글자.

朋友(붕우) : 친구
朋友有信(붕우유신) : 친구간에는 믿음이 있어야 함
朋黨(붕당) : 이해 관계나 어떤 주의를 같이하는 무리

望
• 바랄 망, 우러러볼 망 〔月부 7획, 총 11획 *hope* · ぼう〕 **5급**
• 아직 보이지 않은 달을 발돋움하여 기다리는 모습의 형성 글자.

望哭(망곡) : 바라보며 통곡함
望九(망구) : 아흔을 바라본다는 여든 한 살
望日(망일) : 보름날

期
• 만날 기, 약속할 기 〔月부 8획, 총 12획 *meet* · き〕 **5급**
• 달이 규칙적으로 7일씩 4회로 본래 모양이 된다는 형성 글자.

期年(기년) : 만1년

期約(기약) : 때를 정하여 약속함

期頤(기이) : 백살이 되는 사람

朝 • 아침 조, 조정 조 〔月부 8획, 총 12획 *morning* · ちょう〕 **6급**
• 태양이 땅의 표면에서 솟아오르는 모습의 형성 글자.

朝刊(조간) : 아침에 발행되는 신문

朝飯(조반) : 아침밥

朝野(조야) : 조정과 백성

⊞ • 朝令暮改(조령모개) : 아침에 내린 령이 저녁에 바뀜. 아랫사람에게
내리는 지시가 일관성이 없음. 출전은 『사기』의 「평준서」

• 朝聞道夕死可矣(조문도석사가의) : 아침에 바른 이치를 깨달으면 저녁에
죽어도 여한이 없다는 뜻. 출전은 『논어』의 「이인편」

• 朝三暮四(조삼모사) : 아침에는 세 개. 저녁에는 네 개. 간사한 꾀로 남을
속이는 것. 『장자』의 「제물론편」

■◢.

2단계에는 '초하루(朔) · 밝다, 또는 또랑또랑한 소리를 뜻하는 랑
(朗)' 등입니다.

朔 • 초하루 삭, 북쪽 삭 〔月부 6획, 총 10획 · さく〕 **3급**
• 달이 한바퀴 돌아 본래의 자리로 돌아오는 모습의 회의 글자.

朔望(삭망) : 초하루와 보름

朔方(삭방) : 북쪽

朔風(삭풍) : 북쪽에서 부는 매서운 바람

朗 • 밝을 랑, 소리높이 랑 〔月부 7획, 총 11획 *bright* · ろう〕 **5급**
• 달이 맑고 깨끗한 것을 나타내는 형성 글자.

朗讀(낭독) : 소리를 높여 읽음

朗誦(낭송) : 소리 높여 욈

明朗(명랑) : 아주 유쾌하고 활달함

서 있는 사람

• 象形　　　人　　〔人부 0획, 총 2획〕
사람 인, 백성 인, 남 인　　man, people · じん

∎∫.

인(人) 부의 1단계 단어에는 '이제(今) · 어짊(仁) · 대신 또는 세상 (代) · 명령(令) · 섬김(仕) · 신선(仙) · 무엇으로써(以) · 다름(他) · 치 거나　베임(伐) · 엎드림(伏) · 우러름(仰) · 쉼(休) · 오직(但) · 부처(佛) · 나(余) · 자리(位) · 지음(作) · 낮음(低) · 생활(住) · 무엇(何) · 아 름다움(佳) · 그　다음(來) · 관례(例) · 부림(使) · 의지함(依) · 보전함(保) · 풍속(俗) · 믿음(信) · 편함(便) · 낱개(個) · 인륜(倫) · 닦음(修) · 빌림(借) · 거룩함(偉) · 머무름(停) · 갖춤(備) · 해침(傷) · 전함(傳) · 속임(僞) · 가격(價) · 절약함(儉) · 헤아림(億) · 거동(儀)' 등입니다.

• 사람 인 〔人부 0획, 총 2획 man, people · じん〕 8급
• 서 있는 사람을 본뜬 상형 글자.

人格(인격) : 사람으로서의 품격

人望(인망) : 사람들이 바라는 것

人中(인중) : 코와 웃입술 사이의 오목하게 들어간 곳

田• 人生如朝露(인생여조로) : 인생은 아침 해가 떠오르면 사라져 버리는 이슬과 같다는 뜻. 출전은 『한서』의 「소무전(蘇武傳)」

• 이제 금, 곧 금 〔人부 2획, 총 4획 now · きん, こん〕 6급
• 지나가는 시간을 붙잡아 멈추게 하는 모습의 회의 글자.

今生(금생) : 살고 있는 지금

今昔(금석) : 지금과 옛날

今日(금일) : 요즈음

仁 • 어질 인, 동정 인 〔人부 2획, 총 4획 *merciful* · じん, にん〕 **4급**
• 둘이 친구로서 사이좋게 지냄을 뜻하는 회의 글자.

仁德(인덕) : 어진 덕

仁君(인군) : 어진 임금

仁兄(인형) : 편지글에서 친구 사이에 상대방을 높이어 쓰는
  말

仁者(인자) : 어진 사람

代 • 대신 대, 세상 대 〔人부 3획, 총 5획 *in place of* · だい〕 **6급**
• 일이 꼬이듯 사람이 바뀐다는 의미의 형성 글자.

代理(대리) : 남을 대신하여 일을 처리함

代替(대체) : 다른 것으로 바꿈

代行(대행) : 남을 대신하여 함

令 • 하여금 령, 명령 령 〔人부 3획, 총 5획 *order* · れい〕 **5급**
• 사람을 모아 뭔가를 명령하여 복종케 하는 모습의 회의 글자.

令色(영색) : 아름다운 얼굴빛

令狀(영장) : 명령을 적은 문서

令慧(영혜) : 총명함

仕 • 벼슬사, 섬길 사 〔人부 3획, 총 5획 *offcial* · し〕 **5급**
• 섬기는 것을 직분으로 하는 것을 나타내는 형성 글자.

出仕(출사) : 벼슬길에 나감

給仕(급사) : 사환

仕官(사관) : 관리가 되어 종사함

仙 • 신선 선, 선교 선 〔人부 3획, 총 5획 *hermit* · せん〕 **5급**
• 산 속 깊숙한 곳에 사는 사람을 나타내는 회의 · 형성 글자.

仙境(선경) : 신선이 사는 곳

仙遊(선유) : 신선이 놂

仙女(선녀) : 여자 신선

以
- 써 이, 또 이, 생각할 이 〔人부 3획, 총 5획 *with* · い〕 5급
- 도구를 사용하여 일을 하는 것을 나타내는 지사 글자.

以毒制毒(이독제독) : 독을 독으로써 제어함

以實直告(이실직고) : 있는 사실을 그대로 말을 함

以心傳心(이심전심) : 서로 간에 전하려는 의사가 통함

他
- 다를 타, 남 타 〔人부 3획, 총 5획 *different* · た〕 5급
- 색다른 것에 변고를 당하였는지를 나타내는 형성 글자.

他界(타계) : 다른 세계

他關(타관) : 다른 고장

他校(타교) : 다른 학교

田· 他山之石(타산지석) : 다른 산에서 나는 거친 돌로도 옥을 갈 수 있다. 군자의 수양과 학문을 본받아 소인도 뜻을 이룰 수 있다는 말. 출전은 『시경』의 「소아(小雅)」

· 他人鼾睡(타인한수) : 다른 사람의 코고는 소리. 다른 세력이 옆에 있는 것은 참을 수 없다는 뜻. 출전은 『송사(宋史)』

伐
- 칠 벌, 벨 벌 〔人부 4획, 총 6획 *hit* · ばつ〕 4Ⅱ급
- 사람이 날붙이로 사람의 목을 자르는 회의 글자.

伐木(벌목) : 나무를 벰

征伐(정벌) : 원정하여 벌함

伐草(벌초) : 무덤의 풀을 벰

伏
- 엎드릴 복, 숨을 복 〔人부 4획, 총 6획 *prostrate* · ふく〕 4급
- 개가 땅에 바짝 엎드린 모양을 뜻하는 회의 · 형성 글자.

伏望(복망) : 엎드려 바람

伏中(복중) : 초복에서 말복까지 사이

伏乞(복걸) : 엎드려 빎

伏暑(복서) : 더위를 먹음

仰
• 우러를 앙, 마실 앙 〔人부 4획, 총 6획 *respect* · ぎょう〕3Ⅱ급
• 우러러보는 것을 나타내는 형성 글자.

仰望(앙망) : 우러러 바란다는 의미

仰慕(앙모) : 우러러 사모함

仰祝(앙축) : 우러러 축원함

田• 仰天大笑(앙천대소) : 하늘을 우러러 크게 웃음. 좁은 소견을 보고 어
이없어 웃을 때에도 사용하는 말. 출전은 『십팔사략』

休
• 쉴 휴, 휴가 휴 〔人부 4획, 총 6획 *rest* · きゅう〕7급
• 사람이 나무 그늘에서 쉬고 있음을 뜻하는 회의 글자.

休校(휴교) : 학교가 일정 기간 쉬는 것

休日(휴일) : 쉬는 날

休止(휴지) : 끝남. 쉼

但
• 다만 단, 오직 단 〔人부 5획, 총 7획 *only* · だん〕3Ⅱ급
• 旦과 人의 합자. 다만을 나타내는 형성 글자.

但書(단서) : 다만, 또는 단이라는 말로 예외적인 조건을 강
  조하는 데 쓰임

但只(단지) : 다만

佛
• 부처 불, 불교 불 〔人부 5획, 총 7획 *buddha* · ぶつ〕4Ⅱ급
• 佛자 하나로 부처를 나타내는 형성 글자.

佛經(불경) : 불교의 경전

佛書(불서) : 불교에 관한 책

佛心(불심) : 부처의 마음

余
• 나 여 〔人부 5획, 총 7획 Ⅰ· よ, しょ〕3급
• 느긋하고 여유있으며 남음이 있다는 뜻의 형성 글자.

余等(여등) : 우리들

余輩(여배) : 같은 또래

余月(여월) : 음력 4월의 이칭

位
- 자리 위, 자리잡은 위 〔人부 5획, 총 7획 *seat, rank* · い〕**5급**
- 사람이 어떤 위치에서 굳건히 서 있음을 뜻하는 회의 글자.

位置(위치) : 사람이나 물건의 장소

位牌(위패) : 사창 등에 모시는 신주(神主)의 이름을 적은 나무 패

位階(위계) : 지위의 등급

作
- 지을 작, 될 작 〔人부 5획, 총 7획 *make* · さく〕**6급**
- 사람이 재료를 손 보는 모습을 본뜬 형성 글자.

作家(작가) : 작품을 만드는 사람

作別(작별) : 헤어짐

作業(작업) : 일. 노동

低
- 낮을 저, 숙일 저 〔人부 5획, 총 7획 *low* · てい〕**4Ⅱ급**
- 키가 작은 사람을 뜻하는 형성 글자.

低價(저가) : 싼값. 낮은 가격

低級(저급) : 낮은 등급

低頭(저두) : 머리를 숙임

住
- 살 주, 생활 주 〔人부 5획, 총 7획 *live* · じゅう〕**7급**
- 사람이 한 곳에 오래 머무르는 것을 나타내는 형성 글자.

住所(주소) : 살고 있는 곳

住民(주민) : 일정한 지역에 머물러 사는 백성

住宅(주택) : 사람이 사는 집

何
- 어찌 하, 무엇 하 〔人부 5획, 총 7획 *how, what* · か〕**3Ⅱ급**
- 사람이 어깨에 짐을 멘 모습을 본뜬 형성 글자.

何故(하고) : 어째서. 무슨 연유로

何如間(하여간) : 어쨌든. 얼마만큼

何人(하인) : 누구. 어떤 사람

• 아름다울 가, 좋을 가 〔人부 6획, 총 8획 *beautiful* · か〕 3Ⅱ급
• 아주 말쑥 하고 잘 생긴 사람의 모습을 나타내는 형성 글자.

佳境(가경) : 흥미로운 고비. 재미있는 판

佳人(가인) : 잘 생긴 여자. 아름다운 여자

佳句(가구) : 잘 지은 글귀

佳作(가작) : 당선작 다음으로 뛰어난 작품

田 • 佳人薄命(가인박명) : 여자의 용모가 너무 빼어나면 팔자가 기박하다
는 뜻. 출전은 '소식의 시'

 • 올 래, 그 다음 래 〔人부 6획, 총 8획 *come* · れい〕 7급
• 오다 라는 뜻으로 바뀐 무르익은 보리 이삭을 본뜬 상형 글자.

來訪(내방) : 찾아옴

來世(내세) : 다음 시대. 또는 죽은 다음 다시 태어날 시대

來到(내도) : 도착함

例 • 법식 례 〔人부 6획, 총 8획 *rules and forms* · れい〕 6급
• 비슷한 것을 늘어놓은 모습을 본뜬 형성 글자.

例法(예법) : 용례로 드는 법

例外(예외) : 규정이나 법식에서 벗어남

例事(예사) : 흔히 있는 일

古例(고례) : 예로부터 있어온 일

使 • 부릴 사, 사신 사 〔人부 6획, 총 8획 *manage, envoy* · し〕 6급
• 임무를 잘 수행하는 사람을 나타내는 형성 글자.

使命(사명) : 해야할 일

使人(사인) : 심부름꾼

使嗾(사주) : 다른 사람을 꼬드겨 나쁜 일을 하게 함

 • 의지할 의 〔人부 6획, 총 8획 *lean, folding* · い, え〕 4급
• 그늘에 의지하여 자신의 모습을 감춘다는 뜻의 형성 글자.

依舊(의구) : 옛날에 따름

依然(의연) : 종전 그대로

依存(의존) : 기댐

保
- 보전할 보, 편안할 보 〔人부 7획, 총 9획 keep · ぶ〕 4 Ⅱ 급
- 갓난아이를 감싸 보호하는 모습을 나타내는 형성 글자.

保姆(보모) : 탁아 시설 등에서 어린이를 돌보는 여자

保身(보신) : 몸을 보전함

保重(보중) : 건강이나 안전을 위하여 몸을 아낌

保合(보합) : 시세에 변동 없이 지속됨

俗
- 풍속 속, 세상 속 〔人부 7획, 총 9획 custom · ぞく〕 4 Ⅱ 급
- 모두가 하고 싶어하는 매우 흔한 일을 뜻하는 형성 글자.

俗界(속계) : 속인들이 사는 세상

俗名(속명) : 세상에서 부르는 이름

俗塵(속진) : 세상의 티끌

信
- 믿을 신, 펼 신 〔人부 7획, 총 9획 believe · しん〕 6 급
- 한번 말하면 그것을 관철해 나가는 사람을 뜻하는 회의 글자.

信念(신념) : 옳다고 굳게 믿고 있는 마음

信心(신심) : 믿는 마음

信望(신망) : 믿고 바람

便
- 편할 편, 똥 오줌 변 〔人부 7획, 총 9획 comfortable · べん〕 7 급
- 사람이 길들이지 않은 물건을 길들여 쓰는 뜻의 형성 글자.

便乘(편승) : 남의 차를 타고 감. 다른 세력이나 사회 변화
등을 이용하여 자신의 이익을 취하는 것

便宜(편의) : 편리하고 적당함

個
- 낱 개, 개 개 〔人부 8획, 총 10획 piece · こ, か〕 4 Ⅱ 급
- 단단한 물건의 하나 하나를 나타내는 형성 글자.

個個(개개) : 하나 하나

個別(개별) : 낱낱이. 따로 따로

個中(개중) : 여럿 있는 가운데

倫
- 인륜 륜, 무리 륜 〔人부 8획, 총 10획 *morals* · りん〕 **3Ⅱ급**
- 잘 정돈이 된 사람 사이를 나타낸 형성 글자.

倫理(윤리) : 인륜 도덕의 원리

倫次(윤차) : 질서 있는 순서

不倫(불륜) : 남녀간의 관계가 윤리에 어긋남

修
- 닦을 수 〔人부 8획, 총 10획 *cultivate* · しゅう〕 **4Ⅱ급**
- 굴곡이 지거나 끊긴 곳이 없이 가늘고 긴 모양의 형성 글자.

修德(수덕) : 덕을 닦음

修道(수도) : 도를 닦음

修正(수정) : 바로잡아 고침

借
- 빌 차, 가령 차 〔人부 8획, 총 10획 *borrow* · しゃく〕 **3급**
- 돈이나 물건을 다른 사람에게 빌리는 모습의 형성 글자.

借款(차관) : 외국에서 돈을 빌림

借問(차문) : 시험 삼아 물어봄

借花獻佛(차화헌불) : 다른 사람의 꽃을 빌어 부처에게 바침

偉
- 거룩할 위, 클 위, 성할 위 〔人부 9획, 총 11획 *holy* · い〕 **5급**
- 크고 둥글게 이루어진 모습을 뜻하는 형성 글자.

偉大(위대) : 뛰어나고 훌륭함

偉力(위력) : 위대한 힘

偉人(위인) : 뛰어나고 훌륭한 사람

停
- 머무를 정, 멈출 정 〔人부 9획, 총 11획 *stay* · てい〕 **5급**
- 건물의 버팀 다리처럼 꼼짝하지 않은 사람을 본뜬 형성 글자.

停刊(정간) : 신문이나 잡지 등의 정기적으로 발행되는 것을
  중지함

停會(정회) : 회의를 중지함

停止(정지) : 하던 일을 중도에서 그침

備
- 갖출 비, 모두 비 〔人부 10획, 총 12획 provide · び〕 **4Ⅱ급**
- 사람이 화살을 담은 전통을 지고 있는 모습의 형성 글자.

備忘錄(비망록) : 잊지 않기 위하여 적어두는 기록
備置(비치) : 갖춰놓음
備品(비품) : 회사나 관청 등에서 준비해 두고 쓰는 물건

傷
- 다칠 상, 해칠 상 〔人부 11획, 총 13획 wound · しょう〕 **4급**
- 물건에 세게 부딪쳐 상처를 입는 모습의 형성 글자.

傷心(상심) : 마음이 상함
傷害(상해) : 남의 몸에 상처를 입힘
傷痕(상흔) : 다친 흔적

傳
- 전할 전, 전기 전 〔人부 11획, 총 13획 convey · でん〕 **5급**
- 실패 굴리듯 다른 사람에게 차례로 넘겨주는 모습의 형성 글자.

傳達(전달) : 전하여 이르게 함
傳令(전령) : 명령을 전함
傳授(전수) : 전해 줌

僞
- 거짓 위, 속일 위 〔人부 12획, 총 14획 lie · ぎ〕 **3급**
- 사람이 일부러 태도를 바꾸는 모습을 뜻하는 형성 글자.

僞善(위선) : 본심이 아닌 거짓으로 하는 선행
僞作(위작) : 가짜 저작물을 진짜처럼 보이게 만듦
僞裝(위장) : 거짓으로 꾸밈

價
- 값 가 〔人부 13획, 총 15획 price · か〕 **5급**
- 장사꾼이 붙이는 가격을 나타내는 형성 글자.

高價(고가) : 높은 가격
低價(저가) : 낮은 가격
價折(가절) : 값을 흥정하거나 깎음

儉
- 검소할 검, 절약할 검 〔人부 13획, 총 15획 thrifty · けん〕 **4급**
- 절약하며 사는 정연한 사람을 나타낸 형성 글자.

儉素(검소) : 사치하지 아니함
勤儉(근검) : 절약함
儉約(검약) : 절약하여 낭비하지 않음

億
• 억 억 〔人부 13획, 총 15획 *hundred million*· おく〕**5급**
• 마음 속으로 상상할 수 없는 큰 수라는 뜻의 형성 글자.

億萬年(억만년) : 아주 오랜 시간
數億(수억) : 많은 돈
億兆蒼生(억조창생) : 헤아릴 수 없을 정도의 많은 백성

儀
• 거동 의, 법 의, 짝 의 〔人부 13획, 총 15획 *manner* · ぎ〕**4급**
• 적당히 갖추어서 사람들에게 본보기가 될만한 행위의 형성 글자.

儀觀(의관) : 위엄이 있는 몸가짐
儀禮(의례) : 갖추어야할 범절
儀表(의표) : 본보기

2단계에는 '양쪽에 끼이는 것(介) · 건네줌(付) · 조건이나 사물의 수를 나타냄(件) · 어떤 일을 도모함(企) · 맡김(任) · 둘째를 의미함(仲) · 동반자(伴) · 우두머리나 맏이를 나타냄(伯) · 같음(似) · 기지개를 폄(伸) · 권하거나 도움(佐) · 받들어 모시거나 이바지함(供) · 모심(侍) · 묶음(係) · 업신여김(侮) · 풍속(俗) · 크게 뛰어남(俊) · 재촉함(促) · 침범함(侵) · 후작이나 제후(侯) · 함께 또는 갖춤(俱) · 거꾸로 넘어짐(倒) · 본받음(倣) · 점점 더해감(倍) · 창고(倉) · 값어치(値) · 조짐이나 철기(候) · 거짓(假) · 튼튼함(健) · 인형이나 짝(偶) · 곁이나 기울음(側) · 치우침(偏) · 뛰어난 사람(傑) · 곁을 나타냄(傍) · 기울음(傾) · 겨우 또는 가까스로(僅) · 남을 멸시하는 거만함(傲) · 청산이 되지 않은 채무 관계(債) · 재촉함(催) · 동료(僚) · 어떤 사물을 본뜬 모습(像) · 승려(僧) · 선비(儒) · 빚 같은 것을 갚음(償) · 부드러움

(優)' 등입니다.

介
- 끼일 개, 도울 개, 갑옷 개 〔人부 2획, 총 4획 · かい〕 3Ⅱ급
- 두 개 사이에 끼어 있음을 나타내는 회의 글자.

介殼(개각) : 조가비
介甲(개갑) : 게나 거북이 등의 딱딱한 껍질
介殼(개각) : 연체동물의 외투막에서 분비된 석회질이 단단
　이 굳어진 껍데기
介意(개의) : 마음에 두고 걱정함

付
- 줄 부, 부칠 부 〔人부 3획, 총 5획 give, stick · ふ〕 3Ⅱ급
- 손을 뻗어 상대의 몸에 바짝 댐을 나타낸 회의 글자.

付壁(부벽) : 벽에 부치는 글씨나 그림
付與(부여) : 줌
付魔(부마) : 귀신 들림
付託(부탁) : 의뢰함

⊞ • **付驥尾**(부기미) : 천리마의 꼬리에 붙다. 명마의 꼬리에 붙으면 멀리
갈 수 있다는 말. 출전은 『사기』의 「백이열전」

件
- 건 건, 나눌 건 〔人부 4획, 총 6획 thing · けん〕 5급
- 사람이나 소처럼 하나씩 셀 수 있는 것을 뜻하는 회의 글자.

人件費(인건비) : 노임
件數(건수) : 사건이나 조건의 수
件名(건명) : 일에 붙인 이름

企
- 도모할 기, 발돋움할 기 〔人부 4획, 총 6획 scheme · き〕 3Ⅱ급
- 사람이 발끝으로 서서 먼곳을 보는 모습의 회의 글자.

企待(기대) : 발 돋음 하여 기다림
企望(기망) : 일이 이루어지기를 기다림
企業主(기업주) : 어떤 기업을 경영하고 있는 사람

企劃(기획) : 일을 꾀함

任
• 맡길 임, 일 임 〔人부 4획, 총 6획 · にん〕 **5급**
• 배가 불룩하게 물건을 안은 모습을 뜻하는 형성 글자.

任期(임기) : 어떤 직책을 맡은 기간
任務(임무) : 맡은 일
任意(임의) : 마음에 맡김
任命(임명) : 어떤 직위에 명하는 것

仲
• 버금 중, 가운데 중 〔人부 4획, 총 6획 next · ちゅう〕 **3급**
• 한가운데를 뜻하는 형성 글자.

仲介(중개) : 두 사람 사이에서 일을 추진하는 것
仲秋(중추) : 음력 8월
仲兄(중형) : 자기의 둘째형

伴
• 짝 반 〔人부 5획, 총 7획 companion · はん〕 **2급**
• 사람이 동행하는 것을 뜻하는 글자.

伴侶(반려) : 짝이 되는 친구
伴奏(반주) : 기악이나 성악 등으로 보조를 맞추어 음악적인
        효과를 내는 일
田 • 伴食宰相(반식재상) : 재능이 없으면서 유능한 재상 곁에 붙어 정사를
처리하는 재상을 가리킴. 출전은 『당서』의 「노회신전(盧懷愼傳)」

伯
• 맏 백, 길 맥 〔人부 5획, 총 7획 the eldest · は〕 **3Ⅱ급**
• 우두머리 즉 장자를 가리키는 형성 글자.

伯父(백부) : 큰아버지
伯仲之間(백중지간) : 비슷함
伯仲(백중) : 형과 아우
田 • 伯牙絶鉉(백아절현) : 백아가 거문고의 줄을 끊다. 자신이 타는 거문
고 소리를 이해하던 친구가 죽자 거문고 줄을 끊어 친구의 죽음을 애도함. 출
전은 『열자』의 「탕문편」

• 伯仲之勢(백중지세) : 실력이나 능력이 우열을 가릴 수 없을 정도로 비슷함. 출전은 위문제(魏文帝)의 『전론(典論)』

似
• 같을 사, 비슷할 사 〔人부 5획, 총 7획 *same* · じ〕 **3급**
• 사람이 솜씨좋게 세공하여 실물과 똑같이 만든다는 형성 글자.

近似(근사) : 가까움
類似(유사) : 비슷함

田 • 似而非(사이비) : 겉으로는 비슷하나 근본적으로는 전연 다른 가짜를 가리킴. 출전은 『맹자』의 「진심장 하」

伸
• 펼 신 〔人부 5획, 총 7획 *stretch out* · しん〕 **3급**
• 번개가 뻗는 모양으로 늘어남을 뜻하는 형성 글자.

追伸(추신) : 편지의 말미에 덧붙여 쓰는 말
伸縮(신축) : 늘어나고 줄어듦
伸張(신장) : 늘어나거나 퍼지고 뻗음

佐
• 도울 좌, 도움 좌 〔人부 5획, 총 7획 *aid assist* · さ〕 **3급**
• 왼쪽에서 거들어 주는 사람을 가리키는 형성 글자.

輔佐官(보좌관) : 곁에서 돕는 관리
輔佐役(보좌역) : 보좌하는 사람
輔佐(보좌) : 윗사람 곁에서 사무를 도움

供
• 이바지할 공 〔人부 6획, 총 8획 *contribute* · きょう, く〕 **3Ⅱ급**
• 두 손으로 받들어 모두를 나타낸 형성 글자.

供給(공급) : 수요에 따라 물건을 대어줌
提供(제공) : 물건을 대어줌
供養(공양) : 사당 등에 올리는 음식

侍
• 모실 시, 드는 사람 시 〔人부 6획, 총 8획 *attend* · じ〕 **3Ⅱ급**
• 신분이 높은 이의 시중을 드는 사람을 나타낸 형성 글자.

侍醫(시의) : 궁안에 있으면서 임금의 시중을 드는 의원

侍童(시동) : 곁에서 시중을 드는 아이

侍女(시녀) : 궁녀

侮
- 업신여길 모 〔人부 7획, 총 9획 despise · ぶ〕 2급
- 사람을 업신여김을 뜻하는 글자.

侮蔑(모멸) : 업신여기고 얕잡아 봄

侮辱(모욕) : 업신 여기고 욕을 보임

係
- 맬 계, 끌 계 〔人부 7획, 총 9획 fasten · けい〕 6급
- 사람이 이어지는 것을 나타내는 형성 글자.

係着(계착) : 늘 마음에 두고 잊지 아니함

係戀(계련) : 몹시 그리워하여 잊지 아니함

係累(계루) : 어떤 일에 연루되어 누가 됨

俊
- 준걸 준, 클 준 〔人부 7획, 총 9획 superior · しゅん〕 3급
- 유난히 눈에 띄는 사람을 나타내는 형성 글자.

俊德(준덕) : 덕이 높은 선비

俊才(준재) : 빼어난 재주꾼. 또는 뛰어난 재능

俊兄(준형) : 자기형의 존칭

俊物(준물) : 뛰어난 인물

促
- 재촉할 촉, 빠를 촉 〔人부 7획, 총 9획 urge · そく〕 3Ⅱ급
- 한껏 움츠리는 모습을 나타낸 형성 글자.

促迫(촉박) : 약속한 기간 등이 닥쳐 몹시 급함

促數(촉삭) : 몹시 번잡함

督促(독촉) : 재촉함

促成(촉성) : 빨리 이루어지게 함

侵
- 침범할 침, 번질 침 〔人부 7획, 총 9획 invide · しん〕 4Ⅱ급
- 깊숙히 들어가는 것을 나타낸 회의 글자.

侵攻(침공) : 침입하여 공격함

侵犯(침범) : 남의 영토를 쳐들어가 해를 끼침

侵入(침입) : 쳐들어감

侯
- 제후 후, 과녁 후 〔人부 7획, 총 9획 *feudal lords* · こう〕 **3급**
- 신분이 높은 신하에게 내리는 지위를 나타내는 회의 글자.

侯爵(후작) : 고려 때의 벼슬 이름.

封侯(봉후) : 제후에 봉함

諸侯(제후) : 봉건 시대에 영지를 다스리던 사람

俱
- 함께 구, 갖출 구 〔人부 8획, 총 10획 *together* · ぐ〕 **3급**
- 사람이 함께 모여 행동 통일을 하는 것을 나타낸 회의 글자.

俱歿(구몰) : 부모가 모두 죽음

俱發(구발) : 함께 발생함

俱現(구현) : 내용을 다 나타냄

倒
- 넘어질 도, 거꾸로 도 〔人부 8획, 총 10획 *fall* · とう〕 **3급**
- 몸이 활처럼 휘어져 땅에 닿음을 나타낸 형성 글자.

倒閣(도각) : 내각을 거꾸러뜨림

倒立(도립) : 거꾸로 섬

倒産(도산) : 망함

倒塊(도괴) : 무너짐

倣
- 본받을 방, 준거할 방 〔人부 8획, 총 10획 *imitate* · ほう〕 **3급**
- 서로 비슷한 것을 늘어놓고 비교하는 것을 나타낸 형성 글자.

模倣(모방) : 흉내를 냄

倣似(방사) : 아주 비슷함

倣刻(방각) : 본을 떠서 새김

倍
- 곱 배, 더할 배 〔人부 8획, 총 10획 *double* · ばい〕 **5급**
- 사람을 둘로 떼어놓음을 나타낸 형성 글자.

倍加(배가) : 점점 더하여 감

倍額(배액) : 두 배의 값

倍前(배전) : 이전의 배

倉
- 곳집 창 〔人부 8획, 총 10획 *warehouse* · そう〕3Ⅱ급
- 곡식을 넣어두는 창고를 나타낸 회의 글자.

倉庫(창고) : 물건을 저장해 두는 곳
倉卒(창졸) : 갑자기
倉穀(창곡) : 곳집에 넣어둔 곡식

値
- 값 치, 가질 치 〔人부 8획, 총 10획 *value* · ち〕3Ⅱ급
- 물건의 값어치에 알맞은 가격을 나타낸 형성 글자.

高値(고치) : 높은 가격
價値(가치) : 값어치
近似値(근사치) : 비슷한 가격

候
- 철 후, 조짐 후 〔人부 8획, 총 10획 *season* · こう〕4급
- 엿보거나 문안드리는 것을 나타낸 형성 글자.

問候(문후) : 문안을 드리는 인사
候鳥(후조) : 철새
候火(후화) : 봉화

假
- 거짓 가, 빌릴 가 〔人부 9획, 총 11획 *falsehood* · か〕4Ⅱ급
- 겉을 가리고 숨는 모습을 나타낸 형성 글자.

假令(가령) : 가정하여 말할 때 쓰는 말
假想(가상) : 가정하여 생각함
假定(가정) : 임시로 정함

健
- 튼튼할 건, 매우 건 〔人부 9획, 총 11획 *healthy* · けん〕5급
- 벌떡 일어서는 모습을 본뜬 형성 글자.

健忘症(건망증) : 보고들은 것을 자꾸 잊어버림
健實(건실) : 건전하고 착실함
健在(건재) : 탈없이 잘 있음

偶
- 짝 우, 인형 우 〔人부 9획, 총 11획 *spouse* · ぐう〕3Ⅱ급
- 흉내를 잘 내는 원숭이를 본뜬 짝을 뜻하는 형성 글자.

偶發的(우발적) : 우연히

偶像(우상) : 신앙의 대상으로 삼는 신의 형상을 한 상

偶人(우인) : 허수아비. 인형

側
- 곁 측, 기울 측 〔人부 9획, 총 11획 *side* · そく〕 3Ⅱ급
- 어느 한쪽으로 달라붙거나 기울음을 뜻하는 형성 글자.

側近(측근) : 매우 가까운 곳

側面(측면) : 정면으로 볼 때의 좌우면

側門(측문) : 옆으로 낸 문

偏
- 치우칠 편 〔人부 9획, 총 11획 *incline* · へん〕 2급
- 한쪽으로 기우는 것에 人을 붙여 치우침을 나타냄

偏見(편견) : 한쪽으로 치우친 공정하지 못한 생각

偏母(편모) : 홀어미

偏食(편식) : 음식을 가려 먹음

傑
- 뛰어날 걸 〔人부 10획, 총 12획 *eminent* · けつ〕 4급
- 사람이 발을 벌린 채 높은 나무 위에 올라간 모습의 형성 글자.

傑作(걸작) : 훌륭하게 잘된 작품

英雄豪傑(영웅호걸) : 영웅과 호걸

傑出(걸출) : 남보다 뛰어남

傍
- 곁 방, 방 방 〔人부 10획, 총 12획 *side* · ぼう〕 3급
- 물건을 양쪽을 뜻하는 곁이란 의미의 형성 글자.

傍系(방계) : 직계에서 갈라진 친척 부치

傍若無人(방약무인) : 주위에 사람이 없는 듯 함부로 날뜀

傍證(방증) : 간접적인 증거

傾
- 기울 경, 기울일 경 〔人부 11획, 총 13획 *incline* · けい〕 4급
- 머리를 한쪽으로 기울이는 모습을 나타낸 형성 글자.

傾國之色(경국지색) : 나라가 위태로워질 정도로 빼어난 미
인. 경국이라고도 함

傾斜(경사) : 비스듬히 기울어짐

僅
- 겨우 근, 조금 근 〔人부 11획, 총 13획 *barely* · きん〕**3급**
- 피혁을 불에 말리면 수분이 적어짐을 나타낸 회의 · 형성 글자.

僅僅(근근) : 겨우. 조금
僅小(근소) : 아주 작음
僅少(근소) : 아주 조금

傲
- 거만할 오, 놀 오 〔人부 11획, 총 13획 *haughty* · ごう〕**3급**
- 얽매이지 않고 자유로이 나다님을 뜻하는 회의 · 형성 글자.

傲氣(오기) : 오만스러운 분기
傲慢放恣(오만방자) : 오만하고 방자함
傲慢(오만) : 거만함

債
- 빚 채 〔人부 11획, 총 13획 *debt* · さい〕**3급**
- 금전 대차가 일어나는 모습의 형성 글자.

負債(부채) : 갚아야 할 빚
債務(채무) : 남에게 갚아야할 의무
債給(채급) : 빚으로 꾸어줌
債金(채금) : 빌려쓴 돈

催
- 재촉할 최, 모임열 최 〔人부 11획, 총 13획 *urge* · さい〕**3Ⅱ급**
- 남을 살짝 살짝 부추기는 것을 뜻하는 형성 글자.

催促(최촉) : 재촉하고 서둠
催告(최고) : 법률상 어떤 결과를 일으키기 위하여 상대편의
　행위, 또는 불법행위를 재촉하는 일
催淚(최루) : 눈물이 나게 함

僚
- 동료 료 〔人부 12획, 총 14획 *companion* · りょう〕**2급**
- 서로 의지하는 동료를 나타냄.

僚官(요관) : 속관. 또는 동료
僚船(요선) : 함대나 선단의 그 대열에 딸려 있는 선박을 가

리킴

像
- 형상 상, 닮을 상 〔人부 12획, 총 14획 *figure* · ぞう〕 3Ⅱ급
- 큰 코끼리가 눈에 잘 띄는 것을 나타낸 형성 글자.

像形(상형) : 어떤 물건의 모양을 본뜸

臥像(와상) : 누워있는 상

銅像(동상) : 구리로 만든 상

僧
- 중 승 〔人부 12획, 총 14획 *monk, bonze* · そう〕 3Ⅱ급
- 인도의 범어로 스님을 나타내는 형성 글자.

僧伽(승가) : 많은 중

僧軍(승군) : 중으로 조직된 군사

僧服(승복) : 승려의 옷

儒
- 선비 유, 학자 유 〔人부 14획, 총 16획 *scholar* · じゅう〕 4급
- 인품이 빼어난 사람을 나타내는 형성 글자.

儒生(유생) : 유학을 배우는 사람

儒儒(유유) : 맺고 끊음이 없이 유유부단한 사람

儒訓(유훈) : 유교의 가르침

償
- 갚을 상, 보상 상 〔人부 15획, 총 17획 *repay* · しょう〕 3급
- 보상하다는 뜻을 나타낸 형성 글자.

償還期間(상환기간) : 채무 등을 변제할 시기가 돌아옴

償債(상채) : 빚을 갚음

償還株式(상환주식) : 발행당초부터 일정한 기간이 지나면
   주주에게 상환하도록 되어 있는 주식

優
- 부드러울 우, 뛰어날 우 〔人부 15획, 총 17획 *tender* · ゆう〕 4급
- 부드럽게 행동하는 배우를 나타내는 형성 글자.

優等(우등) : 성적이 우수함

優良(우량) : 뛰어나게 좋음

優美(우미) : 우아하고 아름다움

어진 사람

· 漢字 部首
어진 사람 인

儿 〔儿부 0획, 총 2획〕
person · じん, にん

▪️.

어진 사람은 지혜로운 사람입니다. 그들은 결코 시간의 노예가 되지 않고 오히려 시간을 낚습니다. 그러므로 그들은 일세를 풍미하는 뚜렷한 자리매김을 합니다. 인(儿) 부의 1단계 단어는 '어진 사람(儿) · 우두머리이며 근원(元) · 맏형(兄) · 빛(光) · 앞서거나 먼저를 뜻함(先) · 조짐(兆) · 사람의 몸에 살집이 가득참(充) · 벗거나 허락함(免) · 어린아이(兒)' 등입니다.

- 으뜸 원, 근원 원 〔儿부 2획, 총 4획 *first, root* · げん〕 **5급**
- 사람의 몸 가운데 머리가 몸의 처음이라는 뜻의 지사 글자.

元氣(원기) : 만물의 근원이 되는 기운

元旦(원단) : 설날

元始(원시) : 사물의 시작

- 맏 형, 뛰어날 형 〔儿부 3획, 총 5획 *elder brother* · けい〕 **8급**
- 머리가 큰 사람을 나타내는 회의 글자.

兄夫(형부) : 언니의 남편

兄嫂(형수) : 형의 아내

兄弟(형제) : 형과 아우

- 빛 광, 명예 광, 시간 광 〔儿부 4획, 총 6획 *light* · こう〕 **8급**
- 사람의 머리 위로 불을 얹고 있는 모습의 회의 글자.

光景(광경) : 경치

光揚(광양) : 빛내어 드러냄

光陰(광음) : 세월

田 • 光風霽月(광풍제월) : 개인 날의 빛나는 바람을 뜻함. 비가 개인 날의 상쾌한 달로 고결한 인품을 가진 사람을 가리킴. 출전은 『송서』의 「주돈이전(周敦頤傳)」

先 • 먼저 선, 앞설 선 〔儿부 4획, 총 6획 *first* · せん〕8급
• 발끝이 가장 앞이라는 뜻의 회의 글자.

先見(선견) : 장래 일어날 일을 미리 알아냄

先例(선례) : 지금까지 있어온 예

先手(선수) : 남보다 먼저 둠

田 • 先入見(선입견) : 미리 들었던 말로 인하여 상대에 대한 생각이 고정되어 새로운 의견을 받아들이지 않는 것을 뜻함. 출전은 『한서』의 「식부궁전(息夫躬傳)」

• 先則制人(선즉제인) : 선수를 치면 남을 제압할 수 있다. 일을 하려면 모름지기 선수를 잘 쳐야 한다는 뜻. 출전은 『사기』의 「항우본기」

兆 • 조짐 조 〔儿부 4획, 총 6획 *omen, billion* · ちょう〕3Ⅱ급
• 불에 달군 거북이의 등에 생긴 금을 본뜬 상형 글자.

兆民(조민) : 많은 백성

兆域(조역) : 무덤이 있는 곳

吉兆(길조) : 좋은 징조

充 • 찰 충, 채울 충 〔儿부 4획, 총 6획 *fill up* · じゅう〕5급
• 사람의 몸에 살집이 좋음을 나타낸 형성 글자.

充當(충당) : 모자람을 채움

充耳(충이) : 귀를 막음

補充(보충) : 부족한 것을 채움

免 • 벗어날 면, 허락할 면 〔儿부 5획, 총 7획 *escape* · めん〕**3급**
• 태아가 모태로부터 힘겹게 나오는 것을 뜻하는 회의 글자.

免喪(면상) : 부모의 3년 상을 벗음
免除(면제) : 책임을 면함
免職(면직) : 일자리를 그만 두고 물러남

兒 • 아이 아, 아들 아 〔儿부 6획, 총 8획 *child* · じ〕**5급**
• 어린아이와 무릎을 꿇은 사람의 모습을 합친 상형 글자.

兒名(아명) : 어릴 때의 이름
孤兒(고아) : 부모가 없는 아이

2단계에는 '능히 이기는 것(克) · 토끼(兔)' 등입니다.

克 • 이길 극, 능히 극 〔儿부 5획, 총 7획 *overcome* · こく〕**3Ⅱ급**
• 사람의 머리에 무거운 투구를 얹고 있는 모습의 회의 글자.

克明(극명) : 속속들이 밝힘
克服(극복) : 어려운 일을 이겨냄
超克(초극) : 어려움을 벗어남

田 • 克己復禮(극기복례) : 자기의 욕망과의 싸움에서 이기고 예로 돌아가
는 것이 인(仁)이라는 뜻. 출전은 『논어』의 안연편」
　• 克天下以屈臣(극천하이굴신) : 신하에 굴하고 천하를 이긴다. 체면을 버
리고 신하의 의견을 좇아 뜻을 이룬다는 말. 출전은 『전국책』의 「진책(秦策)」

兔 • 토끼 토 〔儿부 6획, 총 8획 *rabbit* · と〕**3Ⅱ급**
• 토끼의 모습을 본뜬 상형 글자.

兔脣(토순) : 찢어진 입술. 언청이를 가리킴
兔影(토영) : 달의 이칭. 또는 달빛
月兔(월토) : 달에 사는 토끼

예언자

• 象形
점 점, 점쟁이 점

卜

〔卜부 0획, 총 2획〕
divination · ぼく

■■.

복(卜) 부에서는 1단계에 해당하는 단어가 없습니다. 2단계에 해당하는 단어는 '점(卜)과 점을 침(占)' 등입니다.

본래 '복(卜)'은 동물의 뼈나 거북의 등딱지를 점치기 위하여 태웠을 때에 생기는 금을 본뜬 글자다. 그런가하면 '점(占)'은 卜과 口를 합친 글자이다. 점을 쳐서 어느 장소나 물건을 골라 정함을 나타낸다는 의미이다.

• 점 복, 점쟁이 복 〔卜부 0획, 총 2획 *divination* · ぼく〕**3급**
• 거북이 등딱지를 태웠을 때의 생긴 금의 상형 글자.

卜居(복거) : 살 곳을 정함

卜馬(복마) : 짐을 싣는 말

卜術(복술) : 점 치는 기술

卜占(복점) : 점을 치는 일

卜師(복사) : 점쟁이

• 점칠 점, 차지할 점 〔卜부 3획, 총 5획 *divine* · せん〕**4급**
• 점을 쳐서 어느 장소나 물건을 정함을 뜻하는 회의 글자.

占據(점거) : 일정한 곳을 차지하여 자리를 잡음

占卜(점복) : 점을 침

占有(점유) : 물건을 자기의 지배 아래 둠

占術(점술) : 점을 치는 술법

벌레가 꿈틀대는 바람

• 形聲
바람 풍, 움직일 풍

[風부 0획, 총 9획]

wind · ふう

.

바람 풍(風)은 배의 돛과 충(虫)의 합자입니다. 바람이 불어닥쳐 돛이 펄럭이는 모습을 형성한 모습입니다. 마치 따뜻한 봄바람이 불어오면 기다렸다는 듯 벌레들이 꿈틀거리며 기어다닙니다. 풍부(風部)에서는 1단계와 2단계가 '바람(風)' 뿐입니다

風	• 바람 풍, 움직일 풍 [風부 0획, 총 9획 wind · ふう] **6급**

• 벌레가 꿈틀거리며 기어다니는 모습의 형성 글자.

風角(풍각) : 각적(角笛)으로 부는 소리. 음악을 통속적으로 이르는 말

風格(풍격) : 인격 風景(풍경) : 경치

風骨(풍골) : 풍채와 골격

風氣(풍기) : 병이름.

風濤(풍도) : 풍랑

風刀(풍도) : 바람의 힘. 바람의 강도

風聞(풍문) : 떠도는 소문

[卄] • **風馬牛不相及**(풍마우불상급) : 발정기의 짐승은 몇십리까지 서로 찾아다니지만, 이러한 마소도 서로 오갈 수 없는 거리에 있다는 뜻. 출전은 『사기』의 「제환공기」

• **風聲鶴唳**(풍성학려) : 바람소리와 학의 울음소리. 아무 것도 아닌 것에 공연히 놀라 겁을 집어 먹는 것. 출전은 『진서(晉書)』의 「사현전(謝玄傳)」

하늘에서 오는 손님

• 象形　　　　　　　　　　　　　　[雨부 0획, 총 8획]

雨

비 우, 비가 올 우　　　　　　　　　*rain* ・ う

✏.

　사람과 대지를 촉촉히 적시는 비(雨)는 시인의 속삭임처럼 '공중에서 누에가 뱉어 내리는 흰 비단실' 같습니다. 1단계의 시작인 '비(雨)는 높은 하늘에서 비가 떨어진 모습을 상형한 것입니다. 뒤를 이어 하얀 눈(雪)・구름(雲)・번개(電)・서리(霜)・이슬(露)' 등은 한결같이 비와 관계 있습니다.

雨
• 비 우, 비가 올 우　[雨부 0획, 총 8획 *rain* ・ う] 5급
• 하늘에서 비가 떨어지는 모습의 상형 글자.

雨期(우기) : 비가 많이 내리는 시기

雨天(우천) : 비가 오는 궂은 날씨

雨水(우수) : 빗물, 24절기의 하나

雪
• 눈 설, 휠 설　[雨부 3획, 총 11획 *snow* ・ せつ] 6급
• 하늘에서 내려와 땅을 하얗고 깨끗하게 만드는 모습의 형성 글자.

雪景(설경) : 눈이 내리거나 눈이 쌓인 경치

雪膚(설부) : 눈처럼 새하얀 피부

雪辱(설욕) : 치욕을 씻음

雲
• 구름 운　[雨부 4획, 총 12획 *cloud* ・ うん] 5급
• 비를 내리게 하는 자욱한 구름을 뜻하는 형성 글자.

雲開(운개) : 구름이 사라짐

雲山(운산) : 구름이 걸린 높은 산

雲海(운해) : 구름 덮인 바다

- 번개 전, 번쩍일 전 〔雨부 5획, 총 13획 *lightning* · でん〕7급
- 비가 내릴 때에 번개가 치는 것을 본뜬 형성 글자.

電球(전구) : 전등알

電燈(전등) : 전기를 이용한 등

電擊(전격) : 갑작스럽게 들이침

電光石火(전광석화) : 아주 빠른 시간

- 서리 상, 해 상 〔雨부 9획, 총 17획 *frost* · そう〕3Ⅱ급
- 한줄기씩 갈라 서 있는 서릿발을 본뜬 형성 글자.

霜菊(상국) : 서리가 내릴 때 피는 국화

霜降(상강) : 서리가 내림

霜刃(상인) : 서릿발같은 칼날

秋霜(추상) : 가을날의 서릿발. 또는 그런 명령

露
- 이슬 로, 드러날 로 〔雨부 12획, 총 20획 *dew* · ろ〕3Ⅱ급
- 그림자도 형체도 없는 이슬을 뜻하는 형성 글자.

露骨(노골) : 속마음을 드러냄

露積(노적) : 밖에 쌓아둔 곡식더미

露呈(노정) : 드러냄

2단계에서는 '조용히 떨어짐(霪) · 우레(雷) · 구하거나 부드러움
(需) · 벼락(震) · 안개(霧) · 신령(靈)' 등입니다.

霪
- 조용히 오는 비 령 〔雨부 5획, 총 13획 *drizzle* · れい〕3급
- 令과 雨의 합자. 비가 떨어지는 모습을 본뜬 형성 글자.

零細(영세) : 매우 적음

零細民(영세민) : 매우 가난한 사람

零點(영점) : 점수가 없음

雷
- 우레 뢰 〔雨부 5획, 총 13획 *thunder* · らい〕 3Ⅱ급
- 비가 내릴 때 생기는 천둥의 모습을 본뜬 형성 글자.

雷名(뇌명) : 남의 이름을 높여 하는 말

雷神(뇌신) : 우레를 주관하는 신

雷聲(뇌성) : 천둥소리

需
- 구할 수, 부드러울 유 〔雨부 6획, 총 14획 · じゅ〕 3Ⅱ급
- 은근히 기다리고 바란다는 뜻의 형성 글자.

需給(수급) : 수요와 공급

需要(수요) : 구매력에 따라 상품을 가지고 싶어하는 욕망
을 가리킴

震
- 벼락 진 〔雨부 7획, 총 15획 · しん〕 2급
- 하늘에서 울리는 벼락을 나타낸 글자.

震恐(진공) : 무서워함

震懼(진구) : 무서워 떪

震動(진동) : 흔들려 움직임

霧
- 안개 무, 어두울 무 〔雨부 11획, 총 19획 *fog* · む〕 3급
- 덮어서 가리는 안개의 모습을 나타내는 형성 글자.

濃霧(농무) : 짙은 안개

霧散(무산) : 안개가 흔적 없이 사라짐

霧笛(무적) : 안개가 자욱히 낄 때 경적을 울려 서로 충돌
을 방지하기 위한 경적

靈
- 신령 령, 정성 령 〔雨부 16획, 총 24획 *spirit* · れい〕 3Ⅱ급
- 깨끗한 신의 계시를 나타낸 형성 글자.

靈界(영계) : 정신 세계

靈柩(영구) : 시체를 넣는 관

靈魂(영혼) : 넋

길흉화복의 수호신

• 象形   [魚부 0획, 총 11획]

고기 어, 어대(魚帶) 어   fish · ぎょ

■ㅣ.

어(魚) 부에서는 모든 단계가 '물고기(魚)와 신선함(鮮)' 등입니다.

魚 • 고기 어, 어대 어 [魚부 0획, 총 11획 fish · ぎょ] 5급
• 물고기의 형체를 본뜬 상형 글자.

魚物(어물) : 물고기의 총칭

魚貝(어패) : 물고기와 조개

魚缸(어항) : 물고기를 기르는 유리 항아리

鮮 • 고을 선, 적을 선 [魚부 6획, 총 17획 fine · せん] 5급
• 물고기와 비린내나는 양고기를 합친 형성 글자.

鮮度(선도) : 고기나 채소 등의 신선함의 정도를 가리킴. 신
선함

鮮魚(선어) : 싱싱한 생선

鮮血(선혈) : 신선한 피

※다음은 물고기에 관한 격언과 속담입니다.

*고기 보고 기뻐만 말고 가서 그물을 뜨라(목적 하는 바가 있으
면 준비를 단단히 하라는 말/한국)

*소금에 저리지 않은 고기는 애비없는 자식처럼 나쁘게 된다/
중국)

*물고기를 잡으려면 물에 젖는 것을 싫어하지 말라/영국

속은 비었으나 곧다

• 形聲
대 죽, 피리 죽, 죽간 죽

竹

[竹부 0획, 총 6획]
bamboo · ちく

대나무는 매화 · 국화 · 난초와 더불어 사군자(四君子)로 꼽습니다. 특히 대나무는 충의 · 절의를 나타내는 대명사로 알려졌습니다. 이러한 사군자의 하나인 대나무(竹) 부의 1단계 단어는 '대나무(竹) · 웃음(笑) · 차례(第) · 대답함(答) · 등급(等) · 붓(筆) · 계산함(算) · 마디(節) · 완결된 시문이나 책(篇)' 등입니다.

竹

• 대 죽, 피리 죽 〔竹부 0획, 총 6획 *bamboo* · ちく〕 4Ⅱ급
• 두 개의 대나무 가지를 본뜬 형성 글자.

竹木(죽목) : 대나무와 나무

竹簡(죽간) : 옛날 종이가 없을 때에 글을 쓰던 대쪽

竹杖(죽장) : 대지팡이

田 • 竹馬故友(죽마고우) : 어릴 때에 대나무로 만든 말을 타고 놀던 친구. 출전은 『진서』의 「은호전(殷浩傳)」

笑

• 웃을 소, 꽃이 필 소 〔竹부 4획, 총 10획 *laugh* · しょう〕 4Ⅱ급
• 가늘게 입을 오므려 호호 하고 웃는 모습을 본뜬 형성 글자.

笑劇(소극) : 크게 웃어댐

笑問(소문) : 웃는 얼굴로 물음

嘲笑(조소) : 비웃음

第 • 차례 제, 저택 제 [竹부 5획, 총 11획 *order* · だい] **8급**
• 대나무 마디가 순서대로 서는 것을 뜻하는 형성 글자.

第五列(제오열) : 적과 내통하는 사람
第三者(제삼자) : 당사자 이외의 사람
第宅(제택) : 집. 살림집
第一義(제일의) : 가장 소중하고 근본이 되는 것

答 • 대답할 답, 보답할 답 [竹부 6획, 총 12획 *answer* · とう] **7급**
• 질문에 맞서서 대답함을 나타내는 형성 글자.

答禮(답례) : 받은 예를 갚는 일
答辭(답사) : 대답하는 말
答案紙(답안지) : 답을 적은 종이
答拜(답배) : 답례로 절을 함

等 • 등급 등, 같게 할 등 [竹부 6획, 총 12획 *class* · とう] **6급**
• 몇 자루의 대나무 표찰을 손에 쥐고 있는 모습의 형성 글자.

等邊(등변) : 길이가 같은 변
等外(등외) : 같은 등급 외
等分(등분) : 같은 양으로 나눔
等溫(등온) : 온도가 똑같음

筆 • 붓 필 [竹부 6획, 총 12획 *writing brush* · ひつ] **5급**
• 대나무로 만든 붓을 나타내는 형성 글자.

筆談(필담) : 글로 써서 의사를 통일함
筆墨(필묵) : 붓과 먹
筆房(필방) : 붓을 만들어 파는 가게
筆力(필력) : 글씨의 획에 드러난 힘

算 • 셈할 산, 산가지 산 [竹부 8획, 총 14획 *count* · さん] **7급**
• 대나무 막대기를 손으로 세는 것을 뜻하는 회의 글자.

算法(산법) : 계산하는 법

算數(산수) : 셈함

算出(산출) : 계산해 냄

算筒(산통) : 점쟁이가 점을 칠 때에 산 가지를 넣어두는 통
을 가리킴

節
- 마디 절, 규칙 절 〔竹부 9획, 총 15획 knot · せつ〕 **5급**
- 한단씩 구분 짓는 대나무 마디를 본뜬 형성 글자.

節約(절약) : 쓸데없는 비용이 나가지 않도록 비용을 아끼는
것

節米(절미) : 쌀을 절약함

節次(절차) : 일의 순서

篇
- 책 편, 완결된 시문 편 〔竹부 9획, 총 15획 book · へん〕 **4급**
- 본래의 문자를 기록하는 편편한 죽간을 뜻하는 회의 · 형성 글자.

篇次(편차) : 서책을 분류할 때의 차례

篇籍(편적) : 책

2단계에는 '부호나 수결(符) · 피리(笛) · 계책이나 지팡이(策) · 대
롱(管) · 법(範) · 도탑고 병이 깊음(篤) · 쌓음(築) · 대쪽(簡) · 장부
(簿) · 문서(籍)' 등입니다.

符
- 부신 부, 상서 부, 수결 부 〔竹부 5획, 총 11획 · ふ〕 **3Ⅱ급**
- 대나무를 쪼개 다른 한쪽과 맞추어 본다는 뜻의 형성 글자.

符書(부서) : 뒷세상에 나타날 일을 미리 적어놓은 글

符合(부합) : 꼭 들어맞음

符號(부호) : 표. 기호

符節(부절) : 간첩들이 신분 확인용으로 만든 표찰

笛 • 피리 적, 취악기 적 〔竹부 5획, 총 11획 *flute* · てき〕3Ⅱ급
• 대나무 통에서 가늘게 빠져나오는 소리를 뜻하는 형성 글자.

玉笛(옥적) : 옥으로 만든 피리
夜笛(야적) : 밤 피리
汽笛(기적) : 기차의 정적

策 • 꾀 책, 대쪽 책 〔竹부 6획, 총 12획 *plan* · さく〕3Ⅱ급
• 대나무 표찰에 의견이나 계략을 적어 전하는 뜻의 형성 글자.

策動(책동) : 은밀히 꾀를 써서 행동함
策命(책명) : 군왕이 신하에게 주는 사령장
策士(책사) : 책략을 잘 쓰는 사람
術策(술책) : 계략을 씀

管 • 대롱 관, 피리 관 〔竹부 6획, 총 14획 *slender* · かん〕4급
• 대나무로 만든 피리를 나타내는 형성 글자.

管內(관내) : 맡아서 다스리는 구역
管下(관하) : 맡아서 다스리는 구역 안
管轄(관할) : 맡아서 관리함

田 • 管見(관견) : 붓 대롱 속으로 내다본다. 바늘구멍과 같은 좁은 소견을 가리킴. 출전은 『장자』의 「추수편」
• 管鮑之交(관포지교) : 관중과 포숙아의 두터운 우정. 친구 사이의 두터운 우정을 이르는 말. 출전은 『사기』의 「관중열전」

範 • 법 범, 한계 범 〔竹부 9획, 총 15획 *law* · はん〕4급
• 수레의 굴대를 밖에서 눌러 죄는 것을 뜻하는 형성 글자.

範例(범례) : 본보기
範圍(범위) : 어떤 구역의 언저리
範疇(범주) : 같은 성질의 것이 속하여야할 부류

篤 • 도타울 독 〔竹부 10획, 총 16획 *generous* · とく〕3급
• 빈틈없이 자상함을 나타내는 뜻의 형성 글자.

篤老(독로) : 매우 늙음

篤信(독신) : 독실하게 믿음

篤學(독학) : 학문에 독실함

篤志家(독지가) : 이름을 밝히지 않고 어려운 사람을 돕는
　　사람

築 • 쌓을 축, 다질 축 〔竹부 10획, 총 16획 *plied up* · ちく〕**4급**
• 막대기를 손에 쥐고 지면을 다져 만든 토대를 본뜬 형성 글자.

築臺(축대) : 대를 쌓음

築舍(축사) : 집을 지음

築造(축조) : 쌓아서 만듦

簡 • 대쪽 간, 뽑을 간 〔竹부 12획, 총 18획 *split bamboo* · かん〕**4급**
• 한쪽으로 내다보이는 달의 모습을 본뜬 형성 글자.

簡潔(간결) : 간단하고 요령이 있음

簡牘(간독) : 종이가 없던 시절에 글을 쓸 수 있는 대쪽

簡單(간단) : 손쉬움

簿 • 장부 부, 홀 부 〔竹부 13획, 총 19획 *account book* · ぼ〕**3Ⅱ급**
• 종이 대신 글을 쓰던 나무 조각을 본뜬 형성 글자.

簿記(부기) : 장부에 적음

名簿(명부) : 이름을 적은 장부

簿籍(부적) : 관청의 장부나 문서

符籍(부적) : 악귀를 쫓아내기 위해 글씨나 그림을 그려 벽
　　에 붙이거나 몸에 지니게 하여 재액을 막음

籍 • 문서 적, 장부 적 〔竹부 14획, 총 20획 *document* · せき〕**4급**
• 죽간을 붙여 여러 겹 쌓아놓은 것을 뜻하는 형성 글자.

書籍(서적) : 책

本籍(본적) : 태어난 곳

學籍(학적) : 학교에 다닐 때의 성적을 적은 내용. 학적부라
　　고도 함

똑바로 세워라

・象形　　　　　　　　　　　〔士부 0획, 총 3획〕
선비 사, 벼슬 사　　　　　　　*scholar* ・ し

.

사(士) 부에서는 모든 단어가 1단계뿐입니다. '선비(士) ・ 북방(壬) ・ 씩씩함(壯) ・ 하나(壹) ・ 목숨(壽)' 등입니다.

士
・선비 사, 벼슬 사　〔士부 0획, 총 3획　*scholar* ・ し〕**5급**
・똑바로 꽂은 모양을 본뜬 상형 글자.

士林(사림) : 훌륭한 선비들의 세계
士族(사족) : 사대부 집안
士風(사풍) : 선비의 집안

壬
・북방 임, 아홉번째 임　〔士부 1획, 총 4획　*north* ・ じん〕**3Ⅱ급**
・베틀의 날실을 감는 축(軸)의 상형 글자.

壬方(임방) : 서쪽에서 약간 북쪽에 가까운 방위
壬申(임신) : 육십 갑자의 아홉번째
壬人(임인) : 간사한 소인배

壯
・씩씩할 장, 젊을 장　〔士부 4획, 총 7획　*manly* ・ そう〕**4급**
・키가 크고 용감한 남자를 뜻하는 형성 글자.

壯觀(장관) : 굉장하고 볼만한 경치
壯麗(장려) : 웅장하고 화려함
壯士(장사) : 젊은이

壹
・한 일, 모두 일　〔士부 9획, 총 12획　*one* ・ いつ〕**3급**
・아가리를 꽉 닫고 속에 물건이 꽉 차있는 모습의 형성 글자.

壹是(일시) : 모두

均壹(균일) : 정해진 대로. 하나같이

壹意(일의) : 한가지 일에 마음을 집중함

壽
- 목숨 수, 축수할 수 〔土부 11획, 총 14획 life · じゅ〕 3Ⅱ급
- 구불구불 구부러지면서 노인이 되기까지의 형성 글자.

壽命(수명) : 생물의 살아있는 연한

壽筵(수연) : 장수를 축하 하는 잔치

壽福(수복) : 오래 살며 복을 누림

※다음은 '선비(士)'에 대한 어록과 속담입니다.

*곧은 선비는 행복을 구하는 마음이 없는지라 하늘은 그 마음이 없는 곳을 향하여 그 문을 열어주고 음흉한 사람은 재앙을 피하려고만 애쓰는 지라 하늘은 그 애쓰는 마음에 재앙을 내려 그 넋을 빼앗는다. 가히 볼지라. 하늘 권능의 신묘함이여! 사람의 지혜 계교가 무슨 소용이 있으랴/(채근담)

*구슬은 임금이 좋아하는 것이기 때문에 발이 없어도 자연 모여들고, 선비는 임금이 좋아하지 않기 때문에 발이 있어도 자연 모여들지 않는다/(한시외전)

*여자는 사랑하여 주는 자를 위하여 화장을 하고 선비는 자기를 알아주는 자를 위하여 죽는다/(예양)

*백성은 이득 있는 곳에 보이고 선비는 명분 있는 곳에 죽는다 (선비는 명예를 위하여 목숨을 아끼지 않는다/한비자)

*남산골 딸깍발이(가난한 선비를 농을 하는 말. 옛날 남산 밑에는 가난한 선비들이 많이 살고 있었으며, 그들은 맑은 날에도 늘 딸깍딸깍 하는 나막신을 신고 다녔다)

*선비 논 데엔 용 나고 학이 논 데엔 비늘이 쏟아진다(훌륭한 행적이나 착한 행실에는 반드시 좋은 영향을 끼친다는 말/한국)

*게으른 선비 책장 넘기기(글을 읽는 데엔 마음을 붙이지 않고 책장만 뒤적거리고 있다는 뜻이다. 게을러서 빨리 하고 있는 일에서 벗어나고 싶다는 뜻/한국)

떠오른 초승달

• 指事 　　　　　　　　[夕부 0획, 총 3획]

夕

저녁 석, 밤 석 　　　　　　*evening* · せき

석(夕) 부의 1단계에는 '저녁(夕) · 바깥(外) · 많음(多) · 밤(夜)' 등
의 단어가 포함됩니다.

夕
- 저녁 석, 밤 석 〔夕부 0획, 총 3획 *evening* · せき〕 **7급**
- 초승달을 본뜬 지사 글자.

夕刊(석간) : 저녁 신문

夕室(석실) : 비스듬히 기운 방

夕陽(석양) : 저녁해

外
- 바깥 외, 처가 외 〔夕부 2획, 총 5획 *outside* · がい〕 **8급**
- 달이 이지러지는 바깥쪽을 나타내는 회의 글자.

外客(외객) : 겨레붙이가 아닌 손님

外觀(외관) : 겉으로 보는 모양

外界(외계) : 내 몸 이외의 사물

多
- 많을 다 〔夕부 3획, 총 6획 *many* · た〕 **6급**
- 고기를 잔뜩 포개어놓은 모습을 본뜬 회의 글자.

多感(다감) : 감수성이 많음

多年(다년) : 여러 해

多福(다복) : 복이 많음

田 • 多岐亡羊(다기망양) : 갈림길이 많아 양을 잃어버렸다. 학문에는 길이
많아 진리는 찾는 것이 어렵다는 말. 출전은 『열자』의 「설부편(說符篇)」

• **多多益善**(다다익선) : 많으면 많을수록 좋다. 감당할 능력이 있으면 많을수록 좋다는 뜻. 『사기』의 「회음후열전」

• **多士濟濟**(다사제제) : 인재가 많다. 훌륭한 인재도 곁에 인재가 많아야만 큰일을 할 수 있다는 뜻. 출전은 『시경』의 「대아편」

夜
• 밤 야, 새벽 야 〔夕부 5획, 총 8획 *night* · や〕 6급
• 달이 뜨는 밤을 가리키는 형성 글자.

夜間(야간) : 밤

夜勤(야근) : 야간 근무

夜月(야월) : 밤에 보이는 달

2단계에는 '꿈(夢)' 뿐입니다.

夢
• 꿈 몽, 어둘 몽 〔夕부 11획, 총 14획 *dream* · む〕 3Ⅱ급
• 눈을 가리고 현실 세계를 보지 못한 꿈을 본뜬 형성 글자.

夢寐(몽매) : 꿈을 꾸는 동안

夢想(몽상) : 꿈속에서 생각함

夢幻(몽환) : 꿈과 환상

※다음은 꿈에 관한 여러 모습을 살펴보겠습니다.

*남가일몽(南柯一夢). 순우분이 느티나무 밑에서 낮잠을 자며 꾸었던 꿈.

*몽리청춘(夢裡靑春). 꿈속에서의 젊음

*황량지몽(黃粱之夢). 인생은 꿈과 같이 영고성쇠가 하잘 것 없다는 뜻. 한단지몽(邯鄲之夢)이라고도 함

*일장화서몽(一場華胥夢). 황제가 낮잠을 잘 때 무위의 자연에서 놀다가 온 꿈

두 팔을 벌려라

• 象形
클 대, 많을 대, 대개 대

大

[大부 0획, 총 3획]
big · たい

크다(大)는 것은 사람의 서 있는 모습을 상형(象形)한 것입니다만, 내밀하게 파고들면 '크다'는 것은 마음의 깊이가 넓고 박학다식한 것을 의미합니다. 그러므로 '대' 자가 들어간 단어들은 한결같이 의미가 크다는 것을 알 수 있습니다. 1단계 단어는 '크다(大) · 지아비(夫) · 하늘(天) · 크다(太) · 잃다(失) · 받들다(奉)' 등입니다.

大 • 큰 대, 많을 대 [大부 0획, 총 3획 *big* · たい] **8급**
• 사람이 손발을 벌리고 서 있는 모습을 본뜬 상형 글자.

大家(대가) : 부귀한 집

大吉(대길) : 매우 길함

大略(대략) : 큰 계략

田 • 大器晩成(대기만성) : 큰그릇은 오랜 시간 많은 노력을 기울인 뒤에야 완성된다. 큰 인물은 오랜 각고 끝에 탄생한다는 뜻. 출전은 『노자』의 「41장」

• 大同小異(대동소이) : 크게는 같고 작게는 다르다. 그것이 그런 정도로 쓰임. 출전은 『장자』의 「천하편」

• 大義滅親(대의멸친) : 대의를 위해서는 부자의 정도 희생을 시킴. 출전은 『춘추좌씨전』「은공 3, 4년조」

• 大丈夫(대장부) : 위대한 남자, 또는 큰남자라는 뜻. 출전은 『맹자』의 「등문공하」

夫	• 지아비 부, 사내 부 〔大부 1획, 총 4획 husband · ふ〕**7급**
	• 큰 사람의 머리에 쓴 관을 나타내는 회의 글자.

夫婦(부부) : 남편과 아내

夫日(부일) : 남편의 제삿날

夫妻(부처) : 남편과 아내

天	• 하늘 천, 운명 천 〔大부 1획, 총 4획 sky · てん〕**7급**
	• 사람의 머리 위에 펼쳐진 크고 넓은 하늘을 본뜬 회의 글자.

天界(천계) : 하늘

天氣(천기) : 하늘의 기운

天上(천상) : 하늘 위

田 • **天高馬肥**(천고마비) : 하늘은 높고 말은 살찌다. 변방의 사정을 묘사한 글. 출전은 '두심언(杜審言)의 시'

• **天網恢恢疏而不漏**(천망회회소이불루) : 하늘이 친 그물은 크고 넓어 엉성해 보이지만 그 그물에서 빠져나갈 수 없다는 뜻. 출전은 『노자』「73장」

太	• 클 태 〔大부 1획, 총 4획 great · たい〕**6급**
	• 泰의 약자. 넓고 큰 것을 의미하는 회의 글자.

太古(태고) : 아주 오랜 옛날

太初(태초) : 천지가 개벽하기 전

太平(태평) : 세상이 평안함

失	• 잃을 실, 잘못 실 〔大부 2획, 총 5획 lose · しつ〕**6급**
	• 수중에서 쏙 빠져나가 어디로 가버린 것을 뜻하는 형성 글자.

失脚(실각) : 발을 헛디딤. 지위를 잃음

失機(실기) : 기회를 놓침

失手(실수) : 일을 잘못하여 그르침

奉	• 받들 봉, 기를 봉 〔大부 5획, 총 8획 honor · ほう〕**5급**
	• 물건을 양손으로 받드는 것을 나타내는 형성 글자.

奉仕(봉사) : 공손히 시중을 듦

奉旨(봉지) : 윗사람의 뜻을 받듦

■❚.

2단계에는 '가운데(央) · 오랑캐(夷) · 기이함(奇) · 어찌 또는 왜(奈)
· 달리다(奔) · 맺다(契) · 아룀(奏) · 어찌(奚) · 빼앗다(奪)' 등입니다.

央
- 가운데 앙 〔大부 2획, 총 5획 center · おう〕3Ⅱ급
- 한가운데를 나타내는 회의 글자.

中央(중앙) : 한가운데
未央宮(미앙궁) : 한나라 황실에 있던 궁전 이름
未央生傳(미앙생전) : 원나라 시대의 호색 소설

夷
- 오랑캐 이 〔大부 3획, 총 6획 barbarian · い〕3급
- 몸집이 작고 키가 작다는 뜻을 나타내는 회의 글자.

夷滅(이멸) : 멸망시킴
夷狄(이적) : 오랑캐

奇
- 기이할 기, 홀수 기 〔大부 5획, 총 8획 strange · き〕4급
- 몸이 구부러져 예사롭지 않게 두드러진 모습을 본뜬 형성 글자.

奇計(기계) : 기이한 계책
奇妙(기묘) : 기이하고 진기함
奇談(기담) : 기이한 이야기

奈
- 어찌 내, 나락 나 〔大부 5획, 총 8획 how · ない〕3급
- 모과나무를 나타냄. 의문사로 사용되는 형성 글자.

奈何(내하) : 어찌
奈落(나락) : 지옥

奔
- 달릴 분, 패주할 분 〔大부 5획, 총 8획 run · ほん〕3Ⅱ급
- 자리를 박차고 일어나 달리는 모습을 나타낸 형성 글자.

奔忙(분망) : 매우 부산하게 바쁨

奔走(분주) : 바쁘게 뛰어다님

奏 •아뢸 주 〔大부 6획, 총 9획 *inform a superior* · そう〕2급
•엎드려 아뢰는 모양을 나타냄.

奏達(주달) : 임금에게 아룀

奏樂(주악) : 음악을 연주함

契 •맺을 계, 애쓸 결 〔大부 6획, 총 9획 *contract* · けい〕3Ⅱ급
•약속을 뼈나 나무에 칼로 새기는 것을 나타내는 형성 글자.

契機(계기) : 어떤 일이 되는 동기

契約(계약) : 약정

金蘭之契(금란지계) : 친구 사이의 우정

奚 •어찌 해 〔大부 7획, 총 10획 *how* · けい〕3급
•밧줄에 묶인 노예를 가리키는 형성 글자.

奚琴(해금) : 악기 이름

奚奴(해노) : 머슴

獎 •권면할 장 〔大부 11획, 총 14획 *exhort* · しょう〕4급
•크게 펴서 남에게 권고함을 나타낸 형성 글자.

獎勵(장려) : 권하여 힘쓰게 함

獎學(장학) : 학문을 장려함

奪 •빼앗을 탈 〔大부 11획, 총 14획 *rob* · だつ〕3급
•남의 겨드랑에 낀 새를 잽싸게 꺼내는 모습의 회의 글자.

奪氣(탈기) : 기운을 빼앗음

奪還(탈환) : 다시 빼앗음

奪取(탈취) : 빼앗음

奮 •떨칠 분 〔大부 13획, 총 16획 *spurt* · ふん〕3Ⅱ급
•힘을 모아 일을 하는 모습의 회의 글자.

奮激(분격) : 세차게 발분함

奮發(분발) : 떨치고 일어남

두 팔을 벌려라(大) 235

엄지손가락 한 마디

• 指事 　　　　　　　　　　　　[寸부 0획, 총 3획]

寸

마디 촌, 조금 촌 　　　　　　　*joint* · すん

.

촌(寸) 부의 1단계에서 검색할 단어는 '마디(寸) · 절(寺) · 쏘아 맞힘(射) · 장수(將) · 높음(尊) · 대답함(對)' 등입니다.

寸
• 마디 촌, 조금 촌 〔寸부 0획, 총 3획 *joint* · すん〕8급
• 손과 엄지손가락을 합친 지사 글자.

　寸刻(촌각) : 아주 짧은 시각

　寸鐵(촌철) : 작은 칼

　寸劇(촌극) : 아주 짧은 연극

　寸陰(촌음) : 아주 짧은 시간

　田 • 寸鐵殺人(촌철살인) : 한치밖에 되지 않은 쇠로 사람을 죽인다. 한마디 말이나 글로써 상대방을 감동시키거니 놀라게 하는 것. 출전은 『학림옥로(鶴林玉露)』

寺
• 절 사, 내시 시 〔寸부 3획, 총 6획 *temple* · じ〕4Ⅱ급
• 여러 가지 일을 하는 관청이라는 뜻의 형성 글자.

　寺內(사내) : 절안

　寺刹(사찰) : 절

　寺址(사지) : 절터

　寺院(사원) : 절

射
- 쏠 사, 벼슬이름 야 〔寸부 7획, 총 10획 *dhoot*· しゃ〕**4급**
- 화살을 시위에 메기고 있는 모습의 회의 글자.

射擊(사격) : 총이나 활 등을 쏨

射殺(사살) : 쏘아 죽임

射倖(사행) : 우연한 이익을 얻고자 함

射出(사출) : 쏘아 내보냄

• 射人先射馬(사인선사마) : 상대방을 쓰러뜨리려면 먼저 그 말을 쏘라는 뜻. 상대의 큰 힘이 되는 것부터 넘어뜨리는 것이 승리를 얻을 수 있다는 뜻. 출전은 두보의 시 「전출색(前出塞)」

將
- 장수 장, 장차 장 〔寸부 8획, 총 11획 *general*· しょう〕**4Ⅱ급**
- 긴 손가락인 장지를 우두머리로 삼은 모습의 형성 글자.

將官(장관) : 원수

將器(장기) : 장수가 될만한 기량

將材(장재) : 장수가 될만한 재목

將卒(장졸) : 장수와 사졸

尊
- 높을 존, 술통 준 〔寸부 9획, 총 12획 *high*· そん〕**4Ⅱ급**
- 매끈하고 모양이 좋은 단지를 본뜬 모습의 회의 글자.

尊敬(존경) : 받들어 공경함

尊嚴(존엄) : 고귀하고 엄숙함

尊姓大名(존성대명) : 남의 성명에 대한 존칭

尊兄(존형) : 남의 이름을 높이어 이르는 말

對
- 대답할 대, 같을 대 〔寸부 11획, 총 14획 *reply*· たい〕**6급**
- 한쌍이 되도록 두 개를 맞보게 하는 모습의 회의 글자.

對決(대결) : 양자가 서로 우열을 가리기 위하여 결정함

對局(대국) : 바둑이나 장기를 둠

對答(대답) : 묻는 말에 답함

對談(대담) : 서로 마주 보는 이야기

■■🖊.

2단계에는 '봉하다(封)·오로지(專)·찾음(尋)·이끌음(導)' 등입니다.

封
- 봉할 봉, 봉지 봉 〔寸부 6획, 총 9획 *appoint* · ほう〕 3Ⅱ급
- 흙을 쌓아올리는 모습의 회의 글자.

封祿(봉록) : 제후가 받는 봉미
封土(봉토) : 흙을 높이 쌓아올려 제단을 만듦
封墳(봉분) : 흙을 둥글게 쌓아올린 무덤
封鎖(봉쇄) : 봉하여 잠금

專
- 오로지 전, 홀로 전 〔寸부 8획, 총 11획 · せん〕 4급
- 한 가지의 일을 뜻하는 형성 글자.

專決(전결) : 혼자서 마음대로 결정함
專攻(전공) : 한가지 일을 전문적으로 함
專修(전수) : 오로지 그 일만을 닦음
專念(전념) : 오로지 한가지 일에만 힘을 기울임

尋
- 찾을 심, 쓸 심 〔寸부 9획, 총 12획 *visit* · じん〕 3급
- 양손으로 쫙 벌려 길이를 재는 모습의 형성 글자.

尋訪(심방) : 찾아봄
尋常(심상) : 대수롭지 않음
尋人(심인) : 사람을 찾음

導
- 이끌 도, 길잡이 도 〔寸부 13획, 총 16획 *guide* · どう〕 4Ⅱ급
- 일정한 방향으로 이끌어 나가는 것을 뜻하는 형성 글자.

導水路(도수로) : 물을 끌어들이기 위하여 만든 수로
導入(도입) : 끌어들임
導線(도선) : 전류가 흐르는 동선
導火線(도화선) : 화약을 터지게 하는 심지

나의 코

• 象形 〔自부 0획, 총 6획〕
스스로 자, 저절로 자 　 じ

　■. .

　스스로를 나타내는 자(自)는 코를 본뜬 글자입니다. 자(自) 부의 1단
계의 단어는 '스스로, 또는 몸소, 자기를 나타내는 자(自)'입니다.

　　| 自 | • 스스로 자, 저절로 자 〔自부 0획, 총 6획 · じ〕**7급** |

　自 • 자신의 코를 가리키는 모습을 뜻하는 상형 글자.

　　自力(자력) : 자기의 힘
　　自立(자립) : 자기 힘으로 섬

　⊞ • 自家藥籠中物(자가약롱중물) : 자기집 약장 속의 물건. 자기 마음대로
필요에 따라 쓸 수 있는 물건. 출전은 『십팔사략』
　　• 自暴自棄(자포자기) : 스스로 자신을 학대하고 스스로 자신을 내던져 될
대로 되라는 식의 삶. 출전은 『맹자』의 「이루편상」

　■■. .

　2단계 단어 역시 코(自)와 개(犬)가 합쳐진 '냄새(臭)'를 뜻하는 한
자입니다.

　　臭 • 냄새 취, 냄새날 취 〔自부 4획, 총 10획 · しゅう〕**3급**
　　• 개의 코가 여렴풋한 냄새를 잘 맡는다는 뜻의 회의 글자.

　　臭氣(취기) : 고약한 냄새
　　臭味(취미) : 냄새와 맛

목표점을 찾아서

• 指事 〔至부 0획, 총 6획〕

이를 지, 극진할 지 reach · し

■.

지(至) 부의 1단계에는 '도달함(至)과 이룸(致)'에 대한 풀이입니다.

至
• 이룰 지, 극진할 지 〔至부 0획, 총 6획 reach · し〕 4Ⅱ급
• 화살이 목적지에 도달함을 뜻하는 지사 글자.

至極(지극) : 극진할 때까지 이름

至急(지급) : 몹시 급함

致
• 이룰 치, 도달할 치 〔至부 4획, 총 10획 accomplish · ち〕 5급
• 목적지에 도달함을 뜻하는 회의 글자.

致命(치명) : 목숨을 버림

致富(치부) : 부를 이룸

■■.

2단계에는 '높이 쌓은 누대(臺)'입니다. .

臺
• 대 대, 조정 대 〔至부 8획, 총 14획 tower · だい〕 3Ⅱ급
• 흙을 높이 쌓아 사람이 올라올 수 있게 한 형성 글자.

臺本(대본) : 영화나 연극의 각본

臺帳(대장) : 기본이 되는 사항을 기록하는 장부

臺閣(대각) : 누각

다리는 신의 날개

• 象形
발 족, 지나칠 주

[足부 0획, 총 7획]
foot · そく

■❚.

족(足) 부의 1단계에는 '다리(足) · 길(路)' 등입니다.

足
• 발 족, 지나칠 주 [足부 0획, 총 7획 foot · そく] 7급
• 무릎과 발끝을 합친 상형 글자.

足炙(족적) : 다리 구이

足鎖(족쇄) : 죄인의 발목에 채우던 쇠사슬. 차꼬

路
• 길 로 [足부 6획, 총 13획 road · ろ] 3Ⅱ급
• 본래는 연락용 샛길을 뜻하였으나 큰길로 바뀐 형성 글자.

路面(노면) : 길바닥

路邊(노변) : 길가

■■❚.

2단계에는 '거리가 떨어지거나 어기는 것(距) · 도약함(跳) · 자취(跡) · 밟음(踏) · 밟아감(踐) · 자취(蹟) · 뛰어오름(躍)' 등입니다.

距
• 떨어질 거, 이를 거 [足부 5획, 총 12획 distant · きょ] 3Ⅱ급
• 걸을 때에 다리가 벌어지는 것을 나타내는 형성 글자.

距骨(거골) : 복사뼈

距今(거금) : 지금으로부터 거슬러 올라가서

距離(거리) : 간격

跳
- 뛸 도 〔足부 6획, 총 13획 *jump*・ちょう〕**3급**
- 발로 땅을 박차고 지면으로부터 뛰어오르는 모습의 형성 글자.

跳開橋(도개교) : 배가 지나갈 수 있도록 다리의 양쪽 끝이
  들리며 열리는 다리

跡
- 자취 적, 뒤를 밟을 적 〔足부 6획, 총 13획 *trace*・せき〕**3Ⅱ급**
- 걸을 때의 폭만큼 떨어져 있는 발자취를 나타내는 형성 글자.

足跡(족적) : 걸은 흔적. 또는 어떤 여정을 지나온 흔적
史跡(사적) : 역사의 발자취

踏
- 밟을 답, 이어받을 답 〔足부 8획, 총 15획 *tread*・とう〕**3Ⅱ급**
- 터벅 터벅 걸어가는 모습을 본뜬 형성 글자.

踏橋(답교) : 다리 밟기
踏步(답보) : 제자리걸음
踏査(답사) : 현장에 가서 살핌

踐
- 밟을 천 〔足부 8획, 총 15획 *tread*・せん〕**3Ⅱ급**
- 한걸음마다 양발을 맞추어 나간다는 뜻의 형성 글자.

實踐(실천) : 실행에 옮김
踐阼(천조) : 천자의 자리에 오름

蹟
- 자취 적 〔足부 11획, 총 18획 *trace*・せき〕**3Ⅱ급**
- 足과 責을 합친 글자. 자취를 뜻하는 형성 글자.

筆蹟(필적) : 필체의 자취
奇蹟(기적) : 기이한 자취

躍
- 뛸 약 〔足부 14획, 총 21획 *lead*・やく〕**2급**
- 힘차게 뛰어오름을 나타낸 글자.

跳躍(도약) : 뛰어오름
躍進(약진) : 힘차게 앞으로 뛰어나감
躍動(약동) : 생기있게 움직임

거친 수레바퀴 자국

• 象形
수레 거, 수레 차

[車부 0획, 총 7획]
cart · きょ

■.

차(車) 부의 1단계에는 '수레(車)를 비롯하여 군(軍) · 길(軌) · 가벼움(輕)' 등입니다.

• 수레 거, 도르레 거 〔車부 0획, 총 7획 cart · きょ〕 7급
• 일륜차를 본뜬 상형 글자.

車馬費(거마비) : 교통비

車輛(차량) : 열차 등의 하나 하나의 차칸

⊞ • 車載斗量(거재두량) : 수레에 싣고 말로 될 수 있을 정도. 인재가 몹시 많음을 비유하는 말. 출전은 『삼국지』의 「오주전(吳主傳)」

• 군사 군, 진 군 〔車부 2획, 총 9획 against · はん〕 8급
• 병차로 빙 둘러싼 군대를 가리키는 회의 글자.

軍官(군관) : 군인과 관리

軍紀(군기) : 군대의 기율

軌 • 길 궤 〔車부 2획, 총 9획 road · き〕 2급
• 수레의 바퀴 자국의 나타낸 글자.

軌道(궤도) : 기차나 전동차의 길

軌範(궤범) : 본받음

軌跡(궤적) : 수레바퀴가 지나간 자국

輕 • 가벼울 경, 조급히 굴 경 [車部 7획, 총 14획 *light* · けい] **5급**
• 똑바로 달려가는 수레를 본뜬 형성 글자.

輕妄(경망) : 말이나 행동이 방정맞음
輕犯(경범) : 가벼운 범죄

2단계에는 '처마(軒) · 연약함(軟) · 견줌(較) · 수레에 실음(載) · 바퀴(輪) · 무리(輩) · 빛(輝) · 나름(輸) · 가마(輿) · 구름(轉)' 등입니다.

軒 • 처마 헌, 수레 헌 [車部 3획, 총 10획 *eaves* · けん] **3급**
• 나무의 막대기가 튀어나온 모습을 본뜬 형성 글자.

軒軒丈夫(헌헌장부) : 외모가 준수한 훤칠한 대장부를 가리킴
軒昂(헌앙) : 사물의 기세가 왕성함

軟 • 연할 연, 연약할 연 [車部 4획, 총 11획 *soft* · なん] **3Ⅱ급**
• 바퀴를 부드럽게 움직여 반응이 없는 것을 뜻하는 형성 글자.

軟骨(연골) : 물렁뼈
軟性(연성) : 연한 성질

較 • 견줄 교, 조금 교, 밝을 교 [車部 6획, 총 13획 · こう] **3Ⅱ급**
• 서로 비교하여 견주어 보는 것을 뜻하는 형성 글자.

比較(비교) : 서로 견주어 봄
較差(교차) : 최고와 최저와의 차

載 • 실을 재, 해 재 [車部 6획, 총 13획 *load* · さい] **3Ⅱ급**
• 수레에 실은 짐이 내려오지 않도록 누른 모습의 형성 글자.

記載(기재) : 기록함
揭載(게재) : 실림
積載(적재) : 짐 같은 것을 실음

輪
- 바퀴 륜, 돌 륜, 주위 륜 〔車部 8획, 총 15획 *wheel* · りん〕 **4급**
- 바퀴를 바치고 있는 막대기를 본뜬 형성 글자.

輪讀(윤독) : 여러 사람이 돌려가며 책을 읽음
輪轉(윤전) : 바퀴처럼 구름
輪廻(윤회) : 순환하여 돎

輩
- 무리 배, 잇달아나올 배 車部 8획, 총 15획 *fellow* · はい〕 **3Ⅱ급**
- 수레가 나란히 한 것을 나타내는 형성 글자.

先輩(선배) : 학교 등에서 먼저 다녔던 학생
輩出(배출) : 인재가 쏟아져 나옴

輝
- 빛날 휘, 빛 휘 〔車部 8획, 총 15획 *shine* · き〕 **3급**
- 반짝이는 것을 중심으로 주위를 둘러싼 모습의 형성 글자.

輝赫(휘혁) : 빛이 남
輝煌(휘황) : 광채가 눈부시게 빛이 남

輸
- 나를 수, 질 수 〔車部 9획, 총 16획 *carry* · しゅ, ゆ〕 **3Ⅱ급**
- 어떤 장소에서 물건을 다른 장소로 옮긴다는 뜻의 형성 글자.

輸送(수송) : 사람이나 물건을 실어보냄
輸出(수출) : 짐을 실어냄
輸血(수혈) : 남의 피를 혈관에 주입하는 일

輿
- 수레 여, 가마 여 〔車部 10획, 총 17획 *wagon* · しゅう〕 **3급**
- 물건을 싣는 허리나 차의 대를 뜻하는 회의 · 형성 글자.

輿論(여론) : 여러 사람의 공통된 의견
輿馬(여마) : 수레와 말

轉
- 구를 전, 옮을 전 〔車部 11획, 총 18획 *roll* · てん〕 **4급**
- 둥글게 굴러간다는 뜻의 형성 글자.

轉勤(전근) : 근무하는 직장을 옮김
轉落(전락) : 굴러 떨어짐
轉入(전입) : 다른 곳에서 옮겨 옴

해는 뜨고 지고

• 象形
날 일, 햇별 일

日

[日부 0획, 총 4획]
day · じつ

일(日) 부의 1단계 단어는 '일찍(早) · 밝음(明) · 옛날(昔) · 바꿈(易) · 창성함(昌) · 별(星) · 올바름(是) · 비침(映) · 요즈음(昨) · 봄(春) · 때(時) · 저물거나 늦음(晚) · 낮(晝) · 경사스럽고 우러름(景) · 맑게 갬(晴) · 따뜻함(暖) · 더위(暑) · 어두움(暗) · 날이 저물음(暮) · 사나움(暴)' 등입니다.

日
• 날 일, 햇별 일 〔日부 0획, 총 6획 *day* · じつ〕 8급
• 태양을 본뜬 상형 글자.

日久(일구) : 시간이 몹시 경과가 됨

日沒(일몰) : 해가 짐

日常(일상) : 날마다

田 • 日暮途遠(일모도원) : 날은 저물고 갈 길은 멀다. 너무 늦어 뜻하는 바를 이루기가 어렵다는 의미. 출전은 『사기』의 「오자서열전」

• 일찍 조, 이를 조 〔日부 2획, 총 6획 *early* · そう〕 4Ⅱ급
• 상수리 나무나 오리나무를 본뜬 회의 글자.

早急(조급) : 아주 서두름

早起(조기) : 일찍 일어남

早期(조기) : 이른 시기

明	• 밝을 명, 밝힐 명 〔日부 4획, 총 8획 light · めい〕 6급
	• 창문으로 달빛이 들어와 사물이 보인다는 뜻의 형성 글자.

明鑑(명감) : 밝은 거울

明鏡止水(명경지수) : 밝은 거울과 맑은 물. 사람의 마음을
　비유할 때에 쓰임

明年(명년) : 내년

⊞ • 明眸皓齒(명모호치) : 밝은 눈동자와 흰 이. 미인을 가리킬 때에 쓰는
말. 출전은 두보의 시 「애강두(哀江頭)」

　• 明鏡止水(명경지수) : 움직임이 고요한 깨끗한 물과 거울을, 잠스러운 생
각이 없는 마음에 비유할 때에 쓰는 말. 출전은 『장자』의 「덕충부편」

　• 明哲保身(명철보신) : 이치에 밝고 사리에 분별력이 있는 도리에 맞는
행동으로 자신의 몸을 잘 추스림. 출전은 『서경』의 「열명편」

昔	• 예 석, 섞일 착 〔日부 4획, 총 8획 ancient · せき〕 3급
	• 포갠 모양과 해. 거듭된 옛날을 뜻하는 회의 글자.

昔人(석인) : 옛 사람

昔日(석일) : 옛날

昔年(석년) : 예전

易	• 바꿀 역, 쉬울 이 〔日부 4획, 총 8획 exchance · えき〕 4급
	• 도마뱀붙이와 무늬를 합친 상형 글자.

易經(역경) : 오경의 하나인 주역

易學(역학) : 주역을 연구하는 학문

易地思之(역지사지) : 처지를 바꾸어 생각함

昌	• 창성 창 〔日부 4획, 총 8획 vigorous · しょう〕 3Ⅱ급
	• 태양이 높이 치솟음을 나타내는 회의 글자.

隆昌(융창) : 융성하고 번창함

昌盛(창성) : 번창함

繁昌(번창) : 융성한 모양

星 ·별 성, 세월 성 〔日부 5획, 총 9획 *star* · せい, しょう〕**4Ⅱ급**
·반짝이는 세 개의 별과 새싹을 합친 형성 글자.

星群(성군) : 별무리

星霜(성상) : 별과 서리. 세월

星星(성성) : 머리카락이 희끗희끗 센 모양

是 ·옳을 시, 바로잡을 시 〔日부 5획, 총 9획 *right* · し〕**4Ⅱ급**
·정직하게 나아가는 것을 본뜬 회의 글자.

是非(시비) : 옳고 그름

是是非非(시시비비) : 옳은 것은 옳다 하고 그른 것은 그르
　다 함

是認(시인) : 인정함

映 ·비칠 영, 햇빛 영 〔日부 5획, 총 9획 *reflect* · えい〕**4급**
·밝은 곳과 어두운 곳의 구분을 확실히 한다는 뜻의 형성 글자.

映像(영상) : 비치는 그림자

映窓(영창) : 방을 환하게 하기 위해 마루와 방 사이에 낸 창
　문

上映(상영) : 영화를 방영함

昨 ·어제 작, 앞서 작 〔日부 5획, 총 9획 *yesterday* · さく〕**6급**
·日과 乍를 합친 어제라는 뜻의 형성 글자.

昨今(작금) : 어제와 오늘

昨夜(작야) : 어젯밤

昨日(작야) : 어제

春 ·봄 춘, 젊을 때 춘 〔日부 5획, 총 9획 *reflect* · えい〕**7급**
·초목이 생성하려고 꿈틀거리는 계절을 나타내는 형성 글자.

春季(춘계) : 봄철

春耕(춘경) : 봄갈이

春心(춘심) : 봄철에 느끼는 정서

卌 •春來不似春(춘래불사춘) : 봄이 왔으나 봄 답지가 않다. 시절이나 기회는 왔는데 그 느낌을 느끼지 못할 때에 사용되는 말. 출전은 『고시(古詩)』

時 •때 시 〔日부 6획, 총 10획 *time* · じ〕**7급**
•태양이 움직여 가는 것을 나타내는 형성 글자.

時急(시급) : 매우 급함

時勢(시세) : 그때의 형세

時運(시운) : 시대의 운수

時節(시절) : 계절

晩 •저물 만, 늦을 만 〔日부 7획, 총 11획 *late* · ばん〕**3급**
•해가 저물어 주위 사물이 겨우 보이는 시각의 형성 글자.

晩年(만년) : 노후

晩學(만학) : 나이 들어 공부를 함

晩生(만생) : 늙어서 자식을 얻음

晩餐(만찬) : 저녁 음식

晝 •낮 주 〔日부 7획, 총 11획 *day time* · ちゅう〕**6급**
•태양이 내리쬐는 시간을 붓으로 구분하는 모습의 형성 글자.

晝間(주간) : 낮동안

晝食(주식) : 점심밥

晝夜(주야) : 낮과 밤

景 •별 경, 경사스러울 경 〔日부 8획, 총 12획 · けい〕**5급**
•日과 京을 합친 형성 글자.

景觀(경관) : 경치

景慕(경모) : 우러러 사모함

景色(경색) : 경치

晴 •갤 청 〔日부 8획, 총 12획 *clear* · せい〕**3급**
•하늘이 맑게 개인 태양을 뜻하는 형성 글자.

晴曇(청담) : 날씨의 개임과 흐림

晴雨(청우) : 맑게 갬과 비가 내림

晴天(청천) : 맑게 갠 하늘

暖
- 따뜻할 난 〔日부 9획, 총 13획 *warm* · だん〕 4Ⅱ급
- 햇볕이 골고루 비치는 것을 나타내는 형성 글자.

暖房(난방) : 방을 따뜻하게 함

暖色(난색) : 따뜻한 느낌을 주는 색

田 • 暖衣飽食(난의포식) : 따뜻한 옷을 입고 음식을 배불리 먹어 생활에
부족함이 없음을 이르는 말. 출전은 『맹자』의 「등문공편」

暑
- 더울 서, 여름 서 〔日부 9획, 총 13획 *hot* · しょ〕 3급
- 태양을 받아 뜨거워진 것을 나타내는 형성 글자.

暑氣(서기) : 더운 기운

暑月(서월) : 6월의 다른 호칭

暗
- 어두울 암 〔日부 9획, 총 13획 *dark* · あん〕 4Ⅱ급
- 햇볕이 차단된 밤에 있는 모습을 본뜬 형성 글자.

暗君(암군) : 무도하고 어리석은 군주

暗算(암산) : 머릿속으로 계산함

暗誦(암송) : 보지 않고 욈

田 • 暗中摸索(암중모색) : 어둠 속에서 손으로 더듬어 찾는다. 확실한 방
법을 모르는 체 어림짐작으로 맞치는 것. 출전은 『수당가화(隋唐佳話)』

暮
- 저물 모 〔日부 11획, 총 15획 *evening* · ぼ〕 3급
- 숨어서 보이지 않게 됨을 뜻하는 회의 글자.

暮景(모경) : 저녁 무렵의 경치

暮年(모년) : 늙바탕

暮秋(모추) : 늦가을

暴
- 사나울 폭, 갑자기 폭 〔日부 11획, 총 15획 *wild* · ぼう〕 4Ⅱ급
- 동물의 뼈를 양손에 들고 햇볕을 쬐는 모습의 형성 글자.

暴虐(포학) : 횡포하고 잔악함

暴君(포군) : 포악한 임금

暴暑(폭서) : 무척 심한 더위

田 • 暴虎憑河(포호빙하) : 맨주먹으로 범을 잡고 걸어서 강을 건넌다. 만 용을 믿고 되는대로 행동함. 출전은 『논어』의 「술이편」

2단계에는 '아침(旦) · 열흘(旬) · 가뭄(旱) · 오름(昇) · 어두움(昏) · 밝음(昭) · 새벽(晨) · 널리(普) · 슬기(智) · 겨를 또는 여유있음(暇) · 통달함(暢) · 잠깐(暫) · 역법 또는 책력(曆) · 새벽(曉)' 등입니다.

旦
• 아침 단 〔日부 1획, 총 5획 *morning* · たん〕 3Ⅱ급
• 태양이 지상에 나타나는 모습을 본뜬 지사 글자.

旦旦(단단) : 공손하고 성실한 모양

旦望(단망) : 음력 초하루와 보름

元旦(원단) : 신년 첫날

旬
• 열흘 순 〔日부 2획, 총 6획 *ten days* · じゅん〕 3Ⅱ급
• 1에서 10까지 한바퀴 도는 회수를 뜻하는 회의 글자.

旬刊(순간) : 열흘에 한 번 간행함

旬年(순년) : 10년

旬日(순일) : 음력 초열흘

旱
• 가물 한 〔日부 3획, 총 7획 *drought* · かん〕 3급
• 日과 干을 합친 형성 글자.

旱害(한해) : 가뭄으로 인한 재앙

旱害地 (한해지) : 한해가 드는 땅

旱災(한재) : 가뭄으로 인한 재앙

昇
- 오를 승 〔日부 4획, 총 6획 rise · しょう〕3Ⅱ급
- 해가 떠오르는 모습을 본뜬 형성 글자.

昇天(승천) : 하늘에 오름
昇格(승격) : 격을 높임
昇給(승급) : 급수가 오름

昏
- 어두울 혼, 어지럽힐 혼 〔日부 4획, 총 8획 dark · こん〕3급
- 물체가 보이지 않는 어두운 밤이라는 뜻의 회의 글자.

昏君(혼군) : 우매한 군주
昏亂(혼란) : 마음이 어지러움
黃昏(황혼) : 해질녘

昭
- 밝을 소, 나타날 소 〔日부 5획, 총 9획 bright · しょう〕3급
- 빛으로 구석구석을 한바퀴 비추는 것을 나타낸 형성 글자.

昭詳(소상) : 분명하고 자세하게
昭格署(소격서) : 하늘과 땅과 별에게 제사를 지내는 관청으로 무녀들이 몸을 담고 있었음

晨
- 새벽 신 〔日부 7획, 총 11획 day break · しん〕3급
- 생기가 넘쳐나는 시작의 아침이라는 뜻의 회의 · 형성 글자.

晨起(신기) : 아침에 일어남
晨省(신성) : 아침 일찍 부모의 침소에 나아가 간밤의 안부를 묻는 것

普
- 두루 보, 보통 보 〔日부 8획, 총 12획 universal · ふ〕4급
- 햇빛이 병행하여 널리 퍼짐을 나타내는 형성 글자.

普及(보급) : 널리 미침
普通(보통) : 특별하지 않고 예사로움
普遍(보편) : 널리 두루 미침

智
- 슬기 지, 지혜 지 〔日부 8획, 총 12획 wisdom · ち〕4급
- 재잘거리는 모습을 나타내는 뜻의 형성 글자.

智略(지략) : 슬기로운 계략
智勇(지용) : 지혜와 용기
智慧(지혜) : 분별하는 마음의 작용

暇
• 겨를 가, 느긋이 지낼 가 〔日부 9획, 총 13획 *leisure* · か〕**4급**
• 필요한 일시 위에 대한 여분의 날을 가리키는 형성 글자.

休暇(휴가) : 정상적인 업무를 보는 날 이외에 얻는 임의로
쉴 수 있는 날
暇日(가일) : 한가한 날

暢
• 펼 창, 자랄 창 〔日부 10획, 총 14획 *genial* · ちょう〕**3급**
• 길게 뻗음을 나타내는 형성 글자.

暢達(창달) : 구김살 없이 자라남
暢懷(창회) : 마음이 한가로움
暢月(창월) : 음력 11월의 다른 이름

暫
• 잠깐 잠 〔日부 11획, 총 15획 *moment* · ざん〕**3Ⅱ급**
• 일을 하는 도중에 끼어든 약간의 시간을 나타낸 형성 글자.

暫時(잠시) : 잠깐 동안
暫定的(잠정적) : 임시로 정해 놓은 일

曆
• 책력 력, 운명 력 〔日부 12획, 총 16획 *calendar* · れき〕**3Ⅱ급**
• 날짜를 순서적으로 늘어놓은 모습의 형성 글자.

曆數(역수) : 책력을 만드는 법
曆法(역법) : 천체의 운행을 추산하여 세시를 정하는 방법
曆學(역학) : 책력에 관한 학문

曉
• 새벽 효, 밝을 효 〔日부 12획, 총 16획 *dawn* · ぎょう〕**3급**
• 동쪽 하늘이 밝아지는 것을 뜻하는 형성 글자.

曉星(효성) : 새벽에 보이는 별
曉得(효득) : 깨달아 앎
曉鐘(효종) : 새벽 종소리

집은 사람의 성곽

· 漢字 部首   〔广부 0획, 총 3획〕

집 엄, 마룻대 엄   *house* · げん

집을 뜻하는 엄부(广部). 가(家)와는 부수가 다르지만 비슷한 의미를 담고 있습니다. 1단계의 단어는 차례(序) · 일곱째 천간(庚) · 가게(店) · 도(度) · 법(度) · 뜰(庭) · 많음(庶) · 넓음(廣) 등입니다.

序

· 차례 서, 학교 서, 담 서 〔广부 4획, 총 7획 *order* · じょ〕**5급**
· 차례차례 뻗어간다라는 뜻의 형성 글자.

序曲(서곡) : 가곡 등의 개막 전에 연주하는 음악

序文(서문) : 머리말

序列(서열) : 차례로 정하여 늘어놓음

庚

· 일곱째천간 경, 나이 〔广부 5획, 총 8획 · こう〕**3급**
· Y자 모양으로 세운 강한 굴대를 뜻하는 상형 글자.

庚方(경방) : 24방위의 하나

庚帖(경첩) : 약혼을 했을 때에 양측이 성명과 나이 등을 적
   어 서로 교환하던 문서

店

· 가게 점, 여관 점 〔广부 5획, 총 8획 *shop* · てん〕**5급**
· 일정한 곳에 집을 마련하여 장사하는 집을 뜻하는 형성 글자.

店頭(점두) : 가게 앞

店員(점원) : 가게에서 일하는 직원

店役(점역) : 점원

- 법도 도, 헤아릴 탁 〔广부 4획, 총 9획 *law* · ど〕6급
- 손으로 재는 것을 나타내는 형성 글자.

度數(도수) : 거듭된 횟수

度外視(도외시) : 관심을 두지 않음

度量(도량) : 자(尺)와 말(斗)

- 뜰 정, 집안 정 〔广부 7획, 총 10획 *garden* · てい〕6급
- 집안의 평평하게 펼쳐진 곳을 나타내는 형성 글자.

庭球(정구) : 테니스

庭園(정원) : 집안의 뜰

- 뭇 서, 많을 서, 거의 서 〔广부 8획, 총 11획 · しょ〕3급
- 집안에서 불을 피워 더운 공기를 모은 모습의 회의 글자.

庶幾(서기) : 희망함

庶母(서모) : 아버지의 첩

- 넓을 광, 넓이 광 〔广부 12획, 총 15획 *broad* · こう〕5급
- 사방으로 넓어져 안이 텅빈 큰 방을 뜻하는 형성 글자.

廣農(광농) : 농업을 발전시킴

廣野(광야) : 너른 들판

廣場(광장) : 너른 마당

2단계에는 '밥상이나 소반, 잠자리 (床) · 곳집이나 관아 (府) · 바닥이나 막힘(底) · 창고나 서고(庫) · 자리(座) · 편안함(康) · 한결같이 애씀(庸) · 복도(廊) · 청렴(廉) · 사당이나 위패(廟) · 떨어지거나 엎드림(廢) · 관청(廳)' 등입니다.

- 상 상, 소반 상 〔广부 4획, 총 7획 *table* · しょう〕4Ⅱ급
- 나무로 만든 가늘고 긴 침대를 본뜬 형성 글자.

床褓(상보) : 상을 덮는 보자기
床石(상석) : 무덤 앞에 놓은 돌
寢床(침상) : 침대

府
• 곳집 부, 도성 부 〔广부 5획, 총 8획 *warehouse* · ふ〕**4Ⅱ급**
• 물건을 빽빽하게 넣어두는 곳을 뜻하는 형성 글자.

府庫(부고) : 문서나 재화 · 기물 등을 넣어두는 곳
府君堂(부군당) : 관아에서 신령을 모시는 집
府尹(부윤) : 고을 원님

底
• 밑 저, 이를 지 〔广부 5획, 총 8획 *bottom* · てい〕**4급**
• 겹겹이 쌓아올린 물건의 바닥을 나타내는 형성 글자.

底力(저력) : 속에 감춘 끈기 있는 힘
底面(저면) : 밑바닥

庫
• 곳집 고, 무기 고 〔广부 7획, 총 10획 *warehouse* · こ〕**4급**
• 수레 등을 넣어두는 창고를 나타내는 회의 글자.

庫房(고방) : 창고
倉庫(창고) : 물건 등을 저장하는 곳
庫直(고직) : 관아의 창고를 지키는 사람

座
• 자리 좌, 별자리 좌 〔广부 7획, 총 10획 *seal* · ざ〕**4급**
• 사람이 흙 위에 앉은 모습을 뜻하는 회의 글자.

座席(좌석) : 앉은자리
座右(좌우) : 좌석의 오른편
⊞• 座右銘(좌우명) : 항상 앞뒤의 좌우에 걸어놓고 반성의 자료로 삼는
경구. 출전은 『공자가어(孔子家語)』

康
• 편안할 강, 즐길 강 〔广부 8획, 총 11획 *peaceful* · こう〕**4Ⅱ급**
• 곡물의 단단한 껍데기를 가리키는 회의 · 형성 글자.

康衢煙月(강구연월) : 태평성대
康衢(강구) : 매우 번화한 거리

康寧(강녕) : 평안함

庸
- 쓸 용, 애 쓸 용, 늘 용 〔广부 8획, 총 11획 *use* · よう〕**3급**
- 막대기를 손에 쥐고 꿰뚫음을 나타내는 회의 · 형성 글자.

庸劣(용렬) : 어리석고 둔함

庸人(용인) : 평범한 사람

廊
- 복도 랑, 행랑 랑 〔广부 10획, 총 13획 *corridor* · ろう〕**3Ⅱ급**
- 집(广)과 郞을 합친 형성 글자.

廊屬(낭속) : 하인배를 통칭

廊下(낭하) : 복도

廊漢(낭한) : 행랑살이를 하는 사람

廉
- 검소할 렴 〔广부 10획, 총 13획 *incorruptible* · ろう〕**3급**
- 집안에 그러모은 물건을 하나 하나 구별한다는 뜻의 형성 글자.

廉價(염가) : 싼값

廉白(염백) : 마음이 청렴하고 깨끗함

廟
- 사당 묘, 위패 묘 〔广부 12획, 총 15획 *ancestral* · びょう〕**3급**
- 날이 새기 전에 참배하는 영묘라는 뜻의 회의 글자.

廟堂(묘당) : 종묘

廟室(묘실) : 사당

廢
- 폐할 폐, 떨어질 폐 〔广부 12획, 총 15획 *abandon* · はい〕**3급**
- 집이 쫙 둘로 갈라져 쓸모없이 된 것을 가리키는 형성 글자.

廢家(폐가) : 사람이 살지 않고 버린 집

廢棄(폐기) : 못쓰게 되어 버림

廳
- 관청 청 〔广부 22획, 총 25획 *public office* · ちょう〕**4급**
- 하소연을 듣는 관청을 가리키는 형성 글자.

退廳(퇴청) : 관청에서 나감

市廳(시청) : 시의 업무를 관장하는 관청

廳舍(청사) : 관청에서 사무실로 쓰는 건물

쉬엄쉬엄 가는 길

• 漢字 部首
쉬엄쉬엄 갈 착

辵

〔辵부 0획, 총 7획〕
ちゃく

✍.

착(辵) 부의 1단계 단어에는 '가까이 함(近) · 마중함(迎) · 사람을 보냄(送) · 거스름(逆) · 따름(追) · 물러남(退) · 이음(連) · 만남(逢) · 빠름(速) · 지음(造) · 통함(通) · 나아감(進) · 지나감과 허물(過) · 통함(通) · 길(道) · 만남(遇) · 돌거나 옮김(運) · 놂(遊) · 멀리함(遠) · 목적지로 향함(適) · 가리거나 뽑음(選) · 남기거나 보냄(遺) · 늦거나 지체함(遲)' 등입니다.

近
• 가까울 근 〔辵부 4획, 총 8획 near to · きん〕**6급**
• 옆으로 다가감을 나타내는 형성 글자.

近刊(근간) : 가까운 시일 내에 간행함

近來(근래) : 요사이

近臣(근신) : 임금을 가까이 모시는 신하

迎
• 맞을 영, 마중할 영 〔辵부 4획, 총 8획 meet · げい〕**4급**
• 사람을 맞이하러 나가는 것을 뜻하는 형성 글자.

迎入(영입) : 맞아들임

迎新(영신) : 새로운 것을 맞아들임. 새해를 맞이함

迎合(영합) : 남의 비위를 맞춤

送
• 보낼 송 〔辵부 6획, 총 10획 send · そう〕**4Ⅱ급**
• 물건을 갖추어 다른 곳으로 보낸다는 뜻의 형성 글자.

送金(송금) : 돈을 보냄

送達(송달) : 돈이나 물건 따위를 보냄

送別(송별) : 떠나는 사람을 보냄

逆
•거스를 역 〔辵부 6획, 총 10획 *disobey*·ぎゃく〕4Ⅱ급
•반대 방향으로 나아가는 것을 뜻하는 형성 글자.

逆流(역류) : 물이 거슬러 흐름

逆謀(역모) : 반역을 도모함

田•逆鱗(역린) : 용의 턱 아래에 거슬려 난 비늘. 군주의 노여움을 이르는 말. 출전은 『한비자』의 「세난편」

追
•쫓을 추, 추모할 추 〔辵부 6획, 총 10획 *pursue*·つい〕3Ⅱ급
•앞사람의 뒤를 쫓아간다는 뜻의 형성 글자.

追加(추가) : 나중에 더하여 보탬

追念(추념) : 지나간 일을 생각함

追放(추방) : 쫓아버림

退
•물러날 퇴 〔辵부 6획, 총 10획 *withdraw*·たい〕4Ⅱ급
•뒤로 물러나는 것을 뜻하는 회의 글자.

退却(퇴각) : 뒤로 물러남

退社(퇴사) : 근무하는 회사를 그만둠

退步(퇴보) : 뒤로 물러남

連
•이을 련, 연합할 련 〔辵부 7획, 총 11획 *connect*·れん〕4Ⅱ급
•여러 대의 수레가 잇대어 나아감을 뜻하는 회의 글자.

連帶(연대) : 서로 연결함

連累(연루) : 범죄에 관련됨

連日(연일) : 날마다

逢
•만날 봉 〔辵부 7획, 총 11획·ほう〕3Ⅱ급
•양쪽에서 서로 걸어와 다시 만남을 뜻하는 회의·형성 글자.

逢着(봉착) : 만남

逢變(봉변) : 변을 당함

速
- 빠를 속, 빨리 속 〔辵부 7획, 총 11획 *fast* · そく〕**6급**
- 다발로 묶어 간격을 없앤다는 뜻의 형성 글자.

速記(속기) : 빠른 속도로 기록함

速達(속달) : 빨리 도달함

速步(속보) : 빠른 걸음

造
- 지을 조, 이를 조 〔辵부 7획, 총 11획 *create* · ぞう〕**4Ⅱ급**
- 어느 곳까지 이른 것을 나타내는 형성 글자.

造林(조림) : 나무를 심어 숲을 만듦

造作(조작) : 일을 꾸며 만듦

造化(조화) : 사람의 힘으로 어쩔 수 없는 일

通
- 통할 통, 전할 통 〔辵부 7획, 총 11획 *go through* · つう〕**6급**
- 도중에 막힘이 없이 나아감을 뜻하는 형성 글자.

通過(통과) : 들르지 않고 지나감

通達(통달) : 꿰뚫어 통함

進
- 나아갈 진, 올릴 진 〔辵부 8획, 총 12획 *advance* · しん〕**4Ⅱ급**
- 새가 빨리 나는 것을 뜻하는 형성 글자.

進擊(진격) : 나아가서 적을 침

進路(진로) : 나아갈 길

進陟(진척) : 일이 잘 되어 감

過
- 지날 과, 허물 과 〔辵부 9획, 총 13획 *pass by* · か〕**5급**
- 매끄럽게 움직이는 관절을 본뜬 형성 글자.

過去(과거) : 지나간 일

過失(과실) : 실수

 • 過則勿憚改(과즉물탄개) : 허물인줄 알면 그것을 고치는 데 주저하지 말라. 잘못은 즉시 고치라는 뜻. 출전은 『논어』의 「학이편」

達
- 통할 달, 널리 달 〔辵부 9획, 총 13획 *reach to* · たつ〕**4Ⅱ급**
- 양이 순조롭게 태어남을 본뜬 형성 글자.

達人(달인) : 학문이나 기예 등에 뛰어난 사람

達成(달성) : 목적한 것을 이룸

達辯(달변) : 말을 잘함

道
• 길 도, 말할 도 〔辶부 9획, 총 13획 *road* · どう〕**7급**
• 끝없이 이어진 길을 뜻하는 형성 글자.

道德(도덕) : 사람이 행해야할 바른 길

道界(도계) : 도의 경계

田 • **道不拾遺**(도불습유) : 나라가 잘 다스려져 백성들이 길가에 떨어진 것을 줍지 아니함. 나라가 태평하게 잘 다스려짐. 출전은 『사기』의 「상군전」

• **道聽塗說**(도청도설) : 큰 길에서 듣고 작은 길에서 말한다. 들은 것을 깊이 생각하지 않고 경박하게 써 먹는 것. 출전은 『논어』의 「양화편」

遇
• 만날 우, 대우할 우 〔辶부 9획, 총 13획 *meet* · ぐう〕**4급**
• 두 사람이 양쪽에서 걸어와 만난다는 뜻의 형성 글자.

奇遇(기우) : 기이한 만남

待遇(대우) : 대접함

運
• 돌 운, 움직일 운 〔辶부 9획, 총 13획 *turn round* · うん〕**6급**
• 빙글 빙글 돈다는 뜻의 형성 글자.

運命(운명) : 운수

運筆(운필) : 붓을 놀림

運河(운하) : 배가 다닐 수 있도록 인공적으로 만든 수로를
　　　　　　가리킴

田 • **運籌帷幄**(운주유악) : 장막 속에서 산가지를 놀린다. 들어앉아 기획하는 일. 출전은 『사기』의 「고조본기」

遊
• 놀 유, 돌아다닐 유 〔辶부 9획, 총 13획 *play* · ゆう〕**4급**
• 빈둥거리며 돌아다니는 것을 나타낸 형성 글자.

遊覽(유람) : 돌아다니며 구경함

遊戲(유희) : 장난치며 놂

遊離(유리) : 떨어짐

遠
- 멀 원, 멀리할 원 〔辵부 10획, 총 14획 *distant* · えん〕 **6급**
- 원을 크게 그리며 우회하는 것을 나타낸 형성 글자.

遠近(원근) : 멀고 가까움

遠景(원경) : 먼 경치

遠征(원정) : 먼길을 감

適
- 갈 적, 때마침 적 〔辵부 11획, 총 15획 *go* · せき〕 **4급**
- 곧 바로 길을 가는 것을 뜻하는 형성 글자.

適格(적격) : 자격이 갖추어짐

適當(적당) : 알맞음

選
- 가릴 선, 뽑을 선 〔辵부 12획, 총 16획 *select* · せん〕 **5급**
- 여러가지 물건이 적당히 갖춤을 뜻하는 형성 글자.

選擧(선거) : 많은 사람 가운데 적당한 사람을 뽑음

選定(선정) : 골라서 정함

遺
- 남길 유, 보낼 유 〔辵부 12획, 총 16획 *bequeach* · い〕 **4급**
- 사람의 눈에 띌 것 같은 물건을 두고 간다는 뜻의 형성 글자.

遺棄(유기) : 내다 버림

遺言(유언) : 마지막으로 남긴 말

遲
- 늦을 지, 기다릴 지 〔辵부 12획, 총 16획 *late* · ち〕 **3급**
- 걸음이 느린 코뿔소처럼 나아가지 못한다는 뜻의 형성 글자.

遲滯(지체) : 꾸물거리고 늦음

遲刻(지각) : 정해진 시각보다 늦게 옴

遲延(지연) : 늦어짐

2단계에는 '돌아옴(返) · 다그침(迫) · 말하고 지음(述) · 달아남(逃)

· 미혹함(迷) · 길(途) · 죽음(逝) · 쫓음(逐) · 통함(透) · 달아나거나 숨음(逸) · 미치다(逮) · 마침내 이룸(遂) · 잘못 또는 어김(違) · 두루 미침(遍) · 보냄(遣) · 아득함(遙) · 좇음(遵) · 옮김(遷) · 피함(避) · 돌아옴(還) · 가장자리(邊)' 등입니다.

返 · 돌아올 반, 돌려줄 반 〔辵부 4획, 총 8획 *return* · はく〕**3급**
· 반대 방향으로 돌아옴을 나타내는 형성 글자.

返還(반환) : 되돌려 보냄
返送(반송) : 돌려보냄
返納(반납) : 되돌려줌

迫 · 다그칠 박, 궁할 박 〔辵부 5획, 총 9획 *press* · はく〕**3Ⅱ급**
· 여유가 없이 좁혀짐을 나타내는 형성 글자.

迫頭(박두) : 가까워짐
迫力(박력) : 다그치는 힘
迫害(박해) : 옳지 못한 것으로 핍박함

述 · 지을 술, 말할 술 〔辵부 5획, 총 9획 *write* · じゅつ〕**3Ⅱ급**
· 지금까지의 순서를 벗어나지 않고 따라간다는 뜻의 형성 글자.

著述(저술) : 글을 지음
述懷(술회) : 지은 것을 생각함

逃 · 달아날 도 〔辵부 6획, 총 10획 *escape* · とう〕**4급**
· 좌우로 떨어져 금이 간 것처럼 떠난다는 뜻의 형성 글자.

逃亡(도망) : 달아남
逃走(도주) : 달아남

迷 · 미혹할 미 〔辵부 6획, 총 10획 *confused* · めい〕**3급**
· 나아가는 길이 보이지 않아 헤멘다는 뜻의 형성 글자.

迷宮(미궁) : 쉽게 출구를 찾을 수 없음
迷路(미로) : 헷갈리기 쉬운 길

迷兒(미아) : 길을 잃은 아이

途
• 길 도 〔辵부 7획, 총 11획 *road* · と〕3Ⅱ급
• 길게 뻗은 길을 나타내는 형성 글자.

途上(도상) : 길
途中(도중) : 길을 가는 중
中途(중도) : 일의 중간

逝
• 갈 서 〔辵부 7획, 총 11획 *pass away* · せい〕2급
• 영원히 죽음을 나타낸 글자.

逝去(서거) : 세상을 떠남
急逝(급서) : 갑자기 죽음

逐
• 쫓을 축, 다툴 축 〔辵부 7획, 총 11획 *expel* · ちく〕3급
• 주위를 에워싸고 멧돼지 사냥을 하는 모습의 회의 글자.

逐鬼(축귀) : 귀신을 쫓음
逐客(축객) : 손님을 쫓음
逐出(축출) : 쫓아냄
角逐(각축) : 쫓아내기 위해 서로 겨룸

田 • 逐鹿者不顧兎(축록자불고토) : 사슴을 쫓는 사람은 토끼를 돌아보지
않는다. 욕심에 사로잡히면 사람의 도리를 잃어버린다는 뜻. 출전은 『회남자』
의 「설림훈편」

透
• 통할 투, 뛸 투 〔辵부 7획, 총 11획 *pass through* · とう〕3급
• 투명하게 빠져나간다는 뜻의 형성 글자.

透明(투명) : 속까지 훤히 보임
透視(투시) : 속에 있는 것까지 훤히 꿰뚫음
浸透(침투) : 물이 스며들 듯 통하여 들어감

逮
• 잡을 체, 미칠 체 〔辵부 8획, 총 12획 *seize* · たい〕2급
• 따라가서 잡는 것을 뜻하는 글자.

逮捕(체포) : 죄인을 뒤쫓아 가서 잡음

逸 • 숨을 일, 벗어날 일 〔辵부 8획, 총 12획 *run off* · いつ〕 3Ⅱ급
• 토끼처럼 슬쩍 빠져나가 달아남을 뜻하는 회의 글자.

逸脫(일탈) : 벗어남
逸話(일화) : 숨은 이야기

遂 • 드디어 수, 이룰 수 〔辵부 9획, 총 13획 *at last* · すい〕 3급
• 드디어 라는 뜻의 형성 글자.

未遂(미수) : 아직 완성하지 못함
完遂(완수) : 맡은 바 일을 완성함
遂行(수행) : 일을 해냄

違 • 어길 위, 다를 위 〔辵부 9획, 총 13획 *violate* · い〕 3급
• 위쪽과 아래쪽 발이 서로 어긋지게 나아감의 형성 글자.

違法(위법) : 법을 어김
違約(위약) : 약속을 어김

遍 • 두루 편 〔辵부 9획, 총 13획 · へん〕 3급
• 여기 저기를 돌아다니는 것을 나타내는 형성 글자.

遍在(편재) : 두루 존재함
遍歷(편력) : 두루 섭렵함

田 • 遍身綺羅者不是養蠶人(편신기라자불시양잠인) : 온몸에 비단옷을 감고 다니는 사람은 누에를 기르고 베를 짜는 사람이 아니라는 뜻. 출전은 『고문진보(古文眞寶)』

遣 • 보낼 견, 심부름꾼 견 〔辵부 10획, 총 14획 *send* · けん〕 3급
• 양손으로 많은 물건을 받드는 모습을 나타낸 형성 글자.

派遣(파견) : 보냄
遣唐使(견당사) : 당나라에 보내는 사신

遙 • 멀 요, 서성거릴 요 〔辵부 10획, 총 14획 *distant* · よう〕 3급
• 가늘고 길게 이어진 길을 뜻하는 형성 글자.

遙遠(요원) : 아득히 멂

逍遙(소요) : 거닐음

遵
- 좇을 준, 거느릴 준 〔辵부 12획, 총 16획 · じゅん〕**3급**
- 따라가다라는 뜻을 지닌 형성 글자.

遵守(준수) : 좇아 지킴

遵法(준법) : 법을 지킴

遵用(준용) : 좇아 씀

遷
- 옮길 천 〔辵부 12획, 총 16획 *move* · せん〕**3급**
- 건물을 남기고 주민이 빠져나간 모습의 형성 글자.

遷都(천도) : 도읍을 옮김

改過遷善(개과천선) : 지난 과오를 버리고 마음을 착하게 고
쳐 먹음

變遷史(변천사) : 어떤 사물이나 풍속 등이 변하여 온 기록
을 나타냄

避
- 피할 피 〔辵부 13획, 총 17획 *avoid* · ひ〕**4급**
- 곧 바로 도망치지 않고 좌우로 피하는 것을 뜻하는 형성 글자.

避亂(피란) : 난리를 피함

避雷(피뢰) : 벼락이 떨어짐을 피함

回避(회피) : 어떠한 답변이나 만나는 것 등을 피함

還
- 돌아올 환 〔辵부 13획, 총 17획 *come back* · かん〕**3Ⅱ급**
- 처음으로 되돌아 옴을 뜻하는 형성 글자.

還鄕(환향) : 고향으로 되돌아감

還元(환원) : 본래의 성질로 되돌아감

邊
- 가 변, 변방 변 〔辵부 15획, 총 19획 *border* · へん〕**4Ⅱ급**
- 길이 막힐 때까지 걸어간 끝자락을 뜻하는 형성 글자.

邊利(변리) : 이자

邊方(변방) : 변경

身邊(신변) : 몸 주위

마을의 풍경

• 漢字 部首
고을 읍, 도읍 읍

[邑부 0획, 총 7획]
village · ゆう

고을 읍(邑)은 영지(口)와 巴(사람이 무릎을 꿇고 있는 모습)를 합친 글자입니다. 고을이며 마을 또는 도읍을 나타낸 단어입니다. 읍(邑) 부의 1단계에는 '읍(邑) · 군(郡) · 랑(郎) · 부(部) · 도(都) · 향(鄕) 등입니다.

邑
- 고을 읍, 도읍 읍 [邑부 0획, 총 7획 *village* · ゆう] **7급**
- 영지와 사람이 무릎꿇고 있는 것을 합한 회의 글자.

邑內(읍내) : 읍의 안
邑長(읍장) : 읍의 우두머리
邑落(읍락) : 마을

郡
- 고을 군, 관서 군 [邑부 7획, 총 10획 *prefecture* · ぐん] **6급**
- 도시를 중심으로 빙 둘러싸인 토지를 나타내는 형성 글자.

郡民(군민) : 군의 백성
郡守(군수) : 군의 우두머리
郡縣(군현) : 군과 현

郎
- 사내 랑, 낭군 랑 [邑부 7획, 총 10획 *male* · ろう] **3Ⅱ급**
- 좋은 남자 또는 좋은 사내라는 뜻의 형성 글자.

新郎(신랑) : 갓 결혼한 남자
郎君(낭군) : 남편에 대한 칭호
情郎(정랑) : 정을 준 남자

部
- 나눌 부, 거느릴 부 〔邑부 8획, 총 11획 *divide* · ぶ〕 **6급**
- 구분을 지어서 나눈 마을, 또는 부분을 뜻하는 형성 글자.

部落(부락) : 마을. 동네
部位(부위) : 부분
部下(부하) : 거느리는 아랫사람
部署(부서) : 여럿으로 나누어 사무를 분담시키는 사무의 갈
　　레

都
- 도읍 도, 거느릴 도 〔邑부 9획, 총 12획 *metropolis* · と〕 **5급**
- 사람들이 가득 모인 큰 마을이라는 뜻의 형성 글자.

都心(도심) : 도회의 중심
古都(고도) : 옛 도읍지
都邑(도읍) : 서울

鄕
- 시골 향, 마을 향 〔邑부 10획, 총 13획 *country* · きょう〕 **4Ⅱ급**
- 마주 보고 있는 마을을 나타낸 형성 글자.

鄕里(향리) : 시골. 또는 고향
他鄕(타향) : 고향이 아닌 다른 지방
望鄕(망향) : 고향을 그리워함
歸鄕(귀향) : 고향으로 돌아감

2단계에는 어찌 또는 무엇(那) · 나라(邦) · 해를 끼치거나 어긋짐
(邪) · 성밖(郊) · 성곽(郭) · 역참 또는 우편(郵) 등입니다.

那
- 어찌 나, 무엇 나 〔邑부 4획, 총 7획 *how* · だ〕 **3급**
- 늘어진 귓볼처럼 풍요로운 것을 나타내는 형성 글자.

支那(지나) : 중국
那邊(나변) : 어느 곳

刹那(찰나) : 순간

邦
• 나라 방 〔邑부 4획, 총 7획 *nation* · ほう〕 **3급**
• 흙을 삼각형으로 돋우어 자신의 토지임을 나타낸 형성 글자.

異邦(이방) : 다른 지방

萬邦(만방) : 여러 나라

友邦(우방) : 친구가 되는 나라

邪
• 간사할 사 〔邑부 4획, 총 7획 *vicious* · しゃ〕 **3Ⅱ급**
• 어긋나다는 뜻으로 사용되는 형성 글자.

破邪(파사) : 사를 무찌름

邪敎(사교) : 바르지 못한 가르침

邪道(사도) : 바르지 못한 길

郊
• 성밖 교, 들 교 〔邑부 6획, 총 9획 *suburb* · こう〕 **3급**
• 왕래가 가능한 범위의 마을이라는 뜻의 형성 글자.

近郊(근교) : 가까운 마을

遠郊(원교) : 멀리 있는 마을

郊外(교외) : 인접한 도회지의 외곽

郭
• 성곽 곽, 둘레 곽 〔邑부 8획, 총 11획 *castle* · かく〕 **3급**
• 주위를 성벽으로 둘러싼 마을을 나타내는 형성 글자.

外廓(외곽) : 둘레

輪郭(윤곽) : 어떤 일에 대한 테두리

鐵郭(철곽) : 쇠로 둘러싼 둘레

郵
• 역참 우, 우편 우 〔邑부 8획, 총 11획 *posthouse* · ゆう〕 **4Ⅱ급**
• 우편 중개소 임을 뜻하는 회의 글자.

郵票(우표) : 편지에 붙이는 증표

郵政(우정) : 우편에 관한 행정

軍郵(군우) : 군사 우편

술을 담는 단지

• 象形   [酉부 0획, 총 7획]
닭 유   cock · ゆう

📖.

유(酉) 부의 1단계에는 '닭(酉) · 술(酒) · 의원(醫)' 등입니다.

酒 • 술 주 〔酉부 3획, 총 10획 *liquor* · しゅ〕 **3급**
• 단지에 담은 즙을 짜서 만든 술을 나타낸 형성 글자.

　酒色(주색) : 술과 여색. 얼굴에 나타난 술기운
　酒肴(주효) : 술과 안주
　飮酒(음주) : 술을 마심

田• 酒池肉林(주지육림) : 술로 못을 만들고 고기로 숲을 만들게 한다. 사치하고 음란한 행동을 이르는 말. 출전은 『십팔사략』

醫 • 의원 의 〔酉부 11획, 총 18획 *doctor* · い〕 **6급**
• 술독에 약초를 넣고 약주를 만드는 것을 나타낸 형성 글자.

　獸醫(수의) : 짐승을 치료하는 의사
　洋醫(양의) : 서양의 의술을 익힌 의원
　漢醫(한의) : 중국 의학을 익힌 의원

📖.

　2단계에는 '거느리거나 배당하다 또는 짝을 나타내는 배(配) · 짐작하거나 따름(酌) · 시고 고통스러움(酸) · 술에 취함(醉) · 더러움과 보기 흉함(醜)' 등입니다.

配
- 짝 배, 거느릴 배　[酉부 3획, 총 10획 *wife* · はん] 4Ⅱ급
- 사람이 술통 옆에 붙어 있는 모습의 형성 글자.

配慮(배려) : 관심을 기울여 살핌
配所(배소) : 유배지
配偶(배우) : 남편과 아내

酌
- 따를 작, 짐작할 작　[酉부 3획, 총 10획 *pour out*] 3급
- 술을 따라 마시는 것을 뜻하는 형성 글자.

酌婦(작부) : 술집에서 술을 따르며 생활하는 여인
獨酌(독작) : 직접 따라 마심
酌定(작정) : 알맞게 정함

酸
- 초 산, 고통스러울 산　[酉부 7획, 총 14획 *acid* · さん] 3급
- 시큼한 액체를 뜻하는 형성 글자.

酸性(산성) : 산이 가지는 성질
酸度(산도) : 산성의 농도
酸味(산미) : 신맛

醉
- 취할 취　[酉부 8획, 총 15획 *get drunk* · すい] 3Ⅱ급
- 기분이 흐트러져 곤드레 만드레가 됨을 뜻하는 형성 글자.

醉客(취객) : 술에 취한 사람
醉氣(취기) : 술에 취한 얼근한 기운
醉中(취중) : 술에 취해 있는 동안

醜
- 더러울 추　[酉부 10획, 총 17획 *ugly* · しゅう] 3급
- 술을 짠 지게미를 뜻하는 형성 글자.

醜女(추녀) : 얼굴이 못생긴 여자
醜惡(추악) : 용모가 몹시 추함
醜行(추행) : 더럽고 부끄러운 행위

흙 속에 숨은 금속

• 形聲
쇠 금, 성 김

〔金부 0획, 총 8획〕

gold · きん

▮ .

금(金) 부의 1단계 단어에는 '쇠 또는 금(金) · 바늘(針) · 은(銀) ·
돈(錢) · 종(鐘) · 쇠(鐵) · 쇠를 부어 만듦(鑄)' 등입니다.

• 쇠 금, 성 김 〔金부 0획, 총 8획 *gold* · きん〕 **8급**
• 흙속에 숨은 금속 알갱이를 뜻하는 형성 글자.

金冠(금관) : 금으로 만든 관

金髮(금발) : 황금색 머리털

金塊(금괴) : 순금 덩어리

金盃(금배) : 금으로 만든 잔

⊞ • **金蘭之交**(금란지교) : 금은 견고하지만, 두 사람이 진정으로 마음을
합치면 그것을 끊을 수 있으며 두 사람의 진정한 말은 향기로운 난초와 같다
는 우정을 이르는 말. 출전은 『역경』의 「계사상편」

• **金城湯池**(금성탕지) : 쇠로 만든 성의 주위에는 끓는 물의 연못이 있어
서 가까이 가기가 어렵다는 말. 출전은 『한서』의 「괴통전(蒯通傳)」

針 • 바늘 침, 바느질할 침 〔金부 2획, 총 10획 *needle* · しん〕 **4급**
• 터진 곳을 그러모아 꿰멘다는 뜻의 형성 글자.

針母(침모) : 남의 집에 고용되어 바느질을 맡아 하던 여인
을 가리킴

短針(단침) : 짧은바늘

分針(분침) : 분을 가리키는 바늘

銀 • 은 은, 돈 은 〔金부 6획, 총 14획 *silver* · ぎん〕 6급
• 영원히 썩지않을 것을 눈을 크게 뜨고 본다는 형성 글자.

銀幕(은막) : 영화계

銀河(은하) : 은하수의 다른 이름

銀婚式(은혼식) : 결혼한 지 25주년이 되는 해를 기념하는
  것을 말함

錢 • 돈 전 〔金부 8획, 총 16획 *money* · せん〕 4급
• 주걱 모양을 한 구리를 본뜬 것으로 돈을 뜻하는 형성 글자.

錢穀(전곡) : 돈과 곡식

守錢奴(수전노) : 돈밖에 모르는 인정 없는 사람

錢主(전주) : 자본주

田 • 錢可通信(전가통신) : 금전으로 신을 움직인다. 돈의 힘은 일의 결과
를 좌지우지 한다. 출전은 『당서(唐書)』

鐘 • 종 종, 시계 종 〔金부 12획, 총 20획 *bell* · しょう〕 4급
• 막대기로 관통하듯이 울리는 종을 나타낸 형성 글자.

鐘閣(종각) : 큰 종을 매달아 놓은 누각

巨鐘(거종) : 큰 종소리

自鳴鐘(자명종) : 정해진 시각이면 저절로 울리는 종

鐘樓(종루) : 종을 달아놓은 다락집

鐵 • 쇠 철, 단단할 철 〔金부 13획, 총 21획 *iron* · てつ〕 5급
• 잘 뚫고 들어가는 금붙이를 가리키는 형성 글자.

鐵甲(철갑) : 쇠로 만든 갑옷

鐵材(철재) : 쇠로 된 재료

鐵拳(철권) : 쇠같이 단단한 주먹

鐵石(철석) : 쇠가 들어있는 광석

田 • **鐵面皮**(철면피) : 쇠로 얼굴 가죽을 삼았다. 얼굴이 두꺼워 아첨을 일

삼는 자를 가리키는 말. 출전은 『북몽쇄언(北蒙瑣言)』

鑄 • 쇠 부어 만들 주 〔金부 14획, 총 22획 cast · ちゅう〕**2급**
• 쇳물을 부어 주조함을 나타낸 글자.

鑄造(주조) : 쇠를 녹여 기물을 만듦
鑄貨(주화) : 주조된 화폐
鑄幣(주폐) : 화폐를 주조함

2단계에는 '완고하고 둔함(鈍) · 구리(銅) · 글씨를 새김(銘) · 총(銃)
· 날카로움(銳) · 강철(鋼) · 비단(錦) · 기록함(錄) · 섞거나 잘못됨(錯)
· 달구어서 불림(鍊) · 자물쇠(鎖) · 진압함(鎭) · 거울(鏡) · 본보기(鑑)
· 쇳돌(鑛)' 등입니다.

鈍 • 무딜 둔, 완고할 둔 〔金부 4획, 총 12획 *blunt* · どん〕**3급**
• 속이 묵직하고 뾰족하지 않음을 나타낸 형성 글자.

鈍感(둔감) : 감각이 무딤
鈍器(둔기) : 둔한 무기
鈍才(둔재) : 둔한 사람
愚鈍(우둔) : 어리석고 둔함

鉛 • 납 연, 백분 연 〔金부 5획, 총 13획 *lead* · えん〕**4급**
• 잘 녹으며 바깥 테를 따라 흐르는 금속이라는 뜻의 형성 글자.

鉛版(연판) : 납으로 만든 판. 인쇄하기 위하여 납을 부어 만
든 판
黑鉛(흑연) : 검은 납

銅 • 구리 동 〔金부 6획, 총 14획 *brass* · どう〕**4Ⅱ급**
• 부드러운 구멍을 뚫기에는 가장 좋은 금속이란 뜻의 형성 글자.

銅鑛(동광) : 구리를 캐는 광산

銅錢(동전) : 구리로 만든 돈

銅像(동상) : 구리로 만든 상

田・銅臭(동취) : 동전의 냄새. 이른바 장사꾼을 가리키는 말. 출전은 『수서(隋書)』

銘
・새길 명 〔金부 6획, 총 14획 *engrave* ・ めい〕 3Ⅱ급
・금속에 새긴 이름이나 글을 뜻하는 형성 글자.

銘心(명심) : 마음에 새김

銘旌(명정) : 죽은 사람의 관직과 이름을 쓴 깃발

座右銘(좌우명) : 살아가는 데에 곁에 도움이 될만한 글귀.
　항상 곁에 두고 깊이 마음에 둠

銃
・총 총 〔金부 6획, 총 14획 *gun* ・ しゅう〕 4Ⅱ급
・총알을 재는 총을 나타낸 형성 글자.

銃彈(총탄) : 총알

長銃(장총) : 긴 총

銃殺(총살) : 총으로 쏘아서 죽임

銃擊戰(총격전) : 총을 쏘며 싸움을 벌임

銳
・날카로울 예, 똑똑할 예 〔金부 7획, 총 15획 *sharp* ・ えい〕 3급
・창끝을 깎아 뾰족하게 만든 것을 본뜬 형성 글자.

銳利(예리) : 날카로움

銳角(예각) : 직각보다 작은 각

銳氣(예기) : 날카로운 기상

鋼
・강철 강, 강할 강 〔金부 8획, 총 16획 *steel* ・ きょう〕 3급
・단단하고 견고한 금속을 뜻하는 형성 글자.

鋼板(강판) : 강철판

鋼鐵(강철) : 무쇠를 인성이 강하도록 한 쇠

錦 ・비단 금, 아름다울 금 〔金부 8획, 총 16획 *silk* ·きん〕3Ⅱ급
・황금의 실을 교차시켜 아름답게 짠 견질물을 뜻하는 형성 글자.

錦繡江山(금수강산) : 아름다운 우리 나라의 산하
錦上添花(금상첨화) : 일의 되어가는 형편이 갈수록 더 좋아
　　짐을 나타냄
田・錦上添花(금상첨화) : 비단 위에 꽃을 수놓는다. 좋은 일에 좋은 일을
더한다는 뜻. 출전은 왕안석의 시「즉사(卽事)」
　・錦衣夜行(금의야행) : 비단옷 입고 밤길 걷기. 남이 알아주지 않는 보람
도 없는 행동. 출전은『한서』의「항우전(項羽傳)」

錄 ・기록할 록, 베낄 록 〔金부 8획, 총 16획 *record* · ろく〕4Ⅱ급
・청동의 표면을 깎고 문자를 새긴다는 뜻의 형성 글자.

記錄(기록) : 써서 남김
目錄(목록) : 기록할 제목
錄音器(녹음기) : 소리를 저장할 수 있는 기기

錯 ・섞일 착, 둘 조 〔金부 8획, 총 16획 *mingle* · さく〕3급
・잘못 겹치면 까칠하게 되어 고르지 않은 모습의 형성 글자.

錯誤(착오) : 착각으로 인한 잘못
錯雜(착잡) : 뒤섞임
倒錯(도착) : 뒤집힘
錯覺(착각) : 외계의 사물을 잘못 지각함

鍊 ・불릴 련, 달굴 련 〔金부 9획, 총 17획 *forge* · れん〕3Ⅱ급
・금속의 좋은 것과 나쁜 것을 선별함을 뜻하는 형성 글자.

修鍊(수련) : 갈고 닦음
鍊磨(연마) : 깊게 도를 닦음. 갈고 닦음

鎖 ・쇠사슬 쇄, 잠글 쇄 〔金부 10획, 총 18획 *chain* · さ〕3급
・금속을 이어 만든 쇠사슬을 가리키는 형성 글자.

封鎖(봉쇄) : 들거나 나가지 못하도록 막음

鎖國(쇄국) : 나라의 문호를 굳게 닫고 외국과의 교류를 금
지함

鎖骨(쇄골) : 가슴 위쪽에서 어깨 쪽으로 향하며 수평으로
늘어져 있는 뼈

鎭
- 진압할 진 〔金부 10획, 총 18획 *suppress* · ちん〕3Ⅱ급
- 속이 알차게 차 있는 묵직한 금속을 가리키는 형성 글자.

鎭山(진산) : 도성이나 마을을 진호하는 산

鎭痛(진통) : 아픔을 가라앉힘

鎭撫(진무) : 난리를 평정하고 백성을 편안하게 함

鎭壓(진압) : 억누름

鏡
- 거울 경, 비출 경 〔金부 11획, 총 19획 *m1rror* · きょう〕4급
- 햇빛과 그림자의 끊김을 비춰보는 구리거울을 나타낸 형성 글자.

鏡中(경중) : 거울 속

銅鏡(동경) : 구리 거울

破鏡(파경) : 거울이 깨어짐

鏡鑑(경감) : 본보기. 또는 거울

鑑
- 거울 감, 본보기 〔金부 14획, 총 22획 *mirror* · かん〕3Ⅱ급
- 거울에 비추어 보듯이 잘 보는 것을 나타낸 형성 글자.

鑑別(감별) : 감정하여 좋고 나쁨을 가림

鑑賞(감상) : 예술 작품의 가치를 음미하고 이해함

鑑識(감식) : 인재를 식별함. 범죄 수사에 있어 지문 등을 채
취하여 과학적으로 판별함

鑛
- 쇳돌 광 〔金부 15획, 총 23획 *ore* · かん〕4급
- 노랗게 빛나는 돌을 가리키는 형성 글자.

鑛脈(광맥) : 광물의 맥

鑛山(광산) : 유용한 광물을 채굴하는 곳

鑛夫(광부) : 광산에서 일을 하는 인부

金鑛(금광) : 금이 매장되어 있는 줄기

날이 굽은 칼

• 象形
칼 도, 돈의 이름 도

刀

〔刀부 0획, 총 2획〕
knife · とう

🖊.

　도(刀) 부의 1단계 단어에는 '칼(刀) · 나누어주다(分) · 벌이다(列) · 형벌을 주다(刑) · 날카롭다(利) · 나누다(別) · 처음(初) · 뻐개다(判) · 이르다(到) · 앞서다(前) · 본받다(則)' 등입니다.

刀
• 칼 도 〔刀부 0획, 총 2획 *knife* · とう〕 3Ⅱ급
• 둘로 나누는 것을 나타내는 회의 글자.

分立(분립) : 갈라서 나누어 섬
分擔(분담) : 일을 각각 나누어 맡음
分布(분포) : 널리

分
• 나눌 분, 분수 분 〔刀부 2획, 총 4획 *divide* · ふん〕 6급
• 둘로 나누는 것을 나타내는 회의 글자.

分立(분립) : 갈라서 나누어 섬
分擔(분담) : 일을 각각 나누어 맡음
分布(분포) : 널리 퍼뜨림

列
• 벌일 렬, 차례 렬 〔刀부 4획, 총 6획 *display* · れつ〕 4Ⅱ급
• 척추 등을 떼어놓는 것을 나타내는 형성 글자.

列國(열국) : 여러 나라
列島(열도) : 줄지어 서 있는 여러 개의 섬
列傳(열전) : 많은 사람들의 전기를 차례로 엮은 책
列邑(열읍) : 여러 고을

刑
• 형벌 형, 죽일 형 〔刀부 4획, 총 6획 *punishment* · けい〕**4급**
• 형틀로 묶고 징계하는 일을 나타낸 형성 글자.

刑期(형기) : 형에 처하는 시기

刑典(형전) : 형법에 관련된 법

刑務所(형무소) : 교도소의 옛날 명칭

刑事(형사) : 형법의 적용을 받는 사건

利
• 날카로울 리, 편할 리 〔刀부 5획, 총 7획 *sharp* · り〕**6급**
• 싹둑 싹둑 날이 잘 드는 칼을 나타낸 회의 글자.

利劍(이검) : 날카로운 칼

利得(이득) : 이익

利己心(이기심) : 자신의 이익을 챙기려는 마음

利尿(이뇨) : 오줌을 잘 나오게 함

別
• 나눌 별, 헤어질 별 〔刀부 5획, 총 7획 *part* · べつ〕**6급**
• 뼈의 관절을 칼로 나눔을 뜻하는 회의 글자.

別居(별거) : 따로 떨어져 삶

別淚(별루) : 이별의 눈물

別食(별식) : 딴 음식

別世(별세) : 세상을 떠남

初
• 처음 초, 비로소 초 〔刀부 5획, 총 7획 *beginning* · しょ〕**5급**
• 옷을 만들 때에 시작하는 마름질을 뜻하는 회의 글자.

初期(초기) : 어떤 기간의 처음이 되는 시기

初面(초면) : 처음으로 대함

初步(초보) : 첫걸음

初夜(초야) : 결혼 첫날밤

判
• 뻐갤 판, 판가름할 판 〔刀부 5획, 총 7획 *judge* · はん〕**4급**
• 칼로 나눈다는 뜻으로 옳고 그름을 나타내는 형성 글자.

判讀(판독) : 뜻을 판단하여 읽음

判明(판명) : 판단하여 분명히 밝힘

判示(판시) : 판결하여 내보임

到 ·이를 도, 빈틈없을 도 〔刀부 6획, 총 8획 *reach* · とう〕**5급**
·휜칼날이 획 돌아서 다다름을 이르는 형성 글자.

到達(도달) : 정한 곳에 이름

到底(도저) : 밑바닥에 다다름

到處(도처) : 곳곳

到來(도래) : 그곳에 이름

前 ·앞 전 〔刀부 7획, 총 9획 *front, the former* · ぜん〕**7급**
·발끝으로 나아가는 것을 나타낸 형성 글자.

前景(전경) : 앞에 보이는 경치

前功(전공) : 전에 쌓은 공

前生(전생) : 현세에 태어나기 전의 세상

前方(전방) : 앞쪽

則 ·곧 즉, 법 칙, 본받을 측 〔刀부 7획, 총 9획 *rule* · そく〕**3급**
·나중에 사람이 좇아야 하는 도리를 뜻하는 회의 글자.

原則(원칙) : 정해놓은 기준

則效(칙효) : 본받음

2단계에는 '칼날(刃) · 끊음(切) · 책을 펴냄(刊) · 새김(刻) · 문서
(券) · 인쇄함(刷) · 찌름(刺) · 마르거나 누름(制) · 깍거나 범함(削) ·
굳셈(剛) · 도움 또는 버금(副) · 비롯함(創) · 나누거나 빼앗음(割) ·
긋거나 꾀함(劃) · 칼(劍) · 심함 또는 연극(劇)' 등입니다.

刃 ·칼날 인, 병기 인 〔刀부 1획, 총 3획 *blade* · じん〕**3급**
·칼날을 잘 들도록 벼린 모습의 지사 글자.

霜刃(상인) : 서릿발같은 칼날

兵刃(병인) : 병장기의 날카로움

刀刃(도인) : 칼날

切
- 모두 절, 모두 체 〔刀부 2획, 총 4획 *cut, all* · せつ, さい〕 **5급**
- 날붙이로 베어낸 곳을 가지런히 한다는 뜻의 형성 글자.

切感(절감) : 절실하게 느낌

切迫(절박) : 여유가 없고 급함

切品(절품) : 물건이 동이 나고 없음

刊
- 책 펴낼 간, 깎을 간 〔刀부 3획, 총 5획 *publish* · かん〕 **3Ⅱ급**
- 글자를 나무에 적는데에서 책을 만드는 일을 나타낸 형성 글자.

刊本(간본) : 인쇄된 서책

刊印(간인) : 간행물을 인쇄함

創刊(창간) : 책을 처음으로 발간함

刻
- 새길 각, 깎을 각, 때 각 〔刀부 6획, 총 8획 *carve* · こく〕 **4급**
- 단단한 물건에 투박하게 새김을 나타내는 형성 글자.

刻苦(각고) : 고생을 이겨내면서 애를 씀

刻骨難忘(각골난망) : 뼈에 새기듯이 잊지를 않음

刻薄(각박) : 각박하고 인정이 없음

券
- 문서 권, 어음쪽 권 〔刀부 6획, 총 8획 *bond* · けん〕 **4급**
- 약속한 것을 칼로 목간에 새겨 둘둘 말아 보존한다는 형성 글자.

株券(주권) : 주주가 소유하거나 소유할 주식

債券(채권) : 일정한 기간에 지불할 것을 약속한 증권

券帖(권첩) : 어음첩

刷
- 인쇄할 쇄, 씻을 쇄 〔刀부 6획, 총 8획 *print* · せい〕 **3Ⅱ급**
- 더러운 것을 칼로 획 쳐서 없애는 것을 나타낸 형성 글자.

刷新(쇄신) : 묵은 것을 새롭게 함. 해 묵은 것을 새롭게 고
치는 것

刷掃(쇄소) : 쓸고 닦음

刺
- 찌를 자, 찌를 척, 수라 라 〔刀부 6획, 총 8획 *pierce* · し〕3급
- 가시로 찌르듯이 칼로 찌른 것을 뜻하는 형성 글자.

刺戟(자극) : 정신을 흥분시키는 일

刺殺(자살) : 찔러 죽임

刺繡(자수) : 수를 놓음

制
- 마를 제, 누를 제 〔刀부 6획, 총 8획 *cut* · せい〕4Ⅱ급
- 삐어져 나온 부분을 정돈한다는 뜻의 회의 글자.

制度(제도) : 제정된 법규

制令(제령) : 제도와 법령

制御(제어) : 눌러서 억제함

削
- 깎을 삭, 칼집 초 〔刀부 7획, 총 9획 *cut* · さく〕3급
- 칼로 잘 써는 것을 뜻하는 형성 글자.

削減(삭감) : 깎아서 줄임

削髮(삭발) : 머리를 자름

削籍(삭적) : 면직을 당함

剛
- 굳셀 강, 굳을 강 〔刀부 8획, 총 10획 *firm* · ごう〕3Ⅱ급
- 칼을 만드는 강철처럼 단단한 것을 뜻하는 형성 글자.

剛性(강성) : 굳센 성질. 단단한 성질

剛直(강직) : 마음이 굳세고 굳음

外柔內剛(외유내강) : 겉은 부드러우나 속은 강함

副
- 버금 부, 도울 부 〔刀부 9획, 총 11획 *second* · ふく〕4Ⅱ급
- 나중에 두 개로 잘린 것을 한쌍을 이루는 형성 글자.

副木(부목) : 다친 팔 다리 등을 안정시키기 위해 대는 나무
　　를 뜻함

副收入(부수입) : 정규 수입 외에 가외로 생기는 수입

創
- 비롯할 창 〔刀부 10획, 총 12획 *begin* · そう〕 4Ⅱ급
- 물건을 만들 때에 먼저 칼집을 내는 것을 뜻하는 형성 글자.

創立(창립) : 처음으로 세움

創刊(창간) : 처음으로 책을 간행함

創傷(창상) : 상처를 입음

⊞ • **創業易守成難**(창업이수성난) : 나라를 일으키거나 사업을 시작하는 것은 쉬우나 그것을 지키는 것은 어렵다는 뜻. 출전은 『정관정요(貞觀政要)』

割
- 나눌 할 〔刀부 10획, 총 12획 *divide* · かつ〕 3Ⅱ급
- 본래 여기까지라고 가르는 것을 나타낸 형성 글자.

割據(할거) : 땅을 나누어 차지하고 막아 지킴

割當(할당) : 몫을 갈라 나눔

割愛(할애) : 아끼는 것을 나누어줌

劃
- 그을 획, 한자의 획 〔刀부 12획, 총 14획 *draw* · かく〕 3Ⅱ급
- 손에 붓을 들고 구분 짓는 것을 나타낸 회의 · 형성 글자.

劃期的(획기적) : 한 시기를 그을만함

劃然(획연) : 분명히 구분됨

劃一(획일) : 一자를 그은 듯이 모두가 하나같음

劍
- 칼 검, 검법 검 〔刀부 13획, 총 15획 *sword* · けん〕 3Ⅱ급
- 양쪽에 날이 서 있는 칼을 나타낸 형성 글자.

劍客(검객) : 칼을 쓰는 사람

劍舞(경비) : 칼춤

劍術(검술) : 칼을 쓰는 법

劇
- 심할 극, 연극 극 〔刀부 13획, 총 15획 *violent* · げき〕 4급
- 흥미로운 연극을 나타내는 형성 글자.

劇團(극단) : 연극을 하는 단체

極烈(극렬) : 맹렬함

歌劇(가극) : 노래하고 연극함

근육이 불거지는 팔

• 象形

힘 력, 애쓸 력

力

[力부 0획, 총 2획]

strengh · りょく

📖.

　력(力) 부의 1단계에는 '힘(力) · 더하거나 들어감(加) · 공(功) · 도움(助) · 힘을 씀(勉) · 날램(勇) · 움직임(動) · 힘씀(務) · 위로함과 일함(務) · 이겨서 멸망시킴(勝) · 부지런함(勤) · 기세(勢) · 권함(勸)' 등입니다.

力

• 힘 력, 애쓸 력　[力부 0획, 총 2획　*strengh* · りょく] 3Ⅱ급
• 팔이 불거지는 모습을 본뜬 상형 글자.

力說(역설) : 힘써 말함
力點(역점) : 힘을 들이는 곳
力行(역행) : 힘써 행한 노력

加

• 더할 가, 들어갈 가　[力부 3획, 총 5획 *add* · か] 5급
• 팔 이외에 입도 같이 돕는다는 뜻의 회의 글자.

加減(가감) : 더함과 뺌
加工(가공) : 자연물에 인공을 가하여 모양이나 성질을 바꾸
　　는 일

功

• 공 공, 공치사할 공　[力부 3획, 총 5획 *merits* · こう] 6급
• 머리를 짜낸 일이나 솜씨를 뜻하는 형성 글자.

功過(공과) : 공로와 허물
功名(공명) : 공훈과 명예
功效(공효) : 공 들인 보람

功績(공적) : 쌓은 공로

囲・功名垂竹帛(공명수죽백) : 공을 세워 이름을 역사에 길이 남긴다는 뜻. 종이가 없었던 옛날에는 중요한 기록을 대나무와 비단에 남겼다. 출전은 『후한서』의 「등우전」

助
・도울 조 〔力부 5획, 총 7획 *help*・しょ〕4Ⅱ급
・어떤 물건을 쌓아올릴 때 옆에서 거든 사람을 뜻하는 형성 글자.

　　助言(조언) : 말로 거듦. 다른 사람에게 도움이 되는 말을 해
　　　주는 것
　　助力(조력) : 힘으로 도와 줌

囲・助長(조장) : 자라도록 도와줌. 억지로 힘을 무리하게 써 일을 그르친다. 출전은 『맹자』의 공손축편」

勉
・힘 쓸 면, 권할 면〔力부 7획, 총 9획 *exert*・べん〕4급
・좁은 문을 빠져나가려고 무리하게 힘 쓰는 것을 본뜬 형성 글자.

　　勉學(면학) : 힘써 공부함
　　勤勉(근면) : 힘써 일함
　　勸勉(권면) : 힘써 권함

勇
・날랠 용, 기력이 있을 용 〔力부 7획, 총 9획 *brave*・ゆう〕6급
・발을 쿵쿵 구르며 힘을 과시하는 모습의 형성 글자.

　　勇斷(용단) : 용기 있게 결단함
　　勇力(용력) : 용기 있고 힘이 셈
　　勇者(용자) : 용기 있는 사람

動
・움직일 동, 놀랄 동 〔力부 9획, 총 11획 *move*・どう〕7급
・위와 아래 등으로 움직이는 것을 나타낸 형성 글자.

　　動産(동산) : 금전 등으로 이동이 가능한 재산
　　動因(동인) : 사건이나 변화의 원인
　　動作(동작) : 몸의 움직임

務
- 힘 쓸 무, 직분 무 〔力부 9획, 총 11획 *exert* · む〕4Ⅱ급
- 무리하게 참으며 애를 쓰는 것을 나타낸 형성 글자.

務望(무망) : 간절히 바람

務實力行(무실역행) : 참 되고 실속이 있도록 힘쓰고 행하는
  일을 뜻함

勞
- 일할 로, 위로할 로 〔力부 10획, 총 12획 *work* · ろう〕6급
- 일을 심하게하여 노곤해짐을 나타낸 회의 글자.

勞困(노곤) : 일한 뒤끝의 피곤함

勞力(노력) : 애쓰고 수고함

勞賃(노임) : 품삯

田 • 勞而無功(노이무공) : 수고만 하고 공이 없음. 애를 쓴 보람이 없음을
비유하는 말. 출전은 『장자』의 「천운편」

勝
- 이길 승, 나을 승 〔力부 10획, 총 12획 *win, bear* · しょう〕6급
- 다른 것보다 두드러짐을 나타낸 형성 글자.

勝算(승산) : 적에게 이길 가능성

勝勢(승세) : 뛰어난 지세

勝訴(승소) : 소송을 걸어 이김

勤
- 부지런할 근, 일 근 〔力부 11획, 총 13획 *diligent* · きん〕4급
- 체력이 다할 정도로 힘을 써 일한다는 뜻의 형성 글자.

勤勞(근로) : 힘을 다함

勤儉(근검) : 부지런히 일을 하고 검소하게 지냄

勤續(근속) : 계속하여 부지런히 일을 함

勢
- 기세 세, 세력 세 〔力부 11획, 총 13획 *spirit* · せい〕4Ⅱ급
- 사물을 적당히 억누르는 것을 나타낸 형성 글자.

勢道家(세도가) : 권세가 있는 집안

勢力(세력) : 남을 누르는 기세나 힘

勸 • 권할 권　〔力부 18획, 총 20획 advise · かん〕 **4급**
　　• 서로가 시끄럽게 떠들며 권하는 것을 나타낸 형성 글자.

勸農(권농) : 농사를 권장함

勸告(권고) : 권면을 하고 충고함

田 • 勸善懲惡(권선징악) : 착한 행실은 권하고 악한 행동은 징계함. 출전
은 『춘추좌씨전』

■I.

2단계에는 '못나고 어리석음(劣) · 힘써 노력함(努) · 모집하거나 모
음(募) · 힘써 권면함(勵)' 등입니다.

劣 • 못날 렬, 어리석을 렬　〔力부 4획, 총 6획 inferior · れつ〕 **3급**
　　• 힘이 적다는 것을 나타낸 회의 글자.

劣等(열등) : 낮은 등급

劣勢(열세) : 형세가 뒤짐

優劣(우열) : 좋고 나쁨

努 • 힘쓸 노　〔力부 5획, 총 7획 endeavor · ど〕 **4II급**
　　• 참을성 있게 힘을 들임을 나타낸 형성 글자.

努力(노력) : 힘을 다하고 애를 씀

募 • 모을 모, 부름 모　〔力부 11획, 총 13획 collect · ぼ〕 **3급**
　　• 힘을 다함을 나타낸 형성 글자.

募集(모집) : 사람을 모음

募兵(모병) : 병사를 모음

勵 • 힘쓸 려, 권면할 려　〔力부 15획, 총 17획 exert · れい〕 **3II급**
　　• 힘을 많이 들인다는 뜻의 형성 글자.

激勵(격려) : 말로써 상대를 응원함

勵節(여절) : 지조를 지키도록 권장함

있는 힘을 다하여

• 指事	[十부 0획, 총 2획]
열 십, 완전할 십	**十** ten · じゅう

■.

십(十) 부의 1단계에는 '완전함(十) · 일천(千) · 낮(午) · 반(半) · 군사(卒) · 합하다(協) · 탁자(卓) · 남녘(南)' 등입니다..

十
- 열 십, 전부 십 〔十부 0획, 총 2획 *ten* · じゅう〕8급
- 완전함을 뜻하는 지사 글자.

   十誡命(십계명) : 구약성경에 나오는, 하나님이 모세에게 내린 열 가지의 계명

   十五夜(십오야) : 음력 보름날밤

千
- 일천 천, 많을 천 〔十부 1획, 총 3획 *thousand* · せん〕7급
- 사람이 앞으로 나아가는 모양에 一을 붙인 형성 글자.

   千古(천고) : 먼 옛날

   千里眼(천리안) : 먼 곳을 볼 수 있는 안력이 있듯이 사물을 꿰뚫어볼 수 있는 능력이 있음

 • 千金買笑(천금매소) : 천금을 주고 사랑하는 여자를 웃게 한다. 출전은 『동주열국지(東周列國志)』

 • 千金之子不死於市(천금지자불사어시) : 천금을 가진 사람의 아들은 죄를 지어도 시장에서 사형을 당하지 않는다는 뜻. 출전은 『사기』의 「월세가(越世家)」

 • 千里眼(천리안) : 천리를 내다보는 눈. 먼곳에서 일어나는 일도 잘 알아내는 것을 뜻함. 출전은 『위서(魏書)』의 「양일전(楊逸傳)」

• **千丈之堤潰自蟻穴**(천장지제궤자의혈) : 천길 둑도 개미 구멍으로 인하여 무너진다는 뜻. 출전은 『한비자』의 「유로편(喩老篇)」

午

• 낮 오 〔十부 2획, 총 4획 *noon, day* · ご〕 7급
• 위와 아래로 만나는 것을 뜻하는 절굿공이를 본뜬 지사 글자.

午睡(오수) : 낮잠
午初(오초) : 오시의 첫시각
午午(오오) : 붐비는 모양

半

• 반 반, 조각 반 〔十부 3획, 총 5획 *half* · はん〕 6급
• 소와 같은 큰 물건을 둘로 나눈다는 뜻의 회의 글자.

半徑(반경) : 반지름
半島(반도) : 3면이 바다로 둘러싸인 육지

卒

• 군사 졸 〔十부 6획, 총 8획 *servent, finish* · そつ〕 5급
• 제복을 입고 한 줄로 서 있는 병사를 뜻하는 회의 글자.

卒年(졸년) : 죽은 해
卒倒(졸도) : 갑자기 정신을 잃고 쓰러짐. 또는 그런 일
卒然(졸연) : 갑자기. 별안간

協

• 합할 협, 일치할 협 〔十부 6획, 총 8획 *unite* · きょう〕 4Ⅱ급
• 힘을 합한 모습을 나타내는 형성 글자.

協同(협동) : 여럿이 마음과 힘을 합하여 어떤 일을 함
協力(협력) : 어떤 일을 이루기 위하여 힘을 합침
協和(협화) : 서로 협력하여 화합함

卓

• 탁자 탁, 놓을 탁 〔十부 6획, 총 8획 *high* · たく〕 5급
• 높은 탁자를 뜻하는 글자.

卓立(탁립) : 우뚝하게 서 있음
卓說(탁설) : 탁월한 설(說)
卓效(탁효) : 뛰어난 효험

南 ・남녘 남, 남으로 향할 남 〔十부 7획, 총 9획 *south* · なん〕**8급**
・따뜻한 방에서 싹이 나오는 모습을 본뜬 형성 글자.

南國(남국) : 남쪽에 위치한 나라

南方(남방) : 남쪽 방향

田・**南柯一夢(남가일몽)** : 남쪽으로 뻗은 나무 가지 아래에서 꾼 꿈. 인생과 부귀영화를 비유하는 말. 출전은 이공좌의 「남가기」

・**南橘北枳(남귤북지)** : 강남에 심은 귤을 강북에 심으면 탱자가 된다. 기후와 풍토가 다르면 성질이 달라진다는 뜻. 출전은 『안자춘추(晏子春秋)』

・**南風不競(남풍불경)** : 남방 지역의 풍악은 미약하고 생기가 없다. 기세를 떨치지 못함을 이르는 말. 출전은 『춘추좌씨전』 「양공 18년조」

2단계에는 '곡물을 되는 되(升) · 낮음 또는 천함(卑) · 넓음(博)' 등입니다.

升 ・되 승, 승패 승 〔十부 7획, 총 9획 *measure* · しょう〕**3급**
・곡물을 재는 모양을 나타내는 지사 글자.

升鑑(승감) : 편지에 받는 사람 이름 아래에 쓰는 존칭어

升斗(승두) : 용량의 단위. 얼마 되지 않은 녹

卑 ・낮을 비, 천할 비 〔十부 6획, 총 8획 *lowly* · ひ〕**3Ⅱ급**
・신분이 낮음을 나타내는 회의 글자.

卑怯(비겁) : 용기가 없음. 겁이 많음

卑近(비근) : 고상하지 아니함

博 ・넓을 박, 도박 박 〔十부 10획, 총 12획 *extensive* · はく〕**4Ⅱ급**
・모아서 고르게 퍼지게 한다는 뜻의 형성 글자.

博覽(박람) : 널리 견문함

博識(박식) : 보고들은 것이 많음

博愛(박애) : 모든 사람을 널리 사랑함

둘로 갈라지는 조개

• 象形   〔貝부 0획, 총 7획〕

조개 패, 무늬 패   貝   *shellfish* · ばい

패(貝) 부의 1단계에는 '조개(貝) · 곧음이나 정조(貞) · 재물(財) · 가난함(貧) · 꾸짖음(責) · 재화(貨) · 귀함(貴) · 사다(買) · 둘 또는 거듭함(貳) · 쌓음(貯) · 하례(賀) · 팔다(賣) · 즐기거나 기리는 것(賞) · 바탕(質) · 어짊(賢) · 도움(贊)' 등입니다.

• 조개 패, 돈 패 〔貝부 0획, 총 7획 *shellfish* · ばい〕 3급
• 둘로 갈라지는 조개를 본뜬 상형 글자.

貝殼(패각) : 조개 껍데기

貝物(패물) : 산호나 호박 등으로 만든 장신구

貝貨(패화) : 조개 화폐

貝塚(패총) : 조개무지

• 곧을 정, 정조 정 〔貝부 2획, 총 9획 *virtuous* · てい〕 3Ⅱ급
• 신의 마음을 똑바로 맞힌다는 뜻의 형성 글자.

貞淑(정숙) : 여자로서 행실이 곧고 고움

貞潔(정결) : 정조가 결백함

貞節(정절) : 절개

貞操(정조) : 성생활에 지켜야할 절조

財
• 재물 재, 녹 재 〔貝부 3획, 총 10획 *wealth* · ざい〕 5급
• 사용하기 알맞은 정도의 목재나 천을 가리키는 형성 글자.

財務(재무) : 재정에 관한 사무

財寶(재보) : 보배로운 재물

財團(재단) : 어떤 목적을 달성하기 위하여 결합된 재단의
집단

文化財(문화재) : 문화적으로 가치가 있는 재화

• 가난할 빈, 적을 빈 〔貝부 4획, 총 11획 poor · ひん〕4Ⅱ급
• 돈이나 재화나 뿔뿔이 나뉘어짐을 나타내는 형성 글자.

貧者(빈자) : 가난한 사람

貧弱(빈약) : 가난하고 약함

貧賤(빈천) : 가난하고 천함

田• 貧者一燈(빈자일등) : 가난한 자가 밝힌 하나의 등불. 가난함 속에서
정성으로 바친 등이 값이 있다는 뜻. 출전은 현우경의 「빈여난타품(貧女難陀
品)」

• 꾸짖을 책, 바랄 책 〔貝부 4획, 총 11획 reproach · せき〕5급
• 가시에 찔린 따끔 따끔한 모습을 본뜬 형성 글자.

責望(책망) : 허물을 들어 꾸짖음

責務(책무) : 맡은 바 임무

責罰(책벌) : 처벌함

責善(책선) : 선을 행하도록 서로 권함

[貨]
• 재화 화, 물품 화 〔貝부 4획, 총 11획 goods · か〕4Ⅱ급
• 여러가지 물건과 바꿀 수 있는 조개를 본뜬 형성 글자.

貨幣(화폐) : 지불 수단으로 사용되는 매개체

貨物(화물) : 실어 나르는 짐

銀貨(은화) : 은으로 만든 화폐

貨車(화차) : 화물을 운반하는 차

[貴]
• 귀할 귀 〔貝부 5획, 총 12획 honorable · き〕5급
• 큰 짐을 양손에 들고 있는 모습을 나타낸 형성 글자.

貴骨(귀골) : 귀하게 생긴 사람

貴人(귀인) : 귀한 사람

貴重(귀중) : 소중함

貴物(귀물) : 귀중한 물건

買
- 살 매 〔貝부 5획, 총 12획 *buy*・ばい〕5급
- 그물로 건지듯이 가치 있는 물건을 구한다는 뜻의 형성 글자.

買價(매가) : 사는 값

買收(매수) : 사들임

買取(매취) : 사들임

買票所(매표소) : 표를 사는 곳

貳
- 두 이, 두 마음 이 〔貝부 5획, 총 12획 *two*・に〕3급
- 막대기 두 개가 나란한 모양을 나타낸 형성 글자.

貳車(이거) : 여벌로 따르는 수레

貳心(이심) : 두 마음

貯
- 쌓을 저, 둘 저 〔貝부 5획, 총 12획 *store up*・ちょ〕5급
- 네모진 틀 속에 재화를 가득 채운 모양을 나타낸 형성 글자.

貯金(저금) : 돈을 모아둠

貯水(저수) : 물을 저장함

貯蓄(저축) : 저축하여 모아둠

貯置(저치) : 저장하여 둠

賀
- 하례할 하 〔貝부 5획, 총 12획 *congratulate*・が〕3Ⅱ급
- 선물을 가지고 상대를 축하한다는 뜻의 형성 글자.

賀客(하객) : 축하하는 손님

賀正(하정) : 신년을 축하함

慶賀(경하) : 축하함

賀禮(하례) : 축하하는 예식

賣
- 팔 매 〔貝부 8획, 총 15획 *sell*・ばい〕5급
- 물건을 내놓고 팔아 이익을 보는 것을 나타낸 형성 글자.

賣却(매각) : 팔아버림

賣買(매매) : 팔고 삼

賣票(매표) : 표를 팖

賣場(매장) : 파는 곳

| 賞 |
- 상줄 상, 기릴 상 〔貝부 8획, 총 15획 *praise* · しょう〕**5급**
- 공적에 들어맞는 돈이나 물품을 뜻하는 형성 글자.

賞罰(상벌) : 상과 벌

賞讚(상찬) : 칭찬함

賞與金(상여금) : 정해진 급료 외에 노고를 위해 주는 돈

| 質 |
- 바탕 질, 볼모 질 〔貝부 8획, 총 15획 *disposition* · しつ〕**5급**
- 어떤 물건과 같은 값어치가 있는 것을 나타낸 형성 글자.

質朴(질박) : 꾸밈없고 순박함

質正(질정) : 시비를 바로잡음

質問(질문) : 물음

| 賢 |
- 어질 현, 어진 사람 현 〔貝부 8획, 총 15획 · けん〕**4Ⅱ급**
- 금전 출납을 긴축시켜 빈틈없음을 뜻하는 형성 글자.

賢良(현량) : 어질고 착함

賢明(현명) : 어질고 사리에 밝음

賢德(현덕) : 재주와 덕을 겸비한 성인

| 贊 |
- 도울 찬, 기릴 찬 〔貝부 12획, 총 19획 *assist* · さん〕**3Ⅱ급**
- 신에게 예물을 바칠 때 옆에서 도와주는 사람이라는 형성 글자.

贊同(찬동) : 다른 사람의 의견에 동의함

贊否(찬부) : 찬성과 반대

贊反(찬반) : 찬성과 반대

2단계에는 '등에 짐을 지는 것(負) · 공물을 바침(貢) · 꿰뚫음(貫) ·

지나치게 탐함(貪)·물건을 파는 것(販)·빌림(貸)·물품을 바꿈(貿)
·비용(費)·품팔이(賃)·도둑(賊)·손님(賓)·구실이나 부역(賦)·
하사함(賜)·천함(賤)·의뢰함(賴)·보냄(贈)' 등입니다.

負
- 질 부, 저버릴 부 〔貝부 2획, 총 9획 bear · ふ〕 **4급**
- 재물을 짊어진 있는 모습을 나타낸 회의 글자.

負笈(부급) : 책 고리를 짊어진다는 뜻. 타향으로 공부하기
   위하여 유학함
負擔(부담) : 책임을 짐. 어떤 일을 맡음
負債(부채) : 빚을 짐. 또는 그 부채를 말함

貢
- 바칠 공, 공물 공 〔貝부 3획, 총 10획 offer · こう〕 **3Ⅱ급**
- 일을 하여 재산이나 물건을 바치는 것을 나타낸 형성 글자.

貢物(공물) : 백성이 궁에 바치는 토산물. 또는 약소국이 강
   대국에게 바치는 물건
貢賦(공부) : 지방의 토산물을 나라에 바치던 세제
貢獻(공헌) : 나라나 사회에 이바지 함

貫
- 꿸 관, 관직 관 〔貝부 4획, 총 11획 pierce · かん〕 **3Ⅱ급**
- 두 개의 물건에 관통한 모습을 본뜬 형성 글자.

貫祿(관록) : 인격에 따른 위엄
貫流(관류) : 꿰뚫어 흐름
貫通(관통) : 꿰뚫음

貪
- 탐할 탐 〔貝부 4획, 총 11획 covet · たん〕 **3급**
- 재물을 많이 모은 것을 뜻하는 회의 글자.

貪官汚吏(탐관오리) : 욕심이 많은 부정한 관리
貪民(탐민) : 가난한 백성

販
- 팔 판, 장사 판 〔貝부 4획, 총 11획 deal in · はん〕 **3급**
- 물건을 고르게 늘어놓고 파는 것을 나타낸 형성 글자.

販賣(판매) : 물건을 팖

販路(판로) : 판매하는 길

貸
- 빌릴 대 〔貝부 5획, 총 12획 *lend* · たい〕**3급**
- 잠시 빌려주어 소유자가 바뀐다는 뜻의 형성 글자.

貸家(대가) : 셋집

貸付(대부) : 빌려줌

貿
- 바꿀 무, 장사할 무 〔貝부 5획, 총 12획 *trade* · ぼう〕**3Ⅱ급**
- 억지로 열어 무리하게 이익을 얻으려는 것을 본뜬 형성 글자.

貿穀(무곡) : 곡물 값이 오를 것으로 보고 곡식을 잔뜩 사들
  이는 사람

貿易(무역) : 국제간에 교역을 이룸

費
- 쓸 비, 비용 비 〔貝부 5획, 총 12획 *expend* · ひ〕**5급**
- 돈이나 재물을 너무 써서 재산이 줄어든다는 뜻의 형성 글자.

費用(비용) : 쓰는 돈

費目(비목) : 비용을 지출하는 명목

賃
- 품팔이 임 〔貝부 6획, 총 13획 *wage* · ちん〕**3급**
- 돈 드옹로 사람을 고용함을 나타낸 형성 글자.

賃貸(임대) : 삯을 받고 빌려줌

賃借(임차) : 삯을 주고 빌려씀

資
- 재물 자, 밑천 자 〔貝부 6획, 총 13획 *property* · はん〕**4급**
- 돈이나 재물을 갖추어놓고 유용하게 쓴다는 뜻의 형성 글자.

資格(자격) : 신분이나 지위

資金(자금) : 밑천

賊
- 도둑 적, 훔칠 적 〔貝부 6획, 총 13획 *thief* · ぞく〕**4급**
- 무기를 손에 들고 상대를 다치게 한다는 뜻의 형성 글자.

賊徒(적도) : 도둑의 무리

賊臣(적신) : 모반한 신하

賓
- 손 빈, 존경할 빈 〔貝부 7획, 총 14획 *guest* · ひん〕 3급
- 선물을 가지고 주인과 나란히 서서 말한다는 뜻의 형성 글자.

賓客(빈객) : 신분이 높은 지체 있는 손님
國賓(국빈) : 나라를 찾아온 외국 원수 등과 같은 손님

賦
- 구실 부, 부역 부 〔貝부 8획, 총 15획 *levy* · ふ〕 3급
- 돈이나 물건을 억지로 빼앗는다는 뜻의 형성 글자.

賦課(부과) : 세금 등을 매김
賦金(부금) : 부과금. 또는 은행 등의 금융기관에 일정기간
  을 정하여 목돈을 마련하기 위해 저축하는 제도

賜
- 줄 사, 은덕 사 〔貝부 8획, 총 15획 *bestow* · し〕 3급
- 돈이나 재산을 상대방에게 내미는 모습을 뜻하는 형성 글자.

賜藥(사약) : 죄인에게 독약을 내려 죽게 함
賜姓(사성) : 성을 내림
賜死(사사) : 죽임

賤
- 천할 천, 천히 여길 천 〔貝부 8획, 총 15획 *mean* · せん〕 3Ⅱ급
- 재화가 아주 적음을 뜻하는 형성 글자.

賤待(천대) : 업신여기어 푸대접을 함
賤民(천민) : 천한 백성

賴
- 힘 입을 뢰 〔貝부 9획, 총 16획 *rely on* · らい〕 3Ⅱ급
- 재화의 대차를 질질 끌어 남에게 맡기는 것을 뜻하는 형성 글자.

依賴(의뢰) : 의지하고 힘입음
信賴(신뢰) : 믿고 맡김

贈
- 보낼 증, 선물 증 〔貝부 12획, 총 19획 *send* · そう〕 3급
- 상대의 소유물 위에 더 높이 쌓음을 뜻하는 형성 글자.

贈與(증여) : 거저 남에게 줌
贈呈(증정) : 주는 것을 뜻함
寄贈(기증) : 단체나 모임 등에 공짜로 물건 등을 내놓음

문짝이 두 개인 문

門

· 象形

문 문, 집안 문

[門부 0획, 총 8획]

gate · もん

■.

문(門) 부의 1단계에는 '문(門) · 닫거나 오그라듦(閉) · 사이 또는 잠깐(間) · 열거나 비롯됨(開) · 한가함(閑) · 진열함(閱) · 빗장 또는 관문(關)'을 나타냅니다.

門
· 문 문, 가문 문 [門부 0획, 총 8획 *gate* · もん] 8급
· 좌우 두 개의 문짝이 붙은 문을 본뜬 상형 글자.

門客(문객) : 집안에 있는 식객
門限(문한) : 문닫는 시각
門札(문찰) : 문패
門戶(문호) : 집의 드나드는 곳

田 · 門外可說雀羅(문외가설작라) : 손님의 발길이 끊겨 문밖에 새 그물도 칠 수 있다는 뜻. 출전은 『사기』의 「급정열전(汲鄭列傳)」

· 門前成市(문전성시) : 문앞이 저자와 같다. 세도가 있어 찾아오는 사람이 붐비는 것을 뜻함. 출전은 『한서』의 「손보전(孫寶傳)」

閉
· 닫을 폐 [門부 3획, 총 11획 *close* · へい] 4급
· 문을 닫고 출입을 막는다는 뜻의 상형 글자.

閉幕(폐막) : 연극을 마치고 막을 내림
閉門(폐문) : 문을 닫음
閉鎖(폐쇄) : 문을 닫고 자물쇠를 채움

閉蟄(폐칩) : 겨울잠

間
- 사이 간, 틈 간, 섞을 간　[門부 4획, 총 12획 *gap* · けん] **7급**
- 문과 문 사이를 내다보는 모습을 본뜬 회의 글자.

間隔(간격) : 서로 떨어져 있는 거리

間色(간색) : 두 가지 이상의 색깔을 배합하여 생기는 색깔을 말함

間言(간언) : 비난하는 일

開
- 열 개, 산 이름 견　[門부 4획, 총 12획 *open* · かい] **6급**
- 똑같은 모양의 문이 좌우에서 평등하게 열리는 모습의 형성 글자.

開封(개봉) : 봉한 것을 엶

開店(개점) : 가게를 엶

開花(개화) : 꽃이 핌

開口(개구) : 입을 엶

閑
- 한가할 한, 아름다울 한　[門부 4획, 총 12획 *leisure* · かん] **4급**
- 문앞에 나무를 걸친 모습을 본뜬 회의 글자.

閑邪(한사) : 나쁜 마음이 생기지 않도록 막음

閑寂(한적) : 한가하고 적막함

閑暇(한가) : 조용하고 시간적인 여유가 있음

閑地(한지) : 빈터

閱
- 검열할 열　[門부 7획, 총 15획 *inspect* · えつ] **2급**
- 문을 열고 공적을 조사함을 이르는 글자.

閱覽(열람) : 살펴서 봄

檢閱(검열) : 조사하기 위하여 살펴봄

閱兵(열병) : 군대를 점검함

閱人(열인) : 많은 사람들을 겪어봄

關
- 빗장 관, 활 당길 완　[門부 11획, 총 19획 *bolt* · かん] **5급**
- 좌우의 문에 빗장을 붙여 통하고 닫는 모습을 나타낸 형성 글자.

關門(관문) : 국경이나 요새에 세운 문

關心(관심) : 어떤 것에 끌리는 마음

關鍵(관건) : 빗장과 자물쇠

關節(관절) : 뼈와 뼈가 잇닿아 굴신할 수 있게 된 부분

關與(관여) : 관계하여 참여함

2단계에는 '윤달(閏) · 문설주(閣) · 규방(閨)' 등입니다.

閏
- 윤달 윤 〔門부 4획, 총 12획 *intercalary* · じゅん〕 3급
- 왕이 달력에서 삐어져 나온 날은 일 하지 않는다는 회의 글자.

閏年(윤년) : 윤달이 드는 해

閏位(윤위) : 왕위가 정통이 아님

閏集(윤집) : 원본에서 누락된 글을 따로 모은 문집

閣
- 문설주 각, 시렁 각 〔門부 6획, 총 14획 *doorjamb* · かく〕 3Ⅱ급
- 문이 움직이지 않도록 버팀대처럼 눌러놓은 모습의 형성 글자.

閣道(각도) : 다락집의 복도

閣議(각의) : 내각의 합의

閣僚(각료) : 내각을 구성하는 각 부의 장관

閣下(각하) : 내각의 아래. 또는 귀인에 대하여 존경하는 마
음으로 부르는 칭호.

閨
- 도장방 규, 소녀 규, 부인 규 〔門부 6획, 총 14획 · けい〕 3급
- 옥으로 만든 그릇의 뾰족함을 본뜬 회의 글자.

閨房(규방) : 침실. 또는 안방

閨裏(규리) : 규중

閨秀(규수) : 집안에 거하는 여인. 또는 혼기를 앞둔 처녀

閨中(규중) : 여자가 거처하는 방

옛날 토기에 새긴 무늬

• 象形   [文부 0획, 총 4획]

글월 문, 글자 문   *letter* · ぶん

문(文) 부에는 1단계와 2단계가 '글월(文)' 뿐입니다.

文
- 글월 문, 학문 문 〔文부 0획, 총 4획 *letter* · ぶん〕 **7급**
- 옛날의 토기에 새긴 무늬의 하나를 본뜬 상형 글자.

文格(문격) : 문장의 품격

文魁(문괴) : 문과의 장원

文氣(문기) : 문장의 기세

※다음은 글에대한 어휘와 속담에 대해 살펴 보겠습니다.

*글은 사람이다(G.L. 뷔퐁)

*쓰는 것은 남을 위해서지 자기를 위해서 쓰는 것은 아니다(L.A. 포이에르바하/일기)

*칼이 만약 붓을 못 죽이면 붓을 가지고 칼을 죽일 것이다(V.위고)

*글 속에 글 있고 말 속에 말 있다(내용 속에 내용이 있다/한국)

*남의 속에 있는 글도 배운다(남으 속에 있는, 눈으로 볼 수 없는 글도 배우는 데 하물며 직접 하는 거을 보고 못할 리가 있겠는가. 남이 하는 것을 보면그대로 따라 할 수 있다는 말/한국)

*글에 미친 송생원/다른 일은 돌보지 않고 글만 읽고 있는 사람을 비웃는 말/한국)

*펜을 가지고 씌어진 것은 도끼로도 부수지 못한다/영국)

하나의 점을 찍고

• 漢字 部首	丶	〔丶부 0획, 총 1획〕
점 주		*comma* · ちゅう

■丿.

주(丶) 부의 1단계에는 '붉음(丹)과 주인(主)'입니다.

丹
- 붉을 단, 정성 단 〔丶부 3획, 총 4획 *red* · たん〕3Ⅱ급
- 수은이 함유된 주사의 모양을 나타낸 지사 글자.

  丹粧(단장) : 화장. 얼굴을 곱게 꾸밈
  丹田(단전) : 배꼽 아래 한 치가 되는 곳

主
- 주인 주 〔丶부 4획, 총 5획 *host, lord* · しゅ〕7급
- 촛대 위에 지그시 타고 있는 불을 본뜬 형성 글자.

  主客(주객) : 주인과 손
  主管(주관) : 일을 주장하여 관리함

■■丿.

2단계는 '둥글다(丸)'입니다.

丸
- 알 환, 둥글 환 〔丶부 2획, 총 3획 *pill* · ちゅ〕3급
- 벼랑 아래 사람이 웅크리고 있는 모습을 본뜬 회의 글자.

  丸藥(환약) : 작고 둥글게 빚은 알약
  丸劑(환제) : 환약
  彈丸(탄환) : 탄알

오른쪽에서 아래로 삐어짐

• 漢字 部首	[㇒부 0획, 총 1획]
삐침 별	へつ

별(㇒) 부의 1단계에는 '너 또는 이에(乃) · 오래됨(久) · 가다(之) · 부사를 만드는 어미(乎) · 타다(乘)' 등입니다.

• 이에 내, 너 내 [㇒부 1획, 총 2획 *here upon* · だい] 3Ⅱ급
• 물건이 구부러진 것을 나타낸 지사 글자.

乃父(내부) : 너의 아비. 그이의 아버지

乃者(내자) : 이전에. 요사이

乃至(내지) : 무엇 무엇에서 무엇 무엇에 이르기까지

• 오랠 구 [㇒부 2획, 총 3획 *enduring* · きゅう] 3Ⅱ급
• 노인의 등이 여기까지라고 가리키는 지사 글자.

久遠(구원) : 아득하고 오램. 길고 오램

持久力(지구력) : 지탱하는 힘

永久(영구) : 아주 오래도록

• 갈 지, 이 지 [㇒부 3획, 총 4획 *go, this* · し] 3Ⅱ급
• 발이 경계선에서 나아가는 것을 나타낸 상형 글자.

之東之西(지동지서) : 동쪽으로 갈까 서쪽으로 갈까를 망설
이는 것

左右之間(좌우지간) : 어쨌든 간에

乎
• 온 호, 감탄사 어 [㇒부 4획, 총 5획 · こ]
• 소리가 한층 높아짐을 나타내는 뜻의 지사 글자.

確乎(확호) : 든든하게. 확실하게

 • 탈 승, 대 승, 셈할 승 〔ノ부 9획, 총 10획 *ride* · じょう〕3Ⅱ급
• 사람이 두 발로 나무 위에 올라가 있는 모습을 나타낸 회의 글자.

乘機(승기) : 기회를 탐
乘馬(승마) : 타는 말
乘法(승법) : 곱셈

※다음에서는 능력에 대한 어록과 속담 등에 대하여 살펴
보겠습니다.

*각자는 자기가 사용할 수 있는 역량을 제나름대로 느끼
고 있다(루크레티우스)

*내가 능력 주는 자 안에서 능치 못함이 없느니라(성서)

*아무리 천재의 뛰어난 능력도 기회가 없이는 소용이 없
다(B.나폴레옹/어록)

*산속에서 보물을 찾기 전에 먼저 네 두 팔에 있는 보물을
충분히 이용하도록 하라. 그대의 두 손이 부지런하다면 그
속에서 많은 것이 샘솟듯 솟아나올 것이다(스탕달)

*타인을 위하여 진력하는 것으로서 자기의 능력을 계량할
수 있다(입센)

*뱁새가 황새 걸음을 걸으면 가랑이가 찢어진다(한국)

*독수리는 파리를 못잡는다(각자 능력에 맞는 일이 따로
있다는 뜻/한국)

*날면 기는 것이 능치 못하다(사람이 모든 일에 다 능하기
는 어렵다는 말/한국)

새도 염불을 하고 쥐도 방귀를 뀐다(보잘것없는 새나 짐
승도 사람의 일을 하려 하는 데 왜 못한다고 자신의 능력을
낮추는가/한국)

*길마 무거워 소 드러누울까/한국

펼쳐진 다섯 손가락

手

- 象形
손 수, 손바닥 수, 사람 수

〔手부 0획, 총 4획〕
hand · しゅ

수(手)는 다섯 손가락과 손바닥을 본뜬 글자입니다. 수(手) 부의 1단계 단어들은 '손(手) · 재주(才) · 공격함(打) · 재주(技) · 받치거나 말미암음(扶) · 받들어 계승함(承) · 던지거나 덮어서 가림(投) · 절을 하거나 벼슬 내림(拜) · 초대(招) · 받듦(抱) · 줍거나 열을 나타냄(拾) · 보전함(持) · 손가락(指) · 가르치거나 임명함(授) · 대접(接) · 캐거나 가림(採) · 옮기거나 밂(推) · 찾음(探) · 오르거나 알려짐(揚) · 오르거나 행실(擧)' 등입니다.

才
- 재주 재 〔手부 0획, 총 3획 *talent* · さい〕 **6급**
- 사람이 본래부터 가지고 있는 재능이라는 뜻의 지사 글자.

才氣(재기) : 재주 있는 기질
才能(재능) : 재주와 능력
才士(재사) : 재주 많은 선비

打
- 칠 타, 공격할 타 〔手부 2획, 총 5획 *strike* · だ〕 **5급**
- 탕탕 치는 것을 나타내는 형성 글자.

打擊(타격) : 치는 것. 손실
打算(타산) : 이해를 따져 헤아려 봄
打石器(타석기) : 타제석기의 준말

技
- 재주 기, 재능 기 〔手부 4획, 총 7획 *talent* · ぎ〕 **5급**
- 가는 가지처럼 물건을 잘게 나눈다는 뜻의 형성 글자.

技能(기능) : 기술상의 재능

技倆(기량) : 기능이나 솜씨

技法(기법) : 기교와 방법

扶 •도울 부, 받칠 부 〔手부 4획, 총 7획 *help* · ふ〕3Ⅱ급
•상대의 겨드랑이 밑에 손을 대고 떠받드는 모습의 형성 글자.

扶老(부로) : 늙은이를 도움

扶助(부조) : 남을 도와줌

扶養(부양) : 도와서 기름

承 •받들 승, 이을 승 〔手부 4획, 총 8획 *support* · しょう〕4Ⅱ급
•사람이 무릎을 꿇고 양손으로 받든다는 뜻의 회의 글자.

承繼(승계) : 뒤를 이음

承命(승명) : 어른의 명령을 받음

承服(승복) : 이해하여 복종함

投 •던질 투, 줄 투, 들일 투 〔手부 4획, 총 7획 *throw* · とう〕4급
•조금 떨어진 맞은편에 멎도록 던지는 것을 나타내는 형성 글자.

投光(투광) : 조명기 따위로 빛을 내비침

投球(투구) : 공을 던짐

投石(투석) : 돌을 던짐

田 • 投鞭斷流(투편단류) : 채찍을 던져 강의 흐름을 막음. 병력이 많고 강대함을 뜻함.『진서』의「부견재기(符堅載記)」

• 投筆從戎(투필종융) : 붓을 던지고 군사가 되다. 시대가 필요할 때는 문관이라 해도 과감히 군인이 되어 나라를 지킨다는 뜻. 출전은『후한서』의「반초전」

拜 •절 배, 벼슬을 내릴 배 〔手부 5획, 총 9획 *bow* · はい〕4Ⅱ급
•손가락을 몸의 좌우로 붙이고 깍지를 낀 채 절하는 회의 글자.

拜見(배견) : 귀인을 뵘

拜金(배금) : 돈을 지나치게 숭배함

拜誦(배송) : 삼가 읽음

招
- 부를 초, 구할 초 〔手부 5획, 총 8획 *call* · しょう〕**4급**
- 부드러운 손짓으로 부름을 나타내는 뜻의 형성 글자.

招來(초래) : 불러서 옴

招請(초청) : 청하여 부름

招待(초대) : 불러서 대접함.

抱
- 안을 포, 지킬 포 〔手부 5획, 총 8획 *embrace* · ほう〕**3급**
- 싸는 것처럼 팔로 껴안음을 나타내는 형성 글자.

抱負(포부) : 안고 업고 하는 것

抱擁(포옹) : 껴안음

抱恨(포한) : 한을 품음

田 · 抱璧有罪(포벽유죄) : 값비싼 보물을 가지고 있으면 죄가 없어도 화를 입게 된다는 뜻. 출전은 『춘추좌씨전』

拾
- 주울 습, 열 십 〔手부 6획, 총 9획 *pick up* · じゅう〕**3Ⅱ급**
- 물건을 주위 모은다는 뜻의 형성 글자.

拾得(습득) : 주움

拾遺(습유) : 땅에 떨어진 것을 주움. 빠진 것을 뒷날 보충하
   는 것을 말함

持
- 가질 지, 보전할 지 〔手부 6획, 총 9획 *hold* · じ〕**4급**
- 가만이 손에 쥐는 것을 나타내는 형성 글자.

持久(지구) : 오래 유지함

持論(지론) : 늘 주장하는 의견

持病(지병) : 오랫 동안 낫지를 않고 괴롭히는 병

指
- 손가락 지, 가리킬 지 〔手부 6획, 총 9획 *finger* · し〕**4Ⅱ급**
- 손가락을 쭉 뻗어 물건을 가리키는 모습을 뜻하는 형성 글자.

指南車(지남차) : 방향을 가리키는 기계를 단 수레

指導(지도) : 가르쳐 인도함

指事(지사) : 사물을 가리킴

⊞ • 指鹿爲馬(지록위마) : 사슴을 가리켜 말이라고 한다. 위압을 가하여 상대방을 바보로 만든다는 뜻. 출전은『사기』의 진시황본기」

授
• 줄 수, 가르칠 수 〔手부 8획, 총 11획 *give* · じゅ〕**4Ⅱ급**
• 직접 건네받는다는 뜻의 형성 글자.

授賞(수상) : 상을 받음

授業(수업) : 학예를 가르쳐 줌

授與(수여) : 내려줌

接
• 사귈 접 〔手부 8획, 총 11획 *associate* · せつ〕**4Ⅱ급**
• 남자 곁에 붙어 시중을 드는 여인을 나타낸 형성 글자.

接口(접구) : 음식을 조금 먹음

接近(접근) : 가까이 함

接木(접목) : 나무를 접붙임

採
• 캘 채, 가릴 채 〔手부 8획, 총 11획 *dig* · さい〕**4급**
• 손끝으로 나무의 싹을 따는 것을 뜻하는 지사 글자.

採鑛(채광) : 광물을 캐어냄

採金(채금) : 금을 캐어냄

採錄(채록) : 채집하여 기록함

推
• 옮을 추, 밀 퇴 〔手부 8획, 총 11획 *push* · たい〕**4급**
• 묵직한 무게나 힘을 들여 미는 것을 나타낸 뜻의 형성 글자.

追窮(추궁) : 끝까지 캐어서 따짐

推考(추고) : 미루어 생각함

推及(추급) : 미루어 미침

⊞ • 推敲(추고) : 문장을 다듬고 고친다는 뜻. 시문을 지을 때에 여러 번 생각하여 고침. '퇴고'라고도 함. 출전은『당시기사(唐詩紀事)』

探	• 찾을 탐, 엿볼 탐 〔手부 8획, 총 11획 *search* · たん〕**4급**
	• 화덕 구멍 속의 불을 손으로 찾아낸다는 뜻의 형성 글자.

探査(탐사) : 더듬어 살펴 조사함

探問(탐문) : 더듬어 찾아 물음

探勝(탐승) : 좋은 경치를 찾아다님

揚	• 오를 양, 날 양 〔手부 9획, 총 12획 *go up* · よう〕**3Ⅱ급**
	• 힘 있게 오름을 뜻하는 형성 글자.

揚名(양명) : 이름을 드날림

揚揚(양양) : 득의한 모양

揚言(양언) : 큰소리를 침

擧	• 들 거, 오를 거 〔手부 14획, 총 18획 *hold* · きょ〕**4급**
	• 손을 맞추어 동시에 들어올림을 뜻하는 형성 글자.

擧家(거가) : 온 집안

擧國(거국) : 온 나라

擧用(거용) : 끌어올려 씀

田 • 擧案齊眉(거안제미) : 밥상을 눈위까지 들어올린다. 아내가 남편을 지극히 공경함. 출전은 『후한서』의 「일민전」

2단계 단어에는 '밀거나 맡김(托) · 누르다(押) · 치거나 평함(批) · 누름과 굽힘(抑) · 결단하거나 꺾임(折) · 가리거나 베낌(抄) · 막거나 겨룸(抗) · 잡음(把) · 겨루거나 어긋남(拒) · 잡거나 한정함(拘) · 어루만지거나 두드림(拍) · 빠르거나 뽑(拔) · 떨거나 추어올림(拂) · 거스르거나 던짐(抵) · 운이 나쁘거나 쓸모없음(拙) · 넓히거나 박음(拓) · 당기거나 거둠(抽) · 주먹(拳) · 돋거나 후빔(挑) · 떨거나 열림(振) · 붙잡음(捉) · 사로잡음(捕) · 매달아 걺(掛) · 노략질(掠) · 밀침과 늘어섬(排) · 찾음(搜) · 버림과 베풂(捨) · 버리거나 제거함(掃) · 손바닥

(掌) · 당김(援) · 끌거나 도움(提) · 바꾸거나 고침(換) · 휘두르거나 지시함(揮) · 잃거나 해침(損) · 흔들림(搖) · 끌거나 이어짐(携) · 들추어냄(摘) · 뿌리거나 퍼뜨림(播) · 의거함(據) · 움직이거나 다스림(擊) · 맡음(擔) · 잡음(操) · 가림(擇) · 안음(擁) · 넓힘(擴) · 당김(攝)' 등입니다.

托
- 밀 탁, 받침 탁, 맡길 탁 〔手부 3획, 총 6획 *push* · たく〕 3급
- 가만이 앉아서 안정 시키는 것을 뜻하는 회의 · 형성 글자.

囑託(촉탁) : 어떤 일을 처리하기 위하여 위임함
托故(탁고) : 사고를 핑계함
托子(탁자) : 찻잔 받침

押
- 누를 압 〔手부 5획, 총 8획 *press* · おう〕 2급
- 손으로 강하게 누르는 것을 나타낸 글자.

押捺(압날) : 도장을 찍음
押釘(압정) : 손가락으로 눌러박는 대가리가 납작한 쇠못

批
- 칠 비, 비파 비 〔手부 4획, 총 7획 *hit* · ひ〕 4급
- 어떤 것을 비교하여 좋고 나쁨을 결정하는 형성 글자.

批點(비점) : 시문(詩文) 등에서 내용이 아주 잘된 곳에
    찍는 점. 일종의 평점
批頰(비협) : 볼을 때림

抑
- 누를 억, 굽힐 억 〔手부 4획, 총 7획 *restrain* · よ〕 3Ⅱ급
- 위에서 꽉 누르고 있는 모습을 나타낸 형성 글자.

抑留(억류) : 억지로 머무르게 함
抑壓(억압) : 누름
抑制(억제) : 억눌러 제어함

折
- 꺾을 절, 쪼갤 절 〔手부 4획, 총 7획 *break off* · せつ〕 4급
- 나무를 둘로 자른 모양에 도끼를 합한 회의 글자.

折角巾(절각건) : 도인이 쓰던 쓰게의 한가지

折骨(절골) : 뼈를 부러뜨림

折腰(절요) : 허리를 낮게 숙임

抄 • 가릴 초 〔手부 4획, 총 7획 select · しょう〕3급
• 획 표면을 스쳐가는 모습의 형성 글자.

抄掠(초략) : 억지로 빼앗음

抄本(초본) : 필요한 것을 뽑아서 적음

抗 • 막을 항, 겨룰 항 〔手부 4획, 총 7획 resist · こう〕4급
• 꼿꼿하게 서서 저항하는 것을 나타내는 형성 글자.

抗拒(항거) : 대항하여 버팀

抗力(항력) : 저항하는 힘

把 • 잡을 파 〔手부 4획, 총 7획 catch · は〕2급
• 어떤 물건을 손으로 잡는 것을 나타낸 글자.

把杯(파배) : 손잡이가 달린 술잔

把守(파수) : 경계하여 지킴

拒 • 막을 거, 겨룰 거 〔手부 5획, 총 8획 defend · きょ〕4급
• 사이를 두고 가까이 하지 못하게 함을 뜻하는 형성 글자.

拒否(거부) : 승낙을 하지 않고 물리침

拒逆(거역) : 사람의 뜻이나 명령을 거부

拘 • 잡을 구, 거리낄 구 〔手부 5획, 총 8획 catah · こう〕3Ⅱ급
• 좁은 틀 속에 가두는 것을 나타낸 형성 글자.

拘禁(구금) : 교도소 등에 잡아 가둠

拘留(구류) : 잡아 가둠

拍 • 칠 박, 어루만질 박 〔手부 5획, 총 8획 strike · はく〕4급
• 손바닥으로 탁탁 두드리는 것을 나타낸 형성 글자.

拍手(박수) : 손뼉을 침

拍子(박자) : 곡조의 진행

拔 • 뺄 발, 빼어날 발, 췰 발 〔手部 5획, 총 8획　*draw* · ばつ〕**3급**
　　• 여분을 없애고 필요한 것만을 고른다는 뜻의 형성 글자.

　　拔群(발군) : 여럿 가운데서 뛰어남
　　拔本(발본) : 뿌리를 뽑음
　　拔萃(발췌) : 필요한 부분만을 가려 뽑음

　⊞ • 拔本塞源(발본색원) : 뿌리를 뽑아 근원을 막는다. 근본적으로 어떤 폐단을 해결하는 것. 출전은 『춘추좌씨전』 「소공 9년조」

拂 • 떨 불, 먼지털이 불 〔手部 5획, 총 8획　*sweep* · ふつ〕**3급**
　　• 손을 좌우로 흔들어 떨쳐버림을 뜻하는 형성 글자.

　　拂拭(불식) : 떨고 훔침
　　拂逆(불역) : 어김
　　拂衣(불의) : 옷자락을 추어올림. 떨쳐 일어나는 모양

　⊞ • 拂鬚塵(불수진) : 수염의 먼지를 턴다. 남의 환심을 사려고 어울리지 않는 행동을 하는 것. 출전은 『송사』의 「구준전(寇準傳)」

抵 • 거스를 저, 이를 저 〔手部 5획, 총 8획　*disoby* · てい〕**3Ⅱ급**
　　• 손으로 탁 밀어붙이는 것을 나타낸 형성 글자.

　　抵當(저당) : 저항. 채무의 담보물
　　抵死(저사) : 죽음에 이름
　　抵罪(저죄) : 죄질에 따라 벌을 함

拙 • 못날 졸, 운이 나쁠 졸 〔手部 5획, 총 8획　*inferor* · せつ〕**3급**
　　• 표준보다 뒤떨어진 것을 나타낸 형성 글자.

　　拙稿(졸고) : 졸렬하게 쓴 원고. 자기가 쓴 원고의 겸칭
　　拙工(졸공) : 서투른 공인
　　拙巧(졸교) : 졸렬함과 교묘함
　　拙筆(졸필) : 졸렬한 글씨

拓
- 넓힐 척, 박을 탁 〔手부 5획, 총 8획 *print* · たく〕 3Ⅱ급
- 扌와 石의 합자. 손으로 밀거나 여는 것을 나타낸 형성 글자.

拓殖(척식) : 땅을 개척하여 백성을 이주시킴
拓地(척지) : 땅을 개척함
拓本(탁본) : 금석을 새긴 글씨나 그림을 종이에 박아냄

抽
- 뺄 추, 당길 추 〔手부 5획, 총 8획 *draw out* · ちゅう〕 3급
- 가는 부분에서 질질 끌어냄을 나타낸 형성 글자.

抽出(추출) : 뽑아냄
抽籤(추첨) : 제비를 뽑음
抽利(추리) : 이익을 계산함

拳
- 주먹 권 〔手부 6획, 총 10획 · けん〕 3Ⅱ급
- 손을 구부려 흩어진 물건을 나타낸다는 뜻의 회의 · 형성 글자.

拳法(권법) : 주먹으로 서로 치는 기술
拳術(권술) : 주먹으로 서로 치는 기술
拳鬪(권투) : 복싱

挑
- 돋을 도 〔手부 6획, 총 9획 *turn up, incite* · ちょう〕 3급
- 둘러붙어 있는 것을 쑥 떼어놓는다는 뜻의 형성 글자.

挑發(도발) : 싸움을 걺
挑戰(도전) : 싸움을 걺
挑剔(도척) : 운필법의 하나. 글자를 쓸 때에 치는 법

振
- 떨칠 진, 열 진 〔手부 7획, 총 10획 *tremble* · しん〕 3Ⅱ급
- 조개의 치설처럼 떠는 것을 나타낸 형성 글자.

振貸法(진대법) : 농민에게 곡식을 꾸어주었다가 수확기에
  되돌려 받는 고구려 시대의 법
振撫(진무) : 구제하여 위로함
振肅(진숙) : 두려워 떨며 삼가는 것

捉
- 잡을 착, 붙잡을 착 〔手부 7획, 총 10획 *seize* · そく〕**3급**
- 손이 근육을 꽉 움츠려 잡음을 나타낸 회의 · 형성 글자.

捕捉(포착) : 잡아냄

捉囚(착수) : 죄인을 체포하여 잡아 가둠

捕
- 잡을 포, 구할 포 〔手부 7획, 총 10획 *catch* · ほ〕**3급**
- 상대에게 손을 착 대는 것을 뜻하는 형성 글자.

捕盜(포도) : 도둑을 잡음

捕殺(포살) : 잡아죽임

捕虜(포로) : 사로잡은 적의 군사

掛
- 걸 괘, 달 괘 〔手부 8획, 총 11획 *hang* · かい〕**3급**
- ∧자 모양으로 매다는 것을 나타낸 형성 글자.

掛念(괘념) : 마음에 두고 잊지를 아니함

掛燈(괘등) : 등을 걺

掛書(괘서) : 이름을 숨기고 게시하는 글

　田 • **掛冠**(괘관) : 갓을 벗어 건다. 관직을 버리고 사퇴하는 것. 출전은 『후한서』의 「봉맹전」

掠
- 노략질할 략 〔手부 8획, 총 11획 *plunder* · りゃく〕**3급**
- 손으로 남의 것을 함부로 빼앗는다는 뜻의 형성 글자.

掠取(약취) : 노략질하여 가짐

掠奪(약탈) : 폭력을 사용하여 억지로 빼앗음

侵掠(침략) : 침범하고 약탈함

排
- 밀칠 배, 늘어설 배 〔手부 8획, 총 11획 *push* · はい〕**3Ⅱ급**
- 좌우로 밀어서 여는 것을 나타낸 형성 글자.

排尿(배뇨) : 오줌을 눔

排擊(배격) : 배척하여 물러남

排除(배제) : 물리쳐 제거함

搜
- 찾을 수 〔手부 10획, 총 13획 · そう〕2급
- 손을 더듬어 찾아냄을 이르는 글자.

搜査(수사) : 찾아 조사함
搜索(수색) : 찾아서 구함
搜探(수탐) : 수사하고 탐지함

捨
- 버릴 사, 베풀 사 〔手부 8획, 총 11획 *throw* · しゃ〕3급
- 손을 느슨하게 풀어 쥐고 있는 물건을 놓는다는 뜻의 형성 글자.

捨小取大(사소취대) : 작은 것을 버리고 큰 것을 취함
捨生取義(사생취의) : 생명을 버릴지언정 의를 취함. 비록
　목숨을 잃어도 옳은 일은 그만두지 않음
捨身(사신) : 목숨을 버림

掃
- 쓸 소, 버릴 소 〔手부 8획, 총 11획 *sweep* · そう〕4Ⅱ급
- 비를 손으로 들고 쓰는 것을 뜻하는 형성 글자.

掃萬(소만) : 모든 일을 제쳐놓음
掃除(소제) : 쓸고 닦아서 청소를 깨끗이 함
掃蕩(소탕) : 비로 청소하듯 모조리 무찌름

掌
- 손바닥 장 〔手부 8획, 총 12획 *palm of the hand* · はん〕3Ⅱ급
- 편 손을 나타냄. 즉 손바닥을 뜻하는 형성 글자.

掌骨(장골) : 손바닥을 형성하는 다섯 가지의 뼈
掌上(장상) : 손바닥
掌藏(장장) : 금전 출납을 맡아보는 사람

援
- 당길 원, 도울 원, 잡을 원 〔手부 9획, 총 12획 · えん〕4급
- 손을 사이로 뻗어 도움을 나타내는 형성 글자.

援助(원조) : 도와 줌
援筆(원필) : 붓을 잡음
援護(원호) : 원조하여 보호함

提
- 끌 제, 내어걸 제, 도울 제 〔手부 9획, 총 12획 · てい〕**4Ⅱ급**
- 똑바로 잡아당기는 모습을 본뜬 형성 글자.

提高(제고) : 높임. 끌어올림
提起(제기) : 설명하여 밝힘
提燈(제등) : 끌고 다니는 등

換
- 바꿀 환, 고칠 환, 바뀔 환 〔手부 9획, 총 12획 · かん〕**3Ⅱ급**
- 속에 든 것을 빼내어 바꾼다는 뜻의 형성 글자.

換骨奪胎(환골탈태) : 뼈를 바꾸고 태를 빼앗는다는 뜻. 모
　양이 아주 좋은 방향으로 달라진다는 뜻
換氣(환기) : 흐린 공기를 빼고 맑은 공기로 바꿈
換歲(환세) : 해가 바뀜

揮
- 휘두를 휘, 뿌릴 휘, 나타낼 휘 〔手부 9획, 총 12획 · き〕**4급**
- 손으로 빙글빙글 원을 그리며 휘두른다는 뜻의 형성 글자.

揮毫(휘호) : 붓을 휘두름. 글씨를 쓰거나 그림을 그림
揮場(휘장) : 과거에 급제하였을 때에 금방(金榜)을 들고 과
　장 안을 돌며 외치던 일
揮發(휘발) : 보통 온도에서 액체가 기체로 변하여 날아감

損
- 덜 손, 줄 손, 헐뜯을 손 〔手부 10획, 총 13획 · そん〕**4급**
- 둥글게 구멍을 내어 속에 든 것을 덜어냄을 나타낸 형성 글자.

損金(손금) : 손해금
損耗(손모) : 써서 닳아짐
損傷(손상) : 헐어지고 닳아짐

搖
- 흔들릴 요, 오를 요, 흔들 요 〔手부 10획, 총 13획 · よう〕**3급**
- 손으로 잡고 흔드는 것을 나타낸 형성 글자.

搖動(요동) : 흔들림
搖鈴(요령) : 흔들면 소리가 나도록 종 모양으로 만든 물건
動搖(동요) : 움직이고 흔들림

携
- 끌 휴, 잡을 휴 〔手부 10획, 총 13획 · けい〕 **3급**
- 손으로 끌어당김을 나타내는 형성 글자.

携帶(휴대) : 손에 들거나 몸에 지님
携帶品(휴대품) : 몸에 지닌 물건
携手同歸(휴수동귀) : 서로 행동을 함께 함

摘
- 딸 적, 들추어낼 적 〔手부 11획, 총 14획 · てき〕 **3Ⅱ급**
- 몇개의 손가락끝을 하나로 모아 조이는 것을 나타낸 형성 글자.

摘句(적구) : 중요한 글귀를 뽑아냄
摘發(적발) : 드러나 있지 않은 부정한 일이나 물건을 들추
　　어 냄
摘出(적출) : 끄집어 냄

播
- 뿌릴 파, 퍼뜨릴 파, 베풀 파 〔手부 12획, 총 15획 · は〕 **3급**
- 손으로 평평하고 넓게 흩뿌리는 것을 나타낸 회의 · 형성 글자.

播多(파다) : 소문이 널리 퍼짐
種播(종파) : 종자를 퍼뜨림

據
- 의거할 거, 근거로 삼을 거 〔手부 13획, 총 16획 · はん〕 **4급**
- 어떤 장소에 정착함을 뜻하는 형성 글자.

據守(거수) : 성안에 웅크린 채 지킴
據點(거점) : 활동의 근거지
占據(점거) : 어떤 지역을 강제로 제압하는 것

擊
- 칠 격, 부딪칠 격, 움직일 격 〔手부 13획, 총 17획 · げき〕 **4급**
- 단단한 물건이 맞부딪치는 것을 나타낸 형성 글자.

擊滅(격멸) : 쳐서 멸망시킴
擊蒙(격몽) : 어린아이를 가르쳐 깨우침
擊退(격퇴) : 쳐서 물리침

擔
- 멜 담, 들 담 〔手부 13획, 총 16획 *bear* · はん〕 **4Ⅱ급**
- 짐을 들어올려 어깨에 메는 것을 나타낸 형성 글자.

擔當(담당) : 일을 맡아봄
擔保(담보) : 맡아서 보증함
擔稅(담세) : 납세의 의무를 짐

操 •잡을 조, 절개 조 〔手부 13획, 총 16획 *take* · そう〕**5급**
•나무 위에 새가 모여 지저귀는 모양을 나타낸 형성 글자.

操練(조련) : 군대를 훈련함
操弄(조롱) : 마음대로 다루면서 놀림
操作(조작) : 일을 함

擇 •가릴 택 〔手부 13획, 총 16획 *select* · たく〕**4급**
•늘어놓는 물건 중에서 골라내는 것을 나타낸 형성 글자.

擇吉(택길) : 길한 날을 택함
擇良(택량) : 좋은 것을 택함

擁 •안을 옹 〔手부 13획, 총 16획 *embrace* · よえ〕**2급**
•손으로 쥐는 모습을 나타낸 글자.

擁立(옹립) : 돌보아 제구실을 하게 함
擁書(옹서) : 책을 안음
擁護(옹호) : 도와서 지킴

擴 •넓힐 확 〔手부 15획, 총 18획 *expand* · かく〕**3급**
•손으로 펼치는 것을 나타낸 형성 글자.

擴大(확대) : 늘려서 크게 함
擴散(확산) : 퍼져 흩어짐. 한 물질이 다른 물질에 스며들어
  같은 농도가 되는 일

攝 •당길 섭 〔手부 18획, 총 21획 · せつ〕**2급**
•손으로 많은 것을 당기는 모습을 나타낸 글자.

攝生(섭생) : 음식과 운동을 조절하여 건강관리를 잘함
攝政(섭정) : 임금을 대신하여 정사를 맡아봄
攝取(섭취) : 영양분을 맡아봄

무엇을 금지하랴

· 漢字 部首

말 무, 없을 무

毋

[毋부 0획, 총 4획]

do not · ぶ

.

무(毋) 부의 1단계는 '어머니(母)와 항상(每)'입니다.

母
· 어미 모, 소생 모 [毋 1획, 총 5획 *mother* · も] **8급**
· 두 개의 유방을 가진 여인을 뜻하는 지사 글자.

母校(모교) : 자기의 출신 학교

母體(모체) : 어머니의 몸. 근본이 되는 것

每
· 매양 매, 그때마다 매 [毋부 3획, 총 7획 *always* · まい] **7급**
· 머리에 비녀를 꽂은 어머니를 본뜬 상형 글자.

每番(매번) : 번번이

每事(매사) : 일마다

.

2단계에는 '독(毒)'이라는 한 글자입니다.

毒
· 독 독, 해칠 독 [毋부 4획, 총 8획 *poison* · どく] **4Ⅱ급**
· 아이를 낳은 산모에게 주는 약초를 본뜬 형성 글자.

毒感(독감) : 매우 지독한 감기

毒物(독물) : 독이 있는 물질

毒性(독성) : 독이 있는 성분

타오르는 불꽃

• 象形
불 화, 탈 화, 몹시 화

〔火부 0획, 총 4획〕
fire · か

위로 타오르는 성질이 있는 화(火) 부의 1단계는 '불꽃(炎) · 세차게 번져서 타오름(烈) · 까마귀(烏) · 없음(無) · 그러하다(然) · 연기(煙) · 뜨거움(熱) · 등불(燈)' 등입니다.

• 불 화, 탈 화 〔火부 0획, 총 4획 fire · か〕 **8급**
• 불이 타오르는 모양을 나타낸 상형 글자.

火口(화구) : 화산의 분화구

火氣(화기) : 불기

⊞ • 火牛計(화우계) : 소의 꼬리에 불을 붙여 밤중에 적진으로 돌진시켜 제나라를 구한 계책. 출전은 『사기』

• 불꽃 염, 불탈 염 〔火부 4획, 총 8획 flame · えん〕 **3급**
• 왕성하게 불이 타오르는 모양을 나타낸 회의 글자.

炎上(염상) : 불꽃이 타오름

炎暑(염서) : 무더운 더위

炎天(염천) : 몹시 무더운 여름 더위

烈

• 세찰 렬, 아름다울 렬 〔火부 6획, 총 10획 fierce · れつ〕 **4급**
• 불이 활활 타오르는 것을 나타낸 형성 글자.

烈女(열녀) : 절개가 굳고 기상이 강한 여자

烈士(열사) : 기상이 강하고 절의가 굳은 사람

烈火(열화) : 맹렬히 타오르는 불

烏 •까마귀 오, 검을 오 〔火부 6획, 총 10획 *crow* · お, う〕3Ⅱ급
•까마귀를 본뜬 상형 글자.

烏骨鷄(오골계) : 살갗이 검은 닭
烏飛梨落(오비이락) : 까마귀 날자 배가 떨어진다는 뜻
烏竹(오죽) : 줄기가 검은 대나무

田• 烏合之衆(오합지중) : 까마귀떼가 모인 것처럼 어중이떠중이가 모인
무리. 출전은 『후한서』의 「경엄전」

無 •없을 무, 대체로 무 〔火부 8획, 총 12획 *not exist* · む〕5급
•신 앞에서 춤을 추며 없는 것을 조르는 형성 글자.

無故(무고) : 까닭이 없음
無能(무능) : 능력이 없음
無力(무력) : 힘이 없음

田• 無恙(무양) : 병이 없다. 탈이 없다는 뜻으로 모든 일이 평안 무사함을
이르는 말. 출전은 『전국책』의 「제책(齊策)」

• 無用之用(무용지용) : 아무 쓸모없이 보이는 것이라도 때론 유용한 쓰임
새가 있다는 뜻. 출전은 『장자』의 「인간세편」

• 無爲而化(무위이화) : 행위없이 되어진다. 뚜렷한 행위가 없이 감화에 의
하여 이루어진다는 뜻. 출전은 『노자 29장』

• 無恒産無恒心(무항산무항심) : 일정하게 먹고 살만한 행동이 없으면 사
람이 지니고 있어야할 떳떳한 마음이 없어진다는 뜻. 출전은 『맹자』의 「양혜
왕상편」

然 •그러할 연, 곧 연 〔火부 8획, 총 12획 · ぜん〕
•개고기의 기름을 불로 태우는 것을 나타낸 형성 글자.

然則(연즉) : 그런즉, 그렇다면
然而(연이) : 그러나
然後(연후) : 그런 뒤

• 연기 연, 그을음 연 〔火부 9획, 총 13획 · えん〕 **4Ⅱ급**
• 불에 타서 연기가 나는 것을 뜻하는 형성 글자.

煙景(연경) : 봄 경치
煙霧(연무) : 연기와 안개
煙波(연파) : 안개가 낀 수면

• 더울 열, 열 열, 바쁠 열 〔火부 11획, 총 15획 *hot* · ねつ〕 **5급**
• 끈적끈적한 땀이 나오는 것을 뜻하는 형성 글자.

熱狂(열광) : 미친 듯이 열중함
熱心(열심) : 한가지 일에 집중함
烈火(열화) : 뜨거운 불

• 등불 등, 등잔 등 〔火부 12획, 총 16획 *lamp* · とう〕 **4Ⅱ급**
• 높이 들어올려 내건 등을 나타낸 형성 글자.

燈下不明(등하불명) : 등잔 밑이 어둡다는 뜻. 먼 곳보다는
  가까운 곳에서 생긴 일을 잘 모른다는 뜻
燈下(등하) : 등불

2단계의 단어들 역시 불이 타고, 그것이 재(灰)가 되거나 또는 불이
난 후의 여러 정경들이 나타납니다. '불이 붙은 후에 타고남은 재(灰)
· 재앙(災) · 숯(炭) · 어찌(焉) · 번거로움(煩) · 비췸(照) · 빛남(熙) ·
곡식이나 과일 등이 익다(熟) · 불태움(燒) · 불을 사름(燃) · 제비(燕)
· 경영함(營) · 마름(燥) · 촛불(燭) · 화력으로 갈라짐(爆) · 화로(爐)
· 문드러짐(爛)' 등입니다.

• 재 회, 재가 될 회 〔火부 2획, 총 6획 *ash* · かい〕 **4급**
• 손으로 타고 남은 재를 헤집어 내고 있는 모습의 회의 글자.

灰壁(회벽) : 석회를 바른 벽

灰色(회색) : 쥐색

灰燼(회신) : 타고남은 재와 불에 탄 끄트머리

災
- 재앙 재, 해칠 재 〔火부 3획, 총 7획 *calamity* · さい〕 **5급**
- 잘 살아가는 중에 만난 재해. 즉 산불을 뜻하는 형성 글자.

災難(재난) : 재앙

災殃(재앙) : 재해

災厄(재액) : 재앙이나 재해

炭
- 숯 탄, 재 탄 〔火부 5획, 총 9획 *charcoal* · たん〕 **5급**
- 산의 낭떠러지에서 채굴되는 석탄을 뜻하는 형성 글자.

炭坑(탄갱) : 석탄을 캐는 굴

炭鑛(탄광) : 석탄이 나오는 광산

焉
- 어찌 언, 이에 언 〔火부 7획, 총 11획 *why* · えん〕 **3급**
- 황색 봉황의 모습을 본뜬 상형 글자.

焉敢生心(언감생심) : 어찌 그렇게 생각할 수 있는가. 도저
히 그런 마음을 먹을 수 없다는 뜻

焉哉乎也(언재호야) : 천자문의 맨 끝귀

煩
- 번거로울 번 〔火부 9획, 총 13획 *troublesome* · はん〕 **3급**
- 머리가 확확 달아 올라 초조해 지는 모습을 본뜬 회의 글자.

煩惱(번뇌) : 마음으로 몹시 괴로워하는 모양

煩雜(번잡) : 번거롭고 어수선함

煩瑣(번쇄) : 자질구레하고 성가심

照
- 비출 조, 의거 조 〔火부 9획, 총 13획 *shine* · しょう〕 **3Ⅱ급**
- 빛이 비추고 거기에 불이 합쳐진 형성 글자.

照臨(조림) : 해와 달이 위에서 사방을 비추는 것

照明(조명) : 밝게 비춤

熙
- 빛날 희, 기뻐할 희 〔火부 9획, 총 13획 · き〕 **3급**
- 불빛이 어린애를 감싸듯 포근한 모습의 회의 · 형성 글자.

熙熙(희희) : 아주 화목한 모양. 음탕하고 정욕이 많은 모양
　을 나타냄

熙笑(희소) : 기뻐서 웃음

熟 • 익을 숙, 무를 숙　〔火부 11획, 총 15획 *ripe* · じゅく〕3Ⅱ급
　• 불에 무언가를 붙여 부드럽게 만드는 것을 나타낸 형성 글자.

熟客(숙객) : 단골 손님

熟卵(숙란) : 삶은 계란

熟面(숙면) : 낯익은 사람

燒 • 사를 소, 탈 소　〔火부 12획, 총 16획 *burn* · しょう〕3급
　• 흙이 높게 쌓아올린 곳에 불이 붙은 모습을 본뜬 형성 글자.

燒却(소각) : 태워버림

燒殺(소살) : 태워 죽임

燒失(소실) : 불에 타 없어짐

燃 • 사를 연　〔火부 12획, 총 16획 *burn* · ねん〕4급
　• 비계살을 태우고 있는 모습을 본뜬 형성 글자.

燃燈會(연등회) : 불교 의식. 음력 정월 보름날에 등불을 켜
　고 부처에게 복을 빌며 노는 놀이

燃燒(연소) : 물건이 탐

燕 • 제비 연, 나라이름 연　〔火부 12획, 총 16획 *swallow* · えん〕3급
　• 아래가 둘로 갈라진 제비의 모양을 본뜬 상형 글자.

燕尾服(연미복) : 빛깔은 검고 저고리의 뒷자락이 제비꼬리
　모양인 남자용 서양 예복

燕雀(연작) : 제비와 참새

田• 燕雀安知鴻鵠之志(연작안지홍곡지지) : 제비나 참새 따위가 어찌 기
러기나 고니의 큰 뜻을 알겠는가. 출전은 『사기』의 「진섭세가」

營 • 경영할 영, 진영 영　〔火부 13획, 총 17획 *manage* · はん〕4급
　• 주위를 횃불과 담으로 싸고 있는 건물을 뜻하는 형성 글자.

營農(영농) : 농업을 경영함

營業(영업) : 사업을 경영함

營內(영내) : 진영의 안(內)

燥
- 마를 조, 말릴 조 〔火부 13획, 총 17획 *dry* · そう〕3급
- 불이 겉에만 타오르는 것을 나타낸 형성 글자.

燥渴症勢(조갈증세) : 물을 자꾸만 마셔도 갈증이 더하여 물을 마시고 싶어하는 증세

燥急(조급) : 참을성이 부족하고 성급함

燭
- 촛불 촉, 초 촉 〔火부 13획, 총 17획 *candle* · しょく〕3급
- 불이 가만이 타오르고 있는 모습을 본뜬 회의 · 형성 글자.

燭光(촉광) : 등불빛

燭察(촉찰) : 밝게 비추어 살핌

爆
- 터질 폭 〔火부 15획, 총 19획 *explode* · ばく〕4급
- 불티가 밖으로 튀는 것을 나타낸 형성 글자.

爆發(폭발) : 화력으로 인하여 갑자기 터짐

爆笑(폭소) : 갑자기 터져 나오는 웃음

爆死(폭사) : 폭발물이 터져 죽음

爐
- 화로 로 〔火부 16획, 총 20획 *brazier* · ろ〕3Ⅱ급
- 불을 지피는 풍로를 나타내는 형성 글자.

爐邊(노변) : 화롯가

爐邊情談(노변정담) : 화롯가에 빙 둘러 앉아 은근한 얘기를 나눔. 또는 정겨운 얘기

爛
- 문드러질 란 〔火부 17획, 총 21획 *be sore* · らん〕3급
- 화기가 흐트러져 밖으로 나오는 모습의 회의 · 형성 글자.

爛發(난발) : 꽃이 흐드러지게 피어 있는 모습

爛漫(난만) : 꽃이 아름답게 피어 있는 모습. 또는 화려한 광채가 넘쳐흐르는 모양

입 안의 막대기

• 形聲
혀 설, 말 설, 혀모양 설

舌

[舌부 0획, 총 6획]
tongue · ぜつ

🖊.

설(舌) 부는 몸을 펴고 편안히 앉아 있는 모습을 나타낸 회의 글자입니다. 설 부의 1단계는 '집(舍)'입니다.

舍

• 집 사, 둘 사 [舌부 2획, 총 8획 *house, pull* · しゃ] 4Ⅱ급
• 몸을 펴고 편안히 앉아 있는 모습을 나타낸 회의 글자.

舍兄(사형) : 편지 등에서 형이 아우에게 이르는 말
舍叔(사숙) : 자신의 숙부를 남에게 이르는 말
舍監(사감) : 기숙사 등에서 사생들을 관리하는 사람
舍伯(사백) : 자기의 맏형을 남에게 이르는 말

🖊

2단계는 '혀(舌)'입니다.

舌

• 혀 설, 말 설 [舌부 0획, 총 6획 *tongue* · ぜつ] 4급
• 입안에서 왔다 갔다 하는 혀를 뜻하는 형성 글자.

舌根(설근) : 혀뿌리
舌戰(설전) : 말다툼
舌禍(설화) : 자기가 한 말로 화를 입음
舌人(설인) : 통변하는 사람

나란히 있는 앞니

• 形聲 [齒부 0획, 총 15획]

이 치, 나란히 설 치 teeth · し

▟.

옛부터 우리네 선현들은 이(齒)가 하얗고 고른 것을 박씨에 비유하여 오복(五福)의 하나로 여겼습니다. '앓던 이가 빠졌다'느니 '여든에 이가 난다'는 말은 전연 다른 의미를 나타냅니다. 치(齒) 부의 1단계는 '이(齒)' 입니다.

齒 • 이 치 〔齒부 0획, 총 15획 teeth · し〕 4급
• 음식물을 씹는 이를 뜻하는 형성 글자.

齒德(치덕) : 나이가 많고 덕이 높음
齒牙(치아) : 이와 어금니. 이의 총칭
齒齒(치치) : 흰돌 따위가 줄지어 있는 모양

※다음에서는 이(齒)에 대한 어록과 속담을 살펴보겠습니다. 본시 치(齒)는 그칠 지(止) 자와 나란히 서 있는 이의 모습을 나타낸 것입니다. 즉, 입안에 나란히 서 있는 이의 모습을 나타낸 것입니다. 특히 이는 연치를 알 수 있다 하여 나이의 뜻으로도 사용됩니다.

*자식은 오복(五福)이 아니라도 이는 오복에 든다(이가 좋은 것이 큰복이라는 뜻/한국)

*앓던 이가 빠진 것 같다(걱정을 끼치던 것이 없어져 속이 다 후련하다는 뜻/한국)

*여든에 이가 나다(도저히 있을 수 없는 일이 일어났을 때/한국)

수북한 밥과 숟가락

• 會意 　　　　　　　[食부 0획, 총 9획]

食

밥 식, 밥 사 　　　　　boiled rice · しょく

우리네 속담에 '새남터를 나가도 먹어야 한다'는 말이 있습니다. 이것은 금방 죽는다 해도 먹어야 한다는 뜻입니다. 그만큼 먹는다(食)는 것은 우리에게 있어서 삶이라는, 하루하루를 여는 첫 자락이라 할 수 있습니다. 1단계에는 '밥(食) · 밥을 먹음(飯) · 마심(飮) · 가르침(養) · 나머지(餘)' 등입니다.

食
• 밥 식, 먹을 식 〔食부 0획, 총 9획 boiled rice · しょく〕7급
• 수북한 밥과 숟가락을 나타낸 회의 글자.

食器(식기) : 음식을 담는 그릇

食指(식지) : 집게손가락

食後(식후) : 밥을 먹은 후

食習慣(식습관) : 밥먹는 습관

田• 食少事煩(식소사번) : 먹는 것은 적고 일은 많이 함. 헛되이 분주함을 나타냄. 출전은 『삼국지』

• 食言(식언) : 말을 먹는다. 말을 번복하거나 약속을 지키지 않고 거짓말을 함. 출전은 『서경』의 「탕서」

• 食指動(식지동) : 식지가 움직인다. 음식이나 어떤 일에 대한 야심을 품는 것을 나타냄. 출전은 『춘추좌씨전』의 「선공 4년조」

飯
• 밥 반, 먹일 반 〔食부 4획, 총 13획 boiled · はん〕3급
• 뿔뿔히 흩어지는 것을 나타낸 형성 글자.

飯床器(반상기) : 밥상 하나를 차리는 데 필요한 한 벌의 그
릇

飯牛(반우) : 소를 먹임

飯店(반점) : 음식점

飲 • 마실 음, 음료 음 〔食부 4획, 총 13획 *drink* · いん〕 **6급**
• 굶주린 사람이 입을 벌려 마시는 것을 나타낸 형성 글자.

飲毒(음독) : 독약을 먹음

飲馬(음마) : 말에게 물을 먹임

飲酒(음주) : 술을 마심

飲泣(음읍) : 눈물을 삼킴

養 • 기를 양, 가르칠 양 〔食부 6획, 총 15획 *nourish* · よう〕 **5급**
• 영양이 있는 음식을 나타낸 형성 글자.

養鷄(양계) : 닭을 기름

養蜂(양봉) : 꿀벌을 침

養氣*(양기) : 기를 기름

養魚(양어) : 물고기를 기름

餘 • 남을 여, 나머지 여 〔食부 7획, 총 16획 *remain* · よ〕 **4Ⅱ급**
• 음식물이 남을만큼 있음을 나타낸 형성 글자.

餘念(여념) : 나머지 생각

餘力(여력) : 남은 힘

餘震(여진) : 큰 지진 뒤에 오는 간간이 울리는 지진

餘白(여백) : 글씨를 쓰고 남은 빈자리

田 • **餘桃之罪**(여도지죄) : 먹던 복숭아를 드린 죄. 사랑을 받는 것은 죄를
받게 되는 원인도 됨. 출전은 『한비자』의 「설난편」

✏️

2단계에는 '주림(飢) · 꾸밈(飾) · 배부름(飽) · 주림(餓) · 객사(館)'

등입니다.

飢 • 주릴 기, 흉년 기 〔食부 2획, 총 11획 *hunger* · き〕3급
• 음식이 조금 밖에 없음을 나타낸 형성 글자.

飢渴(기갈) : 배고프고 목마름
飢不擇食(기불택식) : 배가 고픈 자는 음식을 고르지 않음
飢寒(기한) : 굶주리고 추위에 떪
飢饉(기근) : 흉년으로 양식이 부족함

飾 • 꾸밀 식, 꾸밈 식 〔食부 5획, 총 14획 *adorn* · しょく〕3Ⅱ급
• 손질을하여 깨끗하게 꾸미는 것을 나타낸 형성 글자.

修飾語(수식어) : 꾸미는 말
粧飾(장식) : 화장을 하고 꾸밈
裝飾品(장식품) : 꾸미는 물건

飽 • 배부를 포, 물리게할 포 〔食부 5획, 총 14획 · ほう〕3급
• 음식을 먹은 배가 둥글게 부푼 모습을 나타낸 형성 글자.

飽滿(포만) : 음식을 먹어 배가 부른 모습
飽聞(포문) : 물리도록 들음
飽和(포화) : 가득 차서 부족함이 없음

餓 • 주릴 아 〔食부 7획, 총 16획 *starve* · が〕3급
• 몸이 말라 앙상한 것을 나타낸 형성 글자.

餓鬼(아귀) : 탐욕이 많은 사람을 비유
餓死(아사) : 굶어서 죽음

館 • 객사 관, 큰 건물 관 〔食부 8획, 총 17획 *lodge* · かん〕3Ⅱ급
• 식사를 내고 손님을 접대하는 큰 저택을 뜻하는 형성 글자.

開館(개관) : 관사를 염
館員(관원) : 관에서 일하는 사람
館舍(관사) : 저택

출입문 한 쪽

• 象形

지게 호, 출입구 호

[戶부 0획, 총 4획]

door · こ

호(戶)는 집을 비롯하여 출입구를 의미합니다. 또 칼과 같다고 합니다. 왜냐하면 문을 열어 젖히는 것은 현재의 세계를 둘로 가르기 때문입니다. 호(戶) 부의 1단계는 '지게(戶) · 방(房) · 장소(所)' 등입니다.

戶
- 지게 호, 출입구 호　[戶부 0획, 총 4획 *door* · こ] **4Ⅱ급**
- 출입구의 한 쪽을 본뜬 상형 글자.

戶口(호구) : 호수와 인구

戶別(호별) : 집집마다

戶主(호주) : 한 집안의 가장

房
- 방 방, 집 방, 아내 방　[戶부 4획, 총 8획 *room* · ぼう] **4Ⅱ급**
- 몸채의 양쪽에 튀어나온 작은 방을 나타낸 형성 글자.

房宿(방수) : 28수의 하나로 남쪽에 있는 별자리

房帳(방장) : 방에 두르는 휘장

煖房(난방) : 방을 따뜻하게 함

所
- 바 소, 곳 소　[戶부 4획, 총 8획 *place* · はん] **7급**
- 여러 가지 동작의 목표나 장소를 나타낸 형성 글자.

所感(소감) : 느낀 바

所得(소득) : 얻은 것

所屬(소속) : 딸려 있음

所以(소이) : 연유나 까닭

돼지 머리

· 漢字 部首
머리 두

亠 　　[亠부 0획, 총 2획]

.

두(亠) 부의 1단계는 '잃거나 멸망함(亡) · 사귀거나 바꿈(交) · 또(亦) · 돼지(亥) · 서울(京)' 등입니다.

亡
· 잃을 망, 없을 무 〔亠부 1획, 총 3획 *lose* · ほう〕 5급
· 물건을 숨기고 있는 모습을 뜻하는 회의 글자.

亡國(망국) : 나라를 멸망시킴

亡失(망실) : 잃어버림

田 · 亡國之音(망국지음) : 망한 나라의 음악. 나라를 망하게 하는 해로운 음악. 출전은 『예기』의 「악기」

交
· 사귈 교, 바꿀 교 〔亠부 4획, 총 6획 *company* · こう〕 6급
· 사람이 다리를 X자 형으로 본 모양을 본뜬 상형 글자.

交分(교분) : 친구 사이의 정의

交友(교우) : 벗과의 사귐

亥
· 돼지 해 〔亠부 4획, 총 6획 *pig* · かい〕 3급
· 동물의 뼈대를 본뜬 상형 글자.

亥年(해년) : 태세의 지지가 해로 되는 해

亥時(해시) : 오후 9시부터 11시 사이

亦
· 또 역 〔亠부 4획, 총 6획 *also* · えき〕 3Ⅱ급
· 양손을 겨드랑이에 끼고 있는 모습을 나타낸 회의 글자.

亦是(역시) : 마찬가지로

亦然(역연) : 또한 그러함

不亦悅乎(불역열호) : 기쁘지 아니한가

京 •서울 경, 언덕 경 〔亠부 6획, 총 8획 *capital* · けい〕 6급
•높은 토대 위에 우뚝 솟은 건물을 나타낸 회의 글자.

京觀(경관) : 전쟁에서 나온 적의 시체를 쌓아놓고 거기에
흙을 덮어 무공을 나타냄

京唱(경창) : 서울에서 부르는 노래

2단계에는 '형통함(亨) · 누리거나 대접함(享) · 정자 또는 주막집
(亭)' 등입니다.

亨 •형통할 형 〔亠부 5획, 총 7획 *go well* · こう〕 3급
•재물의 향내가 기도가 신에게 통한다는 뜻의 회의 글자.

萬事亨通(만사형통) : 모든 일이 마음 먹은 대로 이루어지는
것을 나타냄

享 •누릴 향, 대접할 향 〔亠부 6획, 총 8획 *enjov* · きょう〕 3급
•남북으로 빠져나가게 된 성곽을 본뜬 회의 글자.

享年(향년) : 한평생 누린 나이

享樂(향락) : 즐거움을 누림

享壽(향수) : 천수를 누림

亭 •정자 정, 주막집 정 〔亠부 7획, 총 9획 *arbor* · てい〕 3Ⅱ급
•땅 위에 우뚝 솟은 건물을 나타낸 형성 글자.

亭子(정자) : 산수가 좋은 곳에 지은 아담한 건물

江亭(강정) : 강가에 세운 정자

松亭(송정) : 소나무 정자

덮고 가리는 수건

巾

〔巾부 0획, 총 3획〕
towel · きん

▉▌.

건(巾) 부의 1단계는 '번화한 시가(市) · 베(布) · 바램(希) · 군주
(帝) · 스승(師) · 자리(席) · 항상(常)' 등입니다.

市
- 저자 시, 장사 시 〔巾부 2획, 총 5획 *market* · し〕**7급**
- 사람이 많이 모이는 곳에 친 울타리를 뜻하는 회의 글자.

市街(시가) : 도시의 큰 거리
市價(시가) : 시장 가격
市立(시립) : 시에서 설립하고 유지함

布
- 베 포, 돈 포, 펼 포 〔巾부 2획, 총 5획 *hemp cloth* · ふ〕**4Ⅱ급**
- 천을 펼쳐서 까는 것을 나타낸 형성 글자.

布告(포고) : 일반인에게 널리 알림
布敎(포교) : 가르쳐 널리 폄
布帛(포백) : 베와 비단

希
- 바랄 희, 수놓은 옷 희 〔巾부 4획, 총 7획 *hope* · き〕**4Ⅱ급**
- 틈새가 전연 없는 데서 무언가를 정한다는 뜻의 회의 글자.

希求(희구) : 원하고 바람
希望(희망) : 소망을 가지고 기대함
希臘(희랍) : 그리스

• 임금 제, 하느님 제 〔巾부 6획, 총 9획 *emperor* · てい〕 **4급**
• 옷 전체를 한 곳에 모으는 신이라는 뜻의 형성 글자.

帝室(제실) : 임금의 거처

帝業(제업) : 임금의 사업

帝政(제정) : 임금의 정치

 • 스승 사, 벼슬아치 사 〔巾부 7획, 총 10획 *teacher* · し〕 **4Ⅱ급**
• 군대를 가르치는 사람이라는 뜻의 형성 글자.

師母(사모) : 스승의 부인

師事(사사) : 스승으로 섬김

師兄(사형) : 나이나 학식이 자기보다 나은 사람

席 • 자리 석, 베풀 석 〔巾부 7획, 총 10획 *seat* · せき〕 **6급**
• 방석이라는 것을 나타낸 형성 글자.

席藁(석고) : 자리를 깔고 엎드림

席捲(석권) : 자리를 맡듯이 한꺼번에 모조리 자리를 차지하
는 것을 뜻함

田• 席卷(석권) : 자리를 마는 것처럼 한쪽으로부터 토지를 공격하여 취하
는 것. 출전은 『사기』의 「위표 팽월전」

常 • 항상 상, 법 상 〔巾부 8획, 총 11획 *always* · じょう〕 **4Ⅱ급**
• 오랜 시간, 또는 언제까지나를 뜻하는 형성 글자.

常客(상객) : 늘 찾아오는 손님. 단골손님

常途(상도) : 당연한 길

常軌(상궤) : 늘 지켜야할 길

2단계에는 '장수(帥) · 띠(帶) · 휘장(帳) · 폭(幅) · 막(幕) · 비단
(幣)' 등입니다.

帥
- 장수 수, 거느릴 솔 〔巾부 6획, 총 9획 *general* · すい〕**3Ⅱ급**
- 천으로 만든 기를 앞세우고 길을 인도하는 것을 본뜬 형성 글자.

統帥權(통수권) : 병력을 지휘 감독할 수 있는 권리
帥臣(수신) : 병마절도사
帥師(솔사) : 군대를 통솔함

帶
- 띠 대, 찰 대, 두를 대 〔巾부 8획, 총 11획 *bell* · たい〕**4Ⅱ급**
- 여러 모양의 물건을 허리에 매단 모습을 뜻하는 상형 글자.

帶劍(대검) : 칼을 참
帶同(대동) : 동반함

帳
- 휘장 장, 장 장 〔巾부 8획, 총 11획 *curtain* · ちょう〕**4급**
- 실내의 칸막이용의 긴 천을 나타낸 형성 글자.

帳幕(장막) : 둘러치는 막
帳殿(장전) : 휘장으로 치는 궁전
帳中(장중) : 장중의 안

幅
- 폭 폭, 넓이 폭 〔巾부 9획, 총 12획 *width* · ふく〕**3급**
- 천의 한쪽이라는 뜻을 나타낸 형성 글자.

幅廣(폭광) : 한 폭의 너비
幅員(폭원) : 너비

幕
- 막 막, 진영 막 〔巾부 11획, 총 14획 *curtain* · ばく〕**3Ⅱ급**
- 물건을 덮어씌우는 것을 나타낸 형성 글자.

幕間(막간) : 연극에서 한 막이 끝나고 다음 막이 시작되기
　전까지의 사이
幕舍(막사) : 임시로 간단하게 지은 집

幣
- 비단 폐, 화폐 폐 〔巾부 12획, 총 15획 *silk* · へい〕**3급**
- 선물을 하기 위하여 평평하게 자른 천을 나타낸 형성 글자.

幣物(폐물) : 선사하는 물건
幣帛(폐백) : 신에게 바치는 비

자축 거림

• 漢字 部首

조금 걸을 척

彳

〔彳부 0획, 총 3획〕

hobble · てき

█.

두인변(彳) 부에 속하는 '척'은 조금 걷거나 자축거린다는 의미입니다. 그러므로 간다는 의미의 행(行) 자를 나눈 '척(彳)'과 '촉(亍)'은 모양 그대로 자축거리는 것을 가리킵니다. 즉, 힘이 없는 다리로 절룩거리는 것을 의미합니다. 여기에서 왼발 걸음을 척이라 하고 오른발 걸음을 촉이라 합니다. 두인변(彳) 부의 1단계에는 '간다(往) · 저 사람 또는 저것(彼) · 기다림(待) · 정도나 가락(律) · 뒤(後) · 무리(徒) · 얻음(得) · 좇거나 나아감(從) · 회복하거나 뒤집음(復) · 어진 행위의 덕(德)' 등입니다.

往
• 갈 왕, 보낼 왕, 뒤 왕 〔彳부 5획, 총 8획 *go* · おう〕 4Ⅱ급
• 기세좋게 점점 나아감을 뜻하는 형성 글자.

往年(왕년) : 지나간 해

往事(왕사) : 지나간 일

往復(왕복) : 갔다가 돌아옴

彼
• 저 피, 그 피 〔彳부 5획, 총 8획 *that* · ひ〕 3Ⅱ급
• 저쪽이라는 뜻의 형성 글자.

彼我(피아) : 그와 나

彼我間(피아간) : 저와 나 사이

彼岸(피안) : 건너편 강기슭

待
- 기다릴 대 〔彳부 6획, 총 9획 *wait* · たい〕**6급**
- 손발을 움직여 사람을 대접함을 나타낸 형성 글자.

待機(대기) : 때가 오기를 기다림

待人(대인) : 사람을 기다림

律
- 법 률, 정도 률 〔彳부 6획, 총 9획 *law* · りつ〕**4Ⅱ급**
- 행위의 규칙을 붓으로 조목조목 쓴 형성 글자.

律客(율객) : 음률에 밝은 사람

律師(율사) : 변호사

後
- 뒤 후, 뒤로할 후 〔彳부 6획, 총 9획 *back* · こう〕**7급**
- 발을 질질 끌며 조금 밖에 나아가지 못한다는 뜻의 회의 글자.

後繼(후계) : 뒤를 이음

後年(후년) : 다음 해

徒
- 무리 도, 맨손 도, 죄수 도 〔彳부 7획, 총 10획 · と〕**4급**
- 육지를 한발 한발 걸어감을 나타낸 형성 글자.

徒黨(도당) : 불순한 사람들의 무리

徒囚(도수) : 체포된 사람

得
- 얻을 득, 만족할 득 〔彳부 8획, 총 11획 · どく〕**4Ⅱ급**
- 나가서 물건을 얻음을 나타내는 형성 글자.

得男(득남) : 아들을 낳음

得道(득도) : 바른 길을 얻음

得名(득명) : 이름을 지음

田 • 得隴望蜀(득롱망촉) : 농서 지방을 얻으니 촉 땅이 생각난다. 인간의 욕심이 끝없음을 나타내는 말. 출전은『후한서』의「광무기」

　• 得魚忘筌(득어망전) : 고기를 다 잡으면 쓰던 통발을 잊어버린다. 목적이 달성되면 그 목적을 위해 사용한 것을 잊어버린다는 뜻. 출전은『장자』의「외물편」

從	• 좇을 종, 시중들 종 〔彳부 8획, 총 11획 · しょう〕 **4급**
	• 뒤를 따라감을 나타낸 형성 글자.

從姑母(종고모) : 아버지의 사촌 자매

從軍(종군) : 군대를 따라 싸움터로 나감

從當(종당) : 그 뒤에 마침내

復	• 회복할 복, 다시 부 〔彳부 9획, 총 12획 *restore* · ふく〕 **4Ⅱ급**
	• 같은 길을 되풀이하여 오는 것을 뜻하는 형성 글자.

復歸(복귀) : 본래 대로 돌아감

復讐(복수) : 원수를 갚음

復活(부활) : 다시 살아남

德	• 덕 덕, 행위 덕 〔彳부 12획, 총 15획 *virtue* · とく〕 **5급**
	• 곧은 마음으로 하는 행위를 뜻하는 형성 글자.

德望(덕망) : 덕행과 인망

德不孤(덕불고) : 덕이 있는 사람은 외롭지 않음

德性(덕성) : 사람이 타고난 본성

2단계에는 '부리거나 일꾼(役) · 가거나 침(征) · 지름길(徑) · 평온하다(徐) · 부리거나 다스림(御) · 좇다(循) · 작다(微) · 부르거나 증거를 세움(徵) · 말미암거나 통함(徹)' 등입니다.

役	• 부릴 역, 병사 역 〔彳부 4획, 총 7획 *work* · えき〕 **3Ⅱ급**
	• 멀리 가서 일함을 나타내는 회의 글자.

役夫夢(역부몽) : 낮에는 노동을 하는 인부가 밤에는 왕후가
　　되다는 뜻. 인생의 부귀 영화가 덧없음을 나타냄

役作(역작) : 구실

征
- 갈 정, 칠 정 〔彳부 5획, 총 8획 *conquer*·せい〕3Ⅱ급
- 똑바로 바르게 가는 것을 뜻하는 형성 글자.

征途(정도) : 여행을 하는 길. 출정을 나가는 일
征路(정로) : 여행하는 길
征行(정행) : 정벌의 길을 떠남

徑
- 지름길 경, 건널 경 〔彳부 7획, 총 10획·けい〕3급
- 두 점 사이를 똑바로 이은 지름길을 뜻하는 형성 글자.

捷徑(첩경) : 지름길
徑情直行(경정직행) : 마음 내키는 대로 함
徑路(경로) : 빠른 길

徐
- 천천할 서, 평온할 서 〔彳부 7획, 총 10획·じょ〕3Ⅱ급
- 천천히 시간을 끌며 걷는 것을 나타낸 형성 글자.

徐來(서래) : 천천히 옴
徐徐(서서) : 잠을 자고 있는 모양. 잠을 자고 있는 모양
徐行(서행) : 천천히 감

御
- 어거할 어, 막을 어 〔彳부 8획, 총 11획·ぎょ〕3Ⅱ급
- 단단한 것을 고르게 빻은 것을 나타낸 회의 글자.

御駕(어가) : 임금이 타는 수레
御命(어명) : 임금의 명령
御用(어용) : 임금이 쓰는 물건

循
- 좇을 순, 돌 순 〔彳부 9획, 총 12획 *follow*·じゅん〕3급
- 무언가에 의지하여 바짝 붙어서 가는 것을 뜻하는 형성 글자.

循俗(순속) : 풍속을 좇음
循行(순행) : 돌아다님
循環(순환) : 주기적으로 반복하여 도는 것

微
- 작을 미, 숨길 미 〔彳부 10획, 총 13획 *minute*·び〕3Ⅱ급
- 실이나 털끝처럼 눈에 띄지 않게 함을 뜻하는 형성 글자.

微功(미공) : 작은 공로

微官(미관) : 보잘 것 없는 벼슬

微物(미물) : 보잘 것 없는 작은 물건

徵
- 부를 징, 음률이름 치 〔彳부 12획, 총 15획 *call* · ちょう〕3Ⅱ급
- 훌륭한 인재를 왕이 발견하고 불러내 관직을 내린다는 형성 글자.

徵納(징납) : 세금을 거두어 나라에 바침

徵兆(징조) : 어떤 일이 일어날 기미를 보임

徵辟(징벽) : 초야에 있는 사람을 불러내 벼슬을 줌

徹
- 통할 철, 밝을 철 〔彳부 12획, 총 15획 *pierce* · てつ〕3Ⅱ급
- 슬쩍 빠져 나오는 것을 나타낸 회의 글자.

徹頭徹尾(철두철미) : 처음부터 끝까지

徹夜(철야) : 밤을 샘

徹底(철저) : 속속들이 꿰뚫어 부족하거나 다치지 않는 곳이
없음

※다음에서는 길에 대한 어록이나 속담에 대해 살펴보겠습니다.

*언제나 가장 짧은 길로 달려라. 그 짧은 길이야말로 자연이다(M아
우렐리우스)

*길은 가까운데 있다. 그런데도 먼데서 구한다(공자)

*군자의 길은 예컨대 먼데로 가려면 반드시 가까운데서부터 시작하
고 높은 데로 올라가려면 반드시 낮은 데서 시작하는 바와 같다(중용)

*밤길이 붓는다(밤에 걷는 길은 더 멀게 생각된다는 뜻/한국)

*길로 가라 하니까 뫼로 간다(타인의 지시나 웃사람의 명명을 어긴
다는 말/한국)

*길을 두고 뫼로 갈까(평탄한 길을 두고 험한 산으로 가느냐의 뜻이
니 더 편리한 곳이 있는데도 불구하고 불편한 곳으로 간다는 말/한국)

*길을 떠나려거든 눈썹도 떼어놓고 가라(여행을 떠날 때는 될 수록
간편하게 하고 떠나라는 뜻/한국)

새의 부리

• 象形

새 을, 둘째 을

乙

[乙부 0획, 총 1획]

bird · おつ

.

을(乙) 부의 1단계에는 '아홉(九) · 잇기, 또(也) · 빌다(乞) · 하늘 또는 마름(乾)' 등입니다.

乙
• 새 을, 둘째 을 [乙부 0획, 총 1획 *bird* · おつ] 3Ⅱ급
• 뻗으려고 하는 것의 끝이 막혀 눌린 모습을 본뜬 상형 글자.

乙科(을과) : 성적에 따라 나눈 둘째
乙種(을종) : 성적의 제2류

九
• 아홉 구, 극수 구 [乙부 1획, 총 2획 *nine* · きゅう] 8급
• 팔을 구부려 안으로 당기는 모습을 본뜬 지사 글자.

九曲(구곡) : 아홉 굽이
九十春光(구십춘광) : 봄 석 달 동안의 화창한 날씨
⊞ • 九死一生(구사일생) : 아홉 번 죽을 고비에 한 목숨을 살았다. 죽을 고비를 넘겨 간신히 살아남. 출전은 『사기』의 「굴원 가생열전」
• 九牛一毛(구우일모) : 아홉 마리 소의 터럭 가운데 한 개의 터럭을 가리킴. 극히 미약한 것을 나타냄. 출전은 『문선』
• 九仞功虧一簣(구인공휴일궤) : 아홉 길의 산을 한 삼태기를 붓지 않아 완성을 못함. 출전은 『서경』의 「여오편(旅獒篇)」

也
• 잇기 야, 또 야 [乙부 2획, 총 3획 *also* · や] 3급
• 뱀이나 전갈의 모양을 본뜬 상형 글자.

焉哉乎也(언제호야) : 천자문의 맨 끝 귀

乞
•빌 걸 〔乙부 2획, 총 3획 *beg* · きつ〕2급
•사람이 구걸하는 모습을 나타낸 글자.

乞士(걸사) : 중을 가리키는 말

乞食(걸식) : 밥을 구걸함

田• **乞骸骨**(걸해골) : 해골을 청한다. 자신의 몸이나 온전히 가게 해달라
는 뜻. 출전은 『사기』의 「항우본기」

乾
•마를 건 〔乙부 10획, 총 11획 *dry, sky* · かん〕3Ⅱ급
•태양이 깃발처럼 높이 솟아오르는 모습을 뜻하는 형성 글자.

乾固(건고) : 말라서 굳어짐

乾畓(건답) : 조금만 가물어도 말라버리는 논

田• **乾坤一擲**(건곤일척) : 하늘과 땅을 한 번에 내던진다. 천자의 자리를
걸고 승부를 겨룬다는 뜻. 출전은 '한유의 시'.

2단계에는 '젖(乳) · 어지러움(亂)' 뿐입니다.

乳
•젖 유 〔乙부 7획, 총 8획 *milk* · にゅえ〕4급
•아이를기르는 일을 나타낸 회의 글자.

乳頭(유두) : 젖꼭지

乳母(유모) : 젖어미

乳兒(유아) : 젖먹이

亂
•어지러울 란 〔乙부 12획, 총 13획 *confuse* · らん〕4급
•뒤얽힌 것을 바로잡는다는 의미의 형성 글자.

亂離(난리) : 세상의 소란을 만나 뿔뿔이 헤어짐

亂立(난립) : 질서 없이 뒤섞여 섬

亂入(난입) : 난폭하게 밀고 들어옴

갈고리

• 漢字 部首
갈고리 궐

[亅부 0획, 총 1획]
hook · けつ

궐(亅) 부의 1단계는 '일 또는 섬기다(事)'는 의미입니다.

事	• 일 사, 섬길 사, 일삼을 사 〔亅부 7획, 총 8획 *work* · じ〕**7급** • 점쟁이가 점을 치는 도구 안에 손을 집어넣은 모습의 상형 글자.

事件(사건) : 뜻밖에 있는 변고

事理(사리) : 일의 이치

田• 事半功倍(사반공배) : 일은 반만 하고 공은 배로 내세움. 포악한 군왕 뒤에서 선정을 베풀면 사반공배가 된다는 뜻. 출전은 『맹자』의 「공손축상」

2단계에는 '마치거나 깨달음(了) · 나 또는 함께 하다(予)' 등입니다.

了	• 마칠 료, 깨달을 료 〔亅부 1획, 총 2획 *finish* · りょう〕**3급** • 늘어진 것을 짧게 들어올리는 모양을 본뜬 상형 글자.

修了(수료) : 학업을 마침

終了(종료) : 일을 마침

予	• 나 여, 줄 여 〔了부 3획, 총 4획 *I* · よ〕**3급** • 둥근 고리를 저만큼 밀어놓는다는 뜻의 상형 글자.

與와 같은 의미. 豫의 속자(俗字)로 쓰는 것은 잘못이다.

매우 작고 가늘다

• 指事
작을 소, 조금 소

小

[小부 0획, 총 2획]
small, little · よう

■』.

소(小) 부의 1단계에는 '작거나 가늘음(小) · 적거나 젊음(少) · 더하
거나 좋아함(尚)' 등입니다.

• 작을 소 〔小부 0획, 총 3획 *small* · しょう〕 8급
• 매우 작고 가는 것을 나타낸 지사 글자.

小家(소가) : 작은 집

小康(소강) : 소란스러운 세상이 조금 안정됨

小量(소량) : 아주 작은 분량

⊞• 小國寡民(소국과민) : 적은 나라의 적은 백성. 노자가 꿈꾼 이상국가
를 가리킴. 출전은 『노자』의 「80장」

• 적을 소, 젊을 소 〔小부 1획, 총 4획 *few* · しょう〕 7급
• 수량이 적음을 나타낸 지사 글자.

少年(소년) : 나이가 어린 사람

少壯(소장) : 젊고 혈기가 왕성함

少量(소량) : 적은 분량

尚

• 오히려 상, 더할 상 〔小부 5획, 총 8획 *rather* · しょう〕 3Ⅱ급
• 창으로부터 공기가 위로 나와 퍼지는 모습을 본뜬 회의 글자.

尚今(상금) : 이제까지

尚武(상무) : 무덕을 숭상함

尙文(상문) : 학문을 숭상함

■■▋.

2단계에는 '뾰족하거나 끝을 의미함(尖)'입니다.

尖 • 뾰족할 첨, 끝 첨 〔小부 3획, 총 6획 *pointed* · せん〕3급
• 아래가 크고 말단이 작은 모습을 뜻하는 회의 글자.

尖端(첨단) : 물건의 뾰족한 끝
尖利(첨리) : 첨예
尖銳(첨예) : 첨예하고 날카로움

※다음은 편지봉투를 쓸 때에 붙이는 칭호입니다. 대상에 따라 어떤 명칭을 사용하는 지를 살펴보겠습니다..
*씨(氏). 일반적으로 나이가 지긋한 사람에게 존경의 뜻으로 쓰임
*귀하(貴下). 상대를 높이어 씀. 일반적으로 널리 사용함
*귀중(貴中). 단체에 쓸 때 사용함
*대형(大兄), 또는 인형(仁兄). 친하고 정겨운 벗을 높여서 쓸 때
*아형(雅兄). 비슷한 연배끼리 상대를 높이어 쓸 때. 대개는 문학적으로 씀
*좌하(座下). 조부모, 부모, 선생님 등에 사용
*선생(先生). 존경하는 선생님이나 또는 사회적으로 이름난 분들에게 사용
*화백(畵伯). 화가들에게 사용
*군(君). 친구에게 쓸 때
*형(兄). 친한 친구에게 쓸 때
*양(孃). 처녀로서 같은 또래이거나 아랫사람에게 쓸때
*전(殿). 손아래 사람에게 쓸 때

안으로 들어가 보면

• 指事
들 입, 들일 입

入 〔入부 0획, 총 2획〕
enter · にゅう

入 부는 한결같이 1단계뿐입니다. '들어감(入) · 안(內) · 온전함(全) · 무게의 단위(兩)' 등입니다.

• 들 입, 들일 입 〔入부 0획, 총 2획 enter · にゅう〕 **7급**
• 안으로 들어가는 것을 나타낸 지사 글자.

入庫(입고) : 창고에 넣음

入山(입산) : 산에 들어감

入闕(입궐) : 대궐로 들어감

田 • 入鄕循俗(입향순속) : 그 고장에 가서는 그 지역의 풍속을 따른다. 그 고장 사람들과 함께 생활을 하면서 일을 해 나가라는 것. 출전은 『회남자』의 「제속편(齊俗篇)」

• 안 내, 들일 납, 여관 나 〔入부 2획, 총 4획 inside · ない〕 **7급**
• 덮개 속에 넣는다는 뜻의 회의 글자.

內艱(내간) : 어머니의 상사

內申(내신) : 겉으로 드러내지 않고 상신함

內室(내실) : 아내

內行(내행) : 가정에서 부녀자의 행실

田 • **內憂外患**(내우외환) : 안의 근심과 밖의 재난. 인간은 근심속에서 사는 것을 나타냄. 출전은 『국어』의 「진어」

• 內助之功(내조지공) : 안에서 돕는 공. 아내가 집안 일을 잘 다스려 돕는다는 뜻. 출전은 『삼국지』의 「위서」

全
• 온전할 전, 온통 전 〔入부 4획, 총 6획 entire · ぜん〕 7급
• 불순물이 섞이지 않는 완전하다는 뜻의 회의 글자.

全國(전국) : 온 나라
全一(전일) : 완전한 모양
全擔(전담) : 전부 부담함

兩
• 두 량, 량 량 〔入부 6획, 총 8획 two · りょう〕 4급
• 좌우가 평형인 저울의 모습을 나타낸 상형 글자.

兩得(양득) : 한 가지 일로 두 가지 이득을 얻음
兩面(양면) : 두 가지의 면
兩岸(양안) : 양쪽 언덕
兩家(양가) : 양쪽 집

※다음에서는 꽃에 대하여 살펴보겠습니다. 『채근담』에 있는 말입니다. '행복에는 여러 형태가 있습니다. 돈이 있는 것도 그 중 하나입니다. 지위와 명예가 있는 것도 그렇습니다. 그러나 그 중에서도 번다한 일이 없고 사고 없이 평온하게 지내며 얻은 부귀라면 이것은 정원에 심은 꽃과 같다. 즉, 가꾸면 꽃이 피고 어느 정도 오래 갈 수 있다. 또 권력이나 부귀로 얻은 명예라면 이것은 화병에 꽂아놓은 꽃과 같다. 뿌리가 없으니 얼마 가지 않아 시들고 만다'. 참으로 합당한 표현입니다. 꽃에 대해 살펴보겠습니다.

*점점홍(點點紅) : 여기저기 울긋불긋 피어있는 꽃 모양
*화홍유(花紅柳綠) : 꽃은 붉고 버들은 푸르다
*만성도리(滿城桃李) : 성에 가득 찬 복숭아와 오얏 꽃
*모란황국(牧丹黃菊) : 모란과 노란 국화
*만중홍록(萬重紅綠) : 겹겹이 두른 붉고 푸른 화초
*만성화류(滿城花柳) : 성에 가득한 꽃과 버들
*고원화죽(故園花竹) : 옛 고향 동산의 꽃과 대나무

좌우로 가르다

• 指事

여덟 팔, 여덟 번 팔

〔八부 0획, 총 2획〕

eight · はち

팔(八)은 둘로 나누어지는 것을 본뜬 글자입니다. 팔(八) 부의 1단계는 '여덟(八) · 공변됨 또는 드러냄(公) · 여섯(六) · 함께(共) · 병사(兵) · 그 또는 어조사(其) · 법 또는 의식(典)' 등입니다.

• 여덟 팔, 여덟째 팔 〔八부 0획, 총 2획 *eight* · はち 〕 8급
• 좌우로 가르는 모양을 나타낸 회의 글자.

八分(팔분) : 10분의 8

八斗作米(팔두작미) : 벼 한섬을 찧게 하여 여덟 말은 받고 그 나머지는 삯으로 주는 일

八不出(팔불출) : 몹시 어리석은 사람을 이르는 말

八朔童(팔삭동) : 제 달을 채우지 못하고 여덟 달만에 낳은 아이

• 공변될 공, 드러낼 공 〔八부 2획, 총 4획 *fair* · こう〕 6급
• 갖춰진 것을 공공연히 펴 보이는 것을 나타낸 회의 글자.

公告(공고) : 널리 세상에 알림

公道(공도) : 공평한 길

公用(공용) : 세상에서 널리 사용함

公人(공인) : 사람을 국가나 공공단체에 소속된 사람으로서 부르는 말

公文(공문) : 관청에서 내는 문서

• 여섯 류, 여섯 번 류 〔八부 2획, 총 4획 *six* · ろく〕 8급
• 덮개를 씌운 구멍에 들어가 있는 모습을 본뜬 상형 글자.

六旬(육순) : 60세. 또는 60일

六角(육각) : 육모

六感(육감) : 순간적으로 깨닫는 노감 이외의 감각

六儀(육의) : 여서 일에 대한 예의. 곧 제사, 빈객, 조정, 상
　　　　　기, 군려, 거마 등의 몸가짐

六親(육친) : 여섯 친척. 부모와 형제 · 처자

　田 • 六事自責(육사자책) : 여섯 가지로 자책하다. 탕 임금이 하늘에 여섯
가지의 잘못이 있으면 용서해 달라고 함. 출전은 『십팔사략』

 • 함께 공, 함께할 공 〔八부 4획, 총 6획 *together* · きょう〕 6급
• 두 손으로 물건을 받들어 드는 모양의 회의 글자.

共同(공동) : 두 사람 이상이 함께 일을 함

共榮(공영) : 함께 번영함

共有(공유) : 함께 소유함

共通(공통) : 다같이 통함

共怒(공노) : 함께 노함

 • 병사 병, 전쟁 병, 칠 병 〔八부 5획, 총 7획 *soldier* · へい〕 5급
• 무기를 손에 들고 적과 맞붙은 모습의 회의 글자.

兵戈(병과) : 창. 전쟁

兵亂(병란) : 전란

兵士(병사) : 군사

兵法(병법) : 전쟁에 이기는 방법

兵火(병화) : 전쟁으로 인한 화재

其 • 그 기, 어조사 기 〔八부 6획, 총 8획 *it, that* · き〕 3Ⅱ급
• 키를 대 위에 얹은 모양을 본뜬 상형 글자.

其實(기실) : 사실은

其他(기타) : 그밖에

其人(기인) : 그 사람

典 • 법 전, 의식 전, 바를 전 〔八부 6획, 총 8획 *law* · てん〕**5급**
　　• 책의 가르침을 본보기로 하는 모습을 본뜬 상형 글자.

典據(전거) : 바른 증거

典當(전당) : 물건을 맡김

典麗(전려) : 바르고 아름다움

典法(전법) : 규칙

2단계에는 '어조사(兮) · 갖춤(具) · 겸하다(兼)' 등입니다.

兮 • 어조사 혜 〔八부 2획, 총 4획 · けい〕**3급**
　　• 목에 숨이 꽉 차서 올라옴을 나타낸 회의 글자.

위부분의 八과 아래의 올라온 숨이 一에서 멈춰진 모양으로
이루어진 글자다. 목에 꽉 찬 숨이 발산되어 나옴을 나타낸
모습이다.

具 • 갖출 구, 함께 구 〔八부 6획, 총 8획 *prepare* · ぐ〕**5급**
　　• 음식을 그릇에 채워서 나타내는 모습의 회의 글자.

具備(구비) : 빠짐없이 갖춤

具色(구색) : 갖가지 빛깔을 다 갖춤

具載(구재) : 자세하게 기재함

兼 • 겸할 겸, 아울러 겸 〔八부 8획, 총 10획 *combine* · けん〕**3Ⅱ급**
　　• 두 개의 물건을 함께 지니고 있음을 나타낸 회의 글자.

兼業(겸업) : 본업 이외에 하는 사업이나 일

兼床(겸상) : 두 사람이 한 상에 함께 먹도록 차린 상

兼用(겸용) : 여러 가지를 함께 씀

입으로 말하라

• 指事
가로 왈, 이를 왈

[曰부 0획, 총 4획]
speak · えつ

.

가로 왈(曰) 부는 입으로 말하는 모양을 나타냅니다. 쓰임새를 보면 '가로되, 말하기를' '이르다' '…라 한다' 등입니다. 왈(曰) 부의 1단계는 '가로되(曰)·굽음(曲)·다시 또는 고치다(更)·글(書)·일찍 또는 거듭하다(曾)·가장 또는 최상(最)·모임 또는 그림(會)' 등입니다.

• 가로 왈 〔曰부 0획, 총 4획 *speak* · えつ〕 **3급**
• 입으로 말하는 모양을 나타낸 상형 글자.

曰可曰否(왈가왈부) : 어떤 일에 대하여 옳으니 그르니 함
曰若(왈약) : 발어사로 여기에의 뜻

• 굽을 곡, 가락 곡 〔曰부 2획, 총 6획 *bent* · きょく〕 **5급**
• 갈고리 모양으로 굽은 자를 본뜬 상형 글자.

曲禮(곡례) : 자세한 예식
曲水(곡수) : 굽이굽이 휘어 흐르는 물

⊞• 曲學阿世(곡학아세) : 학문을 도리를 구부려 세상에 아부함. 배운 진리보다 출세에 어두워지지 말라는 것. 출전은 『사기』「유림열전(儒林列傳)」

• 다시 갱, 고칠 경 〔曰부 3획, 총 7획 *again* · こう〕 **4급**
• 느슨한 것을 양쪽에서 강하게 조이는 것을 뜻하는 형성 글자.

更生(갱생) : 다시 살아남
更新(갱신) : 다시 새로워짐

• 글 서, 글자 서 〔曰부 6획, 총 10획 *write* · しょ〕**6급**
• 붓으로 써 두는 것을 나타낸 형성 글자.

　　書簡(서간) : 편지

　　書庫(서고) : 책을 간직하는 곳

[+] • **書足以記姓名(서족이기성명)** : 글은 성명을 기록할 정도면 족하다. 너무 학문만을 내세우는 것을 비웃음. 출전은 『사기』의 「항우본기(項羽本紀)」

 • 일찍 증, 곧 증 〔曰부 8획, 총 12획 *once* · そう〕**3Ⅱ급**
• 곡물을 찌는 시루 모양을 본뜬 상형 글자.

　　曾經(증경) : 이전에 겪음

　　曾孫(증손) : 아들의 손자

 • 가장 최, 최상 최 〔曰부 8획, 총 12획 *most* · さい〕**5급**
• 가장 심하다는 뜻의 회의 글자.

　　最古(최고) : 가장 오래됨

　　最惡(최악) : 가장 나쁨

 • 모일 회, 때 회, 셈 회 〔曰부 9획, 총 13획 *meet* · かい〕**6급**
• 많은 사람들이 모이는 것을 나타낸 회의 글자.

　　會見(회견) : 서로 만나 봄

　　會堂(회당) : 여러 사람이 모이는 집

2단계에는 '바꾸거나 쇠퇴함(替)'입니다.

• 바꿀 체, 쇠퇴하다 〔曰부 8획, 총 12획 *change* · たい〕**3급**
• 어떤 사람에게서 다른 사람에게 바뀌는 것을 나타낸 형성 글자.

　　代替(대체) : 바꿈

　　替送(체송) : 대신 보냄

달면 삼킨다

• 指事 　　　　[甘부 0획, 총 5획]
달 감, 달게 여길 감　甘　　sweet · かん

달다(甘)라는 것은 입안에 음식을 넣고 맛있게 맛을 보고 있는 것을 본뜬 글자입니다. 그러므로 '맛이 달다' 또는 '달게 여기다'라는 뜻이 있습니다. 감(甘) 부의 1단계는 '달다(甘)·심하다(甚)' 등입니다. 2단계에 해당하는 글자는 없습니다.

甘 • 달 감 〔甘부 0획, 총 5획 sweet · かん〕 4Ⅱ급
• 입안의 음식물을 맛있게 맛본다는 뜻의 지사 글자.

甘露(감로) : 단 이슬
甘味(감미) : 단맛
甘呑苦吐(감탄고토) : 달면 사키고 쓰면 뱉음
甘言利說(감언이설) : 좋은 말로 상대를 꼬이는 것
甘受(감수) : 달게 받음

甚 • 심할 심, 깊을 심 〔甘부 4획, 총 9획 severe · じん〕 3Ⅱ급
• 맛있는 음식을 먹고 있는 것을 나타낸 형성 글자.

甚難(심난) : 매우 어려움
甚深(심심) : 매우 깊음
甚至於(심지어) : 심하면, 심하게는
極甚(극심) : 아주심함
甚麼(심마) : 무엇, 또는 어느 것
甚愛(심애) : 몹시 사랑함

늘어진 이삭

• 象形　　　　　　　〔禾부 0획, 총 5획〕

벼 화, 곡물 화

か

벼 화(禾) 부는 곡물의 이삭이 늘어진 모습을 나타냅니다. 이 부의 1단계에는 '사사로이하다(私) · 빼어남(秀) · 과정(科) · 가을(秋) · 거둬들이다(稅) · 종자(種) · 곡식(穀)' 등입니다.

• 사사 사, 사사로이할 사 〔禾부 2획, 총 7획 · し〕 **4급**
• 작물을 제각기 나누어 자신의 것으로 한다는 뜻의 형성 글자.

私感(사감) : 개인적인 원한
私物(사물) : 개인이 사사로이 소유하는 물건
私學(사학) : 사립학교
私立(사립) : 개인이 세움

田 • 私淑(사숙) : 옛사람이나 멀리 있는 사람의 덕을 사모하여 그 사람을 자기 인격의 표본으로 삼는 것. 출전은 『맹자』의 「이루편하」

• 私聚(사취) : 사사로이 모음. 자기의 녹이나 노력에 의한 벌이가 아닌 재물을 사사로이 모으는 것. 출전은 『삼국지』

• 빼어날 수, 꽃이필 수 〔禾부 2획, 총 7획 · しゅう〕 **4급**
• 부드러운 벼 이삭이 높게 뻗어있는 모양의 회의 글자.

秀麗(수려) : 빼어나고 아름다움
秀穎(수영) : 잘 익은 벼이삭
秀才(수재) : 재능이나 학문이 뛰어난 사람

秀逸(수일) : 빼어나고 뛰어남

科
- 과정 과, 규정 과, 과거 과 〔禾부 4획, 총 9획 · か〕 6급
- 작물을 검사하여 종류별로 나누는 것을 나타낸 형성 글자.

科擧(과거) : 관리를 등용하기 위하여 치르던 시험

科目(과목) : 분류한 제목

科試(과시) : 향시에 응시하려는 생원이 보던 예비시험

科場(과장) : 과거를 보는 장소

秋
- 가을 추, 때 추 〔禾부 4획, 총 9획 *autumn* · しゅう〕 7급
- 수확의 시절을 나타낸 가을의 형성 글자.

秋季(추계) : 가을철

秋扇(추선) : 가을이 되어 필요없게 된 부채. 곧 사랑을 잃은
여인을 가리킴

秋霜(추상) : 가을 서리

秋夜(추야) : 가을밤

移
- 옮길 이, 바꿀 이 〔禾부 6획, 총 11획 *move* · い〕 4Ⅱ급
- 옆쪽으로 빗나가 움직인다는 뜻의 형성 글자.

移管(이관) : 관할을 옮김

移植(이식) : 옮겨 심음

移動(이동) : 옮기어 감

移秧(이앙) : 모내기

稅
- 구실 세, 추복입을 태 〔禾부 7획, 총 12획 · ぜい〕 4Ⅱ급
- 수확한 물건의 일부를 빼앗는다는 뜻의 형성 글자.

稅金(세금) : 조세로 바치는 돈

稅冕(탈면) : 관을 벗음

稅喪(태상) : 시일이 경과한 뒤에 친족이 죽었음을 알고 추
복입는 일

種
- 씨 종, 심을 종 〔禾부 9획, 총 14획 *seed* · しゅ〕**5급**
- 작물의 씨를 지면에 심는다는 뜻의 형성 글자.

種牛(종우) : 종자를 퍼뜨리기 위하여 기르는 소
種類(종류) : 여러 종류의 항목
種藝(종예) : 초목이나 곡식을 심어서 가꿈
種族(종족) : 사람의 종류. 같은 무리

穀
- 곡식 곡, 양식 곡 〔禾부 10획, 총 15획 *grain* · こく〕**4급**
- 단단한 껍질로 덮은 곡물의 열매를 나타낸 형성 글자.

穀日(곡일) : 좋은 날. 길일과 같은 뜻
穀類(곡류) : 쌀과 보리 등의 곡물
穀酒(곡주) : 곡식으로 빚은 술
穀食(곡식) : 먹을 양식

2단계에는 '벼(禾) · 시간단위 초(秒) · 구실(租) · 차례(秩) · 도량형
(程) · 드물다(稀) · 어리다(稚) · 일컫다(稱) · 볏집(稿) · 벼(稻) · 쌓음
(積) · 벼를 베다(穫)'등입니다.

禾
- 벼 화 〔禾부 0획, 총 5획 · か〕**3급**
- 곡물의 이삭이 늘어진 모양을 본뜬 상형 글자.

禾稈(화간) : 볏집
禾苗(화묘) : 모
禾穗(화수) : 벼 이삭

租
- 구실 조 〔禾부 5획, 총 10획 *tribute* · そ〕**3급**
- 수확한 작물에 부과되는 세금을 나타낸 형성 글자.

租界(조계) : 중국의 개항 도시에 있었던 외국인 지역
租借(조차) : 한 나라가 다른 나라의 땅을 일정기간 통치하
　　　　는 행위를 가리킴

秒
- 시간 단위 초 〔禾부 4획, 총 9획 · びょう〕2급
- 아주 미소하고 작음을 나타내는 글자.

秒速(초속) : 1초 동안의 속도

秒針(초침) : 시계의 초를 가리키는 바늘

租
- 구실 조, 세들다 조 〔禾부 5획, 총 10획 tribute · そ〕3급
- 수확한 작물에 부과되는 세금을 나타낸 형성 글자.

租界(조계) : 중국의 개항 도시에 있었던 외국인 지역

租稅(조세) : 세금

租借(조차) : 한 나라가 다른 나라의 땅을 일정기간 통치하
는 행위를 가리킴

秩
- 차례 질, 벼슬 질 〔禾부 5획, 총 10획 order · ちつ〕3Ⅱ급
- 빈틈없이 벼를 쌓아올리는 것을 나타낸 형성 글자.

秩祿(질록) : 녹봉

秩序(질서) : 사물의 바른 순서

秩滿(질만) : 관직에서 임기가 참

秩敍(질서) : 반열에 따라 녹을 받음

程
- 법 정, 길이의 단위 정 〔禾부 7획, 총 12획 law · てい〕4Ⅱ급
- 벼 등 이삭의 길이를 나타낸 형성 글자.

程度(정도) : 알맞은 한도

程式(정식) : 법식. 규정

程子冠(정자관) : 위가 터진 봉우리가 셋으로 된 관

稀
- 드물 희 (禾부 7획, 총 12획 rare · き〕3Ⅱ급
- 곡물이 드문드문 난 모양의 회의 · 형성 글자.

稀貴(희귀) : 드물고 귀함

稀代(희대) : 세상에 귀함

稀微(희미) : 흐릿하여 분명하지 못함

稚 • 어릴 치, 어린 벼 치 〔禾부 8획, 총 13획 *young*·ち〕3Ⅱ급
• 벼나 새처럼 작은 것을 나타낸 형성 글자.

稚氣(치기) : 어린이 같은 기분이나 감정
稚子(치자) : 어린 자식
稚魚(치어) : 어린 물고기

稱 • 일컬을 칭, 저울 칭 〔禾부 9획, 총 14획 *call*·しょう〕4급
• 작물을 균형 있게 재는 것을 나타낸 형성 글자.

稱量(칭량) : 저울로 닮
稱名(칭명) : 이름을 부름
稱情(칭정) : 인정에 맞음

稿 • 볏집 고, 화살대 고 〔禾부 10획, 총 15획·こう〕3Ⅱ급
• 종이 만드는 재료라는 데서 초고라는 뜻으로 쓰인 형성 글자.

稿案(고안) : 문서의 초안
稿草(고초) : 볏집
脫稿(탈고) : 원고를 끝냄

稻 • 벼 도 〔禾부 10획, 총 15획·とう〕3급
• 절구로 빻아서 떡처럼 만들 수 있는 곡물을 나타낸 형성 글자.

稻作(도작) : 벼농사
稻稷(도직) : 벼와 기장

積 • 쌓을 적 〔禾부 11획, 총 15획 *pile up*·せき〕4급
• 작물을 포개는 것을 나타낸 형성 글자.

積立(적립) : 모아서 쌓아둠
積善(적선) : 착한 일을 많이 함
積載(적재) : 물건을 실음

穫 • 벼벨 확, 거둘 확 〔禾부 14획, 총 19획·かく〕3급
• 곡물을 거두어들이는 것을 나타낸 형성 글자.

收穫(수확) : 거둬들임

위와 아래로 통하면

• 漢字 部首 　　　　　　|　　　[| 부 0획, 총 1획]

위아래로 통할 곤 　　　　　　　　こん

위와 아래로 통한다(|)는 것은 여러 가지 의미를 머금게 됩니다. 상사와 부하 직원, 아버지와 아들, 하늘과 땅 등등 비록 형태는 다를지라도 그 의미만큼은 이해할 수 있는 것이 많습니다. 곤(|) 부에서는 1단계와 2단계가 가운데(中)를 뜻하는 글자 한 자 뿐입니다.

中
• 가운데 중, 맞을 중 　[| 부 3획, 총 4획 *midst* · ちゅう] **8급**
• 틀의 한가운데를 관통하고 있는 모습을 본뜬 지사 글자.

中間(중간) : 한가운데
中年(중년) : 노년과 청년의 중간
中部(중부) : 한가운데 부분

※여기에서는 중용(中庸)에 대해 살펴봅니다.
*오래 살 것을 소망한다면 중용의 길을 밟으라(M.T.시세로)
*지나침과 모자람은 악의 특색이고 중용은 덕의 특색이다(아리스토텔레스/코니마코스 윤리학)
*중용의 두가 최선이며 모두가 과격한 것은 분재을 일으키는 원인이다(프로우투우스)
*희노애락이 아직 발하지 않음은 중(中)이라 하고, 발하여 모든 법도에 투철한 것을 화(和)라 한다(중용)
*너무 많든 너무 적든 도를 넘으면 흥이 깨진다(테렌티우스)

하나 다음의 숫자

• 指事

거듭 우, 또 우

〔二부 0획, 총 2획〕

two · に

둘(二)은 두 개의 가로줄을 나타낸 모양입니다. 숫자로는 2를 의미합니다. 1단계에는 '두 개(二) · 어조사 또는 탄식함(于) · 다섯(五) · 이름(云) · 우물(井)' 등입니다.

• 두 이 〔二부 0획, 총 2획 *two* · に〕 8급
• 두 개의 가로줄을 나타낸 지사 글자.

二姓(이성) : 두 왕조의 임금

二乘(이승) : 같은 수를 곱한 제곱

⊞ • 二桃殺三士(이도살삼사) : 두 개의 복숭아로 세 무사를 죽이다. 교묘한 계략으로 상대를 자멸시킴. 출전은 『안자춘추』

于
• 어조사 우, 탄식할 우 〔二부 1획, 총 3획 *at, in, on* · う〕 3급
• 숨이 목에 차서 나오는 모양을 나타낸 지사 글자.

于今(우금) : 지금까지

于歸(우귀) : 시집을 감

于先(우선) : 무엇을 하기 전에. 먼저

五
• 다섯 오, 다섯 번 오 〔二부 2획, 총 4획 *five* · ご〕 8급
• 선이 교차하여 되돌아오는 것을 나타낸 지사 글자.

五穀(오곡) : 주식이 되는 다섯 가지 곡식. 쌀 · 수수 · 보리 · 조 · 콩. 또는 쌀 · 보리 · 콩 · 조 · 수수

田・五里霧中(오리무중) : 오리 사방이 안개속. 곧 어디에 있는 지 찾을 길이 없음을 이르는 말. 출전은 『후한서』의 「장해전」

　•五十步百步(오십보백보) : 오십보를 도망친 자나 백보를 도망친 자나 행동의 차이는 있으나 본질적으로 같다는 말. 출전은 『맹자』의 「양혜왕편」

云
•이를 운, 어조사 운 〔二부 2획, 총 4획 *tell* · うん〕3급
•입안에 숨을 머금고 우물거리는 모습을 본뜬 상형 글자.

云云(운운) : 여러 말. 말이 많은 모양.
云爲(운위) : 말과 행동

井
•우물 정, 점괘 정 〔二부 2획, 총 4획 *well* · せい〕3Ⅱ급
•네모진 틀을 짜서 판 우물의 모양을 본뜬 상형 글자.

井然(정연) : 구획이 반듯하게 정돈된 모습
井間(정간) : 정자의 간살

田・井中之蛙(정중지와) : 우물 안의 개구리. 소견이 좁은 사람을 비유하는 말. 출전은 『장자』의 「추수편」

2단계에는 '서로, 또는 뒤섞이다(互), 버금(亞)' 등입니다.

互
•서로 호, 부를 호 〔二부 2획, 총 4획 *mutually* · ご〕3급
•두 개의 막대기를 서로 엇물리게 한 모양을 나타낸 상형 글자.

互先(호선) : 같은 자격을 지닌 사람 사이에서 뽑음
互讓(호양) : 서로 사양함

亞
•버금 아 〔二부 6획, 총 8획 *next* · あ〕3Ⅱ급
•땅을 네모지게 판 토대나 바닥에 쌓은 물건을 본뜬 상형 글자.

亞聖(아성) : 성인의 다음 가는 대현인
亞流(아류) : 서열이 둘째. 또는 동아리

변경의 경계

• 漢字 部首
멀 경, 변경의 경계 경

[冂부 0획, 총 2획]
remote · けい

. .

경(冂) 부의 1단계는 '책이나 칙서(冊) · 거듭함(再) · 모험(冒)'을 나타냅니다.

冊
• 책 책, 칙서 책, 권 책 [冂부 3획, 총 5획 *book* · さく] **4급**
• 옛날 책은 좁다란 목간을 끈으로 엮은 모양이라는 상형 글자.

冊曆(책력) : 책으로 된 역서

冊房(책방) : 서점

冊床退物(책상퇴물) : 책상물림

再
• 두 재, 거듭할 재 [冂부 4획, 총 6획 *twice* · さい] **5급**
• 똑같은 일이 또 하나 있음을 나타낸 회의 글자.

再建(재건) : 다시 세움

再顧(재고) : 다시 돌아봄

再起(재기) : 다시 일어남

冒
• 무릅쓸 모 [冂부 7획, 총 9획 *risk* · ぼう] **2급**
• 어려움을 무릅쓰거나 가림을 나타낸 글자.

冒瀆(모독) : 더럽혀 욕되게 함

冒萬死(모만사) : 온갖 어려움을 두려워 하지 않고 감행함

冒險(모험) : 위험을 무릅씀

천으로 덮어라

• 漢字 部首

덮을 멱, 덮개 멱

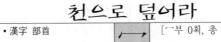

[冖부 0획, 총 2획]

cover · べき

▮.

사람은 잠을 잘 때에 이불을 덮습니다. 그것은 우리의 몸이 추위를 느끼기 때문입니다. 육신의 몸은 그렇다 치지만 우리의 영혼은 무엇을 덮어야 할까요? 탐욕으로 이지러진 세속의 욕망입니까, 아니면 시인의 노래처럼 부드러운 바람일까요. 여러분은 무엇으로 스스로의 영혼을 덮겠습니까? 1단계에 해당되는 단어는 없습니다.

▮▮.

2단계에는 '갓이나 관례(冠) · 어두움이나 깊숙함(冥)'을 나타냅니다.

冠
• 갓 관, 관례 관 〔冖부 7획, 총 9획 *hat* · かん〕 3Ⅱ급
• 손으로 둥근 갓을 쓰는 것을 나타낸 형성 글자.

冠網(관망) : 갓과 망건

冠絶(관절) : 가장 뛰어남

冠帶(관대) : 관과 띠

冥
• 어두울 명, 깊숙할 명 〔冖부 8획, 총 10획 *dark* · べい〕 3급
• 해가 무언가를 가리워져 빛이 없음을 나타낸 회의 글자.

冥冥(명명) : 어두운 모양

冥途(명도) : 사람이 죽어서 가는 곳

冥想(명상) : 고요한 가운데 눈을 감고 생각함

관통한 막대기

• 象形

장인 공, 교묘할 공

工 [工부 0획, 총 3획]
artisan · こう

.

장인 공(工) 부의 1단계는 '장인(工) · 크거나 많음(巨) · 왼쪽(左)' 등입니다.

工
- 장인 공 〔工부 0획, 총 3획 *artisan* · こう〕 **7급**
- 위 아래의 판자에 구멍을 뚫은 모습을 나타낸 상형 글자.

工科(공과) : 공업에 관한 학과

工巧(공교) : 솜씨가 좋음

工房(공방) : 공사 담당자

巨
- 클 거, 많을 거 〔工부 2획, 총 5획 *big* · きょ〕 **4급**
- 위와 아래의 선이 떨어져 있음을 나타낸 상형 글자.

巨富(거부) : 큰 부자

巨星(거성) : 훌륭한 인물

巨砲(거포) : 큰 대포. 뛰어난 홈런 타자

巨人(거인) : 키가 큰 사람

左
- 왼 좌, 낮출 좌, 증거 좌 〔工부 2획, 총 5획 *left* · さ〕 **3급**
- 물건을 만들 때에 받쳐주는 왼손을 뜻하는 형성 글자.

左記(좌기) : 왼쪽에 적음

左邊(좌변) : 왼편

左右間(좌우간) : 어쨌든 간에

左手(좌수) : 왼손

田•左袒(좌단) : 왼쪽 어깨의 옷을 벗어붙인다. 다른 사람의 편을 들어 동의함을 나타냄. 출전은 『사기』의 「여후본기(呂后本紀)」

2단계에는 '공교함(巧) · 어긋남(差)' 등입니다.

巧
•공교할 교, 기교 교 〔工부 2획, 총 5획 *dexterous* · こう〕
•작게 구부려져 정교한 세공이라는 것을 나타낸 형성 글자.

巧妙(교묘) : 썩 잘 되고 묘함
巧言(교언) : 듣기 좋으라고 꾸며대는 말
巧拙(교졸) : 교묘함과 졸렬함

田•巧言令色(교언영색) : 남의 비위를 맞추는 교묘한 말과 얼굴빛. 출전은 『논어』의 「학이편」

差
•어긋날 차, 나을 차 〔工부 7획, 총 10획 · さ〕
•어긋나지 않고 고름을 나타내는 회의 · 형성 글자.

差減(차감) : 덜어냄
差別(차별) : 차이를 둠
差度(차도) : 병이 나아가는 일

※다음에서는 재능에 대해 격언이나 속담을 살펴봅니다.
*씨름은 잘 해도 등 허리에 흙 떨어지는 날이 없다(재간은 있으나 별 수 없이 일만 하고 산다는 뜻/한국)
*나무에 잘 오르는 놈은 떨어져 죽고 헤엄 잘 치는 놈은 빠져 죽는다(사람은 흔히 스스로가 가지고 있는 재간 때문에 실수를 하게 된다는 뜻/한국)
*뛰는 놈 위에 나는 놈 있다(잘난 사람이 있으면 그보다 더 잘난 사람이 있다는 뜻/한국)

앞서 가는 생각

사(ㅿ)는 마늘모 부입니다만, 오래 전에는 사(私)의 고자(古字)로 사용된 글자입니다. 사(ㅿ) 부에는 모든 것이 1단계 뿐으로, '가거나 없앰(去)·참여함(參)' 등입니다.

去
• 갈 거, 떠날 거 〔ㅿ부 3획, 총 5획 *go away* · きょ〕**5급**
• 뚜껑이 달린 움푹 패어들어간 그릇을 본뜬 형성 글자.

去去年(거거년) : 지지난해

去去日(거거일) : 그저께

去來(거래) : 가는 것과 오는 것

去就(거취) : 가는 것과 머무르는 것

田 • 去者不追來者不拒(거자불추내자불거) : 가는 사람은 붙들지를 않고 오는 사람을 물리치지도 않는다. 출전은 『맹자』의 「진심편하」

• 참여할 참, 벼이름 삼 〔ㅿ부 9획, 총 11획 *close* · さん〕**5급**
• 머리에 세 개의 구슬로 된 반짝이는 비녀를 꽂은 형성 글자.

參加(참가) : 어떤 모임이나 일에 관여함

參觀(참관) : 그 자리에 가서 실상을 봄

參席(참석) : 어떤 모임의 자리에 참가함

參戰(참전) : 전쟁에 참가함

무엇으로 쌀까

• 漢字 部首　　　　勹　　　[勹부 0획, 총 2획]

쌀 포　　　　　　　　　　　*wrap* · ほう

📝.

한자 부수의 하나로 물건을 싸는 것(勹)을 나타냅니다. 1단계는 '그 만둠(勿)' 입니다.

勿　• 말 물, 아닐 물　[勹부 2획, 총 4획 *rub off* · ぶつ] 3Ⅱ급
　　• 여러개 색깔을 고리에 끼어 나부끼게 한 깃발을 본뜬 상형 글자.

勿驚(물경) : 놀라지 말라. 엄청남을 이르는 말

勿失好機(물실호기) : 좋은 기회를 놓치지 아니함

勿論(물론) : 더할 나위 없음

勿忘草(물망초) : 지칫과의 다년생 풀

📝.

2단계에는 '물건을 싼다(包)는 것'을 나타냅니다.

包　• 쌀 포　[勹부 3획, 총 5획 *wrap* · ほう] 4Ⅱ급
　　• 태아가 어머니 뱃속에 들어있는 모습을 본뜬 상형 글자.

包括(포괄) : 여러 사물을 한데 묶음

包攝(포섭) : 포용하여 끌어냄

包容(포용) : 너그럽게 받아들임

布石(포석) : 바둑을 둘 때 벌려 놓음

언덕 위에서

• 漢字 部首
언덕 한, 민엄호 한

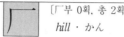

[厂부 0획, 총 2획]
hill · かん

.

1단계는 '두터움(厚)과 언덕(原)'입니다.

厚	• 두터울 후, 구께 후 [厂부 7획, 총 9획 *thick* · こう] **4급**

• 두터울 후, 구께 후 [厂부 7획, 총 9획 *thick* · こう] **4급**
• 高자가 뒤집어져 아래로 쌓임을 나타내는 형성 글자.

厚待(후대) : 두터운 대우
厚德(후덕) : 두터운 덕행
厚意(후의) : 두터운 뜻
厚誼(후의) : 두텁게 여김
厚朴(후박) : 인정이 두텁고 꾸밈이 없음

原

• 언덕 원, 근원 원 [厂부 8획, 총 10획 *hill* · げん] **5급**
• 벼랑 사이에서 물이 나오는 모습을 나타낸 형성 글자.

原價(원가) : 사들인 값
原案(원안) : 본래의 안
原則(원칙) : 처음에 정해 놓은 규칙
原告(원고) : 소송을 일으킨 사람
原名(원명) : 본래 이름

.

2단계에는 '재앙(厄) · 그 사람 또는 숙이다(厥)' 등입니다.

厄 • 재앙 액 〔厂부 2획, 총 4획 *calamity* · やく〕 3급
• 사람이 벼랑에 이른 어려운 모습을 나타낸 회의 글자.

厄年(액년) : 운수가 사나운 해
厄運(액운) : 액을 당할 운수
厄相(액상) : 액을 당할 상
水厄(수액) : 물에 빠져 변을 당할 운
厄年(액년) : 운수가 사나운 해

厥 • 그 궐, 오랑캐이름 궐 〔厂부 10획, 총 12획 *that, he* · けつ〕 3급
• 움푹 패인곳에서 돌을 발사하는 석궁을 나타낸 회의 · 형성 글자.

厥角(궐각) : 이마를 땅에 대고 절을 함
厥女(궐녀) : 그 여자
厥明(궐명) : 날이 밝을 무렵
厥尾(궐미) : 짧은 꼬리

※다음은 재앙에 관해 살펴봅니다.
*경국(傾國). 나라가 흔들림. 나라가 기울음
*육침(陸沈). 물에 가라앉는다는 뜻.
*국파산하재(國破山下在) : 나라가 망함
*국수대호전필망(國雖大好戰必亡) : 아무리 나라가 강대하여도 전쟁을즐기면 망하게 된다는 것
*지리멸렬(支離滅裂) : 갈갈이 흩어지고 찢겨 갈피를 잡을 수 없음
*조생모몰(朝生暮沒) : 곧 스러지는 것
*일패도지(一敗塗地) : 여지 없이 패하여서 도저히 일어날 수 없는 상태를 가리킴
*옥석구분(玉石俱焚) : 산에 불이 붙으면 옥이나 돌이나 함께 탐. 재앙이 일어나면 선한 사람이나 악한 사람이나 함께 피해를 당함

두 갈래로 갈라진 막대기

• 象形
방패 간, 막을 간

干

［干부 0획, 총 3획］
shield · かん

▟.

간(干) 부의 1단계는 '방패(干) · 평평함(平) · 해(年) · 다행스러움
(幸)' 등입니다.

 • 방패 간, 범할 간 ［干부 0획, 총 3획 *shield* · かん］ **4급**
• 두 갈래로 갈라진 막대기를 본뜬 상형 글자.

干戈(간과) : 창과 방패

干求(간구) : 구함

干犯(간범) : 범함

干與(간여) : 관여함

干滿(간만) : 밀물과 썰물

⊞ • **干將莫耶**(간장막야) : 아무리 좋은 검도 사람의 손이 가야 빛이 나듯,
사람도 교육에 의해서 빛을 발한다는 것. 출전은 『순자』의 「성악편(性惡篇)」

 • 평평할 평, 편안할 평 ［干부 2획, 총 5획 *flat* · へい］ **7급**
• 부평초가 물 위에 떠 있는 모습을 본뜬 상형 글자.

平交(평교) : 벗과의 오랜 사귐. 오래된 친구

平吉(평길) : 마음이 평화롭고 선량함

平年作(평년작): 농사가 풍년도 흉년도 아니고 그저 그런 정
도로 수확됨

平亂(평란) : 난리를 평정함

囲 • 平地風波(평지풍파) : 고요한 땅에 바람과 물결이 일어난다. 공연히
일을 만들어 시끄럽게 하는 것. 출전은 유우석(劉禹錫)의 「죽지사(竹枝詞)」

 • 해 년, 나이 년, 익을 년 〔干부 3획, 총 6획 *year* · ねん〕 **8급**
• 찰기가 있는 곡물이 수확하기까지의 기간을 나타낸 형성 글자.

年期(연기) : 만1년
年老(연로) : 나이가 많아 늙음
年內(연내) : 그해 안
年賀(연하) : 신년 인사
年貧(연빈) : 해마다 가난함

 • 다행할 행, 바랄 행 〔干부 5획, 총 8획 *fortunate* · こう〕 **6급**
• 수갑을 차지않은 것이 행복이라는 뜻의 회의 글자.

幸民(행민) : 요행만을 바라고 일을 하지 않은 백성
幸福(행복) : 복된 운수. 부족함이 없는 상태
幸運(행운) : 좋은 운수
幸妾(행첩) : 임금의 첩
行御(행어) : 임금의 행차

2단계는 '줄기 또는 근본(幹)'을 나타냅니다.

 • 줄기 간 〔干부 10획, 총 13획 *trunk* · かん〕 **3Ⅱ급**
• 굵고 튼튼한 나무 줄기를 나타내는 형성 글자.

幹部(간부) : 조직에서 중심을 이루는 사람
幹枝(간지) : 줄기와 가지
幹事(간사): 주역이 되어 일을 처리함
幹局(간국) : 중심이 되어 일을 처리하는 기량

활과 과녁

• 象形　　　　**弓**　　〔弓부 0획, 총 3획〕
활 궁, 궁술 궁　　　　　　*bow* · きゅう

■॥.

궁(弓)은 화살을 쏘는 활을 본뜬 글자입니다. 궁(弓) 부의 1단계에서
는 '당기다(引) · 아우(弟) · 쇠약함(弱) · 굳셈(强)' 등입니다.

| 弓 | • 활 궁, 궁술 궁 〔弓부 0획, 총 3획 *bow* · きゅう〕**3Ⅱ급** |

• 활을 본뜬 상형 글자.

弓弩(궁노) : 활과 쇠뇌

弓師(궁사) : 활을 만드는 사람

弓手(궁수) : 활을쏘는 사람

弓腰(궁요) : 활처럼 휜 허리

弓術(궁술) : 활 쏘는 기술

| 引 | • 당길 인, 가슴걸이 인, 끌 인 〔弓부 1획, 총 4획 · いん〕**4Ⅱ급** |

• 활을 당기는 것을 나타내는 회의 글자.

引見(인견) : 아랫사람을 불러들여 만나봄

引渡(인도) : 물건 등을 건네줌

引率(인솔) : 이끌어 거느림

引退(인퇴) : 벼슬자리에서 물러남

引上(인상) : 끌어올림

| 弟 | • 아우 제, 제자 제 〔弓부 4획, 총 7획 · てい〕**8급** |

• 형제 중에서 나이 어린 아우를 뜻하는 상형 글자.

弟嫂(제수) : 아우의 아내

弟子(제자) : 가르침을 받는 사람

師弟(사제) : 한 스승 밑에서 배운 어린 동생

兄弟(형제) : 형과 아우

弱 • 약할 약, 쇠약해질 약 〔弓부 7획, 총 10획 · じゃく〕 6급
• 무늬나 장식이 달린 약한 활을 나타낸 상형 글자.

弱骨(약골) : 골격이 약함

弱勢(약세) : 약한 세력

弱人(약인) : 세력이 없는 사람

⊞ • 弱冠(약관) : 20세의 남자를 이르는 말. 출전은 『예기(禮記)』의 「곡례편(曲禮篇)」

强 • 굳셀 강, 힘 쓸 강 〔弓부 8획, 총 11획 *strong* · きょう〕 6급
• 단단한 껍질을 뒤집어 쓴 딱정벌레를 본뜬 형성 글자.

强健(강건) : 굳세고 건강함

强國(강국) : 강한 나라

强骨(강골) : 굽히지 않은 기질

强兵(강병) : 강한 병사

⊞ • 强弩之末(강노지말) : 힘차게 나간 화살도 어느 거리에 가면 힘이 다하여 떨어진다는 뜻. 출전은 『사기』의 「한장유열전」

2단계는 '조상함(弔) · 근심하거나 빠른 모양(弗) · 넓고 큼(弘) · 활을 시위함(弦) · 베풂(張) · 탄환(彈)' 등입니다.

弔 • 조상할 조, 이를 적 〔弓부 1획, 총 4획 · ちょう〕 3급
• 막대기에 덩굴이 휘감기어 늘어진 모양을 본뜬 회의 글자.

弔客(조객) : 조상하는 사람

弔意(조의) : 남의 죽음을 슬퍼함

弔電(조전) : 조의를 담은 전보

弔哭(조곡) : 남의 죽음을 슬퍼하여 욺

弗
- 아닐 불, 근심할 불 〔弓부 2획, 총 5획 · ふつ〕**3급**
- 싫다거나 안 된다고 뿌리치는 것을 나타낸 지사 글자.

弗豫(불예) : 즐겁지 않음

弗治(불치) : 명령에 따르지 않음. 또는 그 사람

弗貨(불화) : 달러화

弘
- 넓을 홍 〔弓부 2획, 총 5획 · こう〕**3급**
- 활을 한껏 당긴다는 뜻의 형성 글자.

弘簡(홍간) : 도량이 크고 넓음

弘謀(홍모) : 도량이 크고 넓음

弘益(홍익) : 널리 이럽게함

弦
- 활시위 현, 반달 현 〔弓부 5획, 총 8획 · げん〕**3급**
- 활에 매어있는 활줄을 가리키는 형성 글자.

弦管(현관) : 거문고와 피리

弦矢(현시) : 활시위와 화살

弦月(현월) : 반달

張
- 베풀 장, 당길 장 〔弓부 8획, 총 11획 · ちょう〕**4급**
- 활에 활줄을 감고 팽팽하게 당김을 나타내는 형성 글자.

張力(장력) : 당기거나 당기어 지는 힘

張本(장본) : 일의 근본 원인

張皇(장황) : 쓸데없이 번거로움

彈
- 탄환 탄, 튀길 탄 〔弓부 12획, 총 15획 *bullet* · だん〕**4급**
- 부채질을 하듯 활줄을 튀겨서 진동시키는 모습의 형성 글자.

彈琴(탄금) : 거문고를 탊

彈力(탄력) : 튀는 힘

彈子(탄자) : 탄알

겨울이 오고 있다

• 漢字 部首 冫 [冫부 0획, 총 2획]

얼음 빙, 얼 빙 *ice* · ひょう

1.

빙(冫) 부의 1단계는 '겨울(冬) · 차가움 또는 식힘(冷)' 등입니다.

冬

• 겨울 동, 월동 동 [冫부 3획, 총 5획 *winter* · とう] **7급**
• 음식을 말려 매달아놓은 모습을 본뜬 회의 글자.

冬季(동계) : 겨울철
冬至(동자): 24절기의 하나. 12월 22일, 23일경으로 북반구에서는 낮이 가장 짧은날
冬烘先生(동홍선생) : 시골 훈장과 같이 시속에 어두운 사람
冬眠(동면) : 동물이 겨울잠을 잠

冷

• 찰 랭, 식힐 랭, 쓸쓸할 랭 [冫부 5획, 총 7획 *cool* · れい] **5급**
• 얼음처럼 맑고 차가운 것을 나타낸 형성 글자.

冷却(냉각) : 식혀서 차게 함
冷茶(냉차) : 차가운 차
冷箭(냉전) : 기습적으로 날아온 화살
冷凍(냉동) : 차게 함
冷笑(냉소) : 차가운 웃음. 비웃음

2.

2단계에는 '춥거나 추위로 몸이 굳어짐(凍) · 엉김(凝)' 등입니다.

凍 • 얼 동, 추울 동 〔冫부 8획, 총 10획 *freeze* · とう〕 **3급**
• 꽁꽁 얼어붙은 것을 가리키는 형성 글자.

凍結(동결) : 얼어붙음

凍死(동사) : 얼어죽음

凍氷寒雪(동빙한설) : 얼어붙은 얼음과 차가운 눈

凍土(동토) : 얼어붙은 땅

凝 • 엉길 응 〔冫부 14획, 총 16획 *congeal* · ぎょう〕 **2급**
• 엉기어 뭉쳐있는 모습을 나타낸 글자.

凝結(응결) : 엉기어 뭉침

凝固(응고) : 액체가 고체로 변함

凝集(응집) : 엉기어 모임

※다음에서는 겨울에 관한 단어 풀이입니다.

*겨울이 다 되어야 솔이 푸른 줄 안다.

*겨울 바람이 봄바람 보고 춥다 한다.

*겨울이 지나지 않고 봄이 오랴

*겨울 하루를 지낸 자는 불구대천지원수와 함께 지낸 것과 같다.

*겨울의 태양과 도락자의 애정은 늦게 와서 금시 사라진다.

*겨울이 따뜻하고 여름이 추운 해는 나쁜 일이 많다.

*겨울이 여름이 이익을 준 것보다도 더 많은 해를 끼친다.

*겨울이 우리에게 물어보는 날이 있으리라. 여름에 무얼 했느냐고.

*여러 천리 높은 하늘에서는 이미 첫눈이 땅을 향해서 떠났는지도 모를 듯이 겨울 기색이 돈다.

*물은 부드러우나 얼음이 되면 쉽게 꺾인다(凍氷可折).

*겨울 부채와 여름 화로(冬扇火爐)

*겨울 하늘(冬天)

*사나운 추위)嚴冬雪寒)

병부란 무엇인가

- 漢字 部首
병부 절

卩

[卩부 0획, 총 2획]
せつ

卩.

절(卩) 부의 1단계는 '토끼를 나타내는 넷째지지(卯)·위태함(危)·
도장 또는 도장을 찍음(印)·알(卵)·말거나 굽음(卷)·가까이함(卽)
·벼슬을 하는 대신이나 귀족(卿)' 등입니다.

卯
- 넷째지지 묘, 문둥개 묘 [卩부 3획, 총 5획·ぼう] **3급**
- 양쪽 문을 억지로 열어 젖히고 들어가는 모습의 상형 글자.

卯生(묘생) : 묘년(妙年)에 태어난 사람
卯日(묘일) : 일진이 묘인 날

危
- 위태할 위 [卩부 4획, 총 6획 *dangerous*·き] **4급**
- 사람이 벼랑가에 있는 불안정한 모습을 나타낸 회의 글자.

危空(위공) : 높은 하늘
危急(위급) : 위태로운 상황이 급해짐

印
- 도장 인, 찍을 인 [卩부 4획, 총 6획 *sign*·いん] **4Ⅱ급**
- 사람이 손으로 꽉 누르고 있는 것을 나타낸 회의 글자.

印象(인상) : 사물을 보고들을 때에 마음에 와 닿는 느낌
印紙(인지) : 도장을 찍은 종이
印朱(인주) : 도장을 찍을 때의 인주 밥

卵
- 알 란, 클 란 [卩부 5획, 총 7획 *egg*·らん] **4급**
- 둥글게 나란이 선 알을 나타낸 상형 글자.

卵白(난백) : 알의 흰자

卵生(난생) : 알의 부화

卷
- 말 권, 책 권, 굽을 권 〔冂부 6획, 총 8획 *roll* · けん〕**4급**
- 흩어지려는 물건을 양손으로 받아 둥글게 하는 모습의 형성 글자.

卷頭言(권두언) : 머리말

卷末(권말) : 책의 맨 마지막

卷尺(권척) : 줄자

卽
- 곧 즉, 가까이할 즉 〔冂부 7획, 총 9획 *namely* · そく〕**3Ⅱ급**
- 수북하게 쌓인 음식 옆에 사람이 앉은 모습의 형성 글자.

卽刻(즉각) : 바로 그때

卽決(즉결) : 바로 결정함

卽席(즉석) : 바로 그 자리

卿
- 벼슬 경, 귀족 경 〔冂부 10획, 총 12획 *sir* · けい〕**3급**
- 한가운데에 맛있는 음식을 놓고 마주보며 연회하는 회의 글자.

卿大夫(경대부) : 옛날의 집정자. 경과 대부

上卿(상경) : 가장 높은 재상

卿尹(경윤) : 왕을 보필하며 대신들을 지휘하는 정 3품 이상
　의 벼슬을 가리킴

2단계에는 '도리어 또는 물리침(却)'을 나타내는 글자입니다.

却
- 물리칠 각, 도리어 각 〔冂부 5획, 총 7획 *reject* · きゃく〕**3급**
- 무릎을 꿇고 뒷걸음 치는 모습을 나타낸 형성 글자.

却望(각망) : 뒤를 돌아다 봄

却說(각설) : 말머리를 바꿀 때에 허사로 쓰는 말

却下(각하) : 아래로 내림

가슴에 품은 비수

• 漢字 部首

비수 비, 숟가락 비

[匕부 0획, 총 2획]
dagger · ひ

비수 비(匕) 부에는 1단계뿐입니다. '화함과 태어남(化) · 북녘과 달아남(北)' 등입니다.

일반적으로 도(刀)라는 것은 '자르다, 베다, 나누다'라는 뜻으로 쓰입니다. 칠척장검(七尺長劍)이라고 했을때는 일곱 자나 되는 긴 칼이지만 비수단검(匕首短劍)은 나리 날카로운 짧은 단검을 의미합니다.

化
• 화할 화, 태어날 화 [匕부 2획, 총 4획 change · か] 5급
• 사람이 자세를 웅크리고 있는 모습을 본뜬 형성 글자.

化膿(화농) : 상처 따위가 곪음
化成(화성) : 화하여 좋은 것으로 됨
化身(화신) : 부처가 중생을위하여 형상을 바꾸어서 나타난 몸을 뜻함
化主(화주) : 부처

北
• 북녘 북, 달아날 배 [匕부 3획, 총 5획 run away · ほく] 7급
• 서로 등을 돌리고 배반함을 나타낸 지사 글자.

北極(북극) : 북쪽 끝
北斗(북두) : 별 이름
北向(북향) : 북쪽을 향함
北歐(북구) : 북유럽
北村(북촌) : 북쪽에 있는 마을

작고 어리다

• 漢字 部首

작을 요, 어릴 요

幺

[幺부 0획, 총 3획]

small · よう

■❙.

요(幺) 부의 1단계는 '작거나 어림(幼) · 기미(幾)' 등입니다.

幼
• 어릴 유, 작을 유 [幺부 2획, 총 5획 *young* · よう] 3Ⅱ급
• 힘이 약한 어린아이를 나타낸 형성 글자.

幼年(유년) : 나이가 어림

幼主(유주) : 나이 어린 임금

幾
• 기미 기, 몇 기 [幺부 9획, 총 12획 *secrets* · き] 3급
• 사람의 목에 창날이 금방 닿을 듯한 상태를 본뜬 회의 글자.

幾望(기망) : 음력 14일날 밤

幾微(기미) : 조짐

■❙.

2단계에는 '그윽함(幽)' 입니다.

幽
• 그윽할 유, 멀 유 [幺부 6획, 총 9획 *secluded* · ゆう] 3Ⅱ급
• 산 속이 어두컴컴하고 희미함을 뜻하는 형성 글자.

幽界(유계) : 저승

幽昧(유매) : 매우 깊고 어두움

幽明(유명) : 어둠과 밝음

창을 손으로 잡고

• 象形   [戈부 0획, 총 4획]

창 과, 싸움 과 spear · か

과(戈) 부의 1단계에는 '다섯째 천간(戊) · 개(戌) · 이루거나 무성함(成) · 나(我) · 나라 또는 혹(或) · 싸움(戰)' 등입니다.

戊	• 다섯째천간 무 [戈부 1획, 총 5획 · ぼう] **3급** • 한쪽에 가지날이 있는 창을 잡은 모양을 본뜬 상형 글자. 戊夜(무야) : 새벽 3시부터 5시 사이
戌	• 개 술 [戈부 2획, 총 6획 dog · じゅつ] **3급** • 날붙이로 작물을 베어 수확하는 것이 본뜻인 회의 글자. 戌年(술년) : 태세의 지지가 술(戌)이 되는 해 戌時(술시) : 오후 7시부터 9시 사이
成	• 이룰 성, 다스릴 성 [戈부 3획, 총 7획 accomplish · せい] **6급** • 쾅쾅 쳐서 만드는 것을 나타낸 형성 글자. 成家(성가) : 집을 지음 成功(성공) : 원하는 것을 이룸 成立(성립) : 이루어짐
我	• 나 아, 나의 아 [戈부 3획, 총 7획 I · が] **3Ⅱ급** • 톱날처럼 까칠까칠한 창의 모습을 본뜬 상형 글자. 我國(아국) : 우리 나라 我輩(아배) : 우리들

我朝(아조) : 우리 왕조

• 혹 혹, 나라 역 〔戈부 4획, 총 8획 *perhaps* · こく〕**4급**
• 어떤 영역을 구획 지어 그것을 무기로 지킴을 나타낸 회의 글자.

或問(혹문) : 어떤 이가 묻는다는 식으로 설명하는 일

或說(혹설) : 어떤 이가 주장하는 학설이나 주장

或者(혹자) : 어떤 사람

• 싸움 전, 두려워할 전 〔戈부 12획, 총 16획 *war* · せん〕**6급**
• 창으로 적을 탁탁 쳐서 쓰러뜨린다는 뜻의 형성 글자.

戰功(전공) : 전쟁에서 세운 공훈

戰國(전국) : 전쟁중인 나라

戰袍(전포) : 갑옷 위에 입는 겉옷

• 戰戰兢兢(전전긍긍) : 잔뜩 겁을 먹고 벌벌 몸을 떨면서 움추리는 것.
출전은 『시경』의 「소아 소민편」

2단계는 '창(戈) · 경계함(戒) · 가까운 친척이나 겨레(戚) · 놀이 또는 희롱함(戲)' 등입니다.

• 창 과 싸움 과 〔戈부 0획, 총 4획 *spear* · か〕**3급**
• 창을 손으로 잡은 모양을 본뜬 상형 글자.

戈劍(과검) : 창과 칼

戈戟(과극) : 갈고리처럼 된 창

戈盾(과순) : 창과 방패

• 경계할 계, 삼갈 계 〔戈부 3획, 총 7획 *warn* · かい〕**4급**
• 무기를 손에 들고 주의를 기울여 대비한다는 뜻의 회의 글자.

戒告(계고) : 훈계와 충고

戒名(계명) : 사미계를 받은 뒤 속명을 버리고 스승으로부터

받은 법호

戒色(계색) : 여색을 삼감

戒律(계율) : 계와 율

戒 • 겨레 척, 친할 척 〔戈부 7획, 총 11획 *relatives* · せき〕3Ⅱ급
• 본래 작은 손도끼를 나타냄. 나중에 친척이 된 회의 · 형성 글자.

戚黨(척당) : 외척과 척족

戚分(척분) : 척당이 되는 관계

戚姪(척질) : 조카뻘 되는 외척

戚臣(척신) : 임금의 외척

戲 • 놀 희, 아하 호 〔戈부 13획, 총 17획 *play* · き〕3Ⅱ급
• 신 앞에서 무기를 들고 춤을 추는 모습의 형성 글자.

戲曲(희곡) : 연극 대본

戲弄(희롱) : 장난으로 놀림

戲畫(희화) : 장난 삼아 그림

※다음에서는 전쟁에 대한 용어에 대하여 살펴보겠습니다.

*갑주생기슬(甲冑生蟣蝨). 슬은 이, 기는 서캐이다. 전란이 오래됨을 나타내는 말

*과혁지시(裹革之屍). 전쟁에서 싸우다가 죽은 시체

*공성약지(攻城略地). 성을 치고 땅을 점령함

*좌충우돌(左衝右突). 이곳 저곳으로 마구 치고 달림

*남북풍진(南北風塵). 남쪽의 오랑캐와 북쪽 이민족의 소란

*정족지세(鼎足之勢) : 세발솥처럼 맞물려 있는 지세

*망풍이미(望風而靡) : 소문을 듣는 것만으로 너무 놀라워 싸우지 않고 도망을 침

*차전차주(且戰且走) : 한편으로는 싸우면서 한편으로는 도망을 가는 전술

*단병접전(短兵接戰) : 백병전을 가리킴

등이 굽고 아주 작은 사람

- 漢字 部首
절름발이 왕

尢

[尢부 0획, 총 3획]
lame person

■ .

왕(尢)은 절름발이를 뜻합니다만, 등이 굽고 아주 작은 사람을 나타내기도 합니다. 왕(尢) 부의 1단계에는 '탓하다 또는 더욱(尤)이라는 의미의 단어와 이루다(就)' 등입니다.

특히 우(尤)는 손금과 한 일(一)을 합쳐서 손에 작은 돌기나 부스럼 등의 뜻하지 않은 것이 나타난 것을 의미합니다.

尤
- 더욱 우, 탓할 우 [尢부 1획, 총 4획 *more* · ゆう] **3급**
- 뜻하지 않은 실패나 재앙이 일어남을 나타낸 회의 글자.

尤妙(우묘) : 아주 이상함

尤甚(우심) : 매우 심함. 또는 극진함

就
- 이룰 취, 곧 취 [尢부 9획, 총 12획 *achieve* · しゅう] **4급**
- 어떤 장소에 나아가 오래 머물음을 나타낸 회의 글자.

就世(취세) : 세상과 교제함. 또는 죽음

就中(취중) : 그 중에서 특히

就悚(취송) : 편지에서 나아가 말씀드리기 죄송하지만이라
　는 뜻으로 사용됨

就籍(취적) : 호적에 빠진 사람이 입적하게 되는 일

就學(취학) : 학교에 들어가서 공부를 함. 스승에게 나아가
　공부를 함

就伏白(취복백) : 나아가 여쭌다는 의미

천천히 걸으세요

- 漢字 部首

천천히 걸을 쇠

夊 [夊부 0획, 총 3획]

wark · すい

.

천천히 걸을 쇠(夊) 부에는 모든 단계가 '여름 또는 중국 사람(夏)' 등입니다.

夏
- 여름 하, 중국 하 [夊부 7획, 총 10획 *summer* · せき] 7급
- 장식이 있는 큰 탈을 쓰고 춤추는 모습을 본뜬 회의 글자.

夏季(하계) : 하절기. 여름

夏期(하기) : 여름철

夏景(하경) : 여름 경치

※다음에서는 여름에 대한 어록을 살펴보겠습니다.

*푸른 하늘의 저 검은 새들의 떼는 누구를 위해서인가. 눈 어둡고 귀 먹은 듯한 여름이 차차 스며들고 멸매기 부르는 소리와 신문 장수의 외치는 소리에 더욱 깨끗한 의미를 띠고 있다(A.까뮈)

*여름은 날고 싶고 뛰고 싶은 씨즌입니다. 봄을 여성의 계절이라면 여름은 남성의 계절이라 하겠지요. 그리고 봄을 웃음의 때라고 하면 여름은 힘의 때입니다(노자영/여름날 편지)

*보리 누름에 선 늙은이 얼어 죽는다(더워야할 계절에 도리어 춥게 느껴지는 때가 있음을 두고 하는 말/한국)

*여름 살은 풋살(여름철 더운 날씨에는 옷을 꼭꼭 입지 않고 마구 살갗을 드러내 놓는다는 뜻/한국)

보폭을 넓게 걸어야

• 漢字 部首	夂	[夂부 0획, 총 3획]
길게 걸을 인		いん

.

인(夂) 부의 1단계는 '똑바로 세우거나 엎지른다(建)'입니다.

建
- 세울 건, 엎지를 건 [夂부 6획, 총 9획 build · けん] **5급**
- 똑바로 서는 것을 나타낸 회의 글자.

建功(건공) : 공을 세움

建國(건국) : 나라를 세움

2단계에는 '미치는 것(延)과 조정(廷)'입니다.

延
- 끌 연, 미칠 연 [夂부 4획, 총 7획 delay · えん] **4급**
- 길게 펴서 나아감을 나타내는 형성 글자.

延見(연견) : 손님을 맞이하여 만나봄

延人員(연인원) : 공사 등에 동원된 총인원

廷
- 조정 정 [夂부 4획, 총 7획 court of the palace · てい] **3Ⅱ급**
- 똑바로 평평하게 땅을 고른 관청을 나타낸 형성 글자.

廷論(정론) : 조정의 논의

廷臣(정신) : 조정에서 일을 보고 있는 신하

廷議(정의) : 조정에서 논의함

입을 크게 벌리고

• 漢字 部首

하품 흠, 모자랄 흠

[欠부 0획, 총 4획]

yawn · けん

흠(欠) 부의 1단계에는 '버금 또는 차례(次) · 욕심(欲) · 노래(歌)' 등입니다.

次
• 버금 차, 차례 차　[欠부 2획, 총 6획 *next* · し] 4Ⅱ급
• 길을 가던 나그네가 짐을 내려놓은 모습의 형성 글자.

次期(차기) : 다음 시기

次男(차남) : 둘째 아들

次善策(차선책) : 그 다음으로 좋은 계책

次席(차석) : 수석의 다음 자리

欲
• 하고자할 욕, 욕심 욕　[欠부 7획, 총 11획 *sigh* · よく] 3Ⅱ급
• 마음 속의 부족한 것을 메우고 싶은 기분을 뜻하는 형성 글자.

欲界(욕계) : 욕심이 많은 세계

欲求(욕구) : 바람

欲巧反拙(욕교반졸) : 잘 하려고 하다가 오히려 일을 망쳐놓
　는다는 뜻

欲情(욕정) : 욕망이나 욕심

[十] • **欲速不達欲巧反拙**(욕속부달욕교반졸) : 너무 서둘러 일을 그르침. 너무 좋게 만들려다가 오히려 그만둔 것만도 못함

歌 • 노래 가, 운문 가　〔欠부 10획, 총 14획 *song* · か〕**7급**
• 몸을 구부리고 낮은 소리를 내는 모습의 형성 글자.

歌曲(가곡) : 노래
歌舞(가무) : 노래하고 춤을 춤
歌姬(가희) : 여류 가수
歌唱(가창) : 노래를 부름
歌人(가인) : 노래를 잘 부르는 사람

2단계에는 '거짓이나 속임(欺) · 탄식함(歎) · 기뻐함(歡)' 등입니다.

欺 • 속일 기, 거짓 기　〔欠부 8획, 총 12획 *cheat* · き〕**3급**
• 사나운 얼굴을 하여 상대를 굴복시키는 모습을 본뜬 형성 글자.

欺弄(기롱) : 상대를 속이고 놀리는 것
欺瞞(기만) : 남을 속임
欺世盜名(기세도명) : 세상 사람을 속이고 허명을 드러냄
詐欺(사기) : 상대를 속임

歎 • 탄식할 탄, 기릴 탄　〔欠부 11획, 총 15획 *sigh* · たん〕**4급**
• 목이 말라 밖으로 한숨을 내쉼을 뜻하는 회의 글자.

歎服(탄복) : 깊이 감탄하여 복종함
歎聲(탄성) : 탄식하는 소리
歎息(탄식) : 한숨을 쉬며 한탄을 함

歡 • 기뻐할 환, 기쁨 환　〔欠부 18획, 총 22획 *delight* · かん〕**4급**
• 왁자지껄 이야기하는 것을 나타낸 형성 글자.

歡談(환담) : 정겹게 말을 주고받음
歡迎(환영) : 기쁜 마음으로 맞이함
歡呼(환호) : 기뻐서 고함을 침

위가 터진 그릇

• 漢字 部首　　　　[凵부 0획, 총 2획]
입 벌릴 감　　　　open the mouth · かん

.

한자 부수의 하나인 감(凵)은 입을 벌리거나 위가 터진 그릇을 나타
낸 모습입니다. 1단계에는 '재앙이나 흉함(凶) · 나가거나 시집감(出)'
등입니다.

凶
• 흉할 흉, 재앙 흉　[凵부 2획, 총 4획 evil omen · きょう] 5급
• 구덩이에 빠져 발버둥치는 것을 나타낸 형성 글자.

凶器(흉기) : 사람을 살상하는 데 쓰는 도구
凶夢(흉몽) : 불길한 꿈
凶事(흉사) : 불길한 일

出
• 날 출, 나갈 출　[凵부 3획, 총 5획 come · しゅつ] 7급
• 발이 선 너머로 나가는 것을 본뜬 회의 글자.

出家(출가) : 집을 나감
出力(출력) : 힘을 냄. 노력함
出願(출원) : 원서를 냄

田 • 出乎爾反乎爾(출호이반호이) : 네게서 나온 것은 네게로 돌아간다는
뜻. 출전은 『맹자』의 「양혜왕하」

깊숙하게 팬 곳

• 漢字 部首
개미허리 천

[巛부 0획, 총 3획]

천(巛) 부의 1단계는 '물의 흐름의 총칭(川)'입니다.

|川|
• 내 천, 물귀신 천 [巛부 0획, 총 3획 *stream* · せん] **7급**
• 우묵한 곳을 지나가는 강물의 흐름을 뜻하는 상형 글자.

川獵(천렵) : 물가에서 고기잡이를 하며 노는 일

河川(하천) : 내

2단계에는 '고을이나 동네(州) · 어루만지거나 돌다(巡)' 등입니다.

|州|
• 고을 주, 마을 주 [巛부 3획, 총 6획 *province* · しゅう] **5급**
• 강 가운데 모래가 이루어져 섬이 된 모습의 상형 글자.

州縣(주현) : 주와 현

州郡(주군) : 주와 군. 도시에 대하여 지방을 이르는 말. 옛
날의 행정구역

|巡|
• 돌 순, 얼만질 순 [巛부 4획, 총 7획 *round* · じゅん] **3Ⅱ급**
• 움푹하게 패인 곳을 강물이 이리저리 흐르는 형성 글자.

巡檢(순검) : 순회하여 점검함

巡訪(순방) : 순회하며 방문함

어떻게 들 것인가

• 漢字 部首   [廾부 0획, 총 3획]

廾

들 공   きょう

▮.

'들다'라는 것은 자원(字源)을 보면 십(十)을 합한 모양으로 회의 문
자로 나와 있습니다. 1단계에 해당하는 단어는 없습니다.

▮▮.

2단계의 단어는 '희롱함(弄)과 해어짐(弊)'입니다.

弄

• 희롱할 롱, 노리개 롱 [廾부 4획, 총 7획 · ろう] 3Ⅱ급
• 양손 안에 구슬을 넣고 장난치는 모양을 나타낸 회의 글자.

弄假成眞(농가성진) : 장난 삼아 한 일이 진짜처럼 됨
弄奸(농간) : 남을 농락하는 간사한 짓
弄談(농담) : 농으로 하는 말
弄玩(농완) : 재미로 가지고 놂

弊

• 해어질 폐 [廾부 12획, 총 15획 *be broken* · へい] 3Ⅱ급
• 좌우로 찢어 쓸모 없게 만드는 것을 나타낸 형성 글자.

弊家(폐가) : 자기 집의 겸칭
弊習(폐습) : 나쁜 버릇
弊衣(폐의) : 나쁜 옷
弊害(폐해) : 나쁘고 해로움

손발을 벌리고

옥(玉) 부의 1단계에는 '왕(王) ・ 옥(玉) ・ 다스림(理) ・ 나타남(現)'
등입니다.

王
• 임금 왕, 임금노릇할 왕　〔玉부 0획, 총 4획 *king* ・ おう〕 **8급**
• 손발을 벌린 사람이 하늘과 땅 사이에 서 있는 모습의 지사 글자.

王家(왕가) : 임금의 집안

王命(왕명) : 임금의 명령

王師(왕사) : 왕의 스승

王座(왕좌) : 임금의 자리

玉
• 구슬 옥　〔玉부 0획, 총 5획 *bead* ・ ぎょく〕 **4Ⅱ급**
• 대리석으로 만든 왕자 모양을 보석을 뜻하는 상형 글자.

玉門(옥문) : 옥으로 장식한 문

玉色(옥색) : 옥의 빛깔

玉顔(옥안) : 아름다운 얼굴

玉璽(옥새) : 옥으로 만든 임금의 도장

理
• 다스릴 리, 꾸밀 리 〔玉부 7획, 총 11획 *regulate* ・ り〕 **6급**
• 보석의 무늬를 뜻하는 형성 글자.

理念(이념) : 이성의 판단으로 얻은 최고의 개념

理性(이성) : 사물을 바르게 판단하는 능력

理財(이재) : 재산을 간직하고 유리하게 운용을 하는 일

理致(이치) : 사물의 정당한 도리

現
- 나타날 현, 이제 현 〔玉부 7획, 총 11획 *appear* · げん〕 **6급**
- 구슬에 묻은 흙 같은 것이 걷혀 결이 보인다는 뜻의 형성 글자.

現金(현금) : 현재 가지고 있는 돈
現象(현상) : 눈에 보이는 모습
現像(현상) : 현상을 드러냄
現實(현실) : 실제의 사실이나 상태

2단계에는 '보배(珍) · 나눔(班) · 구슬(珠) · 구슬(球) · 거문고(琴) · 쪼다(琢) · 고리(環)' 등입니다.

珍
- 보배 진, 진귀하다 〔玉부 5획, 총 9획 *precious* · ちん〕 **4급**
- 아주 소중한 물건을 뜻하는 형성 글자.

珍本(진본) : 진기한 책
珍奇(진기) : 보배롭고 기이함
珍技(진기) : 진귀한 기술
珍味(진미) : 아주 좋은 맛

班
- 나눌 반, 지위 반 〔玉부 6획, 총 10획 *classify* · はん〕 **6급**
- 구슬을 둘로 가른다는 뜻의 회의 글자.

班列(반열) : 양반의 서열
班常(반상) : 양반과 상인
班首(반수) : 보부상의 우두머리

珠
- 구슬 주 〔玉부 6획, 총 10획 *pearl* · しゅ〕 **2급**
- 구슬로 꾸민 발을 나타낸 글자.

珠算(주산) : 주판으로 하는 계산
珠玉(주옥) : 구슬과 옥

珠簾(주렴) : 구슬로 꾸민 발

珠貝(주패) : 붉은 조개의 다른 이름

球
- 구슬 구, 공 구 〔玉부 7획, 총 11획 *round gem* · きゅう〕 **6급**
- 중심을 향해 둥글게 맨 구슬을 나타낸 형성 글자.

氣球(기구) : 바람을 넣어 공중에 띄우는 기구

球技(구기) : 공을 이용하여 하는 경기

球菌(구균) : 구상의 세균에 대한 형태학적 통칭

球莖(구경) : 구상의 지하경

琴
- 거문고 금 〔玉부 8획, 총 12획 · きん〕 **3Ⅱ급**
- 거문고의 모양을 본뜬 상형 글자.

心琴(심금) : 자극에 따라 미묘하게 움직이는 마음을 거문고
에 비유하여 이르는 말

琴道(금도) : 거문고의 이론과 타는 기술

琴堂(금당) : 현감이 집무하는 곳

田 • 琴瑟相和(금슬상화) : 거문고와 비파의 음률이 잘 화합한다. 부부간에
의가 좋을 때에 사용하는 말. 출전은 『시경』의 「소아」

琢
- 쫄 탁 〔玉부 8획, 총 12획 · たく〕 **3급**
- 옥을 다듬는다는 뜻의 형성 글자.

切磋琢磨(절차탁마) : 학문이나 덕행을 갈고 닦음. 옥석을
세공하는 일

琢磨(탁마) : 절차탁마의 준말

環
- 고리 환, 물러날 환 〔玉부 13획, 총 17획 *ring* · かん〕 **4급**
- 둥글게 고리로 된 구슬을 나타낸 형성 글자.

玉環(옥환) : 옥반지

花環(화환) : 꽃으로 만든 반지

環境(환경) : 둘러싸인 구역

環視(환시) : 사방을 둘러봄

두 발로 써서

• 象形
설 립, 세울 립

立

[立부 0획, 총 5획]
stand · りつ

🖊.

세우거나 서다(立)는 두 발을 땅에 대고 사람이 서 있는 모양을 본
뜬 모습입니다. 1단계는 '서다(立) · 문채(章) · 아이(童) · 바르거나 끝
(端) · 다툼(競)' 등입니다.

立
• 설 립 〔立부 0획, 총 5획 *stand* · りつ) **7급**
• 두 발로 서 있는 모습을 본뜬 상형 글자.

立脚(입각) : 발판을 만듦
立證(입증) : 증거를 세움
立志(입지) : 뜻을 세움
立憲(입헌) : 헌법을 제정함

章
• 문채 장, 글 장 〔立부 6획, 총 11획 *sheen* · しょう〕 **6급**
• 날붙이로 문신을 새긴 것을 뜻하는 회의 글자.

章牘(장독) : 편지
章理(장리) : 밝은 이치
章奏(장주) : 임금에게 올리는 글
章程(장정) : 법률

童
• 아이 동, 대머리 동 〔立부 7획, 총 12획 *child* · どう〕 **6급**
• 날붙이로 눈이 찔린 남자 노예를 나타낸 형성 글자.

童心(동심) : 어린아이의 마음
童然(동연) : 대머리 모양

童話(동화) : 어린이를 위해 지은 재미있고 유익한 이야기

童稚(동치) : 어린아이

端
- 바를 단, 실마리 단 〔立부 9획, 총 14획 *straight* · たん〕4Ⅱ급
- 끝이나 가지런히 고른 것을 나타낸 형성 글자.

端緖(단서) : 일의 실마리

端雅(단아) : 단정하고 온화함

端的(단적) : 바로

端直(단직) : 단정하고 정직함

競
- 다툴 경, 쫓을 경 〔立부 15획, 총 20획 *quarrel* · きょう〕5급
- 두 사람이 말다툼으로 승부를 겨루는 것을 나타낸 회의 글자.

競技(경기) : 기술이나 능력을 겨룸

競馬(경마) : 말을 타고 달리는 경주에서 우승하는 말을 가
려내는 행위

2단계는 '모여들거나 아우름(竝) · 마침(竟)' 등입니다.

竝
- 아우를 병, 견줄 병, 모여들 병 〔立부 5획, 총 7획 · へい〕3급
- 사람이 늘어선 모양의 회의 글자.

竝立(병립) : 나란히 섬

竝發(병발) : 한꺼번에 두 가지 이상의 일이 일어남

竝設(병설) : 아울러 갖추거나 세움

竟
- 마칠 경, 지경 경 〔立부 6획, 총 11획 *finish* · きょう〕3급
- 음악의 끝이나 악장의 최후를 나타낸 회의 글자.

畢竟(필경) : 마침내

竟夕(경석) : 밤이 다하도록

竟夜(경야) : 밤이 새도록

소의 뿔과 머리

• 象形   **牛**   〔牛부 0획, 총 4획〕

소 우, 별 이름 우   cow · ぎゅう

．

우(牛) 부의 1단계는 '만물(物) · 유다름 또는 수컷(特)' 등입니다.

牛 • 소 우 〔牛부 0획, 총 4획 cow · ぎゅう〕 5급
• 소의 뿔과 머리를 본뜬 상형 글자.

牛角(우각) : 소뿔

牛步(우보) : 소의 걸음

牛耳(우이) : 소의 귀

物 • 만물 물, 무리 물 〔牛부 4획, 총 8획 all thing · ぶつ〕 7급
• 동물이나 여러 가지 사물을 뜻하는 형성 글자.

物價(물가) : 물건의 값

物望(물망) : 여러 사람에게 평판이 좋은 사람

物心(물심) : 물질과 정신

物情(물정) : 어떤 사물의 실정

田 • 物議(물의) : 여러 사람들의 평판. 세상 사람들의 공론을 나타냄. 출전
은 『한서』의 「사기경전(謝幾卿傳)」

特 • 유다를 특, 수컷 특 〔牛부 6획, 총 10획 · とく〕 6급
• 많은 소의 무리 중에서 유달리 눈에 띄는 소를 뜻하는 형성 글자.

特急(특급) : 특별 급행열차

特採(특채) : 특별히 채용함

特惠(특혜) : 특별한 혜택

2단계는 '마소를 치는 사람 또는 다스린다(牧)·끌다(牽)'라는 단어
입니다.

牧
• 칠 목, 다스릴 목 〔牛部 4획, 총 8획·ぼく〕 4Ⅱ급
• 소를 늘리는 것을 나타낸 형성 글자.

牧民(목민) : 백성을 다스림

牧者(목자) : 양을 치는 사람

牧畜(목축) : 가축을 침

牽
• 끌 견 〔牛部 7획, 총 11획 drag·けん〕 2급
• 소가 끌어당기는 모습을 나타낸 글자.

牽引(견인) : 끌어당김

牽制(견제) : 붙들어놓고 자유를 속박함

牽牛星(견우성) : 은하의 동쪽 가에 있는 별. 해마다 7월 7석
이면 직녀성과 만난다는 전설이 있음

※다음은 소에 대한 격언과 속담입니다.
*소는 농가의 조상(농가에서는 소가 무척 중요하므로 조상같이 위
한다는 말/한국)
*드문드문 걸어도 황소걸음(큰사람이 하는 일은 속도가 더디고 느
려도 그것은 멀고 큰 것이며 알찬 것이라는 뜻/한국)
*소 궁둥이에 꼴을 던진다(몹시 둔하여 깨닫지 못할 사람에게는 아
무리 교육을 시켜도 소용이 없다는 말/한국)
*소 잡는 터전은 없어도 밤을 벗길 자리는 있다(나쁜 일은 곧 드러
난다는 뜻/한국)

실타래를 풀어라

• 漢字 部首 〔糸부 0획, 총 6획〕

실 사 thread · し

▋.

  실을 뜻하는 사(糸)는 사(絲)의 약자입니다. 사부의 1단계엔 다음같은 단어들이 있습니다. '묶거나 따름(約) · 붉음(紅) · 희거나 무늬 없는 피륙(素) · 순수함(純) · 종이(紙) · 가늘고 적음(細) · 마침내 또는 끝(終) · 넉넉함(給) · 실(絲) · 끊음(絶) · 거느림(統) · 날실이나 법(經) · 초록(綠) · 익힘(練) · 줄(線) · 이음(續)' 등입니다.

約
• 묶을 약, 따를 약 〔糸부 3획, 총 9획 bind · やく〕 **5급**
• 실로 매듭을 만들어 볼록하게 만든 것을 나타낸 형성 글자.

約略(약략) : 대강. 또는 대게
約束(약속) : 맹세함. 다발지음
約婚(약혼) : 혼인을 약속함

紅
• 붉을 홍 〔糸부 3획, 총 9획 red · こう〕 **4급**
• 工과 糸로 만들어진 형성 글자.

紅寶石(홍보석) : 홍옥. 루비를 말함
紅顔(홍안) : 붉고 윤이 나는 얼굴

素
• 흴 소, 무늬없는 피륙 소 〔糸부 4획, 총 10획 white · そ〕 **4Ⅱ급**
• 누에고치의 한줄기씩 떨어져나간 원사를 뜻하는 회의 글자.

素飯(소반) : 고기 없는 밥
素扇(소선) : 하얀 깁으로 만든 부채
素心(소심) : 평소의 마음

純
- 생사 순 [糸부 4획, 총 10획 *raw silk* · じゅん] 4Ⅱ급
- 묵직하게 늘어진 명주실을 뜻하는 형성 글자.

純潔(순결) : 마음에 더러움이 없이 깨끗함

純金(순금) : 잡물이 섞이지 않은 금

紙
- 종이 지 [糸부 4획, 총 10획 *paper* · し] 7급
- 얇고 평평한 종이를 나타낸 형성 글자.

紙燈(지등) : 종이로 만든 초롱

紙面(지면) : 종이의 겉면

紙墨(지묵) : 종이와 묵

細
- 가늘 세, 작을 세, 잘 세 [糸부 5획, 총 11획 *thin* · さい] 4Ⅱ급
- 가늘고 작은 것을 나타낸 형성 글자.

細菌(세균) : 박테리아

細密(세밀) : 잘고 자세함

細細(세세) : 자세한 모양

終
- 끝날 종, 마침내 종 [糸부 5획, 총 11획 *finish* · しゅう] 5급
- 감아둔 실이 마지막까지 가는 것을 나타낸 형성 글자.

終結(종결) : 끝마침

終乃(종내) : 마침내

終始(종시) : 끝과 처음

給
- 넉넉할 급, 더할 급 [糸부 6획, 총 12획 *enengh* · きゅう] 5급
- 흠진 부분을 겨우 잇대어 끊어지지 않도록 한 형성 글자.

給料(급료) : 노력에 대한 보수

給仕(급사) : 심부름하는 아이

絲
- 실 사, 악기 이름 사 [糸부 6획, 총 12획 *thread* · し] 4급
- 누에가 내는 실을 본뜬 글자를 본뜬 상형 글자.

鐵絲(철사) : 쇠를 가느다랗게 만든 것

絲竹(사죽) : 현악기와 관악기. 거문고와 피리

絶 ・끊을 절, 뛰어날 절 〔糸부 6획, 총 12획 *cuts* · ぜつ〕 4Ⅱ급
・사람이 칼로 실을 싹둑 자르는 것을 나타낸 형성 글자.

絶景(절경) : 아주 훌륭한 경치
絶交(절교) : 교제를 끊음
絶叫(절규) : 부르짖음

統 ・거느릴 통, 혈통 통 〔糸부 6획, 총 12획 *command* · とう〕 4Ⅱ급
・한 가닥 실로 꼬는 것을 나타낸 형성 글자.

統括(통괄) : 낱낱이 한데 묶음
統帥(통수) : 부하를 통솔하는 장수

經 ・날 경, 길 경, 법 경 〔糸부 7획, 총 13획 *warp* · けい〕 4Ⅱ급
・날실이 바로 지나가는 것을 나타낸 형성 글자.

經國(경국) : 나라를 경륜함
經年(경년) : 몇 해를 지냄
經歷(경력) : 세월이 지나감

綠 ・초록빛 록 〔糸부 8획, 총 14획 *grass green* · りょく〕 6급
・껍질을 벗겨 취죽과 같은 것으로 염색한 실을 나타낸 형성 글자.

綠色(녹색) : 초록빛
綠水(녹수) : 푸른 물
綠陰(녹음) : 나무 그늘

練 ・익힐 련, 가릴 련 〔糸부 9획, 총 15획 *practise* · れん〕 5급
・실을 물에 담근 뒤 좋은 실로 누이는 것을 나타낸 형성 글자.

練磨(연마) : 갈고 닦음
練達(연달) : 익어 통달함

線 ・줄 선 〔糸부 9획, 총 15획 *line* · せん〕 6급
・가는 실을 뜻하는 형성 글자.

線路(선로) : 좁은 길
細路(세로) : 가는 길

線縷(선루) : 실

 • 이을 속, 전승될 속 〔糸부 15획, 총 21획 *continue* · ぞく〕 4Ⅱ급
• 끊어지지 않도록 실을 묶어 계속 베를 짠다는 뜻의 형성 글자.

續續(속속) : 잇닿는 모양
續出(속출) : 잇달아 넘김

2단계에는 '잇다(系) · 모으다(糾) · 벼리다(紀) · 등급(級) · 들이다(納) · 어지러움(紛) · 찾음(索) · 묶음(累) · 자주빛(紫) · 끈(組) · 악기줄(絃) · 맺음(結) · 맥락(絡) · 명주(絹) · 사물의 큰 분류(綱) · 굳게 얽음(緊) · 솜(綿) · 밧줄(維) · 실마리(緒) · 연줄(緣) · 느림(緩) · 씨(緯) · 엮음(編) · 달다(縣) · 많다(繁) · 잇다(績) · 세로(縱) · 거느림(總) · 오그라듦(縮) · 짜다(織) · 매다(繫) · 이음(繼)' 등입니다.

 • 이을 계 〔糸부 1획, 총 7획 join · けい〕 4급
• 물건에 실이 연결되어 있음을 나타낸 상형 글자.

系圖(계도) : 대대의 계통을 한눈에 볼 수 있도록 만든 도표
系連(계련) : 서로 이어짐
系列(계열) : 계통의 서열

 • 모을 규, 꼴 규 〔糸부 2획, 총 8획 *twiat* · きゅう〕 2급
• 실을 모아 합친 것을 나타낸 글자.

糾明(규명) : 사리를 따져 밝힘
糾率(규솔) : 합쳐서 인솔함

 • 벼리 기 〔糸부 3획, 총 9획 · き〕 4급
• 헝클어진 실끝을 찾아 그것을 차례로 풀어나감을 나타낸 글자.

紀念(기념) : 사적을 전하여 깊이 잊지 않게 함
紀元(기원) : 건국의 첫해

級
- 등급 급, 층계 급 〔糸부 4획, 총 10획 *grade* · きゅう〕6급
- 잇달아 뒤를 이은 순서를 나타내는 형성 글자.

級數(급수) : 계급
級友(급우) : 같은 학급에서 배우는 벗

納
- 들일 납, 보낼 납 〔糸부 4획, 총 10획 *receive* · のう〕3Ⅱ급
- 직물을 거둬들여 창고에 넣는다는 뜻의 형성 글자.

納吉(납길) : 신랑집에서 신부집에 혼인날을 받아 보냄
納得(납득) : 잘 알아듣고 이해함

紛
- 어지러울 분 〔糸부 4획, 총 10획 *dizzy* · ふん〕3Ⅱ급
- 가는 실이 흐트러져 있는 모습을 나타낸 형성 글자.

紛糾(분규) : 문란하여 뒤엉킴
紛失(분실) : 알지 못하는 사이에 잃어버림

索
- 동아줄 삭, 찾을 색 〔糸부 4획, 총 15획 · さく〕3급
- 물건에 매어 잡아끄는 밧줄을 나타내는 회의 글자.

索居(삭거) : 무리와 떨어져 쓸쓸히 있음
索道(삭도) : 케이블카가 다니는 길
索引(색인) : 찾아 이끌어냄

累
- 묶을 루, 포갤 루 〔糸부 5획, 총 11획 *tie* · るい〕3급
- 차례차례 이어지며 포개지는 것을 나타낸 형성 글자.

累代(누대) : 대대로
累卵(누란) : 여러 개의 알을 겹쳐놓은 듯한 모습

紫
- 자주빛 자 〔糸부 5획, 총 11획 *purple* · し〕3급
- 천을 염색할 때 파랑이 뒤죽박죽 섞인 자주빛을 본뜬 형성 글자.

紫色(자색) : 보라색
紫水晶(자수정) : 자주빛 수정

組
- 끈 조, 짤 조 〔糸부 5획, 총 11획 *string* · そ〕4급
- 여러 올의 실을 겹쳐 짠 끈목을 뜻하는 형성 글자.

組閣(조각) : 내각을 조직함

組紱(조불) : 도장에 매다는 끈

組紃(조순) : 허리띠

絃 • 악기줄 현, 현악기를 탈 현 〔糸부 5획, 총 11획 · はん〕 **3**급
• 공중에 매달린 가는 실을 뜻하는 회의 · 형성 글자.

絃琴(현금) : 거문고

絃樂(현악) : 현악기로 연주하는 음악

絃樂器(현악기) : 현을 타거나 켜서 소리를 내는 악기

結 • 맺을 결, 매듭 결 〔糸부 6획, 총 12획 *tie knot* · けつ〕 **5**급
• 그릇의 아가리를 끈으로 묶는 모습의 형성 글자.

結果(결과) : 열매를 맺음

結局(결국) : 마침내

結付(결부) : 서로 연결됨

絡 • 맥락 락, 이을 락, 그물 락 〔糸부 6획, 총 12획 *vein* · ら〕 **3**Ⅱ급
• 실을 휘감기게 하여 양쪽을 잇는 모습의 형성 글자.

絡車(낙거) : 실을 감는 물레

絡絡(낙락) : 계속 이어져 있는 모습

絡繹(낙역) : 내왕이 그치지 않음

絹 • 명주 견, 생명주 견 〔糸부 7획, 총 13획 *silk* · けん〕 **3**급
• 눈을 둥글게 말고 있는 누에를 본뜬 형성 글자.

絹本(견본) : 서화를 그리는 데 쓰는 비단 천

絹絲(견사) : 명주실

絹織物(견직물) : 명주실로 짠 피륙

綱 • 벼리 강, 줄을 칠 강 〔糸부 8획, 총 14획 · こう〕 **3**Ⅱ급
• 단단한 밧줄을 뜻하는 형성 글자.

綱領(강령) : 일의 큰 줄거리

綱目(강목) : 사물을 분류하는 큰 단위와 작은 단위

綱常(강상) : 사람이 지켜야할 삼강과 오상

緊
- 굳게 얽을 긴, 감을 긴 〔糸부 8획, 총 14획 · きん〕3Ⅱ급
- 실을 팽팽하게 죄는 것을 나타낸 회의 글자.

緊急(긴급) : 일이 긴하고 급함
緊迫(긴박) : 아주 긴장되게 절박함
緊張(긴장) : 팽팽하게 캥김

綿
- 솜 면, 이어질 면 〔糸부 8획, 총 14획 cotton · めん〕3Ⅱ급
- 흰천을 짜는 가늘고 긴 실을 나타낸 회의 글자.

綿綿(면면) : 길이 이어진 모양
綿密(면밀) : 자세하고 빈틈이 없음
綿絲(면사) : 솜을 자아 만든 무명실

維
- 밧줄 유, 생각할 유 〔糸부 8획, 총 14획 rope · い〕3Ⅱ급
- 아래쪽으로 늘어뜨려 잡아당기는 굵은 밧줄을 본뜬 형성 글자.

維新(유신) : 세상일이 바뀌어 새로워짐
維舟(유주) : 제후가 타는 배
維持(유지) : 지탱함

緒
- 실마리 서, 나머지 사 〔糸부 9획, 총 15획 clue · しょ〕3Ⅱ급
- 실패에 감아둔 실의 끄트머리를 나타낸 형성 글자.

緒論(서론) : 본론에 들어가기 전의 서두에 펴는 논설
緒言(서언) : 책의 머리말
緒業(서업) : 시작한 일

緣
- 가서 연, 연줄 연 〔糸부 9획, 총 15획 · えん〕4급
- 천의 양 끝에 늘어진 테를 나타내는 형성 글자.

緣故(연고) : 까닭. 이유
緣木求魚(연목구어) : 나무에 올라가 고기를 구한다는 뜻.
　불가능한 것을 구하려는 비유

緩
- 느릴 완, 늦출 완 〔糸부 9획, 총 15획 *slow* · かん〕 **3급**
- 단단하게 묶인 실을 느슨하게 푸는 것을 나타낸 형성 글자.

緩急(완급) : 느긋함과 급함
緩衝(완충) : 충돌을 완화함

緯
- 씨 위 〔糸부 9획, 총 15획 *woof of a web* · い〕 **3급**
- 날줄의 주위를 오가는 씨실을 나타낸 형성 글자.

緯度(위도) : 씨줄
緯線(위선) : 지구상의 위치를 나타내는 데 쓰는 적도에 평행하는 가상의 선

編
- 엮을 편, 땋을 변 〔糸부 9획, 총 15획 *knit* · へん〕 **3급**
- 평평한 대를 펼쳐 그것을 엮는 것을 나타낸 형성 글자.

編物(편물) : 뜨개질로 만든 물건
編成(편성) : 모아서 조직을 이룸

縣
- 골 현, 달 현 〔糸부 10획, 총 16획 · けん〕 **3급**
- 중앙 정부의 마을과 현이 잇대어진 모습을 본뜬 형성 글자.

州縣(주현) : 주와 현
郡縣(군현) : 군과 현

繁
- 많을 번, 무성할 번 〔糸부 11획, 총 17획 · はん〕 **3Ⅱ급**
- 자꾸 늘어나 무성해짐을 나타낸 형성 글자.

繁多(번다) : 번거롭게 많음
繁榮(번영) : 번창함

績
- 자을 적, 이을 적 〔糸부 11획, 총 17획 *spin thread* · はん〕 **4급**
- 씨실과 날실이 교차하여 천을 짜는 것을 나타낸 형성 글자.

績女(적녀) : 실을 잣는 여자
治績(치적) : 이루어놓은 업적

縱
- 세로 종 〔糸부 11획, 총 17획 *indul gent* · じゅう〕 **3Ⅱ급**
- 끈처럼 세로로 이어진 모습을 본뜬 형성 글자.

縱斷(종단) : 세로로 자름

縱隊(종대) : 세로로 늘어선 대형

縱覽(종람) : 마음대로 봄

總
- 거느릴 총, 모일 총 〔糸부 11획, 총 17획 control · そう〕**4Ⅱ급**
- 여러 올을 모아서 만든 술을 나타낸 형성 글자.

總角(총각) : 아직 결혼하지 아니한 남자

總意(총의) : 전체의 의사

總括(총괄) : 통털어 한데 묶음

縮
- 오그라들 축 〔糸부 11획, 총 17획 curl up · しゅく〕**4급**
- 끈을 꽉 졸라매 오그라뜨림을 나타낸 형성 글자.

縮米(축미) : 줄어든 쌀

縮小(축소) : 줄여 작게 함

織
- 짤 직 〔糸부 12획, 총 18획 weave · しょく〕**4급**
- 실을하나로 묶어 옷감을 짠다는 듯의 형성 글자.

織機(직기) : 베틀

織物(직물) : 직기에 씨와 날을 걸어 짠 직물

織造(직조) : 피륙을 짜는 일

繫
- 맬 계, 끈 계 〔糸부 13획, 총 19획 tie · けい〕**2급**
- 끈을 꽉 졸라매는 것을 뜻하는 글자.

繫累(계루) : 이어 묶음

繫留(계류) : 붙들어 맴

繫匏(계포) : 선반에 걸려있는 바가지

繼
- 이을 계, 후계 계 〔糸부 14획, 총 20획 succeed · けい〕**4급**
- 자른 실을 잇는 것을 나타낸 회의 글자.

繼起(계기) : 뒤를 이어 번성함

繼母(계모) : 의붓어미

繼續(계속) : 잇달아 뒤를 이음

주름잡힌 부드러운 살

• 象形

고기 육, 혈연 육

[肉부 0획, 총 6획]

meat · にく

한자 부수의 하나인 육달 월의 '二'는 양쪽에 붙고(月), 달월의 '二'는 왼쪽에만 붙습니다. 1단계는 '고기(肉) · 기름(育) · 능함(能) · 가슴(胸) · 다리(脚) · 벗음(脫)' 등입니다.

肉
• 고기 육 [肉부 0획, 총 6획 *meat* · にく] 4Ⅱ급
• 주름잡힌 부드러운 살을 뜻하는 상형 글자.

育成(육성) : 길러서 자라게 함

育兒(육아) : 어린애를 기름

育英(육영) : 영재를

育
• 기를 육, 자랄 육 [肉부 4획, 총 8획 · いく] 7급
• 태어난 아이에게 살이 붙어 자라는 것을 나타낸 형성 글자.

育成(육성) : 길러서 자라게 함

育兒(육아) : 어린애를 기름

育英(육영) : 영재를 교육함

能
• 능할 능, 미칠 능 [肉부 6획, 총 10획 *able* · のう] 5급
• 거북이나 곰처럼 끈질기게 가지고 있다는 뜻의 형성 글자.

能力(능력) : 어떤 일을 이룰 수 있는 힘

能文(능문) : 글을 잘함

能手(능수) : 일을 하는 솜씨가 뛰어남

[囲] • 能書不擇筆(능서불택필) : 글씨에 능한 사람은 붓을 가리지 않는다.

진정한 서예가는 도구의 구애를 받지않는다는 뜻. 출전은 『당서』의 「구양순전」

胸
- 가슴 흉, 마음 흉 〔肉부 6획, 총 10획 *breast* · きょう〕 **3급**
- 늑골로 싸여있는 가슴을 뜻하는 형성 글자.

胸襟(흉금) : 마음속
胸背(흉배) : 가슴과 등
胸部(흉부) : 가슴 부분

脚
- 다리 각 〔肉부 7획, 총 11획 *leg* · きゃ〕 **3Ⅱ급**
- 무릎에서 뒤로 구부러진 다리라는 뜻의 형성 글자.

脚光(각광) : 조명 장치의 하나. 사회의 주목을 끄는 일
脚色(각색) : 소설 등을 각본이 되게 만드는 일
脚線美(각선미) : 여성의 다리가 아름다움을 보여주는 일

脫
- 벗을 탈, 벗어날 탈 〔肉부 7획, 총 11획 *take off* · だつ〕 **4급**
- 뼈에서 살을 벗겨내는 것을 뜻하는 형성 글자.

脫却(탈각) : 나쁜 상태에서 벗어남
脫殼(탈곡) : 껍질에서 벗어남
脫稿(탈고) : 원고를 끝을 냄

2단계에는 '간(肝) · 닮음(肖) · 어깨(肩) · 즐김(肯) · 살이 찜(肥) · 허파(肺) · 등(背) · 밥통(胃) · 아기집(胞) · 오랑캐(胡) · 맥(脈) · 겨드랑이(脅) · 입술(脣) · 썩음(腐) · 뇌(腦) · 배(腹) · 허리(腰) · 창자(腸) · 살갗(膚) · 오장(臟)' 등입니다.

肝
- 간 간 〔肉부 3획, 총 7획 *liver* · かん〕 **3Ⅱ급**
- 몸의 중심 역할을 하는 간장의 모습을 본뜬 형성 글자.

肝膈(간격) : 몸 속 깊이 있는 간장과 가로막

肝要(간요) : 매우 중요함

肝腸(간장) : 간과 창자

田•肝膽相照(간담상조) : 간과 쓸개가 서로 본다. 이른바 마음을 터놓고 격의 없이 지내는 사이. 출전은 한유(韓愈)의 유자후(柳子厚)의 묘지명

肖
• 닮을 초, 작을 초 〔肉부 3획, 총 7획 resemble • しょう〕 3Ⅱ급
• 재료를 깎아 실물과 같은 형태로 만드는 것을 나타낸 형성 글자.

肖像畵(초상화) : 사람의 얼굴을 그림이나 사진 등으로 나타 내는 것

肖似(초사) : 잘 닮음

肩
• 어깨 견, 이겨낼 견 〔肉부 4획, 총 8획 shoulder • けん〕 3급
• 높고 평평하게 뻗은 어깨를 나타낸 회의 글자.

肩胛(견갑) : 어깨뼈가 있는 자리

肩骨(견골) : 어깨뼈

肩章(견장) : 제복의 어깨에 붙이는 계급 등을 나타내는 표 지를 가리킴

肯
• 즐길 긍, 옳게 여길 긍 〔肉부 4획, 총 8획 • こう〕 3급
• 받아냈다거나 승낙했다는 의미의 회의 글자.

肯諾(긍락) : 고개를 끄덕여 승락함

肯定(긍정) : 그러하다고 인정함

肯志(긍지) : 찬성하는 뜻

肥
• 살찔 비, 거름 비 〔肉부 4획, 총 8획 fat • ひ〕 3Ⅱ급
• 사람의 몸에 점점 살이 붙는 것을 나타낸 회의 글자.

肥鈍(비둔) : 너무 살이 쪄 행동이 굼뜸

肥滿(비만) : 살이 쪄서 뚱뚱함

肥沃(비옥) : 땅이 몹시 기름짐

肺 • 허파 폐, 마음 폐 〔肉부 4획, 총 8획 *lung* · はい〕 3Ⅱ급
• 활짝 열거나 닫아서 호흡하는 심장을 나타낸 형성 글자.

肺炎(폐렴) : 폐에 염증을 일으키는 병

肺氣(폐기) : 딸꾹질

肺腸(폐장) : 폐와 창자

背 • 등 배, 배반할 배 〔肉부 5획, 총 9획 *back* · はい〕 4Ⅱ급
• 등을 돌리다 라는 뜻을 나타낸 형성 글자.

背景(배경) : 뒷면의 경치. 또는 뒤에서 도와주는 사람이나
　　　　　세력

背反(배반) : 의리를 져버리고 돌아섬

田 • 背水之陣(배수지진) : 물을 등뒤로 두고 치는 진식. 싸움에 임한 비장
한 각오를 이름. 출전은 『사기』의 「회음후열전」

胃 • 밥통 위, 마음 위 〔肉부 5획, 총 9획 *stomach* · い〕 3급
• 음식이 들어가는 둥근 위를 뜻하는 회의 글자.

胃液(위액) : 위에서 분비되는 소화액

胃腸(위장) : 위와 장

胃痛(위통) : 위의 통증

胞 • 태보 포, 아기집 포 〔肉부 5획, 총 9획 · ほう〕 4급
• 뱃속에 들어있는 아이의 모습을 본뜬 형성 글자.

胞宮(포궁) : 아기집

胞衣(포의) : 태아를 감싸고 있는 막

胞胎(포태) : 임신

胡 • 오랑캐 호, 장수할 호 〔肉부 5획, 총 9획 · こ〕 3Ⅱ급
• 크게 표면을 가리는 것을 나타낸 형성 글자.

胡亂(호란) : 오랑캐들이 일으킨 난리

胡壽(호수) : 장수함

胡笛(호적) : 관악기의 한가지

卉 • **胡蝶之夢**(호접지몽) : 장주가 꿈에 나비가 되어 몹시 즐긴 꿈. 자연과의 한 몸이 된 경지. 출전은 『장자』의 「제물론편」

脈
• 맥 맥, 줄기 맥 〔肉부 6획, 총 10획 *vein* · みゃく〕4Ⅱ급
• 몸의 중심을 몇 개로 나뉘어 지나가는 혈관을 뜻하는 형성 글자.

脈絡(맥락) : 혈관
脈搏(맥박) : 심장의 율동적인 움직임으로 일어나는 맥
脈脈(맥맥) : 끊어지지 않고 이어짐

脅
• 겨드랑이 협, 으를 협 〔肉부 6획, 총 10획 · きょう〕3Ⅱ급
• 양쪽에서 끼고 위협한다는 뜻의 형성 글자.

脅迫(협박) : 으르면서 몹시 위협함
脅杖(협장) : 절름발이가 옆에 끼고 걷는 지팡이
脅奪(협탈) : 위협하여 빼앗음

脣
• 입술 순 〔肉부 7획, 총 11획 *lip* · しん〕3급
• 부드럽게 떨리는 입술을 나타낸 형성 글자.

脣亡齒寒(순망치한) : 입술이 없으면 이가 시린다는 뜻. 이해 관계가 얽히어 한쪽이 밀리면 다른 한쪽에 위기가 된다는 뜻을 말함
脣舌(순설) : 입술과 혀

腐
• 썩을 부 〔肉부 8획, 총 14획 *rot* · ふ〕3급
• 형태가 변해 찰싹 달라붙는 것을 나타낸 형성 글자.

腐爛(부란) : 썩어 문드러짐
腐心(부심) : 속을 썩임
腐木(부목) : 썩은 나무

腦
• 뇌 뇌, 머리 뇌 〔肉부 9획, 총 13획 *brain* · のう〕3Ⅱ급
• 부드럽게 주름잡혀 있는 뇌를 뜻하는 형성 글자.

腦裏(뇌리) : 머릿속
腦力(뇌력) : 머리를 써서 생각하는 힘

腦炎(뇌염) : 뇌막에 생기는 염증

腹 ·배 복 〔肉부 9획, 총 13획·ふく〕 3Ⅱ급
·부푼 배를 나타내는 형성 글자.

腹稿(복고) : 시문의 초고를 마음속으로 짜는 일
腹部(복부) : 배의 부분
腹案(복안) : 마음속에 품고 있는 계획

腰 ·허리 요, 허리에 띨 요 〔肉부 9획, 총 13획 waist·よう〕 3급
·가는 허리를 나타낸 형성 글자.

腰劍(요검) : 검을 허리에 참
腰刀(요도) : 허리에 차는 칼
腰折(요절) : 허리가 꺾어짐

腸 ·창자 장, 마음 장 〔肉부 9획, 총 13획 bowels·ちょう〕 4급
·길게 늘어진 창자를 나타낸 형성 글자.

腸壁(장벽) : 장의 벽
腸癌(장암) : 장에 생기는 암. 주로 대장이나 직장에 생기는
암을 나타냄

膚 ·살갗 부, 고기 부, 얕을 부 〔肉부 11획, 총 15획 skin·ふ〕 3급
·내장을 싸고 있는 피부를 나타낸 형성 글자.

膚受(부수) : 피부에 와 닿을 정도로 절실하게 느낌
膚淺(부천) : 생각이 경박함
膚學(부학) : 천박한 학문

臟 ·오장 장 〔肉부 18획, 총 22획·ぞう〕 3Ⅱ급
·몸속에 영양분 등을 보관해 두는 장소를 나타낸 형성 글자.

臟器(장기) : 내장의 여러 기관
臟腑(장부) : 오장과 육부
臟器移植(장기이식) : 손상된 장기를 타인의 장기로 대체함.
또는 그런 수술

가는 실을 늘어뜨리고

• 會意

玄

[玄부 0획, 총 5획]
black · げん

검을 현, 고요할 현

■▮.

한자 부수의 하나인 검을 현(玄) 부는 가는 실을 늘어뜨려 끝부분을 슬쩍 내비친 모양을 본뜬 것입니다. 더 자세히 말을 하면 '확실히 보이지 않는다'는 것입니다. 1단계에 해당하는 글자는 없습니다.

■▮.

2단계에 해당하는 단어는 '검을현(玄) · 가까운 사물을 가리킴(玆) · 거느림(率) 등입니다.

玄
• 검을 현 [玄부 0획, 총 5획 *black* · げん] 3Ⅱ급
• 가는 실을 늘어뜨려 끝부분을 슬쩍 내비친 모습의 회의 글자.

玄琴(현금) : 거문고
玄妙(현묘) : 심오하고 미묘함
玄木(현목) : 빛깔이 누르스름한 무명

玆
• 이 자, 흐릴 자 [玄부 5획, 총 10획 · ひ] 3급
• 玄을 두 개 합쳐 검다는 것을 나타낸 회의 글자.

率
• 거느릴 솔, 비율 률 [玄부 6획, 총 11획 · そつ] 3Ⅱ급
• 실 보푸라기를 없애고 남은 실을 한데 묶은 모습의 상형 글자.

率先(솔선) : 남보다 앞장을 섬
率家(솔가) : 객지에서 살다가 가족들을 데려감

참외 대신 호박을 취하랴

• 象形　　　　　　　　　　[瓜부 0획, 총 5획]

瓜

오이 과　　　　　　　　　　*cucumber* · か

과(瓜) 부에는 1단계에 해당하는 단어가 없습니다. 중국의 고사에 이런 얘기가 있습니다. 옛날 양나라에 송췰는 이가 있었습니다. 그는 국경지대의 감독관으로 있으면서 그 땅에 참외를 심게 하였는데 아주 잘 되었습니다. 이것을 본 이웃나라 초(楚)나라에서도 참외를 심었습니다. 그런데 농사가 시원치를 않자 초나라 사람들은 송췰가 일군 참외밭을 밟아버렸습니다. 이것을 알게 된 양나라 사람들이 복수를 하려 하자 송췰는 그만 두게 하고 손수 초나라의 참외밭에 물을 주고 김을 맸습니다. 이것을 알게 된 양나라 왕은 많은 상급을 보내주었습니다.

2단계는 '오이(瓜)'를 의미합니다

 • 오이 과　[瓜부 0획, 총 59획 *cucumber* · か] **3급**
　　　• 오이 덩굴에 열매가 달려있는 모습의 상형 글자.

　　瓜時(과시) : 관직을 바꾸거나 임기가 끝나는 시기. 춘추시대 제나라의 양공이 연칭과 관지부에게 규구 땅의 수비를 맡길 때에 했던 약속. 참외가 익으면 교대해 주겠다는 것인데 이를 지키지 않아 목숨을 빼앗김

　田• 瓜田不納履(과전불납리) : 외밭에서는 신을 고쳐 신지 말라. 사람들로부터 혐의를 받을 행동은 하지 말라는 뜻. 출전은 악부고사의 「군자행」

가로로 누운 자

• 象形
눈 목, 우두머리 목

[目부 0획, 총 5획]

eye · もく

.⫶.

1단계에는 '곧음(直) · 보는 것(看) · 서로 또는 따르다(相) · 살피다 (省) · 잠을 자거나 쉬다(眠) · 있는 그대로(眞) · 눈(眼) · 붙음(着)' 등 입니다.

• 눈 목, 볼 목 〔目부 0획, 총 5획 *eye* · もく〕 **6급**
• 사람의 눈 모양을 본뜬 상형 글자.

目擊(목격) : 자기 눈으로 직접 봄

目前(목전) : 눈앞

目下(목하) : 지금. 현재

直
• 곧을 직 〔目부 3획, 총 8획 *straight* · ちょく〕 **7급**
• 감춘 물건에 똑바로 눈을 주는 것을 나타낸 형성 글자.

直諫(직간) : 바른 말로 윗사람에게 충간함

直立(직립) : 똑바로 섬

直面(직면) : 직접 대면함

看
• 볼 간, 방문할 간 〔目부 4획, 총 9획 *see* · かん〕 **4급**
• 손을 눈 위에 얹고 잘 보는 것을 나타낸 상형 글자.

看守(간수) : 지킴

看做(간주) : 그렇다고 침

看護(간호) : 병약자를 돌보아 줌

相	• 서로 상, 볼 상 〔目부 4획, 총 9획 *mutually* · そう〕**5급**
	• 사물을 마주 대하는 것을 나타낸 형성 글자.

相見(상견) : 서로 봄

相公(상공) : 재상

相談(상담) : 서로 의논함

相先(상선) : 맞바둑

省	• 살필 성, 덜 생 〔目부 4획, 총 9획 *deliberate* · せい〕**6급**
	• 눈을 가늘게 뜨고 보는 것을 나타낸 형성 글자.

省察(성찰) : 깊이 생각함

省略(생략) : 줄임

省墓(성묘) : 조상의 성묘를 찾아 살핌

眠	• 잘 면, 쉴 면 〔目부 5획, 총 10획 *sleep* · みん〕**3Ⅱ급**
	• 눈이 보이지 않는 상태가 되는 것을 나타낸 형성 글자.

眠睡(면수) : 잠을 잠

冬眠(동면) : 겨울잠

不眠(불면) : 잠을 자지 못함

眞	• 참 진, 있는 그대로 진 〔目부 5획, 총 10획 *truth* · しん〕**4Ⅱ급**
	• 숟가락으로 그릇에 담는 것을 나타낸 회의 글자.

眞價(진가) : 참된 값어치

眞談(진담) : 진실로 하는 말

眞相(진상) : 사물의 참 모습

眼	• 눈 안, 볼 안 〔目부 6획, 총 11획 *eye* · がん〕**4Ⅱ급**
	• 가만히 보는 것을 나타낸 형성 글자.

眼鏡(안경) : 눈을 보호하거나 시력을 돕는 기구

眼球(안구) : 눈알

眼目(안목) : 눈매

⊞ • 眼中之釘(안중지정) : 눈 속의 못. 눈에 못이 박힌 것처럼 괴로운 존재. 출전은 『오대사보(五代史補)』

着 • 붙을 착, 이룰 착 〔目부 7획, 총 12획 *stick to* · ちゃく〕**5급**
• 붙이는 것을 나타낸 형성 글자.

着工(착공) : 공사를 시작함

着服(착복) : 옷을 입음

着着(착착) : 일이 진행되어 가는 과정

2단계에는 '소경(盲)을 비롯하여 눈썹(眉) · 방패(盾) · 살펴봄(督) · 화목함(睦) · 꾸벅대며 조는 것(睡) · 눈 깜박일 동안(瞬)' 등입니다.

盲 • 소경 맹 〔目부 3획, 총 8획 *blind man* · もう〕**3Ⅱ급**
• 눈이 보이지않는 것을 나타낸 형성 글자.

盲目的(맹목적) : 선악의 옳고 그름을 분별하지 못하고 행동하는 것

盲信(맹신) : 무조건 믿음

眉 • 눈썹 미, 노인 미 〔目부 4획, 총 9획 *eyebrow* · び〕**3급**
• 눈 위에 눈썹이 있는 것을 본뜬 상형 글자.

眉間(미간) : 두 눈썹 사이

眉目秀麗(미목수려) : 용모가 단정하고 얼굴이 빼어나게 아름다움

盾 • 방패 순, 피할 순 〔目부 4획, 총 9획 · じゅん〕**3급**
• 얼굴을 가리며 칼이나 화살을 막는 방패를 뜻하는 상형 글자.

矛盾(모순) : 창과 방패. 자연 상반된 어긋난 논리. 또는 그러한 행동

盾戈(순과) : 방패와 날이 두 가닥으로 나뉘어진 창

督 • 살펴볼 독 〔目부 8획, 총 13획 *look around* · どく〕**4Ⅱ급**
• 감시하고 단속하는 것을 나타낸 형성 글자.

督勵(독려) : 감독하며 격려함

督戰(독전) : 전투를 감독함

督促(독촉) : 재촉함

睦
• 화목할 목, 가까울 목 〔目부 8획, 총 13획 · ぼく〕3Ⅱ급
• 눈매가 부드럽고 사이가 좋음을 나타낸 형성 글자.

和睦(화목) : 화기애애하여 분위기가 좋음

親睦(친목) : 친하게 지내는 사이끼리 분위기를 맞춤

睡
• 졸 수, 잠 수 〔目부 8획, 총 13획 doze · すい〕3급
• 눈꺼풀이 처져 자꾸 조는 것을 나타낸 형성 글자.

睡魔(수마) : 잠이 옴

睡眠(수면) : 잠을 잠

午睡(오수) : 점심을 먹은 후의 잠

瞬
• 눈깜박일 순 〔目부 12획, 총 17획 · しゅん〕3Ⅱ급
• 눈을 재빠르게 움직이는 것을 나타낸 형성 글자.

瞬間(순간) : 눈깜박할 사이

瞬息間(순식간) : 한순간에. 호흡 한 번 할 동안

※여기에서는 눈에 대하여 살펴보겠습니다.

*눈은 몸의 등불이다. 그러므로 네 눈이 성하면 온몸이 밝을 것이오, 눈이 나쁘면 온몸이 어두울 것이니 그러므로 네게 있는 빛이 어두우면 그 어두움이 얼마나 하겠느뇨(성경)

*과연 저 소녀는 아름답다. 그러나 아름답다고 생각하는 것은 네 눈이다(크세노폰)

*이 눈으로 아름다움을 감독할 수 있는 기쁨이거나 행복이다(괴테)

*인간의 눈은 숨길 수 있어도 하나님의 눈은 숨길 수 없다(L.N.톨스토이)

*눈을 감으라, 그러면 보일 것이다(버클러)

*눈은 혀가 말하는 것을 본다(스티븐스)

크고 두터운 언덕

• 漢字 部首
언덕 부, 클 부

〔阜부 0획, 총 8획〕
hill · ふ

언덕 부(阜)의 1단계는 '둑(防) · 한정함(限) · 항복(降) · 육지(陸) ·
응달(陰) · 양지(陽)' 등입니다.

防
• 둑 방, 울타리 방 〔阜부 4획, 총 7획 *bank* · ほう〕**4Ⅱ급**
• 흙을 좌우로 쌓아놓은 모습을 본뜬 형성 글자.

防空(방공) : 공중으로 오는 적을 막아냄

防犯(방범) : 범죄가 일어나지 않게 막음

限
• 한정 한, 기한 한 〔阜부 6획, 총 9획 *limit* · げん〕**4Ⅱ급**
• 앞으로 나가지 못하게 만든 경계를 뜻하는 형성 글자.

限界(한계) : 땅의 경계

限度(한도) : 한정함

降
• 항복할 항, 내릴 강 〔阜부 6획, 총 9획 *surrender* · こう〕**4급**
• 높은 곳에서 낮은 곳으로 내려오는 것은 본뜬 형성 글자.

降書(항서) : 항복의 뜻으로 쓰는 글

降等(강등) : 계단을 내려감

陸
• 뭍 륙, 언덕 륙 〔阜부 8획, 총 11획 *land* · りく〕**5급**
• 조그만 언덕이 연속하여 있음을 나타낸 형성 글자.

陸軍(육군) : 뭍에서 싸우는 군대

陸陸(육륙) : 아주 평범한 모양

陸上(육상) : 뭍위

陰 • 응달 음, 가릴 음 〔阜부 8획, 총 11획 *shadow* · いん〕4Ⅱ급
• 음울하고 어두운 산그늘을 나타낸 형성 글자.

陰氣(음기) : 음랭한 기운

陰冷(음랭) : 음산함

陰府(음부) : 저승

陽 • 볕 양, 나타날 양 〔阜부 9획, 총 12획 *sunshine* · よう〕6급
• 해가 비치는 언덕을 나타낸 형성 글자.

陽光(양광) : 태양의 빛

陽朔(양삭) : 음력 10월 1일

2단계에는 '붙이다(附) · 모퉁이(阿) · 정원(院) · 덜거나 나누다(除)
· 진치다(陣) · 질그릇(陶) · 큰 언덕(陵) · 늘어놓다(陳) · 빠뜨리다(陷)
· 섬돌(階) · 떨어지다(隊) · 크다(隆) · 거리(隔) · 막다(障) · 만나다
(際) · 이웃(隣) · 따르다(隨) · 험하다(險) · 숨다(隱)' 등입니다.

附 • 붙을 부, 알깔 부 〔阜부 5획, 총 8획 *stick to* · ふ〕3Ⅱ급
• 붙이다는 뜻으로 사용되는 형성 글자.

附加(부가) : 덧붙임

附錄(부록) : 본래 있던 물건에 끼어 붙이는 것. 덤으로 끼어
넣음

阿 • 언덕 아, 호칭 옥 〔阜부 5획, 총 8획 *hill* · あ〕3Ⅱ급
• 갈고리 모양으로 파고든 땅을 나타낸 형성 글자.

阿膠(아교) : 갖풀

阿丘(아구) : 한쪽이 높은 구릉

阿附(아부) : 남의 비위를 맞춤

院 • 원집 원, 뜰 원 〔阜部 7획, 총 10획 *public building* · いん〕**5급**
• 주위를 담으로 둘러싼 안뜰이라는 뜻의 형성 글자.

院長(원장) : 원자가 붙은 기관의 장

院相(원상) : 임금이 세상을 떠난 뒤에 어린 임금을 보좌하
여 대소 벼슬을 보던 승정원의 임시벼슬

除 • 덜 제, 사월 여 〔阜部 7획, 총 10획 *subtract* · じょ〕**4Ⅱ급**
• 방해가 되는 흙을 밀어젖히는 것을 나타낸 형성 글자.

除名(제명) : 명단에서 이름을 뺌. 또는 어떤 단체에서 탈퇴
시켜 버리는 것

除夜(제야) : 섣달 그믐날

陣 • 진칠 진 〔阜部 7획, 총 10획 *battle formation* · じん〕**4급**
• 흙 주머니를 쌓아올려 만든 진지를 나타낸 형성 글자.

陣頭(진두) : 진의 선두. 투쟁의 선두

陣法(진법) : 진을 치는 법

陶 • 질그릇 도 〔阜部 8획, 총 11획 *earthen ware* · とう〕**3Ⅱ급**
• 바깥틀 속에 흙을 넣어 도자기 틀을 만든 형성 글자.

陶器(도기) : 질그릇

陶然(도연) : 기분이 좋게 술이 취함

陶齒(도치) : 사기로 만든 틀니

田 • 陶朱之富(도주지부) : 도주공의 부(富)라는 말로 중국 고대의 억만장
자를 가리킴. 출전은 『사기』의 「화식전(貨殖傳)」

陵 • 큰 언덕 릉 〔阜部 8획, 총 11획 · りょう〕**3Ⅱ급**
• 힘줄처럼 불거져 나온 산의 등줄기를 나타낸 형성 글자.

陵蔑(능멸) : 깔봄

陵碑(능비) : 능에 세운 비

陵越(능월) : 침범하여 넘어감

陳
- 늘어놓을 진 〔阜부 8획, 총 11획 *display* · ちん〕3Ⅱ급
- 흙을 담아 평평하게 늘어놓은 모습의 형성 글자.

陳腐(진부) : 오래 되어 썩음

陳述(진술) : 구두로 말을 함

陷
- 빠질 함, 빠뜨릴 함 〔阜부 8획, 총 11획 *fall into* · かん〕3Ⅱ급
- 흙구덩이에 빠지는 것을 나타낸 형성 글자.

陷穽(함정) : 짐승 등을 잡기 위해 파놓은 구덩이

陷落(함락) : 성이나 요새가 적의 수중에 들어감

階
- 섬돌 계, 사닥다리 계 〔阜부 9획, 총 12획 *stairs* · かい〕4급
- 흙을 쌓아 한 단의 높이로 맞춘 계단을 뜻하는 형성 글자.

階段(계단) : 층계

階梯(계제) : 사닥다리

階次(계차) : 지위의 고하

隊
- 대 대, 떨어질 추 〔阜부 9획, 총 12획 *party* · たい〕4Ⅱ급
- 한곳에 모인 사람의 모임이라는 뜻의 형성 글자.

隊商(대상) : 일련의 대오를 짜서 낙타 등을 이용하여 상품
    을 나르는 교역을 하는 장사꾼

隊員(대원) : 대의 구성원

隆
- 클 륭, 높을 륭 〔阜부 9획, 총 12획 *big* · りゅう〕3Ⅱ급
- 내려오는 힘에 의하여 위로 올라가는 것을 나타낸 형성 글자.

隆盛(융성) : 번영하고 성함

隆崇(융숭) : 대접이 극진함

隔
- 사이뜰 격 〔阜부 10획, 총 13획 *separate* · かく〕2급
- 서로 사이를 두는 것을 나타낸 글자.

隔年(격년) : 해를 거름

隔世(격세) : 세상이 딴 판으로 변함

隔阻(격조) : 오래 동안 소식이 막힘

障
- 막을 장 〔阜부 11획, 총 14획 *barrier* · しょう〕**4Ⅱ급**
- 바짝 대어 막는 것을 나타낸 형성 글자.

障碍(장애) : 자꾸만 가로막고 거치적거림
障壁(장벽) : 칸막이 벽

際
- 사이 제, 만날 제 〔阜부 11획, 총 14획 *border* · さい〕**4Ⅱ급**
- 벽과 벽이 좁아 서로 닿는 부분을 뜻하는 형성 글자.

際涯(제애) : 제한
交際(교제) : 사귐

隣
- 이웃 린, 닿을 린 〔阜부 12획, 총 15획 *neighbor* · りん〕**3급**
- 집의 불빛이 나란이 서 있음을 나타낸 형성 글자.

隣家(인가) : 이웃집
隣近(인근) : 가까운 근처
隣接(인접) : 이웃함

隨
- 따를 수, 거느릴 수 〔阜부 13획, 총 16획 *follow* · ずい〕**3Ⅱ급**
- 사태가 멈추지 않음을 나타낸 형성 글자.

隨伴(수반) : 따름
隨時(수시) : 그때그때
隨意(수의) : 뜻대로

險
- 험할 험, 고민 험 〔阜부 13획, 총 16획 *rugged* · けん〕**4급**
- 깎아지른 듯한 우뚝 솟은 산을 본뜬 형성 글자.

險難(험난) : 험하고 어려움
險路(험로) : 험한 길

隱
- 숨을 은, 기댈 은 〔阜부 14획, 총 17획 *hide* · いん〕**4급**
- 벽의 그늘에 숨으려는 기분을 나타낸 형성 글자.

隱匿(은닉) : 숨어서 감춤
隱遁(은둔) : 세상을 피해 숨음
隱密(은밀) : 숨겨 비밀히 함

엇갈리게 겹친 기와

• 象形

기와 와, 질그릇 와

瓦

[瓦부 0획, 총 5획]

tile · が

■❚.

기와(瓦)는 반원의 통 모양을 한 물건(기와)을 서로 엇갈리게 겹친 모양입니다. 1단계에 해당하는 단어는 없습니다.

■■❚.

2단계에 해당하는 단어가 '기와(瓦)'입니다.

瓦

• 기와 와 [瓦부 0획, 총 5획 *tile* · が] **3급**
• 기와를 서로 겹치게 한 모양을 본뜬 상형 글자.

瓦家(와가) : 기와집

瓦片(와편) : 기와 조각

瓦解(와해) : 기와가 깨지듯이 조직이나 계획 등이 깨어짐

※다음에서는 기와에 대해 살펴봅니다.

*암키와(女瓦). 양가가 위로 휜것

*수키와(夫瓦). 암키와 사이를 덮는 반원통형

*막새(莫斯). 처마 끝에 사용되는 기와

*착고(着高). 적새 밑에 기왓골을 막는 수키와

*너새기와. 박공머리에 얹은 암키와

*적새(積瓦). 마루에 덮어쌓는 암키와

사각으로 구획 지은 논밭

• 象形

밭 전, 심을 전, 사냥 전

[田부 0획, 총 5획]

field · でん

■.

밭(田)은 사각으로 구획을 지은 논이나 밭을 본뜬 것으로, 밭에 종자를 가려 심는 것을 의미합니다. 1단계는 '밭(田) · 갑옷(甲) · 원숭이 또는 말함(申) · 사내(男) · 경계(界) · 머무름(留) · 다름(異) · 갈음하다(番) · 그림이나 구획(畵) · 마땅하다(當)' 등입니다.

• 밭 전, 심을 전 〔田부 0획, 총 5획 *field* · でん〕 4 Ⅱ급
• 사각으로 구획 지은 논밭을 나타낸 상형 글자.

田結(전결) : 논밭의 조세

田獵(전렵) : 사냥

전곡(田穀) : 밭에서 나는 곡식

田園(전원) : 논밭. 시골

• 갑옷 갑, 빼어날 갑 〔田부 0획, 총 5획 *armor* · こう〕 4급
• 씨나 심을 둘러싼 단단한 껍질을 본뜬 상형 글자.

甲板(갑판) : 큰 배 위에 철판이나 나무를 간 넓고 평평한 바닥을 나타냄

甲富(갑부) : 제일 가는 큰 부자

甲戌(갑술) : 60갑자의 열한째

• 납 신, 펼 신 〔田부 0획, 총 5획 *report* · しん〕 4 Ⅱ급
• 획 스치는 범개를 본뜬 상형 글자.

申時(신시) : 12시의 아홉째. 오후 3시에서 5시 사이

申申當付(신신당부) : 몇 번이나 거듭하여 간청함

申告(신고) : 국민이 법률상의 의무로 행정관청에 일정한 사
  실의 진술을 하는 일

追申(추신) : 덧붙임

男 ・ 사내 남, 아들 남 〔田부 2획, 총 7획 *male* ・ だん〕 **7급**
  ・ 밭일이나 사냥에 힘을 쓰는 남자를 가리키는 형성 글자.

男女(남녀) : 남자와 여자

男性(남성) : 남자. 또는 남자의 성격이나 체질

男婚(남혼) : 아들의 혼사

男兒(남아) : 사내 아이

界 ・ 지경 계, 둘레안 계 〔田부 4획, 총 9획 *boundary* ・ かい〕 **6급**
  ・ 논밭을 양쪽으로 나누는 경계를 나타낸 형성 글자.

界內(계내) : 국경안

花柳界(화류계) : 술과 몸을 파는 창녀들의 사회

學界(학문) : 학문을 연구하는 계통

留 ・ 머무를 류, 지체할 류 〔田부 5획, 총 10획 *stay* ・ りゅう〕 **4Ⅱ급**
  ・ 어떤 장소에 가두어 머물게 하는 것을 나타낸 형성 글자.

留宿(유숙) : 남의 집에 머물러 묵음

留念(유념) : 마음에 새김

留任(유임) : 임기가 찬 후에도 갈리지 않고 그 자리에 있음

留置(유치) : 맡아둠

異 ・ 다를 이, 의심할 이 〔田부 6획, 총 11획 *different* ・ い〕 **4급**
  ・ 큰 머리를 손으로 받치고 있음을 나타낸 상형 글자.

異見(이견) : 다른 생각

異口同聲(이구동성) : 여러 사람이 같은 목소리로 말을 함.
  또는 같은 의견

• 갈마들 번, 수 번　〔田부 7획, 총 12획 · ばん〕 **6급**
• 쥔 손을 펴서 씨 뿌리는 것을 나타낸 형성 글자.

番數(번수) : 번들어 지킴

番地(번지) : 오랑캐 땅

番號(번호) : 차례를 나타내는 호수

 • 그림 화, 그을 획　〔田부 7획, 총 12획 *picture* · かい〕 **6급**
• 붓으로 구획을 짓는 것을 나타낸 형성 글자.

畵家(화가) : 미술가

畵壇(화단) : 화단의 사회

畵策(획책) : 일을 꾸미거나 꾀함

⊞ • **畵龍點睛**(화룡점정) : 용을 그리고 마지막으로 눈동자를 그리다. 가장
중요한 부분을 마무리 지음을 나타냄. 출전은『수형기』

• **畵虎不成反類狗**(화호불성반류구) : 호랑이를 그리다가 이루지를 못하면
도리어 개가 된다는 뜻. 출전은『후한서』의「마원전」

當 • 마땅할 당, 주관할 당　〔田부 8획, 총 13획 *suitable* · とう〕 **5급**
• 서로 꼭 들어맞는다는 뜻의 형성 글자.

當年(당년) : 그 해

當代(당대) : 사람의 한평생

當時(당시) : 이때 또는 지금

🖊.

　2단계에는 '말미암음(由) · 논(畓) · 두려워함(畏) · 가축을 기르거나
쌓음(畜) · 다스림(略) · 마침(畢) · 경기(畿)' 등입니다.

 • 말미암을 유, 까닭 유　〔田부 0획, 총 5획 · ゆう〕 **6급**
• 술이나 물을 따르는 입구가 좁은 항아리를 본뜬 상형 글자.

由來(유래) : 사물의 내력

由緒(유서) : 사물의 내력

由緣(유연) : 사물의 유래

畓 • 논 답 〔田부 4획, 총 9획 〕 **3급**
• 밭에 물이 있음을 나타내는 회의 글자.

畓穀(답곡) : 밭에서 나는 곡식

畓農(답농) : 밭 농사

畏 • 두려워할 외, 으를 외 〔田부 4획, 총 9획 *fear* · い〕 **3급**
• 머리큰 도깨비가 몽둥이를 들고 위협하는 모습의 글자.

畏敬(외경) : 어려워하고 공경함

畏懼(외구) : 두려워함

畏友(외우) : 외경하는 벗

畜 • 쌓을 축, 가축 축 〔田부 5획, 총 10획 *cattle* · ちく〕 **3급**
• 영양을 담고 있는 검은 흙을 나타낸 회의 글자.

畜舍(축사) : 가축을 기르는 건물

畜産(축산) : 집에서 기르는 소나 말 또는 돼지 닭 등

略 • 다스릴 략, 빼앗을 략 〔田부 6획, 총 11획 · りゃく〕 **4급**
• 논밭을 가로지르는 작은 길을 나타낸 형성 글자.

略圖(약도) : 간략하게 그린 도면

略歷(약력) : 대강의 이력

畢 • 마칠 필, 다할 필 〔田부 6획, 총 11획 *finish* · ひつ〕 **3Ⅱ급**
• 새나 짐승이 도망가지 못하도록 만든 그물을 본뜬 형성 글자.

檢査畢(검사필) : 검사를 마침

畢業(필업) : 업을 마침

畿 • 경기 기 〔田부 10획, 총 15획 · き〕 **3Ⅱ급**
• 가까운 곳의 영지라는 뜻의 회의 형성 글자.

畿檢(기백) : 경기도 관찰사의 다른 이름

畿內(기내) : 도성 안팎의 사방 5백리 이내의 땅

흩어진 쌀알

• 象形   [米부 0획, 총 6획]

쌀 미, 길이의 단위 미 rice · べい

쌀을 뜻하는 미(米)는 십자 표(十)의 사방에 점점이 작은 쌀알이 흩어져 있는 모양을 본뜬 모습입니다. 1단계에는 '쌀(米) · 찧음 또는 정미로움(精)' 등입니다.

米
• 쌀 미 〔米부 0획, 총 6획 rice · べい〕 **6급**
• 쌀알이 흩어져 있는 것을 뜻하는 상형 글자.

米價(미가) : 쌀값

米穀(미곡) : 쌀. 곡식

米粒(미립) : 낟알

精
• 정미로울 정, 찧을 정 〔米부 8획, 총 14획 minute · せい〕 **4Ⅱ급**
• 지저분한 것을 제거한 깨끗한 백미를 나타낸 형성 글자.

精潔(정결) : 깨끗하고 조촐함

精勤(정근) : 부지런히 힘씀

精讀(정독) : 글을 자세히 읽음

2단계에는 '가루(粉) · 조(粟) · 단장함(粧) · 사탕(糖) · 양식(糧)' 등입니다.

粉
- 가루 분, 색칠할 분 〔米부 4획, 총 10획 *powder* · ふん〕**4급**
- 쌀을 찧은 가루를 나타낸 형성 글자.

粉匣(분갑) : 화장품을 넣는 갑

粉末(분말) : 가루

粉碎(분쇄) : 잘게 부숨

粟
- 조 속 〔米부 6획, 총 12획 *millet* · ぞく〕**3급**
- 작고 드문드문한 곡물을 나타낸 회의 글자.

粟米(속미) : 조와 쌀

粟膚(속부) : 추위로 인하여 피부에 소름이 생기는 일. 또는
　거친 피부

粧
- 단장할 장 〔米부 6획, 총 12획 *adorn　oneself* · しょう〕**3Ⅱ급**
- 쌀가루 분으로 예쁘게 꾸미는 것을 나타낸 형성 글자.

粧鏡(장경) : 화장용 거울

粧刀(장도) : 옷고름에 차는 호신용 장도

粧飾(장식) : 화장하여 꾸밈

糖
- 사탕 탕, 엿 당 〔米부 10획, 총 16획 *sugar* · とう〕**3급**
- 수분을 제거하고 가루로 만든 설탕을 나타낸 형성 글자.

糖尿病(당뇨병) : 오줌에 많은 당분이 함유되어 있음

糖分(당분) : 어떤 물건에 포함되어 있는 당류

糧
- 양식 량, 구실 량 〔米부 12획, 총 18획 *food* · りょう〕**4급**
- 여행을 갈 때 필요한 것만을 가지고 가는 형성 글자.

糧穀(양곡) : 양식이 되는 곡물

糧食(양식) : 식량

軍糧(군량) : 군인들이 먹는 식량

軍糧米(군량미) : 전쟁을 예비하여 비축한 식량

판자를 관통시키다

• 象形
쓸 용, 용도 용

用

[用부 0획, 총 5획]
use · よう

■.

쓴다(用)는 것은 직사각형의 판자와 막대기를 합쳐 판자에 막대기 구멍을 뚫어 관통한 것을 의미합니다. 1단계에 해당하는 단어는 '쓴다(用)' 뿐입니다.

用
• 쓸 용, 써 용, 작용 용 [用부 0획, 총 5획 *use* · よう] **6급**
• 나무 판자를 관통하는 모습을 본뜬 상형 글자.

用件(용건) : 볼일
用處(용처) : 쓰이는 곳
用水(용수) : 물을 씀
用途(용도) : 쓰는 자리나 방면
用例(용례) : 전부터 써온 실례

※다음에서는 무엇을 어떻게 쓸 것인가에 대한 어휘와 명칭에 대해 살펴보겠습니다.

＊지언양기(知言養氣). 남의 말을 듣고 이해 득실을 밝혀냄
＊시시비비(是是非非). 옳고 그름을 따짐
＊일언가파(一言可破). 오직 한마디 말로써 파함
＊문맹무상(文盲撫象). 모든 사물을 자신의 좁은 소견으로 판단함. 코끼리에 대한 장님들의 해설을 뜻함
＊수지오지자웅(誰知烏之雌雄). 잘잘못을 가릴 수 없음

그릇의 덮개

• 漢字 部首
그릇 명, 그릇의 덮개 명

[皿부 0획, 총 5획]
dish · べい

■▮.

명부(皿部)의 1단계는 '이익을 더하다는 뜻(益)과 진력을 다하다
(盡)'는 단어입니다.

益	• 더할 익, 보탬 익, 이익 익 [皿부 5획, 총 10획 · えき] **4Ⅱ급**

• 접시에 물이 가득 찬 상태를 뜻하는 회의 글자.

益友(익우) : 사귀어 도움이 되는 친구

益鳥(익조) : 사람에게 도움을 주는 새

有益(유익) : 사람에게 이로움

盡	• 다할 진, 진력할 진 [皿부 9획, 총 14획 · しん] **4급**

• 손에 쥔 붓에서 먹물이 방울져 떨어지는 모습의 형성 글자.

盡力(진력) : 온힘을 다함

盡心(진심) : 마음과 힘을 다함

盡忠報國(진충보국) : 충성을 다하여 나라에 보답함

盡終日(진종일) : 온종일

■■▮.

제2단계는 '성함(盛) · 도둑(盜) · 맹세(盟) · 살핌(監) · 소반(盤)' 등
입니다.

盛 • 담을 성, 성할 성　〔皿부 6획, 총 11획 *fill* · せい〕**4Ⅱ급**
• 그릇에 수북히 담아 다지는 것을 나타낸 형성 글자.

盛年(성년) : 원기가 왕성한 젊은 나이
盛大(성대) : 성하고 큼

盜 • 도둑 도, 훔칠 도　〔皿부 7획, 총 12획 *thief* · とう〕**4급**
• 사물이 탐이나 침을 흘리고 있는 모습을 본뜬 회의 글자.

盜掘(도굴) : 몰래 매장물을 캠
盜伐(도벌) : 남의 나무를 베어냄
盜癖(도벽) : 남의 물건을 훔치는 버릇

田 • **盜糧**(도량) : 도둑에게 식량을 준다. 이익이 없는 전쟁을 하여 적의 군대를 이롭게 하는 것을 나타냄. 출전은 『사기』의 「범수채택열전」

盟 • 맹세 맹　〔皿부 8획, 총 13획 *oath* · めい〕**3Ⅱ급**
• 접시에 피를 담아 마시는 모습을 본뜬 형성 글자

盟契(맹계) : 굳은 언약
盟邦(맹방) : 동맹을 맺은 나라

監 • 볼 감, 살필 감　〔皿부 9획, 총 14획 *see* · かん〕**4Ⅱ급**
• 접시에 물을 담고 얼굴을 비춰보는 것을 나타낸 회의 글자.

監督(감독) : 감시하여 단속함
監戒(감계) : 본받게 하여 감시함
監撫(감무) : 감독하여 편안하게 함
監察(감찰) : 주의 깊게 살핌

盤 • 소반 반, 반석 반　〔皿부 10획, 총 15획 · ばん〕**3급**
• 평평하게 퍼진 큰 접시를 나타낸 형성 글자.

盤據(반거) : 근거로 하여 지킴
盤溪曲徑(반계곡경) : 일을 순리적으로 하지 않고 부당한 방
　법으로 억지로 함
盤曲(반곡) : 길이 꼬불꼬불함

낮은 벼슬아치

• 漢字 部首　　　　　　　　　[疋부 0획, 총 5획]

짝 필, 발 소　　　　**疋**　　　*foot* · そ

■.

짝 또는 낮은 벼슬아치를 뜻하는 필(疋)은 8장 길이의 피륙을 세는 단위로도 사용됩니다. 1단계에 해당하는 단어는 없습니다.

■■.

2단계에는 트이다(疏) · 의심하다(疑) 등입니다.

疏
• 트일 소, 거칠 소　[疋부 7획, 총 12획 *get cleared* · そ] **3급**
• 거칠 것 없이 줄줄 흘러나가는 것을 나타낸 회의 · 형성 글자.

疏食(소사) : 채식과 곡식

疏惡(소악) : 거칠고 나쁨

疏通(소통) : 막히지 않고 트임

疑
• 의심할 의, 의심 의　[疋부 9획, 총 14획 *doubt* · ぎ] **4급**
• 일이 어떻게 될지를 몰라 걱정하고 있는 모습의 형성 글자.

疑懼(의구) : 의심하여 두려워함

疑問(의문) : 의심스러운 점을 물음

疑訝(의아) : 의심스럽고 괴이쩍음

田 • 疑心暗鬼(의심암귀) : 의심은 판단을 흐리게 하는 정신 상태를 낳는다. 잘못된 선입관은 사실을 액면대로 평가하지 못한다는 뜻. 출전은 『열자』의 「설부편」

436 시선을 사로잡는 한자

흙을 파내 입구를 만들고

• 形聲

구멍 혈, 구멍 뚫을 혈

[穴부 0획, 총 5획]

hole · けつ

■ .

구멍을 의미하는 혈(穴)은 흙을 파서 입구를 뚫은 동굴 집을 나타냅니다. 혈(穴) 부의 1단계는 '궁구함(究) · 구멍(空) · 창(窓)' 등입니다.

究 • 궁구할 구 [穴부 2획, 총 7획 grope about · きゅう] 4Ⅱ급
• 손이 구멍 속에 걸릴 때까지 찾아 조사함을 나타낸 형성 글자.

究竟(구경) : 마침내. 필경
究極(구극) : 궁구함. 극에 달함
究理(구리) : 사물의 이치를 궁구함

空 • 빌 공 [穴부 3획, 총 8획 empty · くう] 7급
• 속에 아무 것도 없음을 나타낸 형성 글자.

空間(공간) : 비어 있는 곳
空念佛(공염불) : 빌고 간구했으나 소용없음
空中(공중) : 하늘과 땅 사이의 공간
空行(공행) : 헛걸음

窓 • 창 창 [穴부 6획, 총 11획 window · そう] 6급
• 공기를 빼내는 창문 모양을 나타낸 형성 글자.

窓門(창문) : 공기를 환기시키거나 햇빛의 채광을 위해 만들어 놓은 문
窓口(창구) : 사무실에서 바깥 손님을 응대하기 위하여 만들어놓은 작은 문

窓戶紙(창호지) : 문을 바르는 종이

2단계에는 '구멍(穴) · 갑자기(突) · 다함(窮) · 훔침(竊)' 등입니다.

- 구멍 혈 〔穴부 0획, 총 5획 hole · けつ〕 **3급**
- 흙을 파서 동굴집을 나타낸 형성 글자.

穴居(혈거) : 굴 속에서 삶
穴見(혈견) : 구멍으로 봄
墓穴(묘혈) : 묘지에 난 구멍

- 갑자기 돌, 굴뚝 돌 〔穴부 4획, 총 9획 suddenly · とつ〕 **3Ⅱ급**
- 구멍 속에서 개가 튀어나오는 것을 나타낸 회의 글자.

突擊(돌격) : 돌진하여 공격함
突發(돌발) : 갑자기 일어남
突變(돌변) : 갑작스럽게 변함

- 다할 궁, 궁구할 궁 〔穴부 10획, 총 15획 finish · きゅう〕 **4급**
- 몸을 구부려 들어가 제대로 움직일 수 없다는 뜻의 형성 글자.

窮究(궁구) : 파고 들어가 연구함
窮極(궁극) : 끝
窮日(궁일) : 온종일

- 훔칠 절 〔穴부 17획, 총 22획 steal · せつ〕 **2급**
- 구멍으로 들어가 물건을 훔친다는 것을 나타낸 글자.

竊念(절념) : 몰래 혼자 생각함
竊盜(절도) : 남의 물건을 몰래 훔침
竊聽(절청) : 몰래 들음
⊞ • 竊符求趙(절부구조) : 임금의 병부를 훔쳐 위나라의 군사를 이끌고 조
나라를 구한 것이다. 출전은 『십팔사략』

벌레는 봄바람에 일어난다

· 漢字 部首   **虫**   [虫부 0획, 총 6획]

벌레 충, 벌레 훼   *worm* · き

充(虫) 부의 1단계는 '벌레(蟲)'를 나타냅니다.

蟲
· 벌레 충 [虫부 12획, 총 18획 *worm* · ちゅう] 4Ⅱ급
· 많은 구더기를 나타내는 회의 글자.

幼蟲(유충) : 애벌레
蟲齒(충치) : 벌레 먹은 이

2단계에는 '뱀(蛇) · 벌(蜂) · 꿀(蜜) · 나비(蝶) · 개똥벌레(螢) · 누에(蠶) · 오랑캐(蠻)' 등입니다.

蛇
· 뱀 사 [虫부 5획, 총 11획 *snake* · じゃ] 3급
· 뱀을 나타내는 형성 글자.

蛇蠍(사갈) : 뱀과 전갈
毒蛇(독사) : 독이 있는 뱀
[十] · 蛇足(사족) : 뱀의 발. 하지 않아도 될 일을 공연히 건드려 부스럼을 만듦. 출전은 『전국책』의 「제책」

蜂
· 벌 봉 [虫부 7획, 총 13획 *bee* · ほう] 3급
· 집단을 이루어 날고 있는 벌을 나타낸 회의 · 형성 글자.

蜂起(봉기) : 벌떼처럼 일어남

蜂蜜(봉밀) : 벌꿀

蜂蝶(봉접) : 벌과 나비

蜜
- 꿀 밀　[虫부 8획, 총 14획 *honey*・みつ] **3급**
- 벌집 속에 채워 넣은 꿀을 나타낸 회의・형성 글자.

蜜柑(밀감) : 귤나무

蜜語(밀어) : 달콤한 말

蝶
- 나비 접　[虫부 9획, 총 15획 *butterflyst*・ちょう] **3급**
- 잎처럼 얇은 벌레가 나는 것을 나타낸 형성 글자.

胡蝶(호접) : 나비

蝶夢(접몽) : 나비 꿈. 오래 전에 장주(莊周)가 꿈에 나비로
　화하여 즐기다가 서로의 이별을 잊었다는 말

螢
- 개똥벌레 형　[虫부 10획, 총 14획・けい] **3급**
- 궁둥이 주위에서 빛을 발하는 곤충을 나타낸 형성 글자.

螢光(형광) : 반딧불

螢雪之功(형설지공) : 오래 전에 진나라의 차윤과 손강이 가
　난하여 반딧불과 눈빛으로 공부했다는 고사

蠶
- 누에 잠, 누에칠 잠　[虫부 18획, 총 24획 *silk worm*・さん] **3급**
- 뽕나무 사이에 숨어든 벌레를 뜻하는 형성 글자.

蠶桑(잠상) : 뽕나무를 재배하고 누에를 침

蠶食(잠식) : 누에가 뽕잎을 갈아먹듯 차츰차츰 남의 것을
　차지해 들어감

蠻
- 오랑캐 만　[虫부 19획, 총 25획 *barbarous tribe*・ばん] **3급**
- 이상한 모습을 한 뱀 같은 인간을 나타낸 형성 글자.

蠻勇(만용) : 야만적인 용사

蠻行(만행) : 야만적인 행위

蠻族(만족) : 오랑캐

새와 물고기를 잡는 그물

• 漢字 部首

그물 망

网
ぼう

[网부 0획, 총 6획]

한자 부수의 하나인 망(网)은 罒과 ⺳을 함께 씁니다. 망(网) 부의 1단계는 '허물(罪)'입니다.

罪

• 허물 죄, 벌줄 죄 〔网부 8획, 총 13획 *crime* · さい〕 **5급**
• 나쁜 일을 하여 법망에 걸린 사람을 비유한 회의 글자.

罪過(죄과) : 죄와 과실
罪名(죄명) : 범죄의 명목
罪悚(죄송) : 죄스럽고 송구함

2단계에는 '그물(罔) · 베풀다(置) · 벌(罰) · 나눔(署) · 그만둠(罷) · 그물질함(羅)' 등입니다.

罔

• 그물 망, 없을 망, 속일 망 〔网부 3획, 총 8획 · もう〕 **3급**
• 덮어 씌워서 보이지 않게 함을 나타낸 형성 글자.

罔罟(망고) : 새와 짐승을 잡는 망과 그물
罔極(망극) : 그지없음
罔民(망민) : 무지한 국민을 속임
罔測(망측) : 뭐라 헤아릴 수 없을 정도로 도리에 맞지 않음

置
- 둘 치, 베풀 치 [网부 8획, 총 13획 *place* · ち] 4Ⅱ급
- 새를 잡는 그물을 똑바로 세워놓는 것을 나타낸 형성 글자.

置簿(치부) : 금전의 출납을 적어놓은 장부
置重(치중) : 어떤 것을 귀중히 여겨 중점을 둠
置換(치환) : 이것과 저것을 바꾸어 놓음

罰
- 벌 벌, 벌할 벌 [网부 9획, 총 14획 *punishment* · ばつ] 4Ⅱ급
- 죄를 꾸짖어 칼로 벌을 가하는 것을 나타낸 회의 글자.

罰金(벌금) : 벌로 내는 돈
罰酒(벌주) : 벌로서 마시는 술
罰責(벌책) : 꾸짖어 벌을 줌

署
- 나눌 서, 마을 관청 서 [网부 9획, 총 14획 · しょ] 3Ⅱ급
- 사람들을 어떤 테두리 안에 유치한다는 뜻의 형성 글자.

署押(서압) : 서명 날인
署員(서원) : 서(署) 자가 붙은 관청의 직원
署理(서리) : 공석 중인 자리를 임시로 대행하는 사람

罷
- 그만둘 파, 고달플 파 [网부 10획, 총 15획 *cease* · はい] 3급
- 힘이 있는 사람이 그물에 걸려든 상태를 말하는 회의 글자.

罷免(파면) : 직무를 해면함
罷市(시장) : 시장을 폐지함

⊞ • 罷露臺(파로대) : 지붕이 없는 정자 만들기를 그만 두다. 누대를 만드는 것이 열 집을 짓는 경비와 맞먹는다는 말에 그만둠. 출전은 『사기』의 「효문제기」

羅
- 그물 라 [网부 14획, 총 19획 *fowler's net* · ら] 4Ⅱ급
- 밧줄에 매달은 그물을 치는 것을 나타낸 회의 글자.

羅網(나망) : 새 잡는 그물
羅城(나성) : 큰 성의 바깥 주위
羅卒(나졸) : 순찰을 하는 병졸

무엇을 담을 것인가

• 漢字 部首
장군 부

缶

[缶부 0획, 총 6획]

ふ, ふう

✏.

장군 부(缶)는 술이나 간장 따위를 담는 그릇을 뜻합니다. 오래 전에 중국의 진(秦)나라에서는 이 그릇을 타악기로 이용했다는 역사 기록이 눈에 띕니다. 1단계에 해당하는 단어는 없습니다.

✏.

2단계가 '이지러짐(缺)'을 나타냅니다.

缺
• 이지러질 결, 틈 결 [缶부 4획, 총 10획 *wane* · けつ] **4급**
• 토기가 凵 모양으로 이지러진 것을 나타낸 형성 글자.

　缺格(결격) : 필요한 자격을 갖추지 못함
　缺席(결석) : 출석을 하지 아니함
　缺乏(결핍) : 모자람

※장군 부(缶)는 술이나 간장 따위를 담는 그릇을 가리킵니다. 오래 전에 중국의 진나라에서는 이 그릇을 타악기로 사용했다는 역사 기록이 눈에 띕니다.

옛말에 일장공성만골고(一將功成萬骨枯)라는 말이 있습니다. 전쟁이 일어나면 많은 병사들이 죽게 되는 데 그 공과는 장수 한사람에게만 돌아가는 것을 탄식하는 말입니다.

손에 붓을 들고

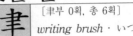
율(聿)은 한자 부수의 하나로 '붓', '드디어', '스스로' 등의 뜻을 함유하고 있습니다. 발어사(發語辭)로 사용될 때엔 '오직', '이에'라는 뜻을 담고 있습니다. 1단계에 해당하는 단어는 없습니다.

2단계에 해당하는 단어는 '엄숙함(肅)'입니다.

肅
• 엄숙할 숙 [聿부 7획, 총 13획 *solemn* · しゅく] **4급**
• 붓을 쥐고 벼랑에 서 있을 때의 불안한 모습의 회의 글자.

肅啓(숙계) : 삼가 아룀
肅軍(숙군) : 군의 기강을 바로잡음

※ 다음에서는 붓 털의 종류와 명칭에 대해 살펴보겠습니다.

*우모(牛毛). 소털	*우모(羽毛). 새의 깃과 털
*돈모(豚毛). 돼지털	*호모(虎毛). 호랑이 털
*사모(麝毛). 사향노루털	*녹모(鹿毛). 사슴털
*리모(狸毛). 이리털	*토모(兎毛). 토끼털
*양수(羊鬚). 양의 수염	*서수(鼠鬚). 쥐수염
*치미(雉尾). 꿩 꼬리	*계모(鷄毛). 닭털

손발을 뻗어 잰 걸음으로

• 會意

달릴 주

走 [走부 0획, 총 7획]

run · そう

📝.

주(走) 부의 1단계는 '달림(走)과 일어남(起)'입니다.

走 • 달릴 주, 갈 주 [走부 0획, 총 7획 *run* · そう] 4Ⅱ급
• 손발을 뻗어 잰걸음으로 달리는 것을 나타낸 회의 글자.

走狗(주구) : 사냥개

走力(주력) : 달리는 힘

走馬燈(주마등) : 안팎이 이중으로 된 등롱. 사물이 언뜻언

뜻   빨리 변함을 비유하는 말

走破(주파) : 끝까지 달림

起 • 일 기, 일으킬 기 [走부 3획, 총 10획 *rise* · き] 4Ⅱ급
• 드러누워 있다가 일어섬을 나타낸 회의 글자.

起立(기립) : 일어섬

起伏(기복) : 일어섬과 엎드림

起稿(기고) : 원고를 쓰기 시작함

起點(기점) : 시작하는 곳

起因(기인) : 일이 일어나는 원인

📝.

2단계에는 '나아감(赴) · 건너감(越) · 넘다(超) · 달리다(趣)' 등입니

다.

赴 • 나아갈 부, 부고 부　[走부 2획, 총 9획 *proceed* · ふ] **3급**
• 쓰러지거나 부딪치며 달려오는 것을 나타낸 형성 글자.

赴告(부고) : 달려가 알림. 불길한 일 등을 알리는 것. 또는
　기별통지.
赴宜(부의) : 불길한 소식
赴任(부임) : 임지로 감

越 • 넘을 월　[走부 5획, 총 12획 *overpass* · えつ] **3Ⅱ급**
• 우묵한 곳을 발을 걸고 뛰어넘는 것을 나타낸 형성 글자.

越權(월권) : 자기 직권의 범위를 넘는 것
越等(월등) : 현저하게 나음
越境(월경) : 국경을 넘음
越冬(월동) : 겨울을 넘김
越便(월편) : 건너편

超 • 넘을 초　[走부 5획, 총 12획 *leap over* · ちょう] **3Ⅱ급**
• 곡선을 그리며 방해물을 뛰어넘는 것을 나타낸 형성 글자.

超過(초과) : 한도를 넘음
超越(초월) : 일정한 한계나 여역을 벗어남
超絶(초절) : 남보다 뛰어남
超克(초극) : 어려움을 이겨냄
超遙(초요) : 아득한 모양

趣 • 달릴 취, 재촉할 촉　[走부 8획, 총 15획 *run* · しゅ] **4급**
• 손가락을 구부려 단축하듯이 시간을 단축한다는 뜻의 형성 글자.

趣舍(취사) : 쓸 것은 쓰고 버릴 것은 버림. 나아감과 멈춤
趣向(취향) : 목표를 정하고 나아감
趣裝(취장) : 서둘러서 여장을 갖춤
趣味(취미) : 즐겨서 하는 일

무엇을 보는가

• 會意　　　　　　　　　　　　［見부 0획, 총 7획］
볼 견, 나타날 현　　　　　　　*see* · けん

견(見) 부는 눈(目)과 사람(人)이 합쳐진 모양입니다. '보다' '보이다' 의 의미입니다. 1단계는 '보다(見) · 대우하거나 보다(視) · 친함(親) · 경관이나 보이다(觀)' 등입니다.

見
• 볼 견, 나타날 현　［見부 0획, 총 7획 *see* · けん］ **5급**
• 본다는 뜻의 회의 글자.

見習(견습) : 남이 하는 것을 보고 익힘
見學(견학) : 실제로 보고 배움
見齒(견치) : 해맑은 웃음

視
• 볼 시, 대우할 시　［見부 5획, 총 12획 *look at* · し］ **4Ⅱ급**
• 똑바로 시선을 돌리는 것을 나타낸 형성 글자.

視力(시력) : 눈으로 물체를 보는 힘
視察(시찰) : 실제로 돌아다니며 사정을 살핌
視線(시선) : 눈길이 향하는 방향

⊞ • 視子蚤虱(시자조슬) : 당신 보는 것을 벼룩이나 이처럼 한다. 큰 인물을 보고 작은 인물을 보면 벼룩이나 이처럼 한다는 뜻. 출전은 『한비자』의 「설림상편」

親
• 친할 친, 친히 친　［見부 9획, 총 16획 *related* · しん］ **6급**
• 칼로 잘리는 것처럼 따끔하게 느낀다는 뜻의 형성 글자.

親近(친근) : 정의가 아주 가깝고 두터움

親山(친산) : 부모의 산소

親密(친밀) : 아주 사이가 좋음

觀
- 볼 관, 보일 관 〔見부 18획, 총 25획 *observe* · かん〕**5급**
- 전체를 맞추고 바라본다는 뜻의 형성 글자.

觀客(관객) : 구경하는 사람

觀衆(관중) : 구경꾼

觀風(관풍) : 타향의 풍속 등을 살펴 봄

2단계에는 '법(規) · 깨달음(覺) · 보다(覽)' 등입니다.

規
- 법 규 〔見부 4획, 총 11획 *law* · き〕**5급**
- 길이나 넓이를 재는 기구를 뜻하는 회의 글자.

規格(규격) : 표준

規定(규정) : 규칙을 정함

覺
- 깨달을 각 〔見부 13획, 총 20획 *perceive* · かく〕**4급**
- 보거나 듣는 자의 마음 속에서 문득 일어나는 의미의 형성 글자.

覺書(각서) : 약속을 잊지 않게 하기 위하여 기록함. 또는 그
  문서

覺悟(각오) : 깨달음. 또는 마음의 준비

覺醒(각성) : 잠에서 깸

覽
- 볼 람, 전망 람 〔見부 14획, 총 21획 *look at* · らん〕**4급**
- 아래에 있는 많은 것을 둘러본다는 뜻의 형성 글자.

展覽會(전람회) : 그림 등을 전시하여 여러 사람이 보게 함

閱覽(열람) : 어떠한 사실 기록을 직접 살펴봄

觀覽(관람) : 영화나 연극 등을 봄

두 다리를 뻗고

• 漢字 部首 [癶부 0획, 총 5획]

배반할 발, 갈 발 はつ

▋.

필발머리(癶) 부의 1단계에는 '열째천간 계(癸) · 오름(登) · 꽃이 피거나 가는 것(發)' 등입니다.

• 열째 천간 계, 월경 계 [癶부 4획, 총 9획 · き] **3급**
• 날이 세 방면이나 네 방면이 되는 창을 나타내는 상형 글자.

癸方(계방) : 24 방위의 하나

癸酉(계유) : 60갑자의 열째

• 오를 등, 더할 등 [癶부 7획, 총 12획 *climb* · とう] **7급**
• 위로 올라가는 것을 나타낸 상형 글자.

登高(등고) : 높은 곳에 오름

登用(등용) : 인재를 골라 씀

田• 登龍門(등용문) : 용이 되어 하늘로 올라 갈 수 있는 관문. 곧 입신 출세의 관문이기도 함. 출전은 『후한서』의 「이응전(李膺傳)」

• 登泰小天(등태소천) : 태산에 오르면 천학 조그맣게 보인다는 뜻. 사람은 그가 있는 위치에 따라 보는 눈이 달라짐. 출전은 『맹자』의 「진심상편」

• 필 발, 쏠 발, 들출 발 [癶부 7획, 총 12획 *spread* · はつ] **6급**
• 활을 잡아당겨 화살을 쏘는 것을 나타낸 형성 글자.

發覺(발각) : 숨겼던 일이 드러남

發端(발단) : 일의 실마리

삐어진 터럭

• 漢字 部首   [彡부 0획, 총 3획]

터럭 삼   *hair* · さん

.

삼(彡) 부의 1단계에 해당하는 한자는 '형상(形)'입니다.

形
• 형상 형, 용모 형, 몸 형 [彡부 5획, 총 7획 *shape* · けい] 6급
• 여러 무늬의 틀이나 모양을 나타내는 형성 글자.

形狀(형상) : 물체의 생긴 모양

形局(형국) : 어떤 일의 형편이나 판국

.

2단계는 '채색(彩)과 그림자(影)'입니다.

彩
• 채색 채, 모양 채 [彡부 8획, 총 11획 *color* · さい] 3Ⅱ급
• 색을 골라 섞는 것을 나타낸 형성 글자.

彩料(채료) : 물감

彩色(채색) : 색을 칠함

影
• 그림자 영, 모양 영 [彡부 12획, 총 15획 *shadow* · はん] 3Ⅱ급
• 빛에 의해 밝음과 어둠의 경계가 생김을 나타낸 형성 글자.

影國(영국) : 그림자처럼 붙어 있는 나라. 속국

影像(영상) : 초상

影職(영직) : 이름뿐인 지위

자루가 튀어나온 가래

• 象形   〔方부 0획, 총 4획〕

모 방, 나란히할 방   ほう

모 방(方) 부는 양쪽에서 튀어나온 가래를 본뜬 글자입니다. 어(於) 와는 다른 글자인데도 모양이 비슷하므로 같은 부수로 봅니다. 1단계 에는 '나누다 또는 나란히 하다(方) · 어조사(於) · 베풂(施) · 나그네 (旅) · 겨레 또는 무리(族) · 기(旗)' 등입니다.

方 • 모 방, 방위 방 〔方부 0획, 총 4획 ほう〕 **7급**
• 양쪽에 자루가 튀어나온 가래를 본뜬 상형 글자.

方今(방금) : 지금. 금방

方書(방서) : 방술. 또는 의술에 관한 책

方寸(방촌) : 사방으로 한 치

方眼紙(방안지) : 모눈종이

於 • 어조사 어, 탄식할 오 〔方부 4획, 총 8획 · よ〕 **3급**
• 까마귀 울음소리를 본뜬 회의 글자.

於焉間(어언간) : 어느덧

於中間(어중간) : 엉거주춤한 형편. 거의 중간이 되는 곳

於乎(오호) : 탄식하는 소리

施 • 베풀 시, 옮을 이 〔方부 5획, 총 9획 *hold* · し〕 **4Ⅱ급**
• 빗발이 길게 뻗은 모양을 나타낸 형성 글자.

施工(시공) : 공사를 착수하여 시행함

施賞(시상) : 상을 줌

施主(시주) : 중이나 절에 물건을 바치는 일

施行(시행) : 베풀어 행함

旅
- 나그네 려, 군사 려 〔方부 6획, 총 10획 · りょ〕 **5급**
- 열을 지어 가는 장사꾼이나 병정을 뜻하는 회의 글자.

旅客(여객) : 나그네. 길손

旅情(여정) : 나그네 심정

旅窓(여창) : 나그네가 묵고 있는 방

族
- 겨레 족, 무리 족 〔方부 7획, 총 11획 *people* · ぞく〕 **6급**
- 핏줄이 이어진 집단을 나타내는 회의 글자.

族姓(족성) : 씨족의 성씨

族子(족자) : 동족의 아들

族山(족산) : 일가의 뫼를 함께 쓴 산을 가리킴

旗
- 기 기, 덮을 기, 표 기 〔方부 10획, 총 14획 *flag* · き〕 **7급**
- 단정하게 모가 난 깃발을 나타낸 형성 글자.

旗手(기수) : 기를 든 사람

旗亭(기정) : 요릿집

旗幅(기폭) : 깃발

2단계는 '돌리다 또는 주선하다(旋)'입니다.

旋
- 돌 선, 주선할 선 〔方부 7획, 총 11획 *hold* · い〕 **3Ⅱ급**
- 깃발이 펄럭펄럭 돌 듯이 빙빙 도는 것을 나타낸 회의 글자.

旋流(선류) : 빙 돌아서 흐름

旋毛(선모) : 머리의 가마

旋律(선율) : 음악의 가락

돌도끼의 무게

• 象形
도끼 근, 벨 근, 근 근

[斤부 0획, 총 4획]
きん

.

도끼를 의미하는 근(斤)은 돌도끼를 가까이 두고 어떤 물건을 자르려는 것을 상형화 한 것입니다. 그런가하면 옛날에는 돌도끼를 사용하여 무게를 재는 추로도 사용했습니다. 도끼 근 부의 1단계는 '새로움(新)' 입니다.

• 새 신, 새롭게 신 [斤부 9획, 총 13획 *new* · しん] **6급**
• 금방 도끼로 자른 생나무를 나타낸 형성 글자.

新舊(신구) : 새것과 묵은 것

新紀元(신기원) : 새로운 기원

新來(신래) : 새로 옴

.

2단계에는 '물리침(斥) · 쪼갬 또는 잠깐(斯) · 결단이나 끊음(斷)' 등입니다.

• 물리칠 척, 엿볼 척 [斤부 1획, 총 5획 *refuse* · せき] **3급**
• 도끼로 때려 부시는 모양을 나타낸 형성 글자.

斥和碑(척화비) : 외국인들이 국내에 들어오는 것을 경계하는 내용을 적은 비

斥邪(척사) : 사악함을 물리침

斯 • 이 사, 쪼갤 사, 잠깐 사 〔斤부 8획, 총 12획 *this* · し〕**3급**
• 날붙이로 키를 조각조각 쪼개는 것을 나타낸 회의 글자.

斯界(사계) : 이 방면
斯文(사문) : 이 학문. 또는 유학을 가리킴
斯學(사학) : 숭상할만한 학문

斷 • 끊을 단, 결단할 단 〔斤부 14획, 총 18획 *cut* · だん〕**4Ⅱ급**
• 도끼로 실을 싹둑 자르는 것을 나타낸 회의 글자.

斷交(단교) : 교제를 끊음
斷念(단념) : 품었던 생각을 버림
斷水(단수) : 물줄기를 잡아 막음

⊞ • 斷機之敎(단기지교) : 학업을 중도에 그만 두는 것은 짜던 베의 날실을 끊어버리는 것과 같음. 출전은 『후한서』의 「열녀전」
• 斷腸(단장) : 창자가 끊어지다. 또는 그러한 슬픔을 이르는 말. 출전은 『세설신어』

※여기에서는 중단에 대해 살펴봅니다. 어떤 일을 할 때에 도중에 중단하는 것. 이것은 참으로 바람직하지 못합니다. 우리나라의 속담에 '쓰러져 가는 나무는 아예 쓰러뜨린다'는 말이 있습니다. 이것은 될성 부르지 않는 나무는 일찌감치 갈아치운다는 뜻입니다.
  *기호지세(騎虎之勢). 범을 타고 가다 중간에 내리면 범에게 잡혀먹는다는 뜻. 일을 계획하고 추진하는 것을 중도에 그만 둘 수 없다는 뜻
  *십한일폭(十寒一曝). 열흘 춥고 하루 햇볕을 쬔다는 뜻. 일이 중간에 끊임을 나타냄
  *기장지무(旣張之舞). 이왕에 시작한 일이니 중도에 그만 둘 수는 없다는 뜻
  *이발지시(已發之矢). 이미 쏜 화살은 되돌릴 수 없다는 뜻.
  *주판지세(走坂之勢). 급한 비탈길을 내려가는 형세

줄을 매어 쏘는 화살

주살(弋)은 오늬에 줄을 매어 쏘는 화살을 말합니다. 모든 것이 1단계 뿐으로 '법 또는 나타내다(式)'라는 의미입니다.

式
• 법 식, 나타낼 식 [弋부 3획, 총 6획 *method* · しき] **6급**
• 일의 일정한 방법이라는 의미의 형성 글자.

式車(식거) : 수레의 가로지른 나무에 손을 얹고 있음

式穀(식곡) : 착한 사람을 채용함

式序(식서) : 차례대로 함

※다음에서는 은혜에 대한 여러 가지를 살펴보겠습니다.

*천복지재(天覆地載). 하늘이 덮고 땅이 실어줌

*누세홍은(累世鴻恩). 여러 해 쌓일 넓은 은혜

*각골난망(刻骨難忘). 은혜를 뼈에 새겨 잊지 아니함

*결초보은(結草報恩). 죽어서도 은혜를 잊지 않고 갚음

*고은(孤恩). 남의 은혜를 져버림

*분여광(分與光). 등불을 여러 사람에게 고루 비치게 함

*해의추식(解衣推食).자기의 밥과 옷을 남에게 줌

*반포보은(反哺報恩). 까마귀새끼가 자란 뒤에는 늙은 어미에게 먹이를 물어다 줌

*호천망극(昊天罔極) : 하늘이 끝없이 넓고 맑음

대나무 가지로 받치다

• 會意 　　　　　　　支　　[支부 0획, 총 4획]
가를 지, 버틸 지　　　　　　　ㄴ

📝.

지(支) 부는 모든 과정이 1단계인 '가름(支)' 뿐입니다.

支 • 가를 지, 버틸 지, 헤아릴 지 [支부 0획, 총 4획 · ㄴ] 4Ⅱ급
　　• 대나무 가지를 쥐고 떠받치는 모양을 본뜬 회의 글자.

支離(지리) : 이리저리 흩어짐
支拂(지불) : 돈을 치름
支石(지석) : 고인돌
支店(지점) : 본점에서 나온 상점
支撐(지탱) : 버티어 나감

※여기에서는 분수(分數)에 대해 고사와 성어를 중심으로 살펴보겠
습니다.
*지족불욕(知足不辱). 분수를 지켜 알면 족하다.
*묘시파리(眇視跛履). 애꾸가 환히 보려 하고 절름발이가 먼길을 걸
으려 한다는 뜻
*언서음하불과만복(偃鼠飮河不過滿覆). 쥐는 작은 동물이기 때문에
아무리 배불리 마셔도 배 하나 가득은 못 마심
*무장기갱(無漿嗜羹). 장도 없이 국을 즐긴다는 뜻
*불실원수(不失元數). 자기의 분수를 잘 지킴
*항룡유회(亢龍有悔). 지나치게 올라가면 후회함

자루가 달린 국자

• 象形
말 두, 구기 두

斗

[斗부 0획, 총 4획]
と

■ .

두(斗)부의 1단계에는 '말 또는 별 이름(斗) · 헤아림(料)' 등입니다.

斗
• 말 두, 구기 두 [斗부 0획, 총 4획 · と] **4Ⅱ급**
• 자루가 달린 국자를 본뜬 상형 글자.

斗極(두극) : 북극성

斗起(두기) : 우뚝 솟음

斗然(두연) : 문득. 우뚝 솟은 모양

料
• 헤아릴 료, 삯 료 [斗부 6획, 총 10획 *measure* · りょう] **5급**
• 곡물을 재는 것을 나타낸 회의 글자.

料量(요량) : 말로 됨. 헤아려 생각함

料率(요율) : 요금의 비율

■ .

2단계는 '비끼거나 굽음(斜)'을 나타냅니다.

斜
• 비낄 사, 굽을 사 [斗부 7획, 총 11획 · しゃ] **3급**
• 국자를 기울여 안에 든 것을 옆으로 기운다는 뜻의 형성 글자.

斜徑(사경) : 비탈길

斜面(사면) : 경사진 면

한 곳에 머문 발

• 象形
그칠 지, 머무를 지

[止부 0획, 총 4획]

stop · し

지(止) 부의 1단계에는 '그침(止) · 바름(正) · 이곳(此) · 걸음(步) · 병기 또는 무예(武) · 세월(歲) · 차례차례 또는 지냄(歷) · 돌아감(歸)' 등입니다. 2단계에 해당하는 단어는 없습니다.

止
• 그칠 지, 금지 지 〔止부 0획, 총 4획 *stop* · し〕 5급
• 발이 계속 한곳에 머물러 있음을 뜻하는 상형 글자.

止水(지수) : 흐르지 않고 고여있는 물

止揚(지양) : 어떤 것을 그 자체로는 부정하면서 한층 더 높은 단계에서 이것을 긍정하여 나가는 일

止血(지혈) : 피가 나오다가 그침

正
• 바를 정, 정월 정 〔止부 1획, 총 5획 *straight* · せい〕 7급
• 목표를 향해 똑바로 나아감을 뜻하는 회의 글자.

正刻(정각) : 바로 그 시각

正格(정격) : 정해진 격식

正鵠(정곡) : 과녁의 중심

此
• 이 차, 이곳 차, 이에 차 〔止부 2획, 총 6획 *this* · し〕 3Ⅱ급
• 발이 가지런해지지 않고 어긋남을 본뜬 회의 글자.

此際(차제) : 이때에

此日彼日(차일피일) : 이때다 저때다 함

彼此(피차) : 서로 간에

步
- 걸을 보, 길이의 단위 보 〔止부 3획, 총 7획 *walk* · ほ〕 **4Ⅱ급**
- 오른발과 왼발을 번갈아 낸다는 뜻의 회의 글자.

步道(보도) : 사람이 걸어 다니는 인도
步兵(보병) : 도보로 싸우는 병사
步涉(보섭) : 길을 걷고 물을 건넘

武
- 호반 무, 병기 무, 군인 무 〔止부 4획, 총 8획 ぶ〕 **4Ⅱ급**
- 창을 들고 용감하게 나아가는 것을 나타낸 회의 글자.

武術(무술) : 무도의 기술
武勇(무용) : 날래고 용감함
武運(무운) : 무인으로서의 운수

歲
- 해 세, 세월 세, 신년 세 〔止부 9획, 총 13획 *year* · さい〕 **5급**
- 1년이라는 뜻을 갖게 된 형성 글자.

歲暮(세모) : 세밑
歲時(세시) : 1년의 사시
歲出(세출) : 1년간의 지출

田 • **歲月不待人(세월부대인)** : 흘러가는 세월은 사람을 기다려 주지 않는다. 시간을 아껴쓰라는 의미. 출전은 도연명의 「잡시」

歷
- 지낼 력, 순서대로 력 〔止부 12획, 총 16획 *pass* · れき〕 **5급**
- 차례차례 걸어서 지나가는 것을 나타낸 형성 글자.

歷年(역년) : 여러 해를 지냄
歷代(역대) : 여러 대를 이음
歷然(역연) : 뚜렷한 모양

歸
- 돌아갈 귀, 따를 귀 〔止부 14획, 총 18획 *go back* · き〕 **4급**
- 본래의 상태로 돌아가는 것을 나타낸 형성 글자.

歸家(귀가) : 집으로 돌아감
歸結(귀결) : 일을 끝맺음
歸國(귀국) : 본국으로 돌아옴

불경을 욀 때의 발어사

- 漢字 部首
없을 무, 발어사 무

无 [无부 0획, 총 4획]
む

■.

없을 무(无) 부는 흔히 '이미기 방'이라 합니다. 이 부수에 딸린 한자는 '기(旣)' 자가 대표적으로 2단계에 상당하는 단어는 없습니다.

 • 이미 기, 녹미 희 〔无부 7획, 총 11획 *already* · き〕 3급
• 이미 배가 가득 찼다는 뜻의 형성 글자.

旣刊(기간) : 이미 출간함
旣決(기결) : 이미 결정함
旣決囚(기결수) : 이미 유죄판결이 확정된 죄수

※본문에 나오는 이미(旣)라는 것은 과거입니다. 과거에 대한 것을 살펴보겠습니다.
*신 조차도 과거를 개혁할 수는 없다(아리스토텔레스)
*과거 이외에 확실한 것은 없다(시세로)
*인간이 어떤 태도를 취할 것인가에 대해서 과거의 것은 인간에게 가르칠 힘이 없다. 이건 인간이 스스로 회상하는 과거의 것의 빛속에서 눈을 떠 스스로 결단하지 않으면 안된다(야스페르스)
*과거는 한때 인생으로 가득 찬 넓은 텅빈 방을 거니는 불안케 하는 유령이나 무섭게 빨리 지껄이는 망령이 아니고 착한 일의 가능성을 상기시키며 빈정댐과 잔인성을 비난하는 하나의 얌전하고 위안을 주는 벗임을 알아야 한다(러셀)

여덟 모 창

• 漢字 部首
창 수, 나무 지팡이 수

殳

〔殳부 0획, 총 4획〕
しゅ

■.

한자 부수의 하나인 '갖은 둥글월 문(殳)' 부는 길이가 1장 2척인 여덟 모 창을 의미합니다. 1단계에는 '죽임 또는 덜다(殺)'가 해당됩니다.

殺

• 죽일 살, 덜 쇄 〔殳부 7획, 총 11획 *kill* · さつ〕**4Ⅱ급**
• 이삭을 베어 껍질을 얇게 저민 것을 나타내는 형성 글자.

殺菌(살균) : 병균을 죽임

殺人(살인) : 사람을 죽임

殺氣(살기) : 소름이 끼치도록 무시무시한 기운

殺生(살생) : 죽임과 살림

田• 殺身成仁(살신성인) : 자신의 몸을 희생하여 인을 이룬다. 몸을 바쳐 올바른 도리를 이루는 것. 출전은 『논어』의 「위영공편」

■■.

2단계에는 '구분을 지음(段) · 비방하고 헐뜯음(毁) · 대궐(殿)' 등입니다.

段

• 구분 단, 조각 단 〔殳부 5획, 총 9획 *grade* · だん〕**4급**
• 위에서 아래로 내려오는 돌층계를 뜻하는 회의 · 형성 글자.

段落(단락) : 긴 단락을 몇 개로 나눈 부분

段氏(단씨) : 대장장이

段數(단수) : 술수를 쓰는 재간의 정도

段階(단계) : 일이 되어 나가는 정도

毀
- 헐 훼, 비방할 훼 〔殳부 9획, 총 13획 *ruin* · き〕 3급
- 두드려 깨뜨린다는 뜻의 회의 · 형성 글자.

毀慕(훼모) : 죽은 사람을 너무 괴로워한 나머지 몸이 몹시 상함

毀損(훼손) : 헐어서 못씀

毀節(훼절) : 절개나 지조를 꺾음

殿
- 대궐 전 〔殳부 9획, 총 13획 *palace* · てん〕 2급
- 높고 웅장한 대궐을 나타낸 글자.

殿閣(전각) : 임금이 사는 집

大雄殿(대웅전) : 절의 본당

殿堂(전당) : 신불을 모셔놓는 집

殿試(전시) : 조선 시대에 임금이 참석하여 보던 마지막 시험을 가리킴

※여기에서는 창에 대한 여러 모습을 살펴 보겠습니다.

*극(戟). 날이 위와 아래로 휘어진 창

*부(斧). 의장의 하나로 도끼 모양을 이룸

*과(戈). 일반적인 창

*월(鉞). 의장에 쓸 수 있는 머리 부분이 매끈한 창

*척(戚). 단순한 도끼 모양을 한 창

*모(矛). 날이 세 날로 되어 있으며 한결같이 뾰족함

*당파창(鐺把槍). 군기로 쓰는 삼지창

*기창(旗槍). 기를 꽂을 때에 쓰는 창

*낭선창(狼筅槍). 대나 쇨 만든 긴 창의 하나

*죽창(竹槍). 대나무로 만든 창

무엇을 견주랴

• 會意 · 形聲

比 [比부 0획, 총 4획]

견줄 비, 이웃 비   compare · ひ

▮.

비(比) 부의 1단계는 '견주다(比)'입니다. 2단계에 해당하는 단어는 없습니다.

比
• 견줄 비, 이웃비 [比부 0획, 총 4획 compare · ひ] **5급**
• 두 사람이 나란히 서 있는 모습을 본뜬 회의 · 형성 글자.

比肩(비견) : 어깨를 나란히 함

比較(비교) : 서로 견주어 봄

比例(비례) : 두 수의 비가 다른 두 수의 비와 같은 일. 또는 그 계산법

比倫(비륜) : 같은 무리

※여기에서는 '견주는 것'에 대해 살펴봅니다. L.A.세네카는 이렇게 말합니다. '우들은 자기의 것을 다른 사람의 것과 견주어 보는 데에서 즐거움을 느낀다. 그러나 남이 보다 많이 행복하다는 것을 가지고 괴로워할 것 같으면 사람은 결코 행복할 수가 없다'는 것이다. 다음에서는어휘와 명칭에 대해 살펴봅니다.

*계교치수(計較錙銖). 조그만 일을 비교하여 봄(안씨가훈)

*막상막하(莫上莫下). 어느 것이 위이고 어느 것이 아래 인지를 구별할 수 없을 때에 쓰는 말

*난형난제(難兄難弟). 형인지 아우인지를 모름

나무 조각

爿

■.

한자 부수의 하나인 장(爿)은 '나무 조각'을 나타냅니다. 변은 장(將)과 같으므로 '장수장변'이라고 합니다. 1단계에 해당하는 단어는 없습니다.

일찍이 미켈란젤로는 조각에대해 이렇게 말합니다. '훌륭한 예술가가 품은 그 어떠한 상념도 한덩어리의 대리석에 의해서 표현될 수 없는 것은 아무 것도 없다'는 것입니다.

그는 다시 말합니다. '그림이 조각에 닮아 있으면 닮아 있을수록 내게는 그것이 뛰어난 것으로 비치고 조각이 그림에 닮아 있으면 있을수록 그것이 나쁜 것이라고 생각된다. 조각은 그림의 솔갱이며 이 두개 사이에는 태양과 달같은 차이가 있다'라고 했습니다.

■■.

2단계에 해당되는 단어는 '담이나 경계(牆)'입니다.

牆
• 담 장, 경계 장 [爿부 13획, 총 17획 *wall* · しょう] **3급**
• 헛간이나 담의 가늘고 긴 담을 나타낸 회의 · 형성 글자.

牆內(장내) : 담 안
牆外漢(장외한) : 담 밖의 사나이. 국외자
牆壁(장벽) : 장과 벽

맞물린 두 개의 물건

• 象形
어금니 아, 깨물 아

[牙부 0획, 총 4획]
fang · が

▮.

아주 오래 전에는 치아 숫자로 왕을 뽑는 일이 있었습니다. 특히 맞물리는 어금니는 아주 중요한 의미로 받아들여집니다. 아부(牙部)에 대해 1단계에는 해당되는 단어가 없습니다.

▮▮.

2단계에는 '어금니'를 나타내는 아(牙) 뿐입니다.

• 어금니 아, 송곳니 아 [牙부 0획, 총 4획 *fang* · が] 3급
• 두 개의 맞물린 모양을 나타낸 상형 글자.

牙器(아기) : 상아로 만든 그릇
牙錢(아전) : 수수료
牙婆(아파) : 방물장수

※여기에서는 죄(罪)에 대하여 살펴봅니다.
*만사무석(萬死無惜). 죄가 무거워서 조금도 용서할 여지가 없음
*종중추고(從重推考). 관원의 죄를 엄히 다스림
*석고대죄(席藁待罪). 거적을 깔고 엎드려 죄의 사함을 기다림
*배류(配流). 섬으로 귀양 보냄
*우연거형방처(偶然去刑房處). 우연히 형방 근처로 갔다는 뜻

가늘고 긴 침대 판자

• 指事　　　　　　　　　　片　　〔片부 0획, 총 4획〕
조각 편, 한쪽 편　　　　　　　　　　はん

■.

조각을 나타내는 편(片)은 '가늘고 긴 침대의 판자, 또는 나무를 반으로 가른 모양'을 본뜬 글잡니다.

片　• 조각 편, 한쪽 편 〔片부 0획, 총 4획 · へん〕 3Ⅱ급
　　• 나무를 반으로 가른 조각을 본뜬 지사 글자.

片道(편도) : 가고 오는 길
片面(편면) : 한쪽 면
片肉(편육) : 얇게 저민 수육
一片丹心(일편단심) : 한 조각 변하지 않은 붉은 마음

■.

2단계는 '널이나 판목(版)'을 나타냅니다.

版　• 널 판, 판목 판 〔片부 4획, 총 8획 · はん〕 3Ⅱ급
　　• 표면을 평평하게 한 나무토막을 본뜬 형성 글자.

版局(판국) : 벌어진 일의 형편이나 판세
版權(판권) : 저작물에 대한 복제와 판매에 대한 권리
版木(판목) : 목판으로 박은 책
出版社(출판사) : 책을 찍어 영업 이익을 올리는 곳

돌도끼를 손에 든 남자

• 指事　　　　　　　[父부 0획, 총 4획]
아비 부, 남자 미칭 보　　　　　　ぶ

.

한자 부수의 하나인 아비 부(父)는 '부모 · 친족 또는 남자의 미칭'으로 통합니다. 즉, 남자 어른으로 1단계가 '아비(父)'입니다. 2단계는 없습니다.

• 아비 부, 남자의 미칭 보　[父부 0획, 총 4획 · ふ] **8급**
• 돌도끼를 손에 든 남자어른을 나타낸 지사 글자.

父道(부도) : 아버지로서 지켜야할 도리
父命(부명) : 아버지의 명령
父情(부정) : 아버지의 정
父子(부자) : 아버지와 아들

※여기에서는 아버지에 대한 어록을 살펴보겠습니다.

*자신의 인생 가운데 가장 멋진 만족은 무엇보다도 우선 아버지인 것이다. 골프선수권 보유자거나 실업계의 거두가 되는 것 등은 그 후에 추구해야할 만족이다. 이것을 깨닫지 않는 한 그는 결코 집에 돌아오지 않는다(P.와일러)

*우리 육체의 아버지가 우리를 경계하여도 공경하였거든 하물며 영의 아버지께 더욱 복종하여 살려하지 않겠느냐(성경)

*부족한 자들만이 아비없이 자라면 위대한 인물이 되기는 어렵다(풀루타아크영웅전)

메뚜기 모양의 손톱

.

손톱을 나타내는 조(爪;爫) 부의 1단계에는 '다툼(爭)과 하거나 만드는 것(爲)' 등입니다.

爭
· 다툴 쟁, 간할 쟁　[爪부 4획, 총 8획 *quarrel* · そう] **5급**
· 물건을 서로 잡아당기는 것을 나타낸 회의 글자.

爭論(쟁론) : 말로 다툼

爭議(쟁의) : 다른 의견을 주장하여 다툼

爲
· 할 위, 위할 위　[爪부 8획, 총 12획 *do* · い] **4Ⅱ급**
· 코끼리를 길들이는 것을 나타낸 상형 글자.

爲國(위국) : 나라를 위함

爲己(위기) : 자기를 위함

.

2단계에는 '잔이나 작위(爵)'를 의미합니다.

爵
· 잔 작, 작위 작　[爪부 14획, 총 18획 *wine cup* · しゃく] **3급**
· 상으로 준 참새 모양의 잔을 뜻하는 상형 글자.

爵祿(작록) : 작위와 봉록

爵帖(작첩) : 작위와 봉첩

가는 털

• 象形

毛

[毛부 0획, 총 4획]
hair · もう

터럭 모, 작을 모

털은 동물의 성장도를 나타낼 때가 많습니다. 이를테면 '털도 안난 것이 날기부터 하려든다'거나 '털도 없이 부얼부얼 한다'는 것 등이 그렇습니다. 모(毛) 부의 1단계는 '털(毛)' 뿐입니다.

毛 • 털 모, 약간 모 〔毛부 0획, 총 4획 hair · もう〕 **4Ⅱ급**
• 가는 털을 본뜬 상형 글자.

毛孔(모공) : 털구멍
毛髮(모발) : 사람의 머리털
毛織(모직) : 털 섬유로 짠 직물

2단계는 '가는 털(毫)'을 나타냅니다. 그래서 동물들이 가을에 털갈이를 할 때에 쓰는 말은 추호(秋毫)라고 합니다.

毫 • 가는털 호, 조금 호 〔毛부 7획, 총 11획 *down* · ごう〕 **3급**
• 가는 털을 나타내는 회의 · 형성 글자.

毫端(호단) : 붓의 끝
毫髮(호발) : 가는 털과 모발. 아주 작은 것
毫末(호말) : 털끝

숟가락을 든 각시님

• 象形
씨 씨, 나라이름 씨

[氏부 0획, 총 4획]

clan · し

씨(氏)는 끝이 뾰족한 숟가락이나 바느질용 바늘을 가리킵니다. 원래는 '차례 차례로 전하다' 또는 '꿰메다'라는 뜻으로 전수되는 혈통을 의미했습니다. 숟가락을 든 각시 님은 무얼 생각하고 있을까요? 1단계는 '씨(氏)와 백성(民)'입니다.

2단계에 해당하는 단어는 없습니다.

- 씨 씨 〔氏부 0획, 총 4획 *clan* · し〕 **4급**
- 끝이 뾰족한 숟가락이나 바늘을 본뜬 상형 글자.

氏名(씨명) : 성씨와 이름

無名氏(무명씨) : 이름을 밝히지 않을 때에 상대방을 지칭하는 말

氏族(씨족) : 겨레, 족속. 같은 조상을 가진 여러 가족의 구성원으로 되어 한 조상을 모시는 사회 집단

- 백성 민 〔氏부 1획, 총 5획 people · みん〕 **8급**
- 검은자위를 못쓰게 된 눈과 바늘을 합친 지사 글자.

民權(민권) : 인민의 권리

民族(민족) : 언어나 혈통, 그리고 역사를 같이하는 사람들의 집단

民本(민본) : 백성의 생활 근본

民怨(민원) : 백성의 원한

떠도는 기운

- 漢字 部首 [气부 0획, 총 4획]

기운 기, 빌 걸　　　　　　　rapor · き

빌다 또는 기운을 나타내는 기(气) 부의 1단계는 '기운 또는 호흡
(氣)'을 나타냅니다. 2단계는 없습니다.

氣　• 기운 기, 호흡 기, 절기 기　[气부 6획, 총 10획 rapor · き] **7급**
　　　• 쌀을 찔 때에 나오는 증기를 뜻하는 형성 글자.

氣骨(기골) : 기혈과 골격
氣母(기모) : 원기의 근원
氣質(기질) : 마음이 질박하고 순진함
氣力(기력) : 일을 견뎌내는 힘
氣運(기운) : 시세가 돌아가는 형편

※여기에서는 호흡에 관하여 살펴 봅니다. 일찍이 소포클레스는 '단
편'에서 인간과 호흡은 그림자에 지나지 않는다고 했습니다. 그런가하
면 괴테는 자유롭게 호흡한다는 것은 인생을 외롭게 만들지 않는다고
했습니다.
　*최초의 호흡이 죽음의 시초다(T.플러)
　*꼭같은 호흡을 하면서도 차갑게 숨쉬기도 하고 뜨겁게 내뿜기도
하는 자와는 상대를 하지 않겠다(이솝)
　*인간의 호흡을 하는 어떠한 생명도, 정작 죽음을 동경한 적은 없었
습니다)A.테니슨)

도토리는 속이 하얗다

• 象形 [白부 0획, 총 5획]
흰 백, 밝을 백, 밝힐 백 　white · はく

.

이 세상에 하얀 것이 한두 가지겠습니까만 도토리처럼 겉은 그렇지 않으나 그 속은 하얀 것을 높이 평가한 것 같습니다. 그런 의미로 '희다'라는 것을 백(白)으로 나타냅니다. 1단계에 해당하는 단어는 '일백(百) · 과녁(的) · 모두(皆) · 임금(皇)' 등입니다.

白　• 일백 백, 백번할 백　[白부 0획, 총 6획 　white · はく] **8급**
• 도토리처럼 속이 하얀 것을 본뜬 상형 글자.

白骨(백골) : 흰 뼈

白露(백로) : 흰 이슬

白馬(백마) : 흰 말

田 • 白駒過郤(백구과극) : 인생은 흰망아지가 문틈으로 지나가는 시간이라는 것. 출전은 『장자』의 「지북유편」

• 白面書生(백면서생) : 세상 경험 없는 얼굴이 창백한 젊은이. 출전은 『송서』의 「심경지전」

• 白眉(백미) : 흰눈썹. 마씨 오형제 가운데 마량이 가장 뛰어남. 마량의 눈썹이 하얀데서 유래된 말. 출전은 『삼국지』의 「마량전」

• 白眼視(백안시) : 흰눈동자로 흘겨본다. 남을 업신여기거나 홀대함을 이르는 말. 출전은 『진서』의 「완적전」

• 白髮三千丈(백발삼천장) : 흰머리털이 3천길이나 되는 근심을 나타냄. 출전은 이백의 시 「추포가(秋浦歌)」

• 일백 백, 백번할 백 〔白부 1획, 총 6획 · ひゃく〕**7급**
• 一과 白을 합쳐 100을 나타낸 형성 글자.

百家(백가) : 많은 집

百方(백방) : 여러 방면

百歲(백세) : 백살

田 • 百年河淸(백년하청) : 황하의 물이 맑아지기를 기다림. 아무리 해도 실현 가능성이 없음. 출전은 『춘추좌씨전』

• **百聞不如一見**(백문불여일견) : 백번 듣는 것이 한 번 보는 것만 못하다는 뜻. 출전은 『한서』의 「조충국전」

• **百發百中**(백발백중) : 백번 쏘아 백번 맞히다. 계획하던 일이 생각되로 되는 것. 출전은 『사기』의 「주기(周紀)」

 • 과녁 적 〔白부 7획, 총 9획 *against* · はん〕**5급**
• 일부분을 내세워 결백을 주장한다는 뜻의 형성 글자.

的中(적중) : 맞아떨어짐

的實(적실) : 틀림없음

的證(적증) : 명확한 증거

 • 다 개, 나란할 개 〔白부 4획, 총 9획 *all* · かい〕**3급**
• 사람이 늘어서 있는 모습을 나타낸 회의 글자.

皆勤(개근) : 일정한 기간 동안 하루도 빠지지 않고 출석함

皆兵(개병) : 모든 국민이 병역의 의무가 있음

皆旣蝕(개기식) : 개기 일식과 월식의 총칭

 • 임금 황, 클 황 〔白부 4획, 총 9획 *king* · こう〕**3Ⅱ급**
• 처음의 왕을 나타내는 형성 글자.

皇考(황고) : 돌아간 아버지의 존칭

皇恩(황은) : 황제의 은혜

皇室(황실) : 황제의 집안

부드러운 짐승의 가죽

• 會意   〔皮부 0획, 총 5획〕

皮

가죽 피, 거죽 피   skin · ひ

✎.

모든 단계가 '가죽'을 의미하는 피(皮) 자 뿐입니다. '가죽이나 갖옷 또는 거죽'을 의미합니다.

皮
• 가죽 피, 거죽 피, 갖옷 피 〔皮부 0획, 총 5획 skin · ひ〕3Ⅱ급
• 가죽을 손으로 당겨 뒤집어 쓰는 것을 나타낸 회의 글자.

皮帶(피대) : 가죽띠
皮相(피상) : 겉. 표면
皮骨相接(피골상접) : 살갗과 뼈가 서로 맞닿을 정도로 몸이
   여윔
皮革(피혁) : 가죽의 총칭

※다음에서는 피부(皮膚)에 대해 살펴봅니다. A.포우는 이렇게 말합니다. '인간은 피부색에 의해판단되어서는 안된다'는 것입니다. 그렇다면 예술가들의 관점은 어떨까요. 시의 묘사를 살펴보겠습니다.
　*위대한 선장 지스카는 그가 죽은 뒤 그의 피부로 북을 만들기를 원할 것이다. 그는 그 북소리가 적을 패주시킬 것으로 생각하기 때문이다(R.버어튼/우울증의 해부)
　*검은 고기 맛좋다 한다(피부가 검은 것을 삐꼬는 말)
　*밤 벌레같다(피부가 토실토실하고 살빛이 좋은 사람)
　*피부는 속옷보다 몸에 가깝다(영국 속담)

방패를 찌르는 창

· 象形 **矛** 〔矛부 0획, 총 5획〕
창 모 ぼう

■‖.

창과 같은 무기를 본뜬 모(矛) 부의 1단계에 해당하는 한자는 없습니다.

■■‖

2단계에 해당하는 한자는 '모(矛)'입니다.

 · 창 모, 자루긴창 모 〔矛부 0획, 총 5획 · ぼう〕 **3급**
· 창과 같은 모양의 무기를 본뜬 상형 글자.

　矛戟(모극) : 창

⊞ · 矛盾(모순) : 창과 방패. 말이나 행동이 앞뒤가 맞지를 않는 것. 출전은 『한비자』의 「난세편」

※다음에서는 책에 관한 어록 등에 대하여 살펴보겠습니다.

*어떤 책은 음미하고 어떤 책은 마셔버려라. 씹고 소화시켜야할 책은 아주 근소한 것이다(베이컨)

*유일한 책이란 독자에게 증보를 요구하지 않고서는 못배기는 그런 책이다(볼테에르)

*두 번 읽을 가치도 없는 책은 한번 읽을 가치도 없다(베바)

*책은 내가 인간속에서 보지 못하고 알지 못하던 것을 인간에 대해서 나에게 실증해 주는 책임이 있다(M.고리키)

문자는 짐승의 발자국에서

• 漢字 部首

자귀 유

[内부 0획, 총 5획]

じゅう

한자 부수의 하나인 자귀(内)는 짐승의 발자국을 나타냅니다. 1단계에 해당하는 한자는 없습니다.

2단계는 '날짐승(禽)'입니다.

禽
• 날짐승 금, 짐승 금 〔内부 8획, 총 13획 · きん〕 3Ⅱ급
• 동물을 도망가지 못하도록 막는다는 뜻의 회의 · 형성 글자.

禽獸(금수) : 날짐승과 길짐승의 총칭
禽獲(금획) : 사로잡음

※다음에서는 짐승들의 여러 모습에 대해 살펴봅니다.
*인간은 자기 자신 속에 모든 종류의 동물 모습을 나타내고 있다. 쥐를 가지고 장난하는 고양이 친구의 흉내를 내는 원숭이, 뼈다귀를 주면 누구한테나 꼬리를 흔드는 개, 파리를 유혹하여 그물 속에 끌어넣고 빨아먹는 거미, 모두 인간의 모습에서 찾을 수 있는 것이다(멘델)
*여자는 모피는 없지만 대단히 진중한 동물이다(J.그나아르)
*생물학적으로 고찰하면 인간은 가장 무서운 맹수이다. 그것도 같은 종족을 조직적으로 잡아먹는 유일한 맹수다(제임스)

양의 머리

• 漢字 部首
양 양

羊

〔羊부 0획, 총 6획〕
sheep · よう

.

양(羊) 부의 1단계에는 양(羊) · 아름다움(美) · 옳음(義)' 등입니다.

羊
• 양 양 〔羊부 0획, 총 6획 sheep · よう〕**4Ⅱ급**
• 양의 머리를 본뜬 상형 글자.

羊毛(양모) : 양털
羊腸(양장) : 양의 창자

田 • 羊頭狗肉(양두구육) : 양 머리를 걸어놓고 개고기를 판다. 출전은 『항언록(恒言錄)』

美
• 아름다울 미, 맛날 미 〔羊부 3획, 총 9획 beautiful · び〕**6급**
• 모습이 아름다운 멋진 양을 뜻하는 회의 글자.

美觀(미관) : 훌륭한 정치
美德(미덕) : 아름다운 덕

義
• 옳을 의, 의 의 〔羊부 7획, 총 13획 regtheous · ぎ〕**4Ⅱ급**
• 잘 정리되어 똑바르고 모양이 좋은 것을 뜻하는 회의 글자.

義擧(의거) : 정의를 위해 일으키는 일. 의로운 거사
義理(의리) : 사람으로서 지켜야할 도리
義憤(의분) : 정의를 위한 분노

제2단계에는 '무리(群)'에 관한 것입니다.

群 • 무리 군, 모을 군 〔羊부 7획, 총 13획 *crowd* · ぐん〕 **6급**
• 양이 둥글게 모여 무리를 짓는 것을 나타낸 형성 글자.

群居(군거) : 무리를 지어 삶
群賢(군현) : 많은 현인
群像(군상) : 많은 사람

※다음은 아름다움에 대해 살펴보겠습니다.
*아름다움은 말없는 사기다(데오프라스토브)
*미는 나와 내 몸을 자각하지 못한다(괴테)
*지리는 현명한 자에게 있고 미는 참된 마음에 있다(실러)
*사람들은 미를 구하여 전세계를 여행한다 하더라도 실은 자신이 스스로가 이 미를 몸에 지니고 가지 않으면 안된다. 그렇지 않으면 결코 미를 발견하지 못할 것이다(R.W.에머어슨)
*잘 다듬는 미를 제외하고는 모두 먼지로 돌아간다. 흉상은 성채보다 생명이 길다(고띠에)
*참다운 미는 지적인 표징이 끝나는 곳에서 끝난다. 지성은 그 자체가 과장의 양식이다(O.와일드)
*비애로 마음의 동요를 받지 않지만 아름다움, 단지 아름다움이라고 하면 당신의 두 눈을 눈물로 가득 채울 수 있다(O.와일드)
*미는 잘 익은 과일이며 그것은 썩기 쉽고 오래 갈 수가 없다(베이컨)
*미는 우리를 절망케 한다. 그것은 순간의 그러나 우리가 내려잡아 늘리어 놓고 싶어 하는 순간의 영원이다(A.까뮈)
*진정한아름다움은 지혜와 똑같이 매우 간단하고 누구나 알기쉬운 것이다(고리키)
*미는 한 문명의 척도다(스티븐스)

신하의 눈

• 象形　　　　　　　　　[臣부 0획, 총 6획]
신하 신, 백성 신　　　　　　　minister · しん

.

신(臣) 부의 1단계는 '신하(臣) · 누움(臥)' 등입니다.

臣
• 신하 신　[臣부 0획, 총 6획 minister · しん] **5급**
• 아래를 향하는 사람의 눈을 본뜬 상형 글자.

　臣僕(신복) : 신하가 되어 복종함

　臣民(신민) : 신하와 백성

臥
• 누울 와　[臣부 2획, 총 8획 lie down · が] **3급**
• 몸을 둥글게 구부려 엎드린 모습을 본뜬 회의 글자.

　臥龍(와룡) : 엎드려 있는 용

　臥病(와병) : 병으로 누움

　⊞ • 臥薪嘗膽(와신상담) : 섶에 누워 쓸개를 맛봄. 복수를 위해 고난을 참
고 견딤. 출전은 『사기』의 「월세가(越世家)」

.

2단계는 '임하다(臨)' 입니다.

臨
• 임할 림, 본뜰 림　[臣부 11획, 총 17획 · りん] **3Ⅱ급**
• 여러 가지 물건을 아래로 내려다보는 모습을 본뜬 형성 글자.

　臨檢(임검) : 현장에 나가 조사함

　臨迫(임박) : 어떤 일의 시기가 가까워짐

허리가 굽은 노인

• 會意   [老부 0획, 총 6획]

늙을 로, 익숙할 로   old · ろう

노(老) 부의 1단계에서는 '노인(老) · 놈(者)'에 대한 것입니다.

老
• 늙을 로 [老부 0획, 총 6획 old · ろう] **7급**
• 노인이 지팡이를 짚고 있는 모습의 회의 글자.

老境(노경) : 늙바탕

田 • 老馬之智(노마지지) : 늙은 말의 지혜. 출전은 『한비자』의 「설림편」
• 老益壯(노익장) : 나이가 들수록 건강해야 함. 출전은 『후한서』「마원전」

者
• 놈 자, 조자 자 [老부 5획, 총 9획 person · しゃ] **6급**
• 풍로위에 놓인 장작을 태우고 있는 모습의 상형 글자.

近者(근자) : 요사이
記者(기자) : 신문사에서 기사를 쓰는 사람

.II.

2단계에는 '상고함(考)'에 대해 다룹니다.

考
• 상고할 고, 조사할 고 [老부 2획, 총 6획 think · こう] **5급**
• 이리저리 생각하는 것을 나타낸 형성 글자.

考古(고고) : 이것을 상고함
考究(고구) : 깊이 연구함

부드러운 턱수염

• 象形

[而부 0획, 총 6획]

말 이을 이, 너 이

而

ㄴ

■.

말 이을 이(而)는 '부드러운 턱수염'을 본뜬 글자입니다. 1단계에는
'말 이을 이(而)'입니다.

而

• 말 이을 이, 너 이, 그러하다 이 〔而부 0획, 총 6획 · ㄴ〕 3급
• 부드러운 턱수염을 본뜬 상형 글자.

而今以後(이금이후) : 앞으로 이후

而立(이립) : 30세

而已(이이) : 그것뿐

學而時習(학이시습) : 학문을 익힘

■■.

2단계에는 '견디거나 능하다(耐)'는 단어입니다.

耐

• 견딜 내, 능할 능 〔老부 3획, 총 9획 endure · たい〕 3Ⅱ급
• 부드러운 수염이 늘어진 모양의 형성 글자.

耐久性(내구성) : 오래 동안 지속하거나 견디어 낼 수 있는
성질

耐熱(내열) : 열에 잘 견딤

耐火(내화) : 불에 잘 견딤

자갈밭의 쟁기질

• 漢字 部首

쟁기 뢰, 쟁기자루 뢰

[戈부 0획, 총 4획]

spear・か

쟁기 뢰(耒) 부는 농기구의 한가지인 '쟁기'를 본뜬 모습입니다. 이 부의 1단계는 쟁기질을 뜻하는 '갈다(耕)'입니다. 2단계에 해당하는 한 자는 없습니다.

耕　• 갈 경, 농사 경　[耒부 4획, 총 10획 plow・こう] 3Ⅱ급
　　　• 논밭을 가래로 일구는 가로세로의 선을 나타낸 회의 글자.

耕耘(경운) : 농사짓는 일
耕者(경자) : 농사짓는 사람
耕地(경지) : 땅을 갊

※ 다음에서는 농사에 관한 어휘와 명칭에 대해 살펴봅니다.

◇ 부(富)가 농업의 큰 원동력이며 좋은 경작을 위해서는 많은 부가
　필요하다(F.케네/『차지농론(借地農論)』

◇ 전답에는 한 개의 정치가 나고 유지된다. 여기서는 연령이 전부다
　(알랭/『사상과 연령』)

◇ 시를 쓰는 것과 같이 밭을 가는 거룩함을 알기까지는 어떠한 민족
　도 번영하지 않는다(워싱톤)

◇ 내가 낙양에 부곽전 이경만 있었어도 어떻게 육국의 정승이 되겠
　는가(소진)

◇ 제갈량이 융중산에서 밭 갈며 양보음을 읊조렸다(『사문유취』)

곡식을 찧는 절구

• 漢字 部首

찧을 구, 확 구

[臼부 0획, 총 6획]

mortar · きゅう

찧을 구(臼)는 절구 구부에 속합니다. 절구는 곡식을 찧는 기구입니다. 이 부수엔 1단계의 단어가 '참여함(與) · 흥취(興) · 오래됨(舊)' 등입니다.

與
- 줄 여, 참여할 여 [臼부 7획, 총 14획 · よ] **4급**
- 맞물리거나 힘을 합친다는 의미의 회의 글자.

與件(여건) : 주어진 조건

與黨(여당) : 정부 편에 서는 정당

與否(여부) : 그러함과 그러지 아니함

興
- 일 흥, 흥취 흥 [臼부 9획, 총 16획 *interrest* · こう] **4Ⅱ급**
- 일제히 들어올리는 것을 나타낸 회의 글자.

興國(흥국) : 나라를 흥하게 함

興起(흥기) : 성하게 일어남

興亡(흥망) : 흥하고 망함

舊
- 옛 구, 오랠 구, 옛법 구 [臼부 12획, 총 18획 *old* · きゅう] **5급**
- 오래되다 라는 뜻을 나타낸 형성 글자.

舊家(구가) : 지은 지 오래된 집

舊故(구고) : 옛친구

舊都(구도) : 옛 도읍

꽁지 짧은 새

· 漢字 部首

새 추, 산 모양 최

[隹부 0획, 총 8획]

すい

📝.

추(隹)는 '꽁지가 짧은 새'의 모양을 본뜬 모습입니다. 1단계 단어들은 '수컷(雄) · 모으다(集) · 비록(雖) · 어려움(難)' 등입니다.

雄
· 수컷 웅, 이길 웅 [隹부 4획, 총 12획 *male* · ゆう] **5급**
· 어깨의 힘이 강한 수컷 새를 가리킨 형성 글자.

雄大(웅대) : 웅장하고 큼

雄圖(웅도) : 웅대한 계획

集
· 모일 집, 편안할 집 [隹부 4획, 총 12획 *assemble* · しゅう] **6급**
· 나무 위에 새가 모이는 모양을 나타낸 형성 글자.

集計(집계) : 계산함

集團(집단) : 모임

雖
· 비록 수, 만일 수 [隹부 9획, 총 17획 *though* · すい] **3급**
· 벌레의 모양과 새를 본뜬 형성 글자.

雖然(수연) : 그러나

難
· 어려울 난, 근심 난 [隹부 11획, 총 19획 *difficult* · なん] **4Ⅱ급**
· 산불과 같은 재난을 나타낸 형성 글자.

難攻不落(난공불락) : 성 따위를 도무지 공벌할 수 없을 때
   에 이르는 말

難易(난이) : 어려움과 쉬움

⊞ • **難兄難弟**(난형난제) : 누가 형이고 누가 동생인지를 분간하기가 어려
움. 출전은 『세설신어』의 「덕행편」

◾◾𝄢.

2단계에 해당하는 단어는 '우아함(雅) · 암컷(雌) · 견주다(雙) · 떠
남(離)' 등을 나타냅니다.

雅 • 바를 아, 떼까마귀 아 〔隹부 4획, 총 12획 *straight* · が〕3Ⅱ급
• 떼까마귀를 나타낸 형성 글자.

雅淡(아담) : 우아하고 산뜻함

雅量(아량) : 너그러운 도

雌 • 암컷 자, 약할 자 〔隹부 5획, 총 13획 *female* · よう〕3급
• 새의 암컷은 날개를 엇갈려 꽁지를 감춘다는 뜻의 형성 글자.

雌伏(자복) : 복종하고 따름

雌雄(자웅) : 암컷과 수컷

雙 • 쌍 쌍, 견줄 쌍 〔隹부 10획, 총 13획 *pair* · そう〕3Ⅱ급
• 두 마리의 새를 쥐고 있는 모습을 나타낸 회의 글자.

雙肩(쌍견) : 좌우 어깨

雙方(쌍방) : 양쪽 편

雜 • 섞일 잡, 모을 잡 〔隹부 10획, 총 18획 *be mixed* · ざつ〕4급
• 여러 가지가 섞여 있다는 뜻의 형성 글자.

雜穀(잡곡) : 쌀 외의 곡식

雜念(잡념) : 여러 가지 생각

離 • 떠날 리, 붙을 리 〔隹부 11획, 총 19획 *leave* · り〕4급
• 새를 잡아먹으려고 달라붙었다 떨어졌다 하는 모습의 형성 글자.

離居(이거) : 떨어져 따로 삶

離陸(이륙) : 육지를 떠남

뒤섞여 어지럽히다

• 漢字 部首

어그러질 천

舛 [舛부 0획, 총 6획]
contrary to · しゅう

.[].

한자 부수의 하나인 어그러질 천(舛) 부는 '잘못되거나 뒤섞여 어지 럽히는 것'을 나타냅니다. 모든 단계가 1단계인 '춤을 추다(舞)'입니다.

舞 • 춤출 무, 춤 무, 고무 무 [舛부 8획, 총 14획 dance · せん] **4급**
• 뒤섞이어 어지럽히는 것을 나타낸 형성 글자.

舞曲(무곡) : 춤을 출 때 부르는 노래
舞踊(무용) : 춤
舞鶴(무학) : 춤추는 학

※ 다음에서는 출세에 대해 살펴보겠습니다.

*입신양명(立身揚名). 출세하여 이름을 널리 알림

*계림일지(桂林一枝). 진나라의 현량이 제1로 천거되었을 때에 겨우 계림에서 한가지 만을 얻었다는 고사

*고목생화(枯木生花). 말라죽은 나무에서 꽃이 피듯이 곤궁한 사람 이 행운을 만나 잘된 것을 신기하게 여긴다는 뜻

*고목발영(枯木發榮). 해묵은 나무가 영화를 나타낸다는 의미

*출장입상(出將入相). 나가서는 장수이며, 들어와서는 재상이라는 말. 문무를 겸존했다는 뜻

*平地突出(평지돌출). 평지에 우뚝 솟았다. 미천한 집안에서 입신출 세를 하였다는 뜻

작은 배

• 象形

배 주

舟

[舟부 0획, 총 6획]

しゅう

배 주(舟) 부의 1단계는 '배(船)'를 가리킵니다.

船
• 배 선 〔舟부 5획, 총 11획 *ship* · こう〕 **5급**
• 구덩이를 따라 물이 흐르는 것을 나타낸 형성 글자.

　船價(선가) : 배 삯

　船客(선객) : 배의 승객

2단계에는 '배(舟) · 되돌아옴(般) · 건넘(航)' 등입니다.

般
• 돌 반, 되돌아올 반 〔舟부 4획, 총 10획 · しゅう〕 **3Ⅱ급**
• 작은 배를 본뜬 상형 형성 글자.

　舟橋(주교) : 배다리

　舟師(주사) : 뱃사공. 수군

航
• 건널 항, 하늘을 항 〔舟부 4획, 총 10획 *across* · こう〕 **4Ⅱ급**
• 배가 똑바로 지나가는 것을 나타낸 형성 글자.

　航空(항공) : 비행기나 비행선으로 공중을 비행함

　航海(항해) : 배로 바다를 건넘

　航行(항행) : 배를 타고 감

십자로

• 會意

行

갈 행, 행위 행

［行부 0획, 총 6획］
walk · こう

✏.

갈 행(行)은 '십자로'를 본뜬 모습입니다. 행(行) 부의 1단계는 '간다 (行)와 거리(街)' 입니다.

行
• 갈 행 ［行부 0획, 총 6획 *walk* · こう］ **6급**
• 십자로를 본뜬 회의 글자.

行客(행객) : 나그네

行進(행진) : 줄을 지어 나아감

行人(행인) : 길을 가던 사람

街
• 거리 가, 한길 가 ［行부 6획, 총 12획 *street* · がい］ **4Ⅱ급**
• 가로 세로로 구획지어 있는 길을 나타낸 형성 글자.

街路樹(가로수) : 길거리에 심은 나무

十字路(십자로) : 열십자로 된 교차로

街頭販賣(가두판매) : 길거리에서 판매함

繁華街(번화가) : 사람이 붐비는 거리

✏.

2단계는 '꾀(術) · 찌름(衝) · 지킴(衛) · 저울대(衡)' 등입니다.

術
- 꾀 술, 수단 술 〔行부 5획, 총 11획 *trick* · しゅつ〕 **6급**
- 옛날부터 정해진 방법을 나타내는 형성 글자.

術家(술가) : 풍수사

術法(술법) : 수단 방법

術策(술책) : 일을 꾸미는 방법이나 계책

衝
- 찌를 충, 사북 충 〔行부 9획, 총 15획 *pierce* · しょう〕 **3Ⅱ급**
- 관통할 기세로 맞부딪치는 것을 나타낸 형성 글자.

衝激(충격) : 서로 세차게 부딪침

衝擊(충격) : 마음에 심한 충격을 받음

衝突(충돌) : 서로 부딪침

相衝(상충) : 서로 부딪침

衛
- 지킬 위, 막을 위 〔行부 9획, 총 16획 *watch* · えい〕 **4Ⅱ급**
- 바깥을 빙글빙글 돌고 있는 것을 나타낸 회의 글자.

衛兵(위병) : 호위병

衛星(위성) : 행성의 둘레를 도는 별

衛戍令(위수령) : 군대가 일정한 장소에 주둔하여 경비하게
    하는 명령을 내리는 일

衡
- 저울대 형 〔行부 10획, 총 16획 *scale beam* · こう〕 **2급**
- 저울대의 모양을 나타낸 글자.

衡平(형평) : 평균

銓衡(전형) : 일정한 기준에 통과하기 위하여 응시하는 것

均衡(균형) : 평균

64괘 중의 간괘

• 漢字 部首

괘 이름 간

艮

[艮부 0획, 총 6획]

good · かん

괘 이름의 하나인 간(艮) 부의 1단계는 '좋음(良)' 뿐입니다. 2단계에 해당하는 한자는 없습니다.

良
• 좋을 량, 진실로 량 [艮부 1획, 총 7획 good · りょう] 5급
• 더러움이 없이 깨끗하게 맑아진다는 뜻의 형성 글자.

良家(양가) : 좋은 집안

良弓(양궁) : 좋은 활

良心(양심) : 사람의 본 마음

田 • 良藥苦於口(양약고어구) : 좋은 약은 입에 쓰지만 몸에 이롭다. 충신의 간언은 귀에 거슬리지만 행동은 이롭다는 뜻. 출전은『공자가어』의「육본편」

※여기에서는 진실에 대한 어휘와 명칭에 대해 살펴봅니다.

*우리들은 이성에서 뿐만이 아니라 마음에 의해서 진실을 안다(파스칼/팡세)

*진실은 최고의 것이다. 최고의 것은 진실이다. 진실에 의해서 인간은 결코 하늘로부터 떨어지는 일이 없을 것이다(우파니샤트)

*인간이 진실만을 똑바로 지켜보고 기만당하기를 용납하지 않는다면 인생은 우리가 아는 일들과 비교하여 볼 때 아라비안나이트아 같은 야화가 될 것이다(소로우)

호랑이의 가죽

• 漢字 部首

범 무늬 호

虎

〔虍부 0획, 총 6획〕

こ

🖊.

한자 부수인 범호 엄(虍) 부에는 1단계에 '범(虎) · 머무름(處) · 비다(虛) · 부름(號)' 등입니다.

虎
- 범 호 〔虍부 2획, 총 8획 *tiger* · こ〕 3Ⅱ급
- 호랑이의 모양을 본뜬 상형 글자.

虎尾(호미) : 호랑이의 꼬리

虎皮(호피) : 호랑이 가죽

處
- 머무를 처, 곳 처 〔虍부 5획, 총 11획 *stay* · しょ〕 4Ⅱ급
- 여기에 있다는 의미의 장소로 사용되는 회의 글자.

處決(처결) : 결정하여 처분함

處事(처사) : 일을 처리함

處身(처신) : 세상을 살아가는 데의 몸가짐

虛
- 빌 허 〔虍부 6획, 총 12획 *empty* · きょ〕 4Ⅱ급
- 가운데가 움푹 들어가 아무 것도 없다는 뜻의 형성 글자.

虛空(허공) : 공중

虛誕(허탄) : 마음이 공허함

號
- 부를 호, 부르짖을 호 〔虍부 7획, 총 13획 *call out* · ごう〕 6급
- 호랑이가 으르렁대는 것을 나타낸 형성 글자.

號角(호각) : 호루라기

號哭(호곡) : 슬피 욺

바싹 다가선 두 사람

• 會意

빛 색, 종류 색

色

[色부 0획, 총 6획]

color · りょく

색(色) 부는 '두 사람이 바짝 다가선 모양'으로 얼굴이며 종류 · 얼굴 빛을 나타냅니다.

色
• 빛 색, 종류 색 〔色부 0획, 총 6획 color · りょく〕7급
• 사람의 얼굴 모습을 나타낸 회의 글자.

色界(색계) : 색의 세계. 화류계

色魔(색마) : 색에 미쳐 비정상적인 생활이나 활동을 하는 사람. 색광도 같은 말

色彩(색채) : 빛깔

※ 다음에서는 색(色)의 어록에 대해 살펴봅니다.

◇색깔은 모두 말을 한다(에디슨)

◇자연은 색체의 이행 단계를 알 뿐, 색체 그 자체는 알지 못한다(몰 겐슈테른/『단계』)

◇청색은 자극하는 무(無)다.(괴에테)

◇적색이나 황색은 능동적인 색채다. 그 무엇인가 흥분케 하는 과격 한 빛깔이다. 그러나 청색이나 바이올렛 빛은 수동적이고 싸늘하 고 외로운 빛이다.(피히네스)

날카로운 날붙이

• 象形

매울 신, 고생할 신

辛

[辛부 0획, 총 7획]

しん

🖊.

신(辛) 부의 1단계는 '매운 맛(辛)'을 나타냅니다.

辛

• 매울 신, 고생할 신　[辛부 0획, 총 7획 · しん] **3급**
• 날붙이로 찌르는 듯한 통증을 나타낸 회의 글자.

辛苦(신고) : 맵고 씀

辛味(신미) : 쓴맛

辛未(신미) : 60갑자의 여덟째

辛辣(신랄) : 맛이 맵고 아림

🖊.

2단계는 '분별함(辨) · 말씀이나 헤어짐(辭) · 말을 잘 하거나 분별함(辯)' 등입니다.

辨

• 분별할 변, 따질 변　[辛부 9획, 총 14획 · べん] **3급**
• 두 사람의 언쟁을 딱 잘라 중지시키는 모습의 형성 글자.

辨理(변리) : 판별하여 변리함

辨濟(변제) : 물어줌

辨償(변상) : 물어줌

• 말씀 사, 사양할 사 〔辛부 12획, 총 19획 *words* · じ〕 **4급**
• 재판에서 언쟁하는 것을 나타낸 회의 글자.

辭令(사령) : 응대하는 말. 관직에 임명하는 것
辭意(사의) : 사퇴할 의사
辭職(사직) : 회사를 그만둠
辭表(사표) : 호사를 그만둘 때 내는 양식
辭說(사설) : 잔소리를 길게 늘어놓음

辯 • 말 잘할 변, 분별할 변 〔辛부 14획, 총 21획 · べん〕 **4급**
• 두 사람의 언쟁을 말로 가림을 나타내는 형성 글자.

辯明(변명) : 시비를 가림
辯舌(변설) : 말솜씨
辯護士(변호사) : 수임료를 받고 법적으로 상대를 옹호하는
　사람
能辯(능변) : 능숙한 말솜씨

※다음은 분별에 대하여 살펴보겠습니다. 분별이 앞서면 사랑이 뒷
선다는 말이 있습니다. 지나치게 분별하는 것은 인생이 지루하고 고식
적으로 만든다는 점에 주의하여야 합니다. 여기에는 다음과 같은 명칭
이 있습니다.
　*무별무행(無別無行). 분별과 행실이 없음
　*궁원분림기가택목(窮猿奔林豈暇擇木). 궁지에 빠진 원숭이가 무엇
을가릴 것 없이 아무 나무나 올라가는 것처럼 가난한 때에는 관록을
가리지 않고 벼슬을 한다는 말
　*사태(沙汰). 쌀을 일어 돌을 골라낸다는 말
　*수지오지자웅(誰知烏之雌雄). 까마귀는 암수가 비슷하여 시비를
분별하기가 어려움
　*이서설도(以黍雪桃). 기장으로 복숭아를 닦는다는 뜻. 이것은 귀천
을가리지 못한다는 의미

무엇을 덮을까

• 漢字 部首

西

[襾부 0획, 총 6획]

덮을 아　　　　　　　　　　　　あ

📝.

아(襾) 부의 1단계는 '서녘(西) · 구함(要) · 뒤집음(覆)' 등입니다. 2단계에 해당하는 한자는 없습니다.

西
• 서녘 서, 서양 서 〔襾부 0획, 총 6획 *west* · せい〕 **8급**
• 낮의 온기가 흘러 없어져 버리는 서쪽을 뜻하는 상형 글자.

西藏(서장) : 티베트

西風(서풍) : 서쪽에서 부는 바람

西班牙(서반아) : 스페인

要
• 구할 요, 사북 요 〔襾부 3획, 총 9획 *seek* · よう〕 **5급**
• 죄어서 가늘게 하는 것을 뜻하는 상형 글자.

要件(요건) : 긴요한 용건

要求(요구) : 필요한 것을 청구함

要所(요소) : 긴요한 곳

覆
• 뒤집을복, 덮을 부 〔襾부 12획, 총 18획 cover · ふく〕 **2급**
• 다시 하거나 뒤집는 것을 나타낸 글자.

覆啓(복계) : 회답을 올림

覆面(복면) : 얼굴을 가림

覆字(복자) : 활자를 뒤집어 검게 박은 글자

田 • 覆水不返盆(복수불반분) : 엎지른 물은 다시 동이에 되담지를 못한다는 뜻. 출전은 『사기』의 「제태공세가(齊太公世家)」

나중에 난 뿔

• 象形   〔角부 0획, 총 7획〕

뿔 각, 겨룰 각   horn · かく

각(角) 부의 1단계는 '뿔(角)과 풀리거나 깨달음(解)' 등입니다.

角
• 뿔 각 〔角부 0획, 총 7획 *horn* · かく〕 **6급**
• 뿔을 본뜬 상형 글자.

角弓(각궁) : 뿔로 만든 활

角門(각문) : 정문 옆에 있는 작은 문

解
• 풀 해, 흩어질 해 〔角부 6획, 총 13획 *untie* · かい〕 **4Ⅱ급**
• 소의 뿔을 칼로 잘라놓은 모습을 나타낸 형성 글자.

解毒(해독) : 독기를 풀어 없앰

田 • 解語花(해어화) : 말을 이해하는 꽃. 꽃처럼 아름다우면서도 말까지 알아듣는 미인을 이르는 말. 출전은 『개원천보유사(開元天寶遺事)』

2단계는 '닿음(觸)'입니다.

觸
• 닿을 촉 〔角부 13획, 총 20획 *touch* · しょく〕 **3Ⅱ급**
• 뽕나무에 붙은 벌레를 만진다는 뜻의 형성 글자.

觸角(촉각) : 곤충류의 더듬이

觸診(촉진) : 만져서 진단하는 법

욕심 많은 돼지

• 漢字 部首

豕

돼지 시

［豕부 0획, 총 7획］

pig · し

.

한자 부수의 하나인 시(豕)는 '돼지의 모습'을 나타냅니다. 1단계에 해당하는 단어는 없으며 한결같이 2단계 단어들입니다.

.

2단계에 해당하는 단어는 '돼지(豚) · 코끼리(象) · 호걸(豪) · 즐기거나 미적거림(豫)' 등입니다.

豚
• 돼지 돈, 돼지고기 돈 ［豕부 4획, 총 11획 *pig* · とん］ **3급**
• 땅딸막한 살찐 돼지를 나타낸 회의 글자.

豚肉(돈육) : 돼지고기

豚犬(돈견) : 돼지와 개. 일반적으로 어리석은 사람을 비유하여 쓰는 말. 또는 어리석은 자식

象
• 코끼리 상, 모양 상 ［豕부 5획, 총 12획 *elephant* · しょう］ **4급**
• 코끼리의 큰 모습을 본뜬 상형 글자.

象牙(상아) : 코끼리의 어금니

象牙塔(상아탑) : 현실 사회에서 도피하여 관념적인 학구생활을 하는 것을 이르는 말

豪
• 호걸 호, 사치 호 ［豕부 7획, 총 14획 *hero* · こう］ **3Ⅱ급**
• 돼지의 갈기가 두드러지게 긴 모양을 나타낸 형성 글자.

豪民(호민) : 세력이 있는 백성

豪言(호언) : 의기양양하여 호기롭게 하는 말

豪華(호화) : 부귀한 집

豫 • 미리 예, 즐길 예 〔豕부 9획, 총 16획 *beforehand* · よ〕**4급**
• 느긋하게 여유를 두고 꾸물대는 것을 나타낸 회의 · 형성 글자.

豫感(예감) : 미리 육감으로 헤아림

豫見(예견) : 미리 앞일을 내다 봄

豫示(예시) : 미리 보여줌

※다음에서는 '말'에 대해 살펴 봅니다.

*말은 입에서 나오지만 천사람의 귀로 들어간다(불경)

*짧은 말에 오히려 많은 지혜가 숨겨져 있다(소포클레스)

*사람은 잘못된 것에 말할 것이 아니라 오로지 진실된 것에 침묵해서는 안된다(시세로)

*좋은 말은 선행의 일종이지만 결코 말이 행동은 아니다(셰익스피어)

*바쁜 사람과 말할 때에 그 말은 짧게 하고 그 언어는 간단 명료해야 한다(워싱톤)

*말이라는 것이 감정의 면을 떠났다면 그것은 무의미한 것에 지나지 않는다(존 스타인백)

*사람의 마음에 대한 통찰력과 인생에 대한 총명한 인식을 나타내고 있는 것은 영국 사람의 말이다. 경묘한 농담을 번뜩여서 안개처럼 골치아픈 것들을 사라지게 하는 것은 불란서 사람의 무한한 말이다. 아무래도 흉내낼 수 없는 독자적인 지적인 까다로운 말을 능란하게 고안해 놓은 것은 독일 사람일 것이다(괴테)

*그대의 말을 강조하지 말라. 그리고 다른 사람들이 그대가 말한 바를 무엇인지를 발견하도록 내버려 두라. 그들의 정신은 둔하기 때문에 제때에 도망할 수 있을 것이다(쇼펜하우어)

두 개의 구멍

• 會意
골 곡, 다할 곡

〔谷부 0획, 총 7획〕
valley · こく

.

곡(谷) 부의 1단계는 '골짜기(谷)' 뿐입니다.

> • 골 곡, 다할 곡 〔谷부 0획, 총 7획 valley · こく〕 3Ⅱ급
> • 구멍에서 물이 갈라져 나오는 모양을 나타낸 회의 글자.
>
> 深山幽谷(심산유곡) : 깊은 산과 그윽한 골짜기
> 谷泉(곡천) : 골짜기에서 흐르는 샘
> 谷風(곡풍) : 골짜기에서 부는 바람

※다음에서는 산의 어휘에 대해 살펴봅니다.
*한 여성을 사랑하듯 산을 사랑한다(꼬스트)
*높은 산맥은 정서이다. 그러나 인간 도시의 소음은 고통이다(바이런/『차일드헤럴드의 편력』)
*산맥은 거세 안한 숫양처럼 뛰고 언덕은 양새끼처럼 달린다(『성경』)
*산은 모든 자연 풍경의 시초요 종말이다.(러스킨)
*지자(知者)는 물을 좋아하고 인자(仁者)는 산을 좋아한다. 지자는 움직이고 인자는 조용하다. 지자는 즐겁게 살고 인자는 장수한다 (공자/『논어』)
*산은 본연의 인간과 같은 데 나무라는 재능으로 인하여 스스로 해친다(장자)

굽이 높은 술잔

• 形聲
콩 두, 제기 두

[豆부 0획, 총 7획]
soybean · とう

📝.

두 부는 1단계 뿐으로 '콩(豆)과 넉넉함(豊)' 등입니다.

豆	• 콩 두 [豆부 0획, 총 7획 *soybean* · とう] 4Ⅱ급
	• 음식을 담는 굽이 높은 술잔을 본뜬 형성 글자.

豆腐(두부) : 콩으로 만든 식품의 한가지
大豆(대두) : 큰 콩

豊	• 풍년 풍, 넉넉할 풍 [豆부 11획, 총 18획 · ほう] 4Ⅱ급
	• 술잔 위에 작물을 수북히 쌓아놓은 모습의 형성 글자.

豊年(풍년) : 농사가 잘된 해
豊滿(풍만) : 물자가 풍족함

📝.

2단계는 '어찌(豈)' 입니다.

豈	• 어찌 기 [豆부 3획, 총 10획 *why* · かい] 3급
	• 떠들썩한 군악을 나타낸 형성 글자.

豈敢(기감) : 어찌. 감히
豈豫(기불) : 어찌 가 아니겠는가

발이 없는 벌레

• 漢字 部首

豸 [豸부 0획, 총 4획]

발 없는 벌레 치, 해태 태   ち, たい

📝.

'갖은 돼지 시(豸)' 부는 지렁이와 같은 '발이 없는 벌레'를 나타냅니다만, 다른 의미로는 해태를 뜻하기도 합니다. '갖은 돼지 시(豸)' 부의 1단계 단어는 없습니다.

📝.

2단계에 해당하는 단어는 '얼굴(貌))'입니다.

• 얼굴 모 [豸부 7획, 총 14획 face · ほう] 3Ⅱ급
• 사람이나 동물의 모습을 대강 나타낸 회의 · 형성 글자.

美貌(미모) : 아름다운 얼굴
外貌(외모) : 겉으로 보이는 모습
容貌(용모) : 자태

※다음에서는 미인의 몇가지 유형에 대해 살펴봅니다.
*절대가인(絶代佳人). 미모가 몹시 빼어난 여인
*무정가인(無情佳人). 무정한 가인
*천향국색(天香國色). 나라 안에서 가장 빼어난 미인
*광염(光艶). 눈부시게 아름다운 미인
*단장가인(斷腸佳人). 애가 끓도록 아름다운 미인

빨갛게 타오르는 불길

• 會意   〔赤부 0획, 총 7획〕
붉을 적, 빌 적   **赤**   red · せき

적(赤) 부는 1단계의 '붉다(赤)' 뿐입니다.

赤 • 붉을 적, 발가숭이 적 〔赤부 0획, 총 7획 red · せき〕 **5급**
• 빨갛게 타오르는 불길을 나타낸 회의 글자.

赤裸裸(적나라) : 있는 그대로 드러냄
赤貧(적빈) : 몹시 가난함
赤手(적수) : 빈손

※다음에서는 어록과 격언, 속담 등을 살펴보겠습니다.
*운명은 우리에게서 부귀를 빼앗을 수 있어도 용기는 빼앗을 수 없다(L.A.세네카)
*좋은 선장은 육지에 앉아 될 수는 없다. 바다에 나가 무서운 폭풍을 만난 경험이 유능한 선장을 만든다. 격전의 들판에 나서야만 전쟁의 힘을 이해할 수 있다. 사람의 참된 용기는 인생의 가장 곤란한, 또는 가장 위험한 위치에 섰을 때 비로소 나타난다(다니엘)
*대담한 인간을 적절하게 쓰는 것은 그를 두목으로서 지휘하는 것이 아니고 부하로서 다른 지휘를 받도록 하는 데 있는 것이다(베이컨/수필집)
*비겁한 자는 잔인하나, 용자는 자비를 사랑하고 구조를 기뻐한다(JW.괴에테)

배가 큰 사람

• 象形
몸 신

身

[身부 0획, 총 7획]
body · しん

신(身) 부에서는 1단계가 '몸(身)'을 나타냅니다. 2단계에 해당하는 글자는 없습니다.

身
• 몸 신 [身부 0획, 총 7획 body · しん] 6급
• 근육이 단단한 몸을 나타낸 상형 글자.

身病(신병) : 몸의 병

身上(신상) : 일신에 관한 일

身世(신세) : 일평생

※다음에서는 몸에 대한 여러 어휘나 명칭에 대해 살펴봅니다.

◇완전한 육체는 그 자체가 곧 영혼이다(산타야나/『아킬레스상 앞에서』)

◇육체는 우리들의 존재가 야영하고 있는 임시 오두막이다(A.쥬벨)

◇인간의 육체와 정신 사이에는 항상 일종의 기묘한 관계가 존재한다. 사지의 하나를 잃고 나면 정신도 어떤 감정 하나를 잃는 것이다(M.Y.레르몬토프)

◇육체의 활동은 정신적 고뇌를 해방한다. 이것이 가난한 사람을 행복하게 만들어 준다(FD.라로슈푸코우)

◇육체는 훌륭한 연장에 지나지 않고 육체는 하나의 종에 지나지 않는다.(생 텍쥐베리/『인간의 대지』)

노인의 긴 머리털

• 象形

길 장, 어른 장

[長부 0획, 총 8획]

long · ちょう

■」.

장(長) 부는 노인이 긴 머리털을 바람에 나부끼고 있는 모습을 본뜬 글잡니다.

• 길 장, 길이 장 [長부 0획, 총 8획 *long* · ちょう] **8급**
• 노인이 머리털을 나부끼고 있는 모습의 상형 글자.

長江(장강) : 긴 강. 중국에서는 양자강을 이름

長久(장구) : 길고 오램

長年(장년) : 나이가 위임

⊞ • 長袖善舞多錢善賈(장수선무다전선고) : 소매가 길면 춤을 추기에 좋고 재물이 많으면 장사를 잘한다. 이것은 조건이 좋은 사람이 성공하기가 쉽다는 뜻. 출전은 『한비자』의 「오두편」

※ 다음에서는 노인에 대한 격언이나 속담을 풀이해 봅니다.

◇ 늙고 병든 몸은 늙은 새도 앉지 않는다 — (사람이 늙고 병들면 누구 한사람 찾아와 주지도 않고 좋아하는 이도 없다는 뜻)

◇ 늦바람이 곱새를 벗긴다 — (늦게 불기 시작한 봄바람이 초가집의 지붕마루에 얹은 곱새를 벗긴다는 의미)

◇ 나라의 상감님도 늙은이 대접은 한다 — (누구라도 노인 대접은 한다는 의미)

◇ 늙으면 아이가 된다 — (늙으면 모든 행동이 어린애처럼 철없다)

우물의 맑은 물과 새싹

• 形聲
푸를 청, 푸른 흙 청

靑

［靑부 0획, 총 8획］
blue · せい

🖊 .

청(靑)은 '푸릇푸릇한 풀의 싹과 우물 속의 맑은 물'을 본뜬 글잡니다. 청 부의 1단계는 '푸름(靑)과 고요함(靜)' 등입니다.

靑
• 푸를 청 ［靑부 8획, 총 8획 blue · せい] 8급
• 모든 것이 끝나 꼼짝을 않는다는 뜻의 형성 글자.

靑盲(청맹) : 뜨고도 보지 못하는 눈

靑松(청송) : 푸른 소나무

🈦 • 靑雲之志(청운지지) : 신선이나 천자가 될 사람이 있는 곳에는 푸른 구름이 깃들이었다고 함. 출전은 『사기』의 「백이열전」

• 靑天白日(청천백일) : 맑게 갠 하늘에서 밝게 비치는 해. 아무 잘못이 없는 무죄를 뜻함. 출전은 한유의 「여최군서」

• 靑天霹靂(청천벽력) : 맑게 개인 하늘에서 벼락이 친다. 뜻밖의 재난이나 변고를 뜻함. 출전은 육우의 「계미명기작」

• 靑出於藍(청출어람) : 쪽풀에서 나온 푸른색이 쪽보다 더 푸르다. 스승보다 제자의 실력이 뛰어남. 출전은 『장자』의 「권학편」

靜
• 고요할 정, 맑을 정 ［靑부 8획, 총 16획 quiet · せい] 4급
• 모든 것이 끝나 움직이지 않는다는 뜻의 형성 글자.

靜觀(정관) : 조용히 사물을 관장함

靜謐(정밀) : 세상이 편안함

좌우로 나뉜 새의 날개

• 指事　　　　　　　　[非부 0획, 총 8획]
아닐 비, 비방할 비　　**非**　*be not* · ひ

📝.

비(非) 부는 1단계인 '아님(非)' 뿐입니다.

非　• 아닐 비, 비방할 비　[非부 0획, 총 8획 *be not* · ひ] 4Ⅱ급
　　• 새의 날개가 나누어 진 것을 본뜬 지사 글자.

非經濟(비경제) : 경제적이 아님
非番(비번) : 당번이 아님
非運(비운) : 운수가 나쁨
非公式(비공식) : 공식이 아님
非理(비리) : 도리가 아님

※다음에서는 '날개'에 관한 저명인사들의 어록과 격언 및 속담에 대해 살펴봅니다.
*욕망과 사랑은 위대한 행위를 위한 두 날개다(다우리스)
*행복에는 날개가 있다 그러므로 붙들어 매어둘 수가 없다(실러)
*우정의 날개는 결코 탈취하지 않는다(디킨스)
*날개가 부러진 매(기운을쓰지 못하는 신세가 되었음을 이르는 말)
*호랑이에게 날개가 달렸다(한층 더 좋게 한다는 뜻)
*날개가 없으면 날 수가 없다(영국 속담)
*공작의 날개는 아름다워도 그 발은 더럽다(영국 속담)
*날개가 아름다우면 닭도 아름답다(영국 속담)

얼굴을 에워싼 모습

• 象形

낯 면, 겉 면, 탈 면

〔面부 0획, 총 9획〕

face · めん

면(面) 부는 얼굴을 에워싼 모습으로 만들어진 글자입니다. 이른바 '틀에 에워싸인 모습'입니다. 또는 '어떤 방향으로 얼굴을 돌릴 것인가'를 나타내기도 합니다. 1단계는 '얼굴(面)'로 2단계에 해당하는 글자는 없습니다.

面
• 얼굴 면, 낯 면, 겉 면 〔面부 0획, 총 9획 *face* · めん〕 7급
• 얼굴을 에워싼 모습을 나타낸 상형 글자.

面鏡(면경) : 얼굴을 볼 수 있는 작은 거울

面刀(면도) : 얼굴의 잔털을 깎음

面目(면목) : 태도나 모양

※다음에서는 얼굴에 관한 성어를 살펴보겠습니다.

*첫째, 용안불개(容顔不改) : 얼굴이 변하지 않음

*둘째, 경리쇠용(鏡裏衰容) : 거울 속에 비친 쇠한 얼굴

*셋째, 만면홍조(滿面紅潮) : 술에 취해 붉어진 얼굴

*넷째, 일시화용(一時花容) : 잠깐 동안의 꽃같은 얼굴

*다섯째, 세미옥안(細眉玉顔) : 가는 눈썹의 아름다운 얼굴

무두질한 가죽

• 會意

革

[革부 0획, 총 9획]

가죽 혁, 고칠 혁

hide · かく

혁(革)은 동물의 가죽을 벗겨서 머리와 꼬리가 달린 채로 편 모양을 나타냅니다. '무두질한 가죽' '느슨해진 것을 잡아당겨 편 모양'을 뜻합니다. 혁 부의 1단계는 '가죽(革)'입니다.

革

• 가죽 혁, 엄할 극 〔革부 0획, 총 9획 *hide* · かく〕**4급**
• 느슨해진 동물가죽을 잡아당겨 붙인 모습의 회의 글자.

革帶(혁대) : 가죽으로 만든 대
革命(혁명) : 천명이 바뀜. 한 법통이 다른 법통으로 바뀌는 일을 뜻함
革新(혁신) : 묵은 풍속 등을 새 것으로 바꿈

※여기에서는 '개혁'을 의미하는 '혁신'에 대하여 살펴봅니다.
*혁신을 베푸는 데 너무 곤란한 경우는 혁신이 필요치 않다는 것이다(보브라르그)
*혁신에 있어서 최고의 권력은 대부분 무뢰한의 손에 맡겨지고 있다(단톤)
*혁신은 외부가 아니라 내부에서 행해져야 한다. 여러분은 미덕을 법률로 제정할 수는 없다(기본즈)
*모든 혁신은 한때는 개인적인 의견이었다. 그릭 개인의 그것이 그 시대의 문제를 해결할 것이다(에머어슨)

고둥이 껍질이 내민 발

• 象形

별 진, 때 신

〔辰부 0획, 총 7획〕

star · しん

진(辰) 부의 1단계에는 '별(辰)·농사(農)' 등입니다.

辰
• 별 진, 때 신 〔辰부 0획, 총 7획 *star* · しん〕 3Ⅱ급
• 고둥이 껍질에서 발을 내밀고 있는 모습의 상형 글자.

辰星(진성) : 수성을 달리 부르는 말

辰宿(진수) : 온갖 별자리 별

農
• 농사 농, 농부 농 〔辰부 3획, 총 13획 *agriculture* · のう〕 7급
• 숲을 태우고 땅을 일구어 부드럽게 한다는 형성 글자.

農耕(농경) : 논밭을 경작함

農功(농공) : 농사 짓는 일

2단계에 해당하는 단어는 '욕됨(辱)'입니다.

辱
• 욕될 욕, 수치 욕 〔辰부 3획, 총 10획 *disgrace* · よく〕 3Ⅱ급
• 부드럽게 하는 것을 나타낸 회의 글자.

辱說(욕설) : 상스러운 말

侮辱(모욕) : 망신을 시킴

恥辱(치욕) : 욕되고 부끄러움

나누고 분별하다

- 漢字部首
분별할 변

采

[采부 0획, 총 7획]
へん

🔲.

분별함(采)은 '나누다'라는 의미로 본래의 글자는 변(辨)입니다. 1단계에 해당하는 단어는 없습니다.

🔲.

2단계에는 '놓아주거나 풀어주는 것(釋)'을 의미합니다.

釋
- 풀 석 〔采부 13획, 총 20획 *release* · しゃく〕3Ⅱ급
- 얽힌 것을 술술 풀어 순서대로 잇는다는 뜻의 형성 글자.

釋門(석문) : 불문
釋放(석방) : 구속된 사람이 풀림
釋尊(석존) : 석가의 존칭

※다음에서는 자유에 대하여 살펴봅니다.
*인민의 힘이 최고 지상인 국가에 있어서만이 자유는 서식할 수 있다(시세로)
*자유와 지배자는 쉽게 결합하지 않는다. 자연은 말 못하는 동물에게까지 자유를 준다(타키투스)
*신은 인간을 자유롭게 창조했다. 인간은 그 자신의 힘을 현명하게 사용하는 방법을 배우기 위해 자유롭지 않으면 안된다(칸트)

정리한 논밭이나 마을

• 會意

길 장, 어른 장

里

〔里부 0획, 총78획〕
village · り

.

마을을 나타내는 리(里)는 田과 土의 합자입니다. '가로 세로로 줄을 긋고 깔끔하게 정리한 논밭이나 사람이 사는 곳'을 나타냅니다. 리부 (里部)에서는 1단계에 해당하는 단어는 '무거움(重) ·들(野)·헤아림 (量)' 등입니다.

里
- 마을 리 〔里부 0획, 총 7획 *village* · り〕 **7급**
- 깔끔하게 정리된 논밭을 나타내는 회의 글자.

鄕里(향리) : 고향

里數(이수) : 거리를 리(里)의 단위로 나타낸 수

里程(이정) : 길의 이수(里數)

重
- 무거울 중 〔里부 2획, 총 9획 *heavy* · じゅう〕 **7급**
- 사람이 쿵쾅거리며 무게를 재는 것을 나타낸 형성 글자.

重量(중량) : 무게

重刊(중간) : 거듭 찍음

重複(중복) : 거듭함

重要(중요) : 소중하고 긴요함

野
- 들 야, 별자리 야 〔里부 4획, 총 11획 *field* · や〕 **6급**
- 옆으로 길게 늘어진 논밭을 나타낸 형성 글자.

野蠻(야만) : 문화가 미개함

野行(야행) : 밖으로 돌아다님

野心(야심) : 분에 넘치는 욕망

　　　野遊(야유) : 들놀이

田 • 野合(야합) : 들에서 합친다. 남녀간의 합당치 못한 결합을 나타냄. 출
전은 『사기』

 • 헤아릴 량 〔里부 5획, 총 12획 measure · りょう〕 5급
　　　• 노인이 머리털을 나부끼고 있는 모습의 상형 글자.

　　　水量(수량) : 물의 량

　　　物量(물량) : 물건의 량

　　　質量(질량) : 질의 량

※다음에서는 달의 어휘와 명칭에 대해서 살펴보겠습니다. 유안의
회남자에는 하늘의 사자로 표현하고 있습니다. 차가운 음기가 쌓여 무
리 되고 그러한 수기의 정(精)이 달이 되기 때문입니다.

　*세환월장재(歲換月長在). 해는 바뀌어도 달은 오래도록 있음

　*설월사창(雪月紗窓). 집으로 꾸민 고운 창에 비친 눈과 달

　*일체청명(一體淸明). 한결같이 맑고 밝음

　*적벽강월(赤壁江月). 적벽부에 나오는 달

　*소천칠월(蕭天七月). 소식의 적벽부에 나오는 달

　*완월장취(翫月長就). 달을 벗삼아 술을 오래도록 취함

　*화조월석(花朝月夕). 꽃 피는 아침과 달 뜨는 저녁

　*월명장안(月明長安). 달이 밝은 장안 거리

　*청풍명월(淸風明月). 맑은 바람과 밝은 달

　*공산추야월(空山秋夜月). 사람이 없는 빈 산을 월이 비추는 가을
달을 가리킴

　*야광명월(夜光明月). 밤에도 빛나는 밝은 달

　*아미월(蛾眉月). 음력 초사흗날의 달

　*정영침벽(靜影沈璧). 잠잠한 물결 위를 비추는 달

목덜미 위의 머리

- 漢字部首

머리 혈, 쪽 엽

〔頁부 0획, 총 9획〕
head · けつ

혈(頁) 부의 1단계는 '정수리(頂) · 모름지기(須) · 순함(順) · 옷깃 또는 목(領) · 머리(頭) · 얼굴(顔) · 이마나 표제(題) · 원하는 것(願)' 등입니다.

| 頂 | • 정수리 정, 머리 정 〔頁부 2획, 총 11획 · てい〕 3Ⅱ급 |

- 몸의 선에 직각이 되는 머리의 꼭대기를 나타낸 형성 글자.

頂門一鍼(정문일침) : 정수리에 침을 놓는다는 뜻. 급소를 찔러 훈계함

頂上(정상) : 꼭대기

頂點(정점) : 꼭대기

| 須 | • 모름지기 수, 수염 수 〔頁부 3획, 총 12획 · しゅ〕 3급 |

- 턱수염을 나타낸 회의 글자.

須臾(수유) : 잠깐

須髮(수발) : 수염과 머리카락

須知(수지) : 반드시 알아 두어야할 사항

| 順 | • 순할 순, 좋을 순 〔頁부 3획, 총 12획 *docile* · じゅん〕 5급 |

- 강물이 흐르는 방향으로 자연스럽게 머리가 따라가는 형성 글자.

順産(순산) : 별다른 어려움없이 순조롭게 아이를 낳음

順行(순행) : 순조롭게 나아감

順坦(순탄) : 평탄함

順吉(순길) : 순하고 길함

領
- 옷깃 령, 거느릴 령 〔頁부 5획, 총 14획 *collar* · りょ〕5급
- 고개를 끄덕이며 받아들인다는 뜻의 형성 글자.

領內(영내) : 영토 안

領導(영도) : 거느려 이끄는 것

領袖(영수) : 많은 사람을 이끄는 우두머리

頭
- 머리 두, 옆 두 〔頁부 7획, 총 16획 *head* · とう〕6급
- 가만히 있는 머리를 나타낸 형성 글자.

頭角(두각) : 머리끝. 뛰어난 재능

頭巾(두건) : 삼베로 만든 건(巾)

頭目(두목) : 우두머리

顔
- 얼굴 안, 채색 안 〔頁부 9획, 총 18획 *face* · がん〕3Ⅱ급
- 이목구비가 뚜렷한 잘 생긴 남자를 나타낸 형성 글자.

顔面(안면) : 얼굴

顔色(안색) : 기색

童顔(동안) : 어린애같은 얼굴

題
- 이마 제, 볼 제 〔頁부 9획, 총 18획 *forehead* · だい〕6급
- 곧은 이마를 나타내는 형성 글자.

題目(제목) : 책의 표제

題言(제언) : 머릿말

題號(제호) : 책 따위의 제목

願
- 원할 원, 부러워할 원 〔頁부 10획, 총 19획 *desire* · がん〕5급
- 융통성이 없는 고지식한 머리를 나타낸 형성 글자.

發願(발원) : 원하는 것

願望(원망) : 바라고 원하는 것

■■.

2단계에 해당되는 단어는 '기울거나 밭의 넓이를 나타냄(頃) · 목
(項) · 기리다(頌) · 치우침(頗) · 자주(頻) · 이마(額) · 닮거나 무리
(類) · 돌아봄(顧) · 나타남(顯)' 등입니다.

頃 • 밭넓이 경, 기울 경, 걸음 규 〔頁부 2획, 총 11획 · はん〕 3Ⅱ급
• 匕와 頁의 합자. 고개를 갸웃하는 모습의 회의 글자.

頃刻(경각) : 잠깐 동안
頃步(경보) : 반 걸음
頃田(경전) : 1경의 밭

項 • 목 항, 클 항 〔頁부 3획, 총 12획 nape · こう〕 3Ⅱ급
• 머리와 몸통을 잇는 목덜미를 나타낸 형성 글자.

項領(항령) : 큰 목
項目(항목) : 조항
項鎖(항쇄) : 목에 씌우는 칼

頌 • 기릴 송 〔頁부 4획, 총 13획 praise · しょう〕 4급
• 머리를 흔들며 막힘 없이 소리내어 읽는다는 뜻의 형성 글자.

頌德(송덕) : 덕을 기림
頌祝(송축) : 경사를 축하함

頗 • 자못 파, 치우칠 파 〔頁부 5획, 총 14획 · は〕 3급
• 머리가 한쪽으로 기운 모습을 뜻하는 회의 · 형성 글자.

偏頗(편파) : 한쪽으로 치우침
頗多(파다) : 상당히 많음

頻 • 자주 빈, 물가 빈 〔頁부 7획, 총 16획 frequent · ひん〕 3급
• 일이 간격을 두지 않고 연달아 일어나는 모습의 회의 글자.

頻度(빈도) : 여러 번. 잦은 도수
頻蹙(빈축) : 얼굴을 찡그림

頻煩(빈번) : 자주

額 • 이마 액, 머릿수 액 〔頁부 9획, 총 18획 *forehead* · はん〕**4급**
• 단단한 뼈가 있는 이마를 가리키는 형성 글자.

額面(액면) : 유가증권 등에 적힌 금액
額數(액수) : 금액
額子(액자) : 현판에 쓴 글씨를 나타냄

類 • 무리 류, 닮을 류 〔頁부 10획, 총 19획 · るい〕**5급**
• 여러 종류의 개가 서로 닮았다는 것을 나타낸 형성 글자.

類推(유추) : 서로 비슷한 것으로써 그 외의 일을 생각해내
는 것
類似(유사) : 비슷함
類類相從(유유상종) : 서로 비슷한 것끼리 서로 왕래하여 사
귀는 것

顧 • 돌아볼 고, 생각할 고 〔頁부 12획, 총 21획 *look back* · こ〕**3급**
• 멀리를 보지않고 뒤돌아 보는 것을 나타낸 형성 글자.

顧忌(고기) : 꺼림
顧慮(고려) : 생각함
顧問(고문) : 자문직에 있는 사람
顧命臣下(고명신하) : 임금이 승하하기 전에 뒷일을 부탁하
는 신하

顯 • 나타날 현, 볼 현 〔頁부 14획, 총 23획 *appear* · けん〕**4급**
• 머리를 밝은 곳으로 나타낸 형성 글자.

顯考(현고) : 망부의 경칭
顯貴(현귀) : 지위가 높고 귀함
顯著(현저) : 뚜렷하게 드러남

기장을 삶는 향기

• 會意

향기 향, 아름다울 향

〔香부 0획, 총 9획〕

fragrance · こう

.

아무리 꽃향기라지만 바람을 거슬러 가면 향기는 나지 않습니다. 본래 '향'이라는 글자는 벼 화(禾)자 아래에 日(甘 : 맛 감의 변형)자를 받친 모습입니다. 이것은 곡식으로 밥을 지을 때에 그 냄새가 입맛을 돋운다는 의미입니다.

> **香** • 향기 향 〔香부 0획, 총 9획 *frageance* · こう〕 4Ⅱ급
> • 기장을 삶을 때 피어나는 냄새를 본뜬 회의 글자.

香氣(향기) : 향기로운 냄새

香水(향수) : 진한 향내를 풍기는 화장품의 하나

香薰(향훈) : 좋은 냄새

※다음에서는 '어진이'에 대해 살펴봅니다.

*어리석은 자는 온갖 말을 믿으나 슬기로운 자는 그 행동을 삼간다(성서)

*현명한 자가 되어 분노하는 것보다는 미치광이와 잔치를 가장하는 거이 낫다(호라티우스)

*명성을 쫓는 자는 남의 행동에 자기자신의 선을 둔다. 쾌락을 쫓는 자는 선을 자기의 관능에 둔다(아울렐리우스)

*현명한 자는 만물 속에서 자기를 위한 부조를 찾아낸다. 그것은 부여된 재능은 모든 사물로부터 선을 찾아내는 데 있으므로(러스킨)

몸의 관절뼈

• 會意
뼈 골, 강직할 골

 骨

〔骨부 0획, 총 10획〕
bone · こつ

.

골(骨) 부의 1단계는 '뼈(骨)와 몸(體)' 등입니다. 2단계에 해당하는 한자는 없습니다.

骨
• 뼈 골, 강직할 골 〔骨부 0획, 총 10획 bone · こつ〕 **4급**
• 몸의 관절을 나타내는 회의 글자.

骨格(골격) : 뼈의 조직
骨相(골상) : 골격에 나타난 운명의 상(相)
骨折(골절) : 뼈가 부러짐

體
• 몸 체, 근본 체 〔骨부 13획, 총 23획 body · でい〕 **6급**
• 뼈의 모양을 잘 다듬은 모습을 뜻하는 형성 글자.

體軀(체구) : 몸뚱이
體罰(체벌) : 몸에 직접 고통을 줌
體溫(체온) : 몸의 온도

※여기에서는 우리의 몸의 아름다움에 대하여 살펴봅니다. 그 아름다움은 지성이 바탕이 되기 때문입니다.
*골립(骨立). 몹시 깡말라서 힘줄과 뼈만 남은 상태.
*일신진구(一身塵垢). 한몸에 받은 먼지와 때. 즉, 세속으로 더럽혀진 몸
*정종모발(頂踵毛髮). 사람의 몸

늘어진 머리털

• 漢字部首

머리털 늘어질 표

〔髟부 0획, 총 15획〕

hair · はつ

✎.

표(髟) 부에는 1단계에 해당하는 한자는 없습니다.

✎

2단계에 해당하는 한자는 '터럭(髮)'입니다.

髮

• 터럭 발, 초목 발 〔髟부 5획, 총 15획 *hair* · はん〕 **4급**
• 치켜오르듯이 뿔뿔이 치솟은 모양의 형성 글자.

假髮(가발) : 머리털이 부족하거나 없는 사람이 쓰는 가짜
　　머리로 만든 용기

短髮(단발) : 짧은 머리

削髮(삭발) : 머리를 자름

※여기에서는 자연에 대해 살펴보겠습니다

*송풍산월(松風山月). 솔숲을 스쳐부는 바람과 산에 걸린 달

*자연진취(自然眞趣). 자연의 참다운 취미

*백사청강(白沙淸江). 흰모래와 맑은 강

*천석고황(泉石膏肓). 세속에 물들지 않고 자연 그대로 살고 싶은
욕망을 뜻함

*임천한흥(林泉閑興). 자연의 한가한 흥

무기를 든 영혼

• 會意 〔鬼부 0획, 총 10획〕
귀신 귀, 멀 귀   *ghost* · き

∎❘.

1단계에 해당되는 단어가 없습니다. 공자는 『논어』에서 말합니다. '군자는 위험한 곳에 가까이 가지를 않고 귀신은 떠받들어서 멀리 하라'하였습니다.

∎❚❘.

2단계에 해당하는 단어는 '귀신(鬼) · 넋(魂)' 등입니다.

鬼 • 귀신 귀, 별이름 귀 〔鬼부 0획, 총 10획 *ghost* · き〕3Ⅱ굽
• 무기를 들고 서 있는 귀신의 모습을 나타낸 회의 글자.

鬼面(귀면) : 귀신의 얼굴을 상상하여 만든 탈
鬼門(귀문) : 저승으로 들어가는 문
[十]• **鬼魅最易**(귀매최이) : 귀신과 도깨비를 그리는 것이 가장 쉽다. 그 이유는 그림을 감상하는 자가 도깨비나 귀신에 대해 잘 모르기 때문이다. 출전은 『한비자』의 「외저설좌상편」

魂 • 넋 혼, 마음 혼 〔鬼부 4획, 총 14획 *soul* · こん〕3Ⅱ굽
• 자욱한 곳에 머무는 영혼을 나타낸 형성 글자.

魂怯(혼겁) : 혼이 빠지게 겁을 냄
魂膽(혼담) : 혼과 간담
魂飛魄散(혼비백산) : 너무 놀라워 혼이 달아날 지경

사슴과 네모난 쌀창고

• 象形

사슴 록, 곳집 록

〔鹿부 0획, 총 11획〕

deer · ろく

■Ⅰ.

사슴을 뜻하는 록(鹿) 부의 1단계에 해당하는 단어는 없습니다. 특히 사슴 가죽에 쓴 가로 왈(曰)은 잡아당기는 쪽에서 보면 왈(曰)도 되고 일(日)도 됩니다. 일정한 주견 없이 이랬다 저랬다 하는 것을 말합니다.

■■Ⅰ.

2단계에 해당하는 단어는 '사슴(鹿)을 비롯하여 고움과 꾀꼬리(麗)' 등입니다.

鹿
• 사슴 록, 곳집 록 〔鹿부 0획, 총 11획 deer · ろく〕 3급
• 사슴의 모양을 본뜬 상형 글자.

鹿角(녹각) : 수사슴 뿔
鹿皮(녹비) : 사슴 가죽
鹿茸(녹용) : 사슴의 새로 돋은 연한 뿔

麗
• 고울 려, 꾀꼬리 리 〔鹿부 8획, 총 19획 · れい〕 4Ⅱ급
• 사슴뿔이 가지런히 놓인 모습을 본뜬 형성 글자.

麗句(여구) : 아름다운 글귀
麗代(여대) : 고려 시대
麗月(여월) : 음력 2월의 이칭

껍질을 벗긴 삼

• 會意

麻

[麻부 0획, 총 11획]

삼 마, 참깨 마

hemp · ま

▪◼.

마(麻)는 삼의 줄기를 늘어놓고 껍질을 벗기는 모양에 지붕(广)을 붙여 집안에서 섬유를 뽑는 것을 의미합니다. 대마의 약리 작용이 마비시키는 작용이 있으므로 '마비시키다'라는 뜻으로도 쓰입니다. 마(麻) 부에는 1단계에 해당하는 단어가 없습니다.

▪◼◼.

마(麻)라는 글자에는 엄(广)과 임(林)의 합자로 이루어졌습니다. 그러나 여기에서는 임(林)이 숲이 아니라 삼의 줄기를 늘어놓고 껍질을 벗기는 모양을 나타내고 있습니다. 여기에 지붕(广)을 붙여 집안에서 섬유를 뽑아낸다는 것을 의미합니다. 2단계에 해당하는 단어는 '삼(麻)'을 뜻합니다.

• 삼 마 〔麻부 0획, 총 11획 hemp · ま〕 **3급**
• 삼의 줄기를 늘어놓고 껍질을 벗기는 것을 뜻하는 회의 글자.

麻藥(마약) : 마취약
麻絲(마사) : 삼실과 명주실
麻袋(마대) : 굵고 거친 아마로 짠 부대
麻雀(마작) : 실내 오락의 한 가지
麻衣(마의) : 삼베옷

굴뚝 속의 검댕이

- 會意

검을 흑

[黑부 0획, 총 12획]

black · こく

▣.

흑(黑) 부는 '아래에서 불이 타 굴뚝에 검댕이가 붙어 있는 모양'을 본뜬 것입니다. 검댕이의 색깔이 '검다'는 의미에서 그런 뜻을 가지게 되었습니다. 1단계는 '검거나 검은 빛(黑)'을 나타냅니다.

黑
- 검을 흑, 검은빛 흑 [黑부 0획, 총 12획 *black* · こく] **5급**
- 굴뚝 속의 검댕이가 붙어 있는 모습을 본뜬 회의 글자.

黑幕(흑막) : 겉으로 드러나지 않은 내막
黑字(흑자) : 이익. 또는 검은 글씨
黑風(흑풍) : 검은 바람

2단계에는 '잠잠함(默) · 점(點) · 무리(黨)' 등입니다.

默
- 잠잠할 묵 [黑부 4획, 총 16획 *be silent* · もく] **3Ⅱ급**
- 개가 짖지않고 사람 뒤를 따라가는 모습의 형성 글자.

默契(묵계) : 말없는 가운데 승락함
默考(묵고) : 마음속으로 묵묵히 생각함
默默(묵묵) : 입을 다물고 있는 모습

• 점 점, 물방울 점 〔黑부 5획, 총 7획 dot · てん〕 **4급**
• 어떤 장소를 차지하고 있는 검은 점을 나타낸 형성 글자.

點燈(점등) : 등불을 밝힘

點線(점선) : 점으로 이루어진 선

點呼(점호) : 일일이 호명하여 인원을 점검함

 • 무리 당 〔黑부 8획, 총 20획 company · とう〕 **4Ⅱ급**
• 속이 검은 사람들의 모임이라는 뜻의 형성 글자.

黨論(당론) : 그 당파가 주장하는 의견

黨規(당규) : 당의 규칙

黨員(당원) : 당에 속하는 사람

※다음에서는 침묵에 관한 어휘와 명칭에 대해 살펴봅니다.

*침묵은 현명한 자에게는 충분한 대답이다. 침묵은 동의를 나타낸다(메난드로스)

*마음에 없는 말 보다는 침묵하는 것이 얼마만큼 사교성을 잃지 않는 것인지 모른다(몽테에뉴)

*인간은 말하는 것을 인간으로부터 배우고 신들로부터 침묵을 배웠다(프루탈코스)

*현명하게 말하는 것은 때로 어렵다. 현명하게 침묵하는 것은 대개의 경우 가장 어렵다(보오덴슈테트)

*행복한 사람은 불행한 사람이 말없이 자신의 무거운 짐을 짊어지고 걷기 때문에 행복을 즐기고 있는 것이다. 이 불행한 사람의 침묵이 없었던들 행복 따위가 있을리 만무다(안톤 체호프)

*우정은 말에 의하여 생기고 사랑은 침묵에 의하여 생긴다(디퐁)

*침묵과 어둠 나는 더 이상 바랄 것이 없었어. 그래 약간씩은 받았지. 양쪽 다 둘다 같은 것은 아니니까(베케트)

*침묵은 끊일줄 모르는 말과 같이 눈물의 강이다(베케트)

*말 많은 것보다 큰 화는 없다(문중자)

나의 코

• 形聲

코 비, 시초 비

〔鼻부 0획, 총 14획〕

nose · び

.

비(鼻) 부의 1단계는 '코(鼻)' 뿐입니다. '코'는 본래 자(自)로 쓰였습니다. 그러던 것이 자(自)가 '자신'이라는 뜻으로 쓰이게 되면서 비(鼻)로 쓰인 것입니다.

鼻 • 코 비, 시초 비 〔鼻부 0획, 총 14획 nose · び〕 **5급**
• 스스로 자신을 가리켜 코를 나타낸 형성 글자.

鼻孔(비공) : 콧구멍

鼻笑(비소) : 코웃음

鼻腔(비강) : 콧구멍

鼻血(비혈) : 코피

鼻祖(비조) : 처음으로 사업을 일으킨 사

※여기에서는 '나 자신'에 대해 살펴 봅니다.

*아동경태수성(我同庚太守成). 다른 사람만 못하다고 스스로 탄식을 하는 것

*아궁불열(我躬不閱). 내 몸을 돌아볼 형편이 못되어 다른 것은 살필 겨를이 없음

*유아이사(由我而死). 자기로 인하여 다른 사람이 죽음

*유아지탄(由我之歎). 나로 말미암아 다른 사람에게 해가 미치는 것을 걱정함

용은 상상적인 신령한 동물

• 形聲
용 룡, 임금 용

龍

[龍부 0획, 총 16획]
dragon · りゅう

.

용(龍) 부의 1단계에 해당하는 단어는 없습니다. 이 글자는 용이 꿈틀거리는 모양입니다.

.

2단계에 해당하는 단어가 '용(龍)'을 나타냅니다.

龍
• 용 룡, 임금 룡 〔龍부 0획, 총 16획 *dragon* · りゅう〕 **4급**
• 용의 모양을 본뜬 형성 글자.

龍尾(용미) : 용의 꼬리
龍鬚(용수) : 용의 수염
龍味鳳湯(용미봉탕) : 썩 괜찮은 음식을 나타냄
龍床(용상) : 임금이 앉은자리

田•龍頭蛇尾(용두사미) : 용의 머리에 뱀의 꼬리. 시작은 그럴 듯하나 결론이 없음. 출전은 『벽암집(碧岩集)』

• 龍蟠虎踞(용반호거) : 지세가 험하여 적을 막기에는 더없이 좋은 장소. d 용이 서리고 범이 웅크린 형상으로 호족이 있는 곳을 근거지로 삼아 위세를 떨침. 출전은 이백의 '영왕동순가(永王東巡歌)'

• 龍驤虎視(용양호시) : 용처럼 하늘을 날아올라 범처럼 본다는 뜻으로, 의지와 기개, 그리고 위세가 강하여 한층 훌륭한 모양. 출전은 『삼국지』의 제갈량전

텁수룩한 머리

• 象形　　　　　　　　　　　　　　　　[首부 0획, 총 9획]

머리 수, 칼자루 수　　　　　　　　　　*head* · しゅ

■〗.

깎인 머리를 청년이 아까워 한다면 어찌해야 하는가? 이런 설문을 받았다면 여러분은 어떻게 하시겠습니까. 저의 경우라면, 가발을 보낼 것입니다. 수(首) 부의 1단계는 '수(首)' 자 뿐입니다. 2단계에 해당하는 한자는 없습니다.

• 머리 수, 첫머리 수　[首부 0획, 총 9획 *head* · しゅ] **5급**

• 텁수룩한 머리카락이 자란 것을 본뜬 상형 글자.

首功(수공) : 첫째 가는 공

首丘初心(수구초심) : 근본을 잊지 아니함

首肯(수긍) : 그렇다고 고개를 끄덕임

田• 首邱初心(수구초심) : 여우는 죽을 때에 자기가 살던 곳을 향해 머리를 향한다는 뜻. 출전은 『예기』의 「단궁상편」

• 首鼠兩端(수서양단) : 쥐가 구멍에서 머리를 매밀고 나갈까 말까를 망설임. 출전은 『사기』의 「위기무안열전」

※다음에서는 첫머리인 시작에 대해 알아봅니다.

＊모든 것은 사소한 것에서 출발한다. 알의 조그만 씨앗이 하늘을 찌르는 큰나무가 되는 것을 보라. 행복도 불행도 성공도 실패도 그 시초는 조그만 것에서 배태하고 있다(에머어슨)

＊험한 산에 오르려면 최초는 천천히 걷는 것이 필요하다(셰익스피어)

＊삶의 시작은 죽음의 시작이다(크왈즈)

달리는 말

• 象形   [馬부 0획, 총 10획]

馬

말 마, 산가지 마   *horse* · ば

.

『장자』의 인간세편(人間世篇)에 있는 얘기입니다. '내가 말을 상고해 보건대 그 동작이 곧게 갈 때는 먹줄에 맞고 돌아갈 때는 갈고리에 맞으며 꺾어갈 때는 곡척에 맞고 뚜렷이 돌 때는 그림쇠에 맞습니다. 이런 말은 한나라에서 제일 가는 국마(國馬)라고 하지만 아직 천하에 제일 가는 천하마(天下馬)에 미치지는 못합니다. 천하마는 저절로 된 재(材)가 있어서 그 모양은 마치 무슨 근심이 있는 듯, 또 제 몸을 잃은 듯 할 것입니다. 그런 놈이야말로 모든 말에서 뛰어나 그 달림이 바람처럼 빨라 그칠줄 모르는 것입니다'. 본문으로 돌아가 1단계를 살펴보겠습니다. '말(馬) · 오름(騰) · 놀람(驚)' 등입니다.

馬 • 말 마, 클 마 [馬부 0획, 총 10획 *horse* · ば] **5급**
       • 말의 모습을 본뜬 상형 글자.

馬脚(마각) : 말의 다리. 또는 거짓으로 숨긴 본성

馬賊(마적) : 말을 탄 비적

種馬(종마) : 씨를 내리기 위해 기르는 말

馬匹(마필) : 한 마리의 말. 또는 몇필의 말을 가리킴

馬上才(마상재) : 달리는 말에서 부리는 재주

⊞ • **馬耳東風**(마이동풍) : 말의 귀를 스쳐가는 바람. 다른 사람의 말을 귀담이 듣지를 않음. 출전은 이백의 「답왕십이」

• **馬革裹尸**(마혁과시) : 말가죽으로 시체를 싸다. 군인은 전쟁에서 죽을 각

오를 해야 한다. 출전은『후한서』의 「마원전」

驚 • 놀랄 경, 놀랠 경 [馬부 13획, 총 20획 *surprise* · けい] **4급**
• 말이 흠칫 놀라 벌벌 떠는 것을 나타낸 형성 글자.

驚愕(경악) : 크게 놀람
驚歎(경탄) : 매우 노라 탄식함
驚氣(경기) : 경풍
驚世(경세) : 세상을 놀라게 함
驚風(경풍) : 어린아이가 경련을 일으키는 병의 하나

田 • 驚天動地(경천동지) : 하늘을 놀래고 땅을 흔들어 놀래게 한다는 말. 세상을 크게 놀라게 하는 것을 이름. 출전은 백거이(白居易)의 '이백묘시(李白墓詩)'

騰 • 오를 등 [馬부 10획, 총 20획 *rise* · とう] **2급**
• 말에 오르는 것을 나타낸 글자.

騰貴(등귀) : 물건 값이 오름
昂騰(앙등) : 가격 등이 오름
暴騰(폭등) : 물건값이 크게 오름
仰騰(앙등) : 오름
騰落(등락) : 값의 오름과 내림

2단계에는 '말을 탐(騎) · 떠드는 것(騷) · 말을 모는 것(驅) · 역참(驛) · 증험함(驗)' 등입니다.

騎 • 말탈 기, 기병 기 [馬부 8획, 총 18획 · き] **3급**
• 말에 올라탄 것을 나타낸 형성 글자.

騎馬(기마) : 말을 탐

騎兵(기병) : 말을 탄 병사

騎射(기사) : 말을 타는 일과 활을 쏘는 일

騎士(기사) : 말을 탄 무사

• 騎虎之勢(기호지세) : 호랑이 등에 탔으면 중도에 내릴 수 없음.『수서』
의 「독고황후열전」

騷
• 떠들 소, 쓸 소 〔馬부 10획, 총 20획 make noise · そう〕 3급
• 말이 초조하여 말굽으로 지면을 차는 것을 나타낸 형성 글자.

騷客(소객) : 시인. 또는 글을 쓰는 사람

騷動(소동) : 법석을 떪

騷人(소인) : 묵객

騷音(소음) : 시끄러운 소리

驅
• 몰 구 〔馬부 11획, 총 21획 drive away · く〕 3급
• 말이 몸을 숙여 구부리고 달리는 것을 나타낸 형성 글자.

驅迫(구박) : 못 견디게 학대함

驅步(구보) : 뛰어감

驅逐(구축) : 몰아냄

驅除(구제) : 몰아냄

驛
• 역참 역 〔馬부 13획, 총 23획 posting station · えき〕 3 II 급
• 차례 차례 탈 것으로 연결되는 역을 나타낸 형성 글자.

驛馬(역마) : 역참에서 쓰는 말

驛前(역전) : 정거장앞

驛夫(역부) : 역에서 일을 하는 인부

驗
• 증험할 험, 시험 험 〔馬부 13획, 총 23획 try · けん〕 4 II 급
• 말의 이름을 나타낸 형성 글자.

經驗(경험) : 직접 겪은 일

試驗(시험) : 어떤 문제에 응해봄

經驗談(경험담) : 경험했던 얘기

높은 전망대

• 象形 　　　　　**高**　　　[高부 0획, 총 10획]
높을 고, 높이 고　　　　　　　 *high* · こう

✎.

고(高) 부의 1단계는 '높다(高)'입니다. 2단계에 해당하는 한자는 없습니다.

高　• 높을 고, 높이 고　[高부 0획, 총 10획 *high* · こう] **6급**
　　• 높은 전망대를 본뜬 상형 글자.

　高潔(고결) : 고상하고 깨끗함
　高額(고액) : 많은 돈
　高貴(고귀) : 신분이 높고 귀함

※ 다음에서는 기다림에 대하여 살펴봅니다.
＊연경거종(延經擧踵). 목을 길게 빼고 뒷꿈치를 듦
＊매사마골(買死馬骨). 죽은 말의 뼈를 삼. 소용없는 것을 비싼 값으로 사면 정작 필요한 것은 제 값을 받을 수 있다하여 사람들이 몰려든다는 뜻
＊백난지중대인난(百難之中待人難). 사람을 기다리는 것이 가장 어려운 일이라는 뜻
＊숙시주의(熟柿主義). 감이 떨어지기를 기다림
＊식송망정(植松望亭). 솔을 심어 정자를 삼는다고 함. 바라는 일이 까마득한 것을 가리킴
＊사하청(俟河淸). 황하의 누런 물이 맑아지기를 기다림

왜 싸우는가

• 漢字部首

鬥王

[鬥부 0획, 총 10획]

싸움 투, 다툴 각

fight · かく

▮.

싸움이나 다툼을 나타내는 이 부수의 1단계에 해당하는 단어는 없습니다.

▮▮.

2단계에 해당하는 단어는 '싸움(鬪)'입니다.

鬪

• 싸움 투, 겨룰 투　[鬥부 10획, 총 20획 fight · とう] **4급**
• 두 사람이 무기를 들고 싸우는 모양의 형성 글자.

鬪犬(투견) : 개싸움

鬪牛(투우) : 소싸움

鬪鷄(투계) : 닭싸움

※다음에서는 전쟁에 대한 어휘와 명칭에 대해 살펴봅니다.

*전쟁은 동물의 힘에 적합한 일이다. 그런데 어떤 동물이고 인간처럼 전쟁을 하는 일은 없다(모어)

*전쟁은 파괴의 과학이다(모어)

*전쟁과 도박은 헛되이 정력을 소비하거나 모든 것에 기대를 거는 일 없이 정확한 기회를 포착케 하는 확률의 계산을 가르쳐 준다(A.프랑스)

천연의 소금

• 漢字部首

소금 로, 어리석을 로

鹵

〔鹵부 0획, 총 11획〕

salt · ろ

염전을 의미하는 '소금 로(鹵) 부'의 1단계에 해당하는 단어는 없습니다. 우리 나라도 그러했지만 인도에서는 소금이 나라에서 관장하는 전매사업이었습니다. 그러므로 소금이 백성들에게 상당한 부담을 준 것으로 생각됩니다.

2단계에 해당하는 단어는 '소금 밭(鹽)'을 의미합니다. 왜 세상을 염전처럼 살아야 할까요? 그것은 '짜다'는 의미로 절약을 의미합니다. 절약하는 생활, 검약하는 습관이 있어야만 소금의 역할은 다된 것으로 봐야겠지요. '소금'은 음식의 맛을 내는 데 있어 절대적으로 필요한 것이기 때문입니다.

鹽

• 소금 염, 절일 염 〔鹵부 13획, 총 24획 salt · えん〕 3급

• 소금 덩어리가 띄엄띄엄 나타난 모양의 형성 글자.

鹽分(염분) : 소금기

鹽水(염수) : 소금물

鹽味(염미) : 짠맛

鹽田(염전) : 소금밭

鹽度(염도) : 소금의 농도

서 아시아에서 온 보리

• 會意 〔麥부 0획, 총 11획〕

보리 맥, 묻을 맥   *barley* · ばく

■Ⅰ.

괴테는 이렇게 말했습니다. '한 알의 보리가 땅에 떨어져 그대로 온전하다면 하나로서 그치리라. 보리알은 스스로 부정하고 죽음으로써 그 뒤에 많은 열매를 맺게 한다'고 했습니다. 내(來)와 치(夂;足)가 합쳐진 글자입니다. 본래는 내(來)가 '보리'이고 맥(麥)이 '오다'라는 의미였으나 옛부터 잘못 쓰여 왔습니다. 보리는 서 아시아에서 들어온 작물입니다. 맥 부엔 1단계에 해당하는 '보리(麥)' 뿐입니다.

• 보리 맥, 묻을 맥 〔麥부 0획, 총 11획 *barley* · ばく〕 3급
• 서아시아에서 중국에 들어온 작물을 뜻하는 회의 글자.

麥麴(맥국) : 보리 기름
麥農(맥농) : 보리 농사
麥秋(맥추) : 보리를 거두어들이는 철기
田 • 麥秀之嘆(맥수지탄) : 무성한 보리를 보고서 고국의 멸망을 탄식함. 출전은 『사기』의 「채미자세가(采微子世家)」

※다음에서는 친구에 대한 어록이나 격언 등을 살펴봅니다.
*우리들이 벗에게 구하는 것은 우리들 행동에 대한 찬의가 아니고 이해이다(하이네)
*모든 것을 잊고 도취하는 것이 애인 동지지만 모든 것을 알고 기뻐하는 것이 우인(友人) 동지이다(보나아르)

기름이 타는 색깔

• 形聲

누를 황, 어린아이 황

黃

[黃부 0획, 총 12획]

yellow · こう

📝.

황(黃) 부의 1단계에 해당하는 단어는 '누름(黃)'입니다. 2단계에 해당하는 단어는 없습니다.

황(黃)은 동물의 머리와 화살 모양을 합친 글자입니다. 동물의 머리에서 얻은 기름을 화살 끝에 묻힌 다음 불을 붙여 날리는 무기를 나타냅니다.

黃

• 누를 황, 금 황 [黃부 0획, 총 12획 *yellow* · こう] **6급**
• 기름이 타면 노랗게 되는 것을 본뜬 형성 글자.

黃口(황구) : 참새 새끼의 입이 노란 것을 본떠 어린이를 나타냄

黃狗(황구) : 누렁이

黃道吉日(황도길일) : 무슨 일을 하든지 가장 좋다는 날. 온갖 흉악한 것들이 이날만은 피한다고 함

黃燭(황촉) : 밀로 만든 초

田 • 黃粱一炊(황량일취) : 부귀와 공명이 덧없음을 비유하는 말. 옛날 중국에 노생이라는 가난한 젊은이가 조나라의 서울 한단에서 영화를 마음껏 누릴 수있다는 신기한 베개를 선인에게서 빌려다가 베고 잤는데, 좋은 아내를 얻었다. 어디 그뿐인가. 대신이 되어 부귀영화를 오십여년간이나 누리며 오래 사는 꿈을 꾸고, 그 꿈을 깨어보니 불에 얹은 메조 죽이 아직 퍼지지 않았다는 이야기다. 출전은 심기제의 침중기(枕中記) 다른 이름으로는 한단지몽(邯鄲之夢), 일취지몽(一炊之夢)이라고 한다.

울리는 북소리

• 會意

북 고, 부추길 고

鼓 　[鼓부 0획, 총 13획]

　　drum · こ

📓.

　고(鼓) 부의 1단계에 해당하는 단어는 없습니다. MA.아스투리아스는 『대통령각하』에서 이런 말을 합니다. '집이라는 북, 모든 집은 그 생명인 사람들을 위하여 문짝이라는 북을 가지고 있다'는 것입니다.

📓.

　2단계에 해당하는 단어가 '북(鼓)'입니다. 아주 오래 전 중국에서는 북을 울림으로써 간(諫)하는 방법을 사용했다고 합니다. 또한 우 임금은 오음(五音)으로 나라를 다스린 것으로 알려졌는데, 사용된 악기는 북이었습니다.

鼓 　• 북 고, 북을 칠 고 〔鼓부 0획, 총 13획 drum · こ〕 3Ⅱ급

　• 막대기를 손에 쥐고 두들기는 모습의 회의 글자.

　　鼓角(고각) : 북을 치고 호각을 붐

　　鼓舞激勵(고무격려) : 감동을 시켜 기세를 북돋음

　　鼓女(고녀) : 발기가 완전하지 못한 여자

　　鼓笛(고적) : 북과 피리

　田 • 鼓腹擊壤(고복격양) : 배를 두드리고 땅을 치고 노래함. 중국의 요임금 때에 한 노인이 배불리 먹고 배를 두드리고 격양놀이를 하며 요임금의 덕을 기렸다는 고사를 뜻한다. 본의는 태평세월을 의미함. 출전은 『사기』의 「오제본기(五帝本紀)」

세 개의 마름모꼴

• 象形

가지런할 제, 옷자락 자 [齊부 0획, 총 14획]

せい

--

■■.

제(齊) 부에는 1단계에 해당하는 단어가 없습니다.

■■.

2단계에는 '가지런함이나 옷자락을 나타내는 제(齊)' 자입니다.

 • 가지런할 제, 옷자락 제 〔齊부 0획, 총 14획 · せい〕 3Ⅱ급
• 마름모꼴이 세 개나 나란한 모습의 상형 글자.

修身齊家(수신제가) : 자신을 몸을 바르게 하고 집안을 다스
리는 것

齊唱(제창) : 여러 사람이 함께 노래함

齊東野人(제동야인) : 사리 분별이 분명하지 못한 시골뜨기
를 가리킴

※다음에서는 혼인에 대해 살펴봅니다.

*동방화촉(洞房華燭). 혼례를 치른 뒤 신랑이 신부 방에서 자는 일

*작수성례(酌水成禮). 가난한 집안에서 물 한 그릇만을 떠놓고 올리
는 혼례식

*견사지행(牽絲之幸). 혼인 날짜를 정함

*고양생제(枯揚生娣). 노인이 젊은 여자에게 장가드는 것

붉은 피

<table>
<tr><td>• 指事</td><td rowspan="2">血</td><td>[血부 0획, 총 6획]</td></tr>
<tr><td>피 혈</td><td>blood</td></tr>
</table>

.

혈(血) 부에는 1단계에 해당하는 단어 뿐으로 '피(血) · 무리(衆)' 등
입니다.

血
• 피 혈, 골육 혈 [血부 0획, 총 6획 blood] 4Ⅱ급
• 따끈따끈한 피를 나타낸 지사 글자.

血管(혈관) : 핏줄
血氣(혈기) : 목숨을 유지하는 몸의 원기
血尿(혈뇨) : 피오줌

衆
• 무리 중 [血부 6획, 총 12획 multitude · しゅう] 4Ⅱ급
• 태양 아래 lf을하고 있는 노예를 나타낸 회의 글자.

衆寡(중과) : 많음과 적음
衆口(중구) : 많은 사람들의 말
衆生(중생) : 모든 생물
衆寡不敵(중과부적) : 적은 인원으로 많은 인원을 대적하지
　　못함
衆口鑠金(중구삭금) : 여러 사람이 입을 모아 말하면 쇠도
녹　　　　일 수 있다는 뜻
　[十]• 衆口難防(중구난방) : 여러 사람의 입을 막기는 어려움. 곧 많은 사람
들이 함부로 떠들어대는 것은 감당하기가 어려우니 행동을 조심하라는 의미.
출전은 『십팔사략』

거북의 껍질

• 象形

거북 귀, 틀 균

[龜부 0획, 총 16획]

tortoise ・ き

▗▊.

귀(龜) 부의 1단계에 해당하는 단어는 없습니다. 다음에서는 거북의
종류에 대해 살펴보겠습니다.

　　*자라. 연못이나 강에서 산다

　　*돌거북. 일명 남생이라고 한다. 연못이나 강에서 생활한다

　　*대모. 바다에서 생활한다.

　　*푸른 바다 거북. 열대와 아열대의 바다에서 생활한다

　　*붉은 바다 거북. 바다에서 생활한다.

▗▊▊.

2단계에는 '거북이 또는 나라이름 모양이 틀어짐(龜)'을 나타냅니다.

• 거북 구, 틀 균　[龜부 0획, 총 16획 *tortoise* ・ き] **3급**

• 거북이의 모습을 본뜬 상형 글자.

　龜鑑(귀감) : 사물의 본보기

　龜鑑(귀감) : 사물의 본보기

　龜船(귀선) : 거북선

　龜甲(귀갑) : 거북이의 등껍데기

　⊞• 龜鑑(귀감) : 거북은 길흉을 점치고 거울은 사물의 그림자를 비춘다.
사물의 본보기가 되는 것을 나타냄. 출전은 출전은 『북사(北史)』의 「장손소원
전」

근본에 대하여

• 漢字部首　　　　　　　　　　[隶부 0획, 총 8획]
미칠 이　　　　　　　**隶**　　*reach*

▮).

이(隶) 부에는 모든 단계가 '종(隸))' 입니다.

隸　• 종 례　[隶부 8획, 총 16획 *slave*] **2급**
　　　• 천한 종을 나타낸 글자.

隸書(예서) : 글씨 서체의 하나. 전서(篆書)의 자획을 간단히
　고친 것
隸屬(예속) : 한곳에 속해 있음

※다음은 '노예'에 관한 어록입니다.

◇지나친 자유는 국가도 개인도 과도히 노예성으로 이끈다(M.T.시
세로)

◇조그만한 것으로 생활할 수 없는 항상 노예다(호라티우스).

◇자유가 아닌데도 자유라고 생각하고 있는 인간만큼 노예가 되어
있는 것은 없다(JW.괴테/격언과 반성)

◇나는 자유의 노예이다(로베스피에르).

◇자기의 처지에 만족하고 있는 노예는 이중으로 예속되고 있다. 왜
냐하면 그때 그는 육체뿐만이 아니라 정신도 예속되어 있기 때문이다
(불케)

◇인생의 성(性)의 노예이며 또한 노동의 노예라는 것이 근본 문제
이다(H.G.웰즈/정열적인 친구들)

왼손을 펼쳐라

• 漢字 部首

屮

[屮부 0획, 총 3획]

왼손 좌

left hand

▗▌.

좌(屮) 부에는 모든 단계가 '진치다(屯)' 라는 단어 뿐입니다.

屯
• 진칠 둔 [屮부 1획, 총 4획 *camp*] 2급
• 진을 친 모습을 나타낸 글자.

屯兵(둔병) : 주둔한 군대

屯田(둔전) : 군대가 머무러 있는 곳에서 농사를 지음

屯聚(둔취) : 많은 사람이 한 곳에 모여 있음

※다음은 손에 대한 어록입니다.

◇나의 손가락은 내가 알았던 진실을 잡는다(A.바트라/바르시아스의 사자)

◇손은 도구 중의 도구, 인간 정신은 형상 중의 형상(에머어슨)

◇그대는 두 개의 손과 한 개의 입을 가지고 있다. 그 뜻을 잘 생각해 보라. 둘은 노동을 위하여 하나는 식사를 위하여 있는 것이다(류가드/빵데온)

◇내가 당신에게 손을 내밀 수가 있는 때도 있었지. 또 그 전엔 당신에게 손을 내밀었던 있었구. 당신은 항상 손을 갈망했어요(S.바케트/D행복한 세월)

◇손은 육체의 거점이기도 했다. 지혜였다. 손을 찾은 그는 무한한힘의 소유자가 된 것이다(장용학/현대의 야(野)

무두질한 가죽

- 漢字 部首
- 다룸가죽 위

韋

[韋부 0획, 총 9획]
leather · い

.

위(韋) 부의 1단계에는 '나라이름(韓)' 뿐입니다.

韓

- 나라이름 한 〔韋부 8획, 총 17획 *かん*〕 8급
- 강하고 크다는 듯의 회의 형성 글자.

韓人(한인) : 우리나라 사람

韓國(한국) : 우리나라

韓柳李杜(한유이두) : 시문에 능한 한유, 유조원, 이백, 두보
를 가리킴

권말 부록

□ 잘못 읽기 쉬운 한자

(괄호 안이 틀린 자)

可矜 ─ 가긍(가금)	苛斂 ─ 가렴(가겸)
恪別 ─ 각별(격별)	恪守 ─ 각수(낙수)
艱難 ─ 간난(간잡)	看做 ─ 간주(간고)
姦慝 ─ 간특(간약)	間歇 ─ 간헐(간흘)
減殺 ─ 감쇄(감살)	甘蔗 ─ 감자(감서)
降旨 ─ 강지(항지)	概括 ─ 개괄(개활)
凱旋 ─ 개선(기선)	改悛 ─ 개전(개준)
改竄 ─ 개찬(개서)	喀血 ─ 객혈(각혈)
坑道 ─ 갱도(항도)	釀出 ─ 갹출(거출)
車馬 ─ 거마(차마)	揭示 ─ 게시(계시)
譴責 ─ 견책(유책)	更迭 ─ 경질(갱질)
輕蔑 ─ 경멸(경모)	驚愕 ─ 경악(경오)
驚蟄 ─ 경칩(경첩)	膏肓 ─ 고황(고맹)
滑稽 ─ 골계(활계)	汨沒 ─ 골몰(일몰)
鞏固 ─ 공고(혁고)	誇示 ─ 과시(고시)
過剩 ─ 과잉(과승)	款待 ─ 관대(관시)
刮目 ─ 괄목(할목)	罫紙 ─ 괘지(부지)
傀儡 ─ 괴뢰(귀뢰)	乖離 ─ 괴리(승리)
攪亂 ─ 교란(각란)	敎唆 ─ 교사(교준)
膠着 ─ 교착(뇨착)	狡猾 ─ 교활(교괄)

口腔 — 구강(구항)　　句讀 — 구두(구독)
丘陵 — 구릉(구능)　　拘碍 — 구애(구득)
救恤 — 구휼(구혈)　　詭辯 — 궤변(위변)
龜鑑 — 귀감(구감)　　糾合 — 규합(주합)
龜裂 — 균열(귀열)　　近況 — 근황(근항)
琴瑟 — 금슬(금실)　　矜持 — 긍지(금지)
欺瞞 — 기만(사만)　　旗幟 — 기치(기식)
嗜好 — 기호(노호)　　喫煙 — 끽연(계연)
懦弱 — 나약(유약)　　內人 — 나인(내인)
拿捕 — 나포(합포)　　烙印 — 낙인(각인)
難澁 — 난삽(난지)　　捺印 — 날인(나인)
捏造 — 날조(왈조)　　濫觴 — 남상(감상)
拉致 — 납치(입치)　　狼藉 — 낭자(낭적)
來往 — 내왕(내주)　　鹿皮 — 녹비(녹피)
鹿茸 — 녹용(녹이)　　賂物 — 뇌물(각물)
牢獄 — 뇌옥(우옥)　　漏泄 — 누설(누세)
陋醜 — 누추(익추)　　訥辯 — 눌변(납변)
凜凜 — 늠름(품품)　　凜然 — 늠연(품연)
茶菓 — 다과(차과)　　團欒 — 단란(단연)
簞食 — 단사(단식)　　曇天 — 담천(운천)
踏襲 — 답습(답용)　　遝至 — 답지(지지)
撞着 — 당착(동착)　　對峙 — 대치(대사)
陶冶 — 도야(도치)　　島嶼 — 도서(도여)
挑戰 — 도전(조전)　　淘汰 — 도태(도견)
禿頭 — 독두(화두)　　瀆職 — 독직(속직)
獨擅 — 독천(독단)　　冬眠 — 동면(동민)
遁走 — 둔주(순주)　　禿山 — 독산(화산)
登攀 — 등반(등라)　　蔓延 — 만연(만정)
莫逆 — 막역(모역)　　滿腔 — 만강(만공)
邁進 — 매진(만진)　　驀進 — 맥진(만진)
萌芽 — 맹아(명아)　　蔑視 — 멸시(몰시)

明澄 — 명징(명증)   木瓜 — 모과(목과)

冒瀆 — 모독(모두)   牧丹 — 모란(목단)

木鐸 — 목탁(목택)   蒙昧 — 몽매(몽미)

夢幻 — 몽환(몽유)   杳然 — 묘연(향연)

巫覡 — 무격(무현)   毋論 — 무론(모론)

拇印 — 무인(모인)   紊亂 — 문란(환란)

未洽 — 미흡(미합)   萬朶 — 만타(만잉)

撲滅 — 박멸(복멸)   剝奪 — 박탈(녹탈)

反駁 — 반박(반효)   反芻 — 반추(반구)

頒布 — 반포(분포)   反哺 — 반포(반보)

潑剌 — 발랄(발자)   勃發 — 발발(역발)

拔萃 — 발췌(발졸)   拔擢 — 발탁(발적)

跋扈 — 발호(발읍)   尨大 — 방대(웅대)

幫助 — 방조(봉조)   排泄 — 배설(배세)

拜謁 — 배알(배갈)   反田 — 번전(반전)

兵站 — 병참(병첨)   倂吞 — 병탄(병천)

菩提 — 보리(보제)   菩薩 — 보살(보륭)

報酬 — 보수(보주)   布施 — 보시(포시)

補塡 — 보전(보진)   敷衍 — 부연(부행)

復興 — 부흥(복흥)   分泌 — 분비(분필)

粉碎 — 분쇄(분졸)   分析 — 분석(분근)

焚香 — 분향(초향)   不穩 — 불온(불은)

不朽 — 불후(불구)   崩壞 — 붕괴(붕회)

沸騰 — 비등(불등)   否塞 — 비색(부색)

匕首 — 비수(칠수)   譬喻 — 비유(벽유)

牝牡 — 빈모(비토)   頻數 — 빈삭(빈수)

嚬蹙 — 빈축(빈족)   憑藉 — 빙자(빙적)

娑婆 — 사바(사파)   些少 — 사소(차소)

使嗾 — 사주(사족)   奢侈 — 사치(사이)

索莫 — 삭막(색막)   數數 — 삭삭(수수)

索然 — 삭연(색연)   撒水 — 살수(철수)

撒布 — 살포(산포)   三昧 — 삼매(삼미)
相剋 — 상극(상자)   相殺 — 상쇄(상살)
上梓 — 상재(상신)   索引 — 색인(상인)
省略 — 생략(성략)   書簡 — 서간(서한)
逝去 — 서거(절거)   棲息 — 서식(처식)
羨望 — 선망(차망)   先塋 — 선영(선형)
泄瀉 — 설사(세사)   閃光 — 섬광(염광)
贍富 — 섬부(담부)   星宿 — 성수(성숙)
洗滌 — 세척(세조)   遡及 — 소급(삭급)
疏食 — 소사(소식)   塑像 — 소상(삭상)
甦生 — 소생(갱생)   騷擾 — 소요(소우)
贖罪 — 속죄(독죄)   悚懼 — 송구(속구)
殺到 — 쇄도(살도)   灑落 — 쇄락(여락)
戍樓 — 수루(술루)   睡眠 — 수면(수민)
水洗 — 수세(수선)   壽夭 — 수요(수천)
酬應 — 수응(주홍)   蒐集 — 수집(귀집)
收穫 — 수확(수호)   數爻 — 수효(삭효)
馴致 — 순치(훈치)   拾得 — 습득(흡득)
昇遐 — 승하(승가)   猜忌 — 시기(청기)
示唆 — 시사(시준)   匙箸 — 시저(비저)
諡號 — 시호(익호)   辛辣 — 신랄(신속)
迅速 — 신속(빈속)   呻吟 — 신음(신금)
申飭 — 신칙(신력)   阿諂 — 아첨(가첨)
惡辣 — 악랄(악속)   軋轢 — 알력(알락)
斡旋 — 알선(간선)   謁見 — 알현(알견)
隘路 — 애로(익로)   哀愁 — 애수(애추)
愛玩 — 애완(애원)   冶金 — 야금(치금)
惹起 — 야기(약기)   掠奪 — 약탈(경탈)
語彙 — 어휘(어과)   掩蔽 — 엄폐(암폐)
濾過 — 여과(노과)   閭閻 — 여염(여함)
餘喘 — 여천(여서)   轢死 — 역사(악사)

領袖 — 영수(영유)   傲氣 — 오기(방기)

誤謬 — 오류(오료)   嗚咽 — 오열(명인)

穩健 — 온건(은건)   訛傳 — 와전(화전)

渦中 — 와중(과중)   歪曲 — 왜곡(정곡)

夭折 — 요절(요석)   容喙 — 용훼(용탁)

雲刻 — 운각(운핵)   紐帶 — 유대(누대)

蹂躪 — 유린(유란)   吟味 — 음미(금미)

凝結 — 응결(의결)   食氏 — 이씨(식씨)

移徙 — 이사(이도)   罹患 — 이환(나환)

匿名 — 익명(약명)   溺死 — 익사(약사)

湮滅 — 인멸(연멸)   一括 — 일괄(일활)

一擲 — 일척(일정)   剩餘 — 잉여(승여)

自矜 — 자긍(자금)   佐飯 — 자반(좌반)

恣意 — 자의(차의)   藉藉 — 자자(적적)

自暴 — 자포(자폭)   綽綽 — 작작(탁탁)

箴言 — 잠언(함언)   暫定 — 잠정(참정)

將帥 — 장수(장사)   障碍 — 장애(장득)

裝塡 — 장전(장진)   狙擊 — 저격(조격)

這間 — 저간(언간)   詛嚼 — 저작(차작)

詛呪 — 저주(차형)   沮止 — 저지(차지)

敵愾 — 적개(적기)   積阻 — 적조(적차)

戰慄 — 전율(전속)   傳播 — 전파(전번)

截斷 — 절단(재단)   截然 — 절연(재연)

點睛 — 점정(점청)   接吻 — 접문(접물)

正鵠 — 정곡(정고)   靜謐 — 정밀(정필)

制霸 — 제패(제혁)   詔書 — 조서(소서)

造詣 — 조예(조지)   措置 — 조치(차취)

慫慂 — 종용(종통)   綢繆 — 주무(주료)

躊躇 — 주저(수저)   駐箚 — 주차(주태)

奏請 — 주청(진정)   屯困 — 준곤(둔곤)

蠢動 — 준동(춘동)   浚渫 — 준설(준엽)

櫛比 — 즐비(절비)   憎惡 — 증오(증악)

遲滯 — 지체(지대)   支撐 — 지탱(지장)

眞摯 — 진지(진집)   進陟 — 진척(진보)

盡悴 — 진췌(진졸)   桎梏 — 질곡(질고)

嫉妬 — 질투(질석)   斟酌 — 짐작(심작)

什器 — 집기(십기)   執拗 — 집요(집유)

茶禮 — 차례(다례)   搾取 — 착취(작취)

斬新 — 참신(점신)   參酌 — 참작(삼작)

懺悔 — 참회(섬회)   暢達 — 창달(장달)

漲溢 — 창일(장익)   刺殺 — 척살(자살)

闡明 — 천명(선명)   喘息 — 천식(서식)

穿鑿 — 천착(아착)   擅橫 — 천횡(단횡)

掣肘 — 철주(제주)   尖端 — 첨단(첨서)

捷徑 — 첩경(서경)   貼付 — 첩부(첨부)

諦念 — 체념(제념)   涕淚 — 체루(제루)

涕泣 — 체읍(제읍)   憔悴 — 초췌(초졸)

忖度 — 촌탁(촌도)   寵愛 — 총애(용애)

撮影 — 촬영(최영)   推戴 — 추대(추이)

秋毫 — 추호(추모)   衷心 — 충심(애심)

脆弱 — 취약(위약)   熾烈 — 치열(직열)

恥辱 — 치욕(탐욕)   癡情 — 치정(의정)

輜重 — 치중(차중)   鍼術 — 침술(함술)

蟄居 — 칩거(집거)   稱頌 — 칭송(칭공)

稱頉 — 칭탈(치지)   琢磨 — 탁마(돈마)

拓本 — 탁본(척본)   度支 — 탁지(도지)

綻露 — 탄로(정로)   推敲 — 퇴고(수고)

彈劾 — 탄핵(탄해)   眈溺 — 탐닉(탐약)

搨本 — 탑본(우본)   兌換 — 태환(열환)

攄得 — 터득(여득)   慟哭 — 통곡(동곡)

筒狀 — 통상(동장)   統緖 — 통서(통저)

統帥 — 통수(통사)   痛切 — 통절(통체)

洞察 — 통찰(동찰)　　　痛歎 — 통탄(통환)
稗官 — 패관(비관)　　　霸權 — 패권(혁권)
悖倫 — 패륜(발륜)　　　敗北 — 패배(패북)
稗說 — 패설(패열)　　　沛然 — 패연(시연)
澎湃 — 팽배(창배)　　　膨脹 — 팽창(팽장)
平坦 — 평탄(평단)　　　閉塞 — 폐색(폐새)
抛棄 — 포기(발기)　　　鋪道 — 보도(포도)
匍匐 — 포복(보복)　　　襃賞 — 포상(보상)
捕捉 — 포착(포촉)　　　暴虐 — 포학(폭학)
輻輳 — 폭주(복주)　　　標識 — 표지(표식)
分錢 — 푼전(분전)　　　風靡 — 풍미(풍마)
諷刺 — 풍자(풍척)　　　跛立 — 피립(파립)
逼迫 — 핍박(복백)　　　宦海 — 환해(관해)
虐待 — 학대(학시)　　　割引 — 할인(활인)
陜川 — 합천(협천)　　　肛門 — 항문(홍문)
行列 — 항렬(행렬)　　　降將 — 항장(강장)
偕老 — 해로(개로)　　　楷書 — 해서(개서)
解弛 — 해이(해야)　　　諧謔 — 해학(개학)
行狀 — 행장(항장)　　　行悖 — 행패(항발)
享樂 — 향락(형락)　　　絢爛 — 현란(순란)
孑孑 — 혈혈(자자)　　　嫌惡 — 혐오(혐악)
荊棘 — 형극(형자)　　　螢雪 — 형설(충설)
亨通 — 형통(향통)　　　忽然 — 홀연(총연)
花瓣 — 화판(화변)　　　花卉 — 화훼(화분)
廓然 — 확연(곽연)　　　廓淸 — 확청(곽청)
賄賂 — 회뢰(유락)　　　恍惚 — 황홀(광홀)
灰燼 — 회신(회진)　　　詰難 — 힐난(길난)
膾炙 — 회자(회구)　　　獲得 — 획득(호득)
劃數 — 획수(화수)　　　橫暴 — 횡포(횡폭)
嚆矢 — 효시(고시)　　　嗅覺 — 후각(취각)
後裔 — 후예(후의)　　　麾下 — 휘하(미하)

揮毫 — 휘하(휘모)　　　恤兵 — 휼병(혈병)
欣快 — 흔쾌(근쾌)　　　恰似 — 흡사(합사)
犧牲 — 희생(희성)　　　稀罕 — 희한(희간)

□ 둘 이상의 음을 가진 한자

降
- 내릴　강　　승강기(昇降機), 하강곡선(下降曲線), 강우(降雨)
- 항복할 항　투항(投降), 항복문서(降伏文書)

更
- 다시 갱　　갱생(更生), 갱신(更新), 갱지(更紙)
- 고칠 경　　경정(更正), 변경이유(變更理由)

車
- 수레 거　　거마비(車馬費), 거열형(車裂刑)
- 수레 차　　차장(車掌), 차표(車票)

見
- 볼　　견　　견문록(見聞錄), 견성(見性), 견물생심(견물생심)
- 드러날 현　알현(謁見)

龜
- 땅이름 구　구룡포(九龍浦), 구포(九浦)
- 거북 귀　　귀갑(龜甲), 귀판(龜板)
- 터질 균　　균열(龜裂)

告
- 알릴 고　　고발(告發), 고시(告示), 공고(公告)
- 청할 곡　　곡녕(告寧), 출필곡(出必告))

廓
- 곽 곽　　　흉곽(胸廓)
- 클 확　　　확정(廓正)

金
- 쇠 금   금전출납부(金錢出納簿), 포상금(褒賞金)
- 성 김   김씨(金氏), 김선생(金先生), 김박사(金博士)

串
- 습관 관   관동(串東), 관희(串戱)
- 수표 천   천자(串子), 관천(官串)
- 꼬쟁이 곶   갑곶(甲串), 월곶(月串)

奈
- 어찌할꼬 나   나락(奈落)
- 어찌 내   내하(奈何)

內
- 여관 나   나인(內人)
- 안 내   내국인(內國人), 내용물(內容物)

帑
- 처자식 노   조노(鳥帑), 처노(妻帑)
- 곳집 탕   내탕금(內帑金), 탕고(帑庫)

茶
- 차 다   다도(茶道), 다방(茶房), 다과(茶菓)
- 차 차   차례(茶禮), 홍차(紅茶)

丹
- 붉을 단   단전(丹田), 단청(丹靑)
- 꽃이름 란   모란(牡丹)

糖
- 엿 당   당뇨병(糖尿病), 당분(糖分), 당도(糖度)
- 사탕 당   사탕(砂糖)

度
- 법도 도   회계연도(會計年度), 제도(制度)
- 헤아릴 탁   촌탁(忖度), 탁조(度祖), 탁지부(度支部)

樂
- 즐길　락　　오락실(娛樂室), 실락원(失樂園)
- 풍류　악　　악기(樂器), 음악(音樂), 악보(樂譜)
- 좋아할 요　요산요수(樂山樂水)

讀
- 읽을 독　　독서(讀書), 탐독(耽讀), 필독서(必讀書)
- 구절 두　　구두점(句讀點), 이두문(吏讀文)

洞
- 마을　동　　동사무소(洞事務所), 동리(洞里)
- 꿰뚫을 통　통찰(洞察) 통달(通達)

屯
- 모일　둔　　주둔지(駐屯地), 둔전법(屯田法)
- 어려울 준　준곤(屯困), 준험(屯險)

六
- 여섯 유　　유월(六月)
- 여섯 뉴　　오뉴월(五六月)
- 여섯 륙　　오륙(五六), 오륙도(五六島)

莫
- 없을 막　　막리지(莫里支), 막대(莫大)
- 나물 모　　모춘(莫春)

木
- 모과 모　　모과주(木瓜酒)
- 나무 목　　목수(木手), 목요일(木曜日), 목신(木神), 목어(木魚)

反
- 돌이킬 반　위반(違反), 반어적(反語的), 반대심문(反對審問)
- 뒤집을 번　번위(反胃), 번전(反田)

否
- 아닐 부　　부정적(否定的), 부인(否認), 가부간(可否間)
- 막힐 비　　비색(否塞)

復	• 다시 부 • 회복할 복	부활절(復活節), 부흥회(復興會) 회복(回復), 왕복요금(往復料金)
父	• 아비 부 • 남자 보	부모형제(父母兄弟), 부자유친(父子有親) 상보(尙父), 양보음(梁父吟)
北	• 북녘 북 • 패배할 배	남북회담(南北會談), 북진(北進), 북극성(北極星) 패배자(敗北者)
分	• 나눌 분 • 푼 푼	분리(分離), 분자(分子), 양분(兩分) 푼전(分錢)
不	• 아니 불 • 아닐 부	불합격(不合格), 불경죄(不敬罪) 부적격(不適格), 부재증명(不在證明)
沸	• 끓을 비 • 물솟구칠 불	비등점(沸騰點), 비해(沸海) 불수(沸水), 불연(沸然)
率	• 셈이름 율 • 거느릴 솔	비율(比率), 능률적(能率的) 통솔(統率), 달솔(達率)
寺	• 절 사 • 내시 시	사원(寺院), 불국사(佛國寺), 산사(山寺) 사복시(司僕寺), 내시(內寺)
殺	• 죽일 살 • 감할 쇄	살인행위(殺人行爲), 살신(殺身) 쇄도(殺到)
狀	• 모양 상 • 문서 장	상황(狀況), 상태(狀態), 형상(形狀) 상장(賞狀), 상장(上狀)

| 塞 | • 변방 새 | 새옹지마(塞翁之馬), 요새지(要塞地) |
| | • 막을 색 | 경색(梗塞), 폐색(閉塞) |

| 參 | • 석 삼 | 삼인(參人) |
| | • 참여할 참 | 참가인(參加人), 참여인(參與人) |

說	• 말씀 설	해설자(解說者), 설명문(說明文), 통설(通說)
	• 달렐 세	유세장소(遊說場所), 세객(說客)
	• 기뻐할 열	열희(說喜)

| 省 | • 살필 성 | 반성문(反省文), 성묘객(省墓客) |
| | • 덜 생 | 생략(省略), 생력(省力) |

| 衰 | • 쇠할 쇠 | 태평성쇠(太平盛衰), 쇠약(衰弱), 쇠퇴기(衰退期) |
| | • 쇠할 최 | 최복(衰福) |

數	• 셈 수	수학문제(數學問題), 수일(數日)
	• 자주 삭	빈삭(頻數), 삭백(數白)
	• 팔자 촉	촉고(數苦)

| 宿 | • 잘 숙 | 숙박업소(宿泊業所), 하숙객(下宿客) |
| | • 별 수 | 성수(星宿), 수요(宿曜) |

| 拾 | • 주을 습 | 습득(拾得) |
| | • 열 십 | 십전(拾錢), 십만원(拾萬圓) |

| 識 | • 알 식 | 지식(智識), 일반상식(一般常識), 지식(知識) |
| | • 기록할 지 | 표지(標識), 관지(款識) |

食
- 먹을 식　　식생활(食生活), 음식점(飲食店), 식사(食事)
- 밥　사　　단사(簞食)

什
- 열사람 십　　십장(什長)
- 세간　집　　집기(什器), 집물(什物)

十
- 열매 십　　십간십이지(十干十二支), 십장생(十長生)
- 열　시　　시월생(十月生)

氏
- 성　씨　　씨족사회(氏族社會), 성씨(姓氏)
- 땅이름 지　　월지(月氏)

惡
- 악할　악　　선악과(善惡果), 악행(惡行), 악인(惡人)
- 미워할 오　　증오(憎惡)

若
- 같을 약　　약간(若干), 만약(萬若)
- 반야 야　　반야(般若), 반야심경(般若心經)

於
- 어조사 어　　어언간(於焉間)
- 어조사 오　　오호(於乎)

易
- 바꿀 역　　주역(周易), 역술인(易術人), 교역(交易)
- 쉬울 이　　간이계산서(簡易計算書), 용이(容易)

厭
- 싫어할 염　　염세주의(厭世主義), 염승(厭勝)
- 누를 엽　　엽연(厭然)

葉
- 잎 엽　　낙엽(落葉), 엽전(葉錢), 고엽제(枯葉劑)
- 성 섭　　섭씨(葉氏)

| 咽 | • 목구멍 인 | 인후염(咽喉炎), 인두(咽頭), 인후지지(咽喉之地) |
| | • 목멜 열 | 오열(嗚咽) |

| 炙 | • 구울 자 | 회자(膾炙), 자배(炙背) |
| | • 구이 적 | 산적(散炙), 적철(炙鐵) |

刺	• 찌를 자	자극적(刺戟的), 풍자(諷刺), 자객(刺客)
	• 찌를 척	척살(刺殺), 척선(刺船)
	• 수라 라	수라(水刺)

| 著 | • 지을 저 | 저술인(著述人), 저작자(著作者), 현저(顯著) |
| | • 붙을 착 | 도착(到著), 부착(附著) |

| 抵 | • 막을 저 | 저항시인(抵抗詩人), 저당권(抵當權) |
| | • 칠 지 | 지장(抵掌) |

| 切 | • 끊을 절 | 절단기(切斷機), 간절(懇切), 절박(切迫) |
| | • 모두 체 | 일체감(一切感) |

| 祭 | • 제사 제 | 제사(祭祀), 화제(火祭), 기우제(祈雨祭) |
| | • 제사 채 | 채주(祭酒) |

| 提 | • 끌 제 | 제휴(提携), 대전제(大前提) |
| | • 보리수 리 | 보리수(菩提樹) |

則	• 모범 즉	연즉(然則), 즉효약(則効藥)
	• 법칙 칙	법칙(法則), 규칙적(規則的)
	• 법칙 즉	측천무후(則天武后)

辰
- 별 진　　진시(辰時), 일진(日辰), 임진왜란(壬辰倭亂)
- 때 신　　생신(生辰)

徵
- 부를 징　　징병제(徵兵制), 상징적(象徵的), 표징(標徵)
- 치성 치　　궁상각치우(宮商角徵羽)

拓
- 넓힐 척　　개척정신(開拓精神), 척식회사(拓植會社)
- 박을 탁　　탁본(拓本)

帖
- 문서 첩　　수첩(手帖), 첩착(帖着)
- 습자할 체　　체문(帖文), 체지(帖紙)

沈
- 가라앉을 침　침몰(沈沒), 침강(沈降), 침닉(沈溺)
- 성 심　　심청전(沈淸傳)

宅
- 집 택　　주택개발촉진법(住宅開發促進法), 택지(宅地)
- 정할 댁　　댁내(宅內)

婆
- 할머니 파　　노파심(老婆心), 파파(婆婆)
- 조모 바　　사바세계(娑婆世界)

罷
- 파할 파　　파계(罷繼), 파공(罷工), 파업(罷業)
- 고달플 피　　피로(罷勞)

編
- 엮을 편　　편집부(編輯部), 편찬(編纂)
- 땋을 변　　변발(編髮)

便
• 편할 편   편리(便利), 편의점(便宜店), 불편(不便))
• 오줌 변   변소(便所) 소변(小便), 변기(便器)

布
• 베 포   포고령(布告令), 선전포고(宣戰布告)
• 베풀 보   보시(布施)

暴
• 사나울 폭   폭주(暴酒), 폭행치사(暴行致死), 폭도(暴徒)
• 사나울 포   포학(暴虐), 포호빙하(暴虎馮河)

皮
• 가죽 피   피부(皮膚), 피혁(皮革), 철면피(鐵面皮)
• 가죽 비   녹비(鹿皮)

行
• 다닐 행   행인(行人), 음양오행(陰陽五行), 은행(銀行)
• 항렬 항   항렬(行列), 항오(行伍)

陝
• 좁을 협   산협(山陝), 협곡(陝谷)
• 땅이름 합   합천(陝川)

畫
• 그림 화   화가(畫家), 화선(畫仙)
• 그을 획   획수(畫數), 자획(字畫)

滑
• 이로울 활   윤활유(潤滑油), 원활(圓滑)
• 다스릴 골   골계담(滑稽談)

□ 혼동하기 쉬운 한자

可 옳을 가   가신(可信), 가부(可否), 가부간(可否間)

司　맡을 사　　　사세(司稅), 사회(司會), 사령관(司令官)

佳　아름다울 가　　가서(佳壻), 가인(佳人), 가인박명(佳人薄命)
往　갈 왕　　　　왕복(往復), 왕래(往來)
住　살 주　　　　주거지(住居地), 주택삼요(住宅三要), 주민(住民)

殼　껍질 각　　　지각(地殼), 패각(貝殼)
穀　곡식 곡　　　곡류(穀類), 곡실(穀實), 곡기(穀氣)

閣　다락집 각　　전각(殿閣), 비각(碑閣), 현충각(顯忠閣)
閤　협문 합　　　합문(閤門)

各　각각 각　　　각각(各各), 각생(各生), 각자(各自)
名　이름 명　　　명기(名妓), 명인(名人), 명성(名聲)

幹　줄기 간　　　근간(根幹), 간부(幹部), 간성(幹星)
斡　돌 알　　　　알선(斡旋)

干　방패 간　　　간섭(干涉), 간과(干戈), 간지(干支)
于　어조사 우　　우금(于今)
千　일천 천　　　천자문(千字文), 천려일실(千慮一失)

看　볼 간　　　　간호과학대(看護科學大), 간병인(看病人)
着　붙을 착　　　접착제(接着劑), 착륙(着陸), 불시착(不時着)

間　사이 간　　　간격(間隔), 간접법(間接法), 간첩(間諜)
問　물을 문　　　일문일답(一問一答), 문제의식(問題意識), 문의(問議)
開　열 개　　　　개국(開國), 개통(開通), 개척자(開拓者)
聞　들을 문　　　동방견문록(東方見聞錄), 신문지상(新聞紙上)

渴　목마를 갈　　갈망(渴望), 갈증(渴症)

喝 꾸짖을 갈　　대갈일성(大喝一聲) 노갈(怒喝)

減 덜 감　　　감가상각(減價償却), 감소(減少), 증감(增減)
滅 멸망할 멸　　멸국(滅國), 멸족(滅族), 불멸(不滅)

甲 갑옷 갑　　　갑론을박(甲論乙駁), 갑남을녀(甲男乙女)
申 납 신　　　　신백(申白), 신고식(申告式)

綱 벼리 강　　　강령(綱領), 대강(大綱)
網 그물 망　　　일망타진(一網打盡), 어망(漁網), 망라(網羅)

槪 대개 개　　　개요(槪要), 개설(槪說), 개론(槪論)
慨 슬퍼할 개　　개탄(慨歎), 개탄(慨嘆)

客 손님 객　　　객실(客室), 객고(客苦), 객방(客房)
容 얼굴 용　　　용모(容貌), 허용(許容)

巨 클 거　　　　거목(巨木), 거인(巨人), 거상(巨商)
臣 신하 신　　　명신(名臣), 군신유의(君臣有義)

檢 조사할 검　　검사필(檢査畢), 검역소(檢疫所)
險 험할 험　　　탐험(探險), 위험천만(危險千萬)
儉 검소할 검　　근검(勤儉), 검소(儉素), 검약(儉約)

遣 보낼 견　　　파견(派遣)
遺 남을 유　　　유언장(遺言狀), 유고시(遺稿詩)

決 정할 결　　　결행(決行), 결정타(決定打), 결정(決定)
快 쾌할 쾌　　　쾌변(快便), 유쾌(愉快), 쾌미(快味)
訣 이별할 결　　수결(手訣), 방중비결(房中秘訣), 결별(訣別)

徑 지름길 경　　경로(徑路), 반경(半徑), 첩경(捷徑)
經 지날 경　　　경제원칙(經濟原則), 경영(經營)
輕 가벼울 경　　경중(輕重), 경장(輕裝), 경망(輕妄)

階 섬돌 계　　　계단(階段), 계급(階級), 계층(階層)
偕 함께 해　　　백년해로(百年偕老)

桂 계수나무 계　월계관(月桂冠)
柱 기둥 주　　　주량(柱樑), 주석(柱石), 사주팔자(四柱八字)

季 끝 계　　　　계절감각(季節感覺), 사계(四季), 계자(季子)
秀 빼어날 수　　수려(秀麗), 수재(秀才), 수색(秀色)
委 맡길 위　　　위탁교육(委託敎育), 위임(委任)

古 옛 고　　　　고인(古人), 고대사(古代史), 고금(古今)
故 연고 고　　　고국(故國), 고인(故人)

苦 괴로울 고　　고신(苦辛), 고진감래(苦盡甘來), 고행(苦行)
若 같을 약　　　약간(若干), 만약(萬若)

考 생각 고　　　고려(考慮), 참고서(參考書), 일고(一考)
老 늙을 로　　　경로(敬老), 노인대학(老人大學), 노구(老軀)
孝 효도 효　　　효도(孝道), 효행(孝行), 효자(孝子)

困 곤할 곤　　　곤란(困難), 피곤(疲困), 빈곤(貧困)
囚 가둘 수　　　수인(囚人), 수형생활(囚刑生活), 죄수(罪囚)
因 인할 인　　　인연(因緣), 인과응보(因果應報)

功 공 공　　　　공로패(功勞牌), 성공(成功), 대공(大功)
巧 공교할 교　　교언영색(巧言令色), 교묘(巧妙)
切 끊을 절　　　일절(一切), 절실(切實)

郊　성밖 교　　　교외(郊外)
效　효험 효　　　효과적(效果的), 효능(效能), 효력(效力)

瓜　오이 과　　　과만(瓜滿), 과전불납리(瓜田不納履)
爪　손톱 조　　　조아(爪牙), 조독(爪毒)

官　벼슬 관　　　관공서(官公署), 관리(官吏), 임관(任官)
宮　집 궁　　　　궁궐(宮闕), 궁전(宮殿), 궁실(宮室)

括　쌀 괄　　　　총괄(總括) 포괄적(包括的), 개괄(槪括)
刮　비빌 괄　　　괄목상대(刮目相對)

壞　무너질 괴　　파괴(破壞), 붕괴(崩壞)
壤　좋은흙 양　　토양(土壤)
懷　품을 회　　　회의적(懷疑的), 회포(懷抱)

九　아홉 구　　　구월(九月), 구룡연(九龍淵), 십중팔구(十中八九)
丸　알 환　　　　환제(丸劑), 탄환(彈丸), 환약(丸藥)

具　갖출 구　　　구체적(具體的), 구현(具現)
旦　아침 단　　　원단(元旦), 월단평(月旦評)
且　또 차　　　　차치(且置)
貝　조개 패　　　패각(貝殼), 패엽경(貝葉經), 어패류(魚貝類)

嘔　토할 구　　　구토(嘔吐)
歐　성 구　　　　구주(歐洲), 구미각국(歐美各國), 북구(北歐)
毆　칠 구　　　　구타(毆打)

句　구절 구　　　시구(詩句), 어구(語句), 삽입구(揷入句)
旬　열흘 순　　　상순(上旬), 일순(一旬), 오순절(五旬節)

灸 뜸 구　　　　온구법(溫灸法), 침구법(針灸法)
炙 구을 자　　　회자(膾炙)

丘 언덕 구　　　구릉(丘陵), 구변(丘邊),
兵 병사 병　　　병사(兵舍), 병졸(兵卒), 장병(將兵)

郡 고을 군　　　군민(郡民), 군수(郡守), 해남군(海南群)
群 무리 군　　　군중(群衆), 일군(一群), 군계일학(群鷄一鶴)

屈 굽을 굴　　　굴절(屈折), 굴종(屈從), 굴복(屈伏)
屆 이를 계　　　계출(屆出), 접수계(接受屆)

勸 권할 권　　　권장(勸獎), 권면(勸勉), 권선징악(勸善懲惡)
歡 기쁠 환　　　환희(歡喜), 환락(歡樂), 환영인파(歡迎人波)

券 문서 권　　　권번(券番), 증권(證券), 식권(食券)
卷 두루말이 권　단권(單卷), 권두언(卷頭言)

几 안석 궤　　　궤석(几席), 궤장(几仗)
凡 무릇 범　　　범인(凡人), 평범(平凡), 비범(非凡)

鬼 귀신 귀　　　귀곡성(鬼哭聲), 귀신(鬼神), 악귀(惡鬼)
蒐 모을 수　　　수집광(蒐集狂), 수집(蒐輯)

斤 근 근　　　　근수(斤數), 근량(斤量)
斥 물리칠 척　　배척(排斥), 척화비(斥和碑)

己 몸 기　　　　지피지기(知彼知己), 자기(自己), 극기(克己)
已 이미 이　　　이왕지사(已往之事)
巳 뱀 사　　　　사시(巳時)

技 재주 기　　　기예(技藝), 기술연
마(技術鍊磨), 기량(技倆)
枚 낱 매　　　　매수(枚數), 매거(枚擧)
枝 가지 지　　　지엽적(枝葉的)
妓 기생 기　　　기적(妓籍), 기생(妓生), 송도기(松都妓)

起 일어날 기　　기침(起寢), 발기력(勃起力), 기침(起寢)
赴 다다를 부　　부임(赴任)

奴 종 노　　　　노예선(奴隸船), 노비(奴婢) 사노(私奴)
如 같을 여　　　여하간(如何間), 불여(不如)
好 좋을 호　　　호의호식(好衣好食), 호경기(好景氣)

納 들입 납　　　완납증명(完納證明), 납부금(納付金)
訥 말더듬을 눌　눌변(訥辯), 눌어(訥語)

怒 성낼 노　　　분노(忿怒), 노도(怒濤), 노기(怒氣)
恕 용서할 서　　용서(容恕)

盧 성 노　　　　노씨(盧氏)
膚 살갗 부　　　피부이식(皮膚移植), 부종(膚腫)

能 능할 능　　　능서(能書), 능률(能率), 효능(效能)
態 모양 태　　　태도(態度), 태세(態勢), 자태(姿態)
熊 곰 웅　　　　웅담(熊膽), 웅녀(熊女)

端 끝 단　　　　첨단(尖端), 단서(端緒), 극단적(極端的)
瑞 상서 서　　　서기(瑞氣), 상서(祥瑞), 서조(瑞鳥)

膽 쓸개 담　　　담력(膽力), 웅담(熊膽)
擔 멜 담　　　　부담감(負擔減), 담당자(擔當者)

踏	밟을 답	답보상태(踏步狀態), 고답적(高踏的)
蹈	밟을 도	무도회(舞蹈會)
撞	칠 당	당구장(撞球場)
憧	그리워할 동	동경(憧憬)
瞳	눈동자 동	동공(瞳孔)
大	클 대	대범(大凡), 대다수(大多數), 대개(大概)
犬	개 견	견마지로(犬馬之勞), 견공(犬公), 충견(忠犬)
太	클 태	태양(太陽), 태극기(太極旗), 태초(太初)
丈	어른 장	장인(丈人), 대장부(大丈夫)
待	기다릴 대	기대감(期待感), 대기실(待機室)
侍	모실 시	내시(內侍), 시녀(侍女)
代	대신할 대	대행(代行), 대표(代表), 대리운전(代理運轉)
伐	칠 벌	정벌(征伐), 벌목(伐木)
島	섬 도	도서지방(島嶼地方), 울릉도(鬱陵島)
鳥	새 조	조감도(鳥瞰圖), 조롱(鳥籠), 조류(鳥類)
烏	까마귀 오	오비이락(烏飛梨落), 오명(烏鳴)
刀	칼 도	도검류(刀劍類), 일도양단(一刀兩斷)
刃	칼날 인	검인(劍刃), 인광(刃光)
又	또 우	우부(又復)
叉	갈래 차	교차로(交叉路)
徒	무리 도	도언(徒言), 생도(生徒), 도배(徒輩)
徙	옮길 사	이사(移徙)
從	따를 종	종사(從事), 복종(服從), 순종(順從)
桃	복숭아 도	도원경(桃源境), 도원결의(桃園結義)

挑　돋을 도　　　　도전(挑戰), 도발(挑發)

獨　홀로 독　　　　독수공방(獨守空房), 독신자(獨身者)
燭　촛불 촉　　　　화촉(華燭), 황촉(黃燭)
濁　흐릴 탁　　　　탁류(濁流), 탁주(濁酒)

剌　어그러질 랄　　발랄(潑剌)
刺　찌를 자　　　　자객열전(刺客列傳), 자객간인(刺客奸人)

郎　사내 랑　　　　신랑신부(新郎新婦)
朗　밝을 랑　　　　명랑만화(明朗漫畫), 낭보(朗報)
兩　두 량　　　　　양면(兩面), 양립(兩立), 양방(兩方)
雨　비 우　　　　　우산(雨傘), 우의(雨衣), 초우(初雨)

歷　지낼 력　　　　역사적(歷史的), 역사인물(歷史人物)
曆　책력 력　　　　음력(陰曆), 월력(月曆)

列　벌릴 렬　　　　열자(列子), 나열식(羅列式), 병렬(竝列)
裂　갈라질 렬　　　분열(分裂), 균열(龜裂)
烈　세찰 렬　　　　열렬(烈烈), 맹렬(猛烈), 열렬(熱烈)

祿　복 록　　　　　봉록(俸祿), 녹봉(祿俸)
錄　적을 록　　　　공신녹권(功臣錄卷), 기록지(記錄紙)
綠　초록빛 록　　　녹색혁명(綠色革命), 녹두(綠豆)
緣　인연 연　　　　연고지(緣故地), 인연(因緣), 천생연분(天生緣分)

壘　진 루　　　　　일루타(一壘打), 고루(孤壘)
疊　겹쳐질 첩　　　첩첩산중(疊疊山中), 중첩(重疊)

陸　뭍 륙　　　　　육지(陸地), 수륙병용(水陸竝用), 육상연맹(陸上聯盟)
睦　화목할 목　　　화목(和睦)

栗 밤나무 률　　　생률(生栗), 이율곡(李栗谷)
粟 조 속　　　　　창해일속(滄海一粟), 미속(米粟)

魔 마귀 마　　　　마귀(魔鬼), 마녀(魔女), 마력(魔力)
靡 쓰러질 미　　　 풍미(風靡)
麾 대장기 휘　　　 휘하장수(麾下將帥)

慢 게으를 만　　　 태만(怠慢), 교만(驕慢), 만성(慢性)
漫 질펀할 만　　　 산만(散漫), 만연(漫然), 낭만(浪漫)

末 끝 말　　　　　말기(末期), 세기말(世紀末)
未 아니 미　　　　미숙아(未熟兒), 미필적고의(未畢的故意)

免 면할 면　　　　면허장(免許狀), 면역(免疫)
兎 토끼 토　　　　토피(兎皮), 오토(烏兎)

眠 잠잘 면　　　　불면증(不眠症), 수면(睡眠)
眼 눈 안　　　　　안경(眼鏡), 안질(眼疾). 천리안(千里眼)

明 밝을 명　　　　명월(明月), 명일(明日), 명백(明白)
朋 벗 붕　　　　　붕우유신(朋友有信)

皿 그릇 명　　　　기명(器皿)
血 피 혈　　　　　혈액형(血液型), 혈맹(血盟)

母 어미 모　　　　모성(母性), 모자(母子), 모유(母乳)
毋 말 무　　　　　무론(毋論), 무악산(毋岳山)

侮 업신여길 모　　 모욕(侮辱), 수모(受侮)
悔 뉘우칠 회　　　 회한(悔恨), 후회(後悔)

募　모을 모　　　모집공채(募集公債), 응모(應募),
慕　사모할 모　　흠모(欽慕), 앙모(仰慕), 사모(思慕)
暮　저물 모　　　세모(歲暮), 일모도원(日暮途遠)
墓　무덤 묘　　　묘역(墓域), 묘지(墓地), 성묘(省墓)

冒　무릅쓸 모　　모험심(冒險心), 모두(冒頭)
胃　밥통 위　　　위산과다(胃酸過多), 위액(胃液)
冑　투구 주　　　갑주(甲冑)

夢　꿈 몽　　　　몽환적(夢幻的), 몽상가(夢想家)
蒙　어두울 몽　　몽매(蒙昧)

矛　창 모　　　　모순(矛盾)
予　너 여　　　　여왈(予曰)

苗　모 묘　　　　묘목(苗木), 분묘(分苗)
笛　피리 적　　　고적(鼓笛), 야적(夜笛), 기적(汽笛)

戊　다섯째천간 무　무오년(戊午年), 무자(戊子)
戍　수자리 수　　위수령(衛戍令)
戌　개 술　　　　술시(戌時)

微　작을 미　　　미시적(微視的), 미적분(微積分), 세미(細微)
徵　부를 징　　　징병검사(徵兵檢査), 징집(徵集)
徽　아름다울 휘　휘문고(徽文高), 휘장(徽章)

味　맛 미　　　　미원(味元), 미각(味覺), 팔진미(八珍味)
昧　어두울 매　　무지몽매(無知蒙昧), 우매(愚昧)

密　빽빽할 밀　　밀집(密集), 밀주(密酒)
蜜　꿀 밀　　　　봉밀(蜂蜜), 밀월여행(蜜月旅行)

搏　칠 박　　　　용호상박(龍虎相搏)
博　넓을 박　　　박학다식(博學多識), 박사(博士)
縛　묶을 박　　　자승자박(自繩自縛), 속박(束縛)
薄　얇을 박　　　박복(薄福)
簿　장부 부　　　금전출납부(金錢出納簿), 부기(簿記)

班　나눌 반　　　반상(班常), 양반(兩班), 우열반(優劣班)
斑　얼룩질 반　　몽고반점(蒙古斑點), 사반(死斑)

飯　밥 반　　　　반찬(飯饌), 소반(小飯), 반점(飯店)
飮　마실 음　　　음용(飮用), 음료수(飮料水), 음식(飮食)

反　돌이킬 반　　반전(反轉), 반대(反對), 찬반(贊反)
友　벗 우　　　　우인(友人), 죽마고우(竹馬故友)

拔　뺄 발　　　　발췌(拔萃), 발본색원(拔本塞源)
跋　밟을 발　　　발문(跋文)

俳　광대 배　　　배우(俳優)
徘　노닐 배　　　배회(徘徊)

柏　잣 백　　　　동백(冬柏)
拍　칠 박　　　　박수(拍手), 박장대소(拍掌大笑)

辯　말잘할 변　　변호가(辯護士), 변사(辯士)
辨　나눌 변　　　변별력(辨別力)

復　회복할 복　　회복(回復), 복수(復讐)
複　겹칠 복　　　중복(重複), 복잡다난(複雜多難)

夫　지아비 부　　부부(夫婦), 부부유별(夫婦有別)

失 잃을 실　　실락원(失樂園), 실직자(失職者)
矢 화살 시　　시위(矢爲), 궁시(弓矢), 시구(矢口)
天 하늘 천　　천지현황(天地玄黃), 천기(天機)

北 북녘 북　　북두칠성(北斗七星), 북극(北極)
比 견줄 비　　비교급(比較級), 비유법(比喩法)
此 이 차　　　피차일반(彼此一般)

憤 분할 분　　분노(憤怒), 분기탱천(憤氣撑天)
噴 뿜을 분　　분수(噴水), 분화구(噴火口)
墳 무덤 분　　분묘이장(墳墓移葬), 봉분(封墳)

紛 어지러울 분　분란(紛亂), 분분(紛紛), 분쟁(紛爭)
粉 가루 분　　　분갑(粉匣), 화분(花粉)

佛 부처 불　　불교(佛敎), 불상(佛像), 불기(佛紀)
拂 떨칠 불　　지불증서(支拂證書), 완불(完拂)

婢 계집종 비　노비문서(奴婢文書), 비녀(婢女)
碑 비 비　　　비각(碑閣), 석비(石碑), 경계비(境界碑)

貧 가난할 빈　청빈(淸貧), 빈자(貧者), 빈부(貧富)
貪 탐할 탐　　탐욕(貪慾), 탐심(貪心), 식탐(食貪)

士 선비 사　　사림(士林), 사농공상(士農工商)
仕 벼슬 사　　출사(出仕), 봉사료(奉仕料)
土 흙 토　　　토우(土偶), 토기(土器)

師 스승 사　　사제간(師弟間), 사도(師道)
帥 장수 수　　장수(將帥)

思	생각 사	사고력(思考力), 사상(思想), 사색(思索)
恩	은혜 은	은총(恩寵), 은사(恩師), 은원(恩怨)
寫	베낄 사	사진관(寫眞館), 전사지(轉寫紙)
瀉	쏟을 사	설사(泄瀉), 토사(吐瀉)
潟	개펄 석	간석지(干潟地
償	갚을 상	상환채권(償還債券), 상금(償金)
賞	상줄 상	삼금(賞金), 우등상(優等賞)
象	코끼리 상	대상(對象), 상아탑(象牙塔)
像	형상 상	상상력(想像力)
書	글 서	서생(書生), 서식(書式), 장서(藏書)
晝	낮 주	주야간(晝夜間)
畵	그림 화	화가(畵家), 화방(畵房), 화실(畵室)
暑	더울 서	피서지(避暑地), 처서(處暑)
署	마을 서	경찰서(警察署), 서장(署長)
惜	아낄 석	석별(惜別), 애석(哀惜), 석패(惜敗)
借	빌릴 차	차용증서(借用證書), 차금(借金)
析	쪼갤 석	분석력(分析力), 해석(解析)
折	꺾을 절	절반(折半), 골절(骨折)
宣	베풀 선	선고(宣告), 선전포고(宣戰布告)
宜	마땅할 의	편의시설(便宜施設)
雪	눈 설	설국(雪國), 백년설(百年雪), 설원(雪原)
雲	구름 운	운우(雲雨), 담운(曇雲), 서운(瑞雲)

雷	우레 뢰	뇌성벽력(雷聲霹靂), 뇌우(雷雨)

涉	건널 섭	교섭단체(交涉團體)
陟	오를 척	진척(進陟)

俗	풍속 속	속담(俗談), 속인(俗人), 속세(俗世)
裕	넉넉할 유	여유(餘裕), 유복(裕福)
損	덜 손	손실(損失), 손해배상(損害賠償)
捐	버릴 연	출연(出捐)

衰	쇠할 쇠	심신쇠약(心身衰弱), 쇠미(衰微)
愛	슬플 애	연애(戀愛), 애인(愛人), 애증(愛憎)

水	물 수	수상(水上), 수영선수(水泳選手)
氷	얼음 빙	빙상연맹(氷上聯盟), 빙산(氷山)
永	길 영	영생(永生), 영원(永遠), 영구(永久)

遂	이룰 수	수행(遂行)
逐	쫓을 축	축귀경(逐鬼經), 구축(驅逐)

億	억 억	일억원(一億圓), 억만금(億萬金)
憶	생각할 억	기억(記憶), 추억(追憶), 회억(悔憶)

與	더불 여	대여(貸與), 여권(與圈), 여야간(與野間)
興	흥할 흥	흥진비래(興盡悲來), 흥행(興行)

亦	또 역	역시(亦是), 불역열호(不亦說乎)
赤	붉을 적	적십자(赤十字), 적도(赤道)

汚	더러울 오	오물(汚物), 오염물질(汚染物質)
汗	땀 한	한우충동(汗牛充棟), 한삼(汗衫)

朽 썩을 후　　　불후(不朽), 후목(朽木)

午 낮 오　　　　정오(正午), 오전(午前), 오시(午時)
牛 소 우　　　　우마차(牛馬車), 우각(牛角)

玉 구슬 옥　　　옥황상제(玉皇上帝), 옥소(玉簫)
王 임금 왕　　　왕후장상(王侯將相), 왕족(王族)
壬 아홉째천간 임　임술년(壬戌年), 육임(六壬)

搖 흔들 요　　　요령(搖鈴), 요람(搖籃), 동요(動搖)
遙 멀 요　　　　소요(逍遙), 요원(遙遠)
謠 노래 요　　　가요반세기(歌謠半世紀), 동요(童謠)

原 근본 원　　　원심(原審), 원죄(原罪), 초원(草原)
源 근원 원　　　도원경(桃源境), 기원(起源)

慾 탐낼 욕　　　욕심(慾心), 욕망(慾望)
欲 바랄 욕　　　욕구불만(欲求不滿)

惟 생각할 유　　사유(思惟)
推 밀 추　　　　추리기법(推理技法), 추천(推薦)
唯 오직 유　　　유일신(唯一神), 유심론(唯心論)

幼 어릴 유　　　유아기(幼兒期), 유년기(幼年期)
幻 미혹할 환　　환영(幻影), 환상적(幻想的)

由 말미암을 유　사유(事由), 유래(由來),
田 밭 전　　　　전답(田畓), 둔전병(屯田兵)

人 사람 인　　　인격체(人格體), 인종차별(人種差別)
入 들 입　　　　입출금(入出金), 입장객(入場客), 출입구(出入口)

八 여덟 팔　　　팔자수염(八字鬚髥), 팔불출(八不出)

日 날 일　　　　일출봉(日出峯), 고성낙일(孤城落日)
曰 가로 왈　　　왈가왈부(曰可曰否), 공자왈(孔子曰)

姿 맵시 자　　　자태(姿態), 자세(姿勢)
恣 방자할 자　　자녀목(恣女木), 자의적(恣意的)

仗 의장 장　　　의장(儀仗)
杖 지팡이 장　　단장(短杖), 철장(鐵杖)

裁 마를 재　　　재단(裁斷), 결재(決裁), 제재(制裁)
栽 심을 재　　　재배기술(栽培技術)

載 실을 재　　　기재방법(記載方法), 만재(滿載)
戴 받들 대　　　추대패(推戴牌)

低 낮을 저　　　저가품(低價品), 저리융자(低利融資)
底 밑 저　　　　저변(底邊), 해저삼만리(海底三萬里)

籍 문서 적　　　호적초본(戶籍抄本), 원적(原籍)
藉 빌릴 자　　　위자료(慰藉料), 자자(藉藉)

摘 따를 적　　　지적사항(指摘事項), 적요(摘要)
滴 물방울 적　　청자연적(靑磁硯滴), 여적(餘滴)
適 맞을 적　　　적당(適當), 적법(適法)

弟 아우 제　　　제자(弟子), 형제자매(兄弟姉妹)
第 차례 제　　　장원급제(壯元及第), 제1착(第一着)

制 억제할 제　　제정(制定), 제도권(制度圈)

製	지을 제	제약회사(製藥會社), 제품(製品)

早	일찍 조	조실부모(早失父母), 조기(早期), 조조(早朝)
旱	가물 한	한해지대(旱害地帶), 한발(旱魃)

族	겨레 족	족장(族長), 민족(民族), 부족(部族)
旅	나그네 려	여사(旅舍), 여행지(旅行地), 여독(旅毒)

重	무거울 중	중상모략(重傷謀略), 중대사(重大事)
童	아이 동	동남동녀(童男童女), 서동요(薯童謠)

衆	무리 중	중론(衆論), 군중심리(群衆心理)
象	코끼리 상	상아(象牙)

織	짤 직	직조(織造), 직물류(織物類)
幟	표기 치	기치창검(旗幟槍劍)
熾	성할 치	치열(熾烈)

直	곧을 직	직접(直接), 직진(直進), 직각(直角)
眞	참 진	진실(眞實), 진정(眞正), 진품(眞品)

捉	잡을 착	포착(捕捉), 착거(捉去), 착수(捉囚)
促	재촉할 촉	독촉(督促), 촉구(促求), 촉산(促産)

賤	천할 천	천민(賤民), 천시(賤視), 천신(賤臣)
踐	밟을 천	실천강령(實踐綱領)

哲	밝을 철	철학자(哲學者), 철인(哲人), 명철(明哲)
晳	밝을 석	명석(明晳)

衷	마음 충	충정심(衷情心), 충심(衷心)

喪　상사 상　　　상가(喪家), 상복(喪家), 상실(喪失)

墜　떨어질 추　　추락(墜落)
墮　떨어질 타　　타락(墮落), 타태(墮胎)

側　곁 측　　　　측근(側近), 좌우측(左右側)
測　잴 측　　　　측량(測量), 측우기(測雨器)

治　다스릴 치　　치국평천하(治國平天下), 정치(政治)
冶　쇠 불릴 야　　도야(陶冶), 야금(冶金)

侵　침노할 침　　침입(侵入), 침략전쟁(侵略戰爭)
浸　적실 침　　　침수(浸水), 침습(浸濕)

奪　빼앗을 탈　　탈취(奪取), 강탈(强奪), 약탈(掠奪)
奮　떨칠 분　　　분투노력(奮鬪努力), 분발(奮發)

澤　늪 택　　　　택지(澤地), 덕택(德澤)
擇　가릴 택　　　선택사항(選擇事項), 택정(擇鼎)

波　물결 파　　　파도(波濤), 인파(人波), 파문(波文)
破　쪼갤 파　　　파괴적(破壞的), 파국(破局), 격파(擊破)

編　엮을 편　　　편집부(編輯部), 편수관(編修官)
徧　두루 편　　　편력(徧歷)
偏　깨우칠 편　　편재(偏在), 편친(偏親), 편파(偏頗)

閉　닫을 폐　　　폐쇄(閉鎖), 폐문(閉門)
閑　한가할 한　　임천한흥(林泉閑興), 한가(閑暇)

弊　폐단 폐　　　병폐(病弊), 폐해(弊害)

幣	화폐 폐	화폐(貨幣)
捕	잡을 포	체포(逮捕), 포도대장(捕盜大將)
浦	포구 포	포구(浦口), 포항(浦港), 목포(木浦)
鋪	펼 포	점포(店鋪), 포장(鋪裝)
標	표 표	표지판(標識板), 표식(標識), 목표(目標)
漂	떠다닐 표	표류선(漂流船), 표표(漂漂)
乏	다할 핍	결핍(缺乏), 핍절(乏絶)
之	갈 지	지호지간(指呼之間), 지무(之無)
限	한정할 한	한정적(限定的), 상한가(上限價)
恨	한할 한	회한(悔恨), 원한(怨恨)
項	목 항	항목(項目), 항쇄(項鎖)
頃	잠간 경	경각(頃刻)
肛	똥구멍 항	항문(肛門)
紅	붉을 홍	홍일점(紅一點), 홍색(紅色)
訌	어지러울 홍	내홍(內訌)
鄕	마을 향	향리(鄕里), 향수병(鄕愁病)
卿	벼슬 경	정경부인(貞卿夫人), 삼경(三卿)
偕	함께 해	해로동혈(偕老同穴)
楷	해서 해	해서(楷書), 해체(楷體), 해정(楷正)
諧	어울릴 해	해학(諧謔)
形	형상 형	형태(形態), 형이상학(形而上學)
刑	형벌 형	중형(重刑), 사형대(死刑臺)
亨	형통할 형	형통(亨通)

享 누릴 향　　享유(享有), 향락(享樂), 향관(享官)

互 서로 호　　상호(相互), 호선(互選), 호선(互先)
瓦 기와 와　　와당(瓦當), 청와대(靑瓦臺)

毫 잔털 호　　휘호(揮毫), 일호리(一毫厘)
豪 뛰어날 호　　호걸(豪傑), 대문호(大文豪)

忽 홀연 홀　　홀연(忽然), 홀략(忽略), 조홀(粗忽)
悤 바쁠 총　　총총(悤悤)

還 돌아올 환　　귀환(歸還), 환향(還鄕)
遝 뒤섞일 답　　답지(遝至)

活 살 활　　활발(活潑), 활인술(活人術)
浩 넓을 호　　호연지기(浩然之氣), 호호(浩浩)

候 물을 후　　후보(候補), 후영(候迎), 후문(候問)
侯 제후 후　　왕후(王侯), 제후(諸侯), 후작(侯爵)

獲 얻을 획　　포획(捕獲), 획득형질(獲得形質),
穫 거둘 확　　수확기(收穫期)

輝 빛날 휘　　광휘(光輝), 휘선(輝線),
揮 휘두를 휘　　발휘(發揮), 휘호(揮毫), 지휘(指揮)

黑 검을 흑　　흑심(黑心), 흑색선전(黑色宣傳)
墨 먹 묵　　묵객(墨客), 필묵(筆墨)

字 音 索 引			堅 117	**계**	谷 499	官 55
			肩 411	癸 449	曲 352	觀 448
가	**감**	**거**	絹 405	季 68	穀 357	關 299
家 56	甘 354	去 367	遣 265	界 428		館 330
佳 200	減 141	巨 365	牽 399	計 102	**곤**	管 226
街 488	感 179	居 127	**결**	溪 142	困 86	貫 295
可 75	敢 64	車 243	決 136	鷄 34	坤 116	慣 185
歌 389	監 435	擧 309	結 405	系 403	**골**	冠 364
加 284	鑑 277	距 241	潔 143	係 208	骨 518	寬 61
價 203	**갑**	拒 311	缺 443	戒 383	**공**	**광**
假 210	甲 427	據 317	**겸**	械 47	工 365	光 214
暇 253	**강**	**건**	兼 351	繼 408	功 284	廣 255
架 44	江 135	建 387	謙 113	契 235	空 437	鑛 277
각	降 421	乾 343	**경**	桂 45	共 350	狂 161
各 76	講 107	件 205	京 333	啓 84	**공**	**괘**
角 496	强 374	健 210	景 249	階 424	孔 69	掛 314
脚 410	康 256	**걸**	輕 244	繫 408	供 207	**괴**
閣 300	剛 282	傑 211	經 402	**고**	恭 182	塊 120
却 379	鋼 275	乞 343	庚 254	古 75	公 349	愧 184
覺 448	綱 405	**검**	耕 482	故 63	恐 182	怪 181
刻 281	**개**	儉 203	敬 65	固 86	貢 295	壞 122
간	改 62	劍 283	驚 529	苦 93	**과**	**교**
干 371	皆 473	檢 50	慶 180	考 480	果 38	交 322
間 299	個 201	**계**	競 397	高 531	課 105	校 40
看 417	開 299	憩 186	竟 397	告 77	科 356	橋 41
刊 281	介 205	**격**	境 121	枯 44	過 260	教 64
肝 410	慨 185	格 45	鏡 277	姑 171	戈 383	郊 269
幹 372	概 49	擊 317	頃 515	庫 256	瓜 416	較 244
簡 227	蓋 99	激 153	傾 211	孤 69	誇 111	巧 366
姦 171	**객**	隔 424	硬 156	鼓 536	寡 60	矯 90
懇 187	客 56	**견**	警 108	稿 359	**곽**	**구**
갈	**갱**	犬 160	徑 340	顧 516	郭 269	九 342
渴 141	更 352	見 447	卿 379	**곡**	**관**	口 74

求 135	權 42	今 195	欺 389	努 287	答 224	刀 278
救 64	勸 287	琴 395	棄 48	怒 175	畓 430	倒 209
究 437	卷 379	禁 73	긴	농	踏 242	盜 435
久 303	券 281	禽 476	緊 406	農 509	당	逃 263
句 75	拳 313	급	길	濃 153	堂 117	挑 313
舊 483	궐	及 190	吉 76	뇌	當 429	塗 120
具 351	厥 370	級 404	나	腦 413	唐 83	독
俱 209	궤	給 401	那 268	惱 184	糖 432	獨 162
區 166	軌 243	急 175	낙	능	黨 524	督 142
驅 530	귀	긍	諾 112	能 409	대	篤 226
鷗 35	貴 292	肯 411	난	니	大 232	讀 108
苟 98	歸 459	기	暖 250	泥 146	代 196	毒 319
拘 311	鬼 520	其 350	難 484	다	待 338	돈
狗 161	규	基 117	남	多 230	隊 424	豚 487
丘 30	叫 82	期 193	南 290	茶 98	帶 336	敦 66
懼 188	規 449	旗 452	男 428	단	對 237	돌
龜 539	閨 300	紀 403	납	旦 251	臺 240	突 438
構 48	糾 403	記 103	納 404	但 198	貸 296	동
球 395	균	起 445	낭	丹 302	덕	東 38
국	均 116	奇 234	娘 169	單 80	德 339	凍 377
國 87	菌 99	寄 60	내	短 90	도	同 76
菊 99	극	騎 529	乃 303	團 88	道 261	洞 138
局 128	極 41	器 84	內 347	端 397	導 238	桐 46
군	克 216	旣 460	奈 234	段 461	度 255	銅 274
君 77	劇 283	技 305	耐 481	斷 454	渡 149	動 285
郡 267	근	企 205	녀	壇 121	島 53	童 396
軍 243	近 258	氣 471	女 167	檀 50	都 268	冬 376
群 478	勤 286	祈 72	년	달	桃 46	두
굴	根 40	幾 381	年 372	達 260	圖 87	斗 457
屈 128	斤 453	機 50	념	담	途 264	豆 500
궁	僅 212	畿	念 175	談 106	到 280	頭 514
弓 373	謹 113	豈	녕	淡 148	徒 338	둔
宮 59	금	忌 181	寧 60	潭 152	稻 359	鈍 274
窮 438	金 272	飢 330	노	擔 317	跳 242	屯 542
권	錦 276	己 91	奴 170	답	陶 423	득

得 338	량	令 196	樓 49	림	媒 172	矛 475
등	良 490	領 514	屢 129	林 38	賣 293	貌 501
登 449	涼 140	嶺 53	淚 148	臨 479	買 293	冒 363
等 224	兩 348	零 220	漏 151	립	맥	侮 208
燈 322	梁 47	靈 221	류	立 396	麥 534	목
騰 529	量 512	례	柳 39	마	脈 413	木 36
라	糧 432	禮 71	流 139	馬 528	盟 435	沐 145
羅 442	諒 112	例 200	留 428	麻 522	孟 69	牧 399
락	려	隷 541	類 516	磨 157	猛 161	目 417
樂 41	旅 452	로	륙	막	盲 419	睦 420
洛 146	麗 521	老 480	六 350	莫 94	면	몰
落 95	慮 185	勞 286	陸 421	漠 151	面 507	沒 145
絡 405	勵 287	路 241	륜	幕 336	免 216	몽
란	력	露 220	倫 202	만	勉 285	夢 231
卵 378	力 284	爐 325	輪 245	萬 96	綿 406	蒙 99
亂 343	歷 459	록	률	滿 142	眠 418	묘
蘭 101	曆 253	綠 402	栗 46	晚 249	멸	卯 378
爛 325	련	祿 73	律 338	慢 185	滅 150	妙 168
欄 50	連 259	錄 276	率	漫 151	명	苗 98
람	蓮 100	鹿 521	륭	蠻 440	明 247	墓 121
藍 101	聯 131	론	隆 424	말	名 77	廟 257
覽 448	練 402	論 106	릉	末 36	銘 275	무
濫 154	戀 188	롱	陵 423	망	命 78	戊 382
랑	鍊 276	弄 392	리	亡 332	鳴 33	茂 93
郞 267	憐 186	뢰	利 279	妄 170	冥 364	武 459
浪 139	렬	雷 221	梨 47	忘 174	모	務 256
朗 194	列 278	賴 297	里 511	忙 174	模 49	霧 221
廊 257	烈 320	료	理 393	望 193	謀 112	無 321
래	裂 164	料 457	離 485	罔 441	某 44	舞 486
來 200	劣 287	了 344	吏 82	茫 98	募 287	貿 296
랭	렴	僚 212	履 129	매	慕 180	묵
冷 376	廉 257	룡	裏 164	每 319	暮 250	默 523
략	렵	龍 526	李 43	梅 47	母 319	墨 118
略 430	獵 162	루	린	妹 168	毛 469	문
掠 314	령	累 404	隣 425	埋 119		文 301

門 298	返 263	麭 51	譜 114	父 467	卑 290	舍 326
問 80	叛 191	繁 407	寶 61	膚 414	婢 172	蛇 439
聞 130	飯 328	煩 323	**복**	負 295	碑 157	詐 110
물	伴 206	**벌**	福 71	否 78	**빈**	詞 110
勿 368	**발**	伐 197	復 339	腐 413	貧 292	賜 297
物 398	發 449	罰 442	腹 414	**북**	賓 297	辭 493
미	拔 312	**범**	複 165	北 380	頻 515	謝 107
美 477	髮 519	凡 189	卜 217	**분**	**빙**	邪 269
未 37	**방**	汎 144	伏 197	分 278	氷 135	**삭**
味 79	方 451	犯 161	服 193	紛 404	聘 131	朔 194
米 431	傍 211	範 226	覆 495	粉 432	**사**	削 282
尾 127	芳 97	**법**	**본**	奔 234	事 344	**산**
眉 419	放 63	法 136	本 37	慎 187	仕 196	山 52
微 340	倣 209	**벽**	**봉**	墳 121	似 207	産 123
迷 263	訪 103	壁 122	鳳 35	奮 235	使 200	算 224
민	防 421	碧 157	封 238	**불**	司 82	散 64
民 470	妨 168	**변**	奉 233	不 29	史 76	酸 271
敏 66	房 331	變 108	逢 259	弗 375	四 85	**살**
憫 187	邦 269	辨 493	峯 53	佛 198	士 228	殺 461
밀	**배**	辯 494	蜂 439	拂 312	寫 61	**삼**
密 57	倍 209	邊 266	**부**	**붕**	寺 236	三 28
蜜 440	培 119	**별**	富 58	朋 193	射 237	森 48
박	拜 306	別 279	副 282	崩 53	巳 91	**상**
朴 42	配 271	**병**	付 205	**비**	師 335	上 28
博 290	杯 38	丙 29	府 256	比 463	思 176	相 418
泊 146	背 412	兵 350	符 225	批 310	捨 315	想 179
拍 311	排 314	竝 397	附 422	非 506	斜 457	霜 220
迫 263	輩 245	屏 128	夫 233	悲 177	斯 454	祥 72
薄 100	**백**	病 158	扶 306	妃 170	査 39	床 255
반	白 472	**보**	部 268	備 203	死 124	尚 345
半 289	伯 206	保 201	浮 139	肥 411	沙 145	常 335
班 394	百 473	報 117	簿 227	秘 72	祀 72	裳 165
般 487	柏 45	步 459	婦 169	飛 51	社 72	賞 294
盤 435	**번**	普 252	赴 446	費 296	私 355	償 213
反 190	番 429	補 165	賦 297	鼻 525	絲 401	象 497

暗 250	壤 122	연	譽 114	外 230	雲 219	유
압	어	延 387	銳 275	畏 430	運 261	乳 343
壓 122	魚 222	研 156	오	요	韻 133	有 192
押 310	漁 142	硯 156	五 361	要 495	웅	由 429
앙	語 105	沿 146	嗚 84	搖 316	雄 484	油 136
央 234	御 340	鉛 274	吾 78	謠 113	원	儒 213
仰 198	於 451	演 143	誤 105	遙 265	元 214	遺 262
殃 125	억	燃 324	梧 48	腰 414	院 423	愈 184
애	億 204	煙 321	悟 177	욕	原 369	維 406
愛 179	憶 180	宴 59	娛 172	欲 388	源 150	唯 80
涯 149	抑 310	緣 406	午 289	浴 139	願 514	酉 270
哀 79	언	軟 244	烏 321	慾 185	員 83	幼 381
액	言 102	열	傲 212	辱 509	圓 817	幽 381
額 516	焉 323	悅 177	汚 144	용	援 315	悠 183
厄 370	엄	熱 322	옥	用 433	遠 262	柔 39
야	嚴 81	閱 299	玉 393	容 57	園 87	誘 111
野 511	업	염	屋 127	勇 285	怨 176	猶 160
夜 231	業 41	染 45	獄 161	庸 257	월	遊 261
也 343	여	炎 320	온	우	月 192	裕 165
耶 131	予 344	鹽 533	溫 141	于 361	越 146	惟 183
약	余 198	엽	옹	宇 55	위	육
約 400	餘 329	葉 96	翁 32	雨 31	位 199	肉 409
藥 96	如 167	영	擁 318	遇 261	偉 202	育 409
若 94	與 483	永 135	와	愚 184	緯 407	윤
弱 374	興 245	泳 146	瓦 426	偶 210	圍 88	閏 300
躍 242	汝 135	詠 110	臥 479	憂 180	衛 489	潤 152
양	역	英 94	완	優 213	爲 468	은
陽 422	亦 332	營 324	完 55	郵 269	委 171	銀 273
楊 48	易 247	榮 49	緩 407	右 76	謂 113	恩 176
揚 309	役 339	映 248	왈	友 190	慰 186	隱 425
羊 477	域 119	迎 258	曰 352	牛 398	威 169	을
洋 138	譯 114	影 450	왕	又 190	胃 412	乙 342
養 329	驛 530	예	王 393	尤 385	危 378	음
樣 49	疫 158	豫 498	往 337	운	僑 203	音 133
讓 109	逆 259	藝 97	외	云 362	違 265	陰 422

吟 78	仁 196	作 199	載 244	前 280	淨 140	燥 325
飮 329	印 378	昨 248	裁 164	專 238	整 66	鳥 33
淫 149	因 86	爵 468	栽 40	傳 203	征 339	弔 374
읍	姻 171	酌 271	哉 79	轉 245	情 178	족
邑 267	寅 58	잔	災 323	典 351	精 431	族 452
泣 136	引 373	殘 125	宰 60	戰 383	靜 505	足 241
응	忍 174	잠	쟁	殿 462	제	존
應 180	認 105	暫 253	爭 468	절	制 282	存 67
凝 377	刃 280	潛 153	저	切 281	提 316	尊 237
의	일	蠶 440	著 96	絶 402	題 514	졸
義 477	一 26	장	低 199	節 225	帝 335	卒 289
議 108	壹 228	莊 95	貯 293	折 310	弟 373	拙 312
儀 204	日 246	丈 29	底 256	竊 438	齊 537	종
衣 163	逸 265	場 118	抵 312	점	濟 154	宗 55
依 200	임	長 504	적	占 217	第 224	種 357
宜 59	壬 228	章 396	的 473	店 254	製 163	鐘 273
矣 89	任 206	張 375	寂 60	漸 151	際 425	從 338
意 179	賃 296	障 425	適 262	點 524	諸 107	縱 407
醫 270	입	壯 228	摘 317	접	除 423	終 401
疑 436	入 347	裝 165	滴 151	接 308		좌
이	자	將 237	積 359	蝶 440	祭 71	左 365
二 361	子 67	墻 464	績 407	정	조	佐 207
貳 293	字 67	獎 235	蹟 242	頂 515	兆 215	坐 116
以 197	者 480	帳 336	跡 242	丁 27	祖 70	座 256
夷 234	資 296	掌 315	赤 502	停 202	助 285	죄
已 91	姿 171	粧 432	籍 227	亭 333	組 404	罪 441
耳 130	姊 169	藏 101	笛 226	訂 109	租 358	주
異 428	茲 415	臟 414	敵 65	井 362	調 106	主 302
移 356	慈 180	腸 414	賊 296	程 358	造 260	住 199
而 481	紫 404	재	전	定 56	操 318	柱 45
익	自 239	才 305	全 348	貞 291	早 246	注 137
益 434	雌 485	材 37	錢 273	廷 387	條 48	周 83
翼 32	恣 183	財 291	電 220	庭 255	朝 194	宙 56
인	刺 282	再 363	展 128	正 458	潮 153	洲 147
人 195	작	在 115	田 427	政 63	照 323	州 391

권사유
판본소유

정통 학습한자백과

2021년 7월 20일 인쇄
2021년 7월 30일 발행

지은이 | 강 영 수
펴낸이 | 최 원 준

펴낸곳 | 태 을 출 판 사
서울특별시 중구 다산로 38길 59(동아빌딩내)
등 록 | 1973. 1. 10(제1-10호)

ⓒ 2009. TAE-EUL publishing Co.,printed in Korea
※잘못된 책은 구입하신 곳에서 교환해 드립니다.

■ **주문 및 연락처**
우편번호 ０４５８４
서울특별시 중구 다산로 38길 59(동아빌딩내)
전화 : (02)2237-5577 팩스 : (02)2233-6166

ISBN 978-89-493-0641-4   03000